21世纪普通高等院校系列教材

新编客户关系管理

XINBIAN KEHU GUANXI GUANLI

左世翔　编　著

 西南财经大学出版社

中国·成都

图书在版编目(CIP)数据

新编客户关系管理 /左世翔编著 . —成都:西南财经大学出版社,2020. 12
ISBN 978-7-5504-4625-0

Ⅰ. ①新… Ⅱ. ①左… Ⅲ. ①企业管理—供销管理—教材 Ⅳ. ①F274

中国版本图书馆 CIP 数据核字(2020)第 211164 号

新编客户关系管理

左世翔 编著

责任编辑:雷静
封面设计:杨红鹰 张姗姗
责任印制:朱曼丽

出版发行	西南财经大学出版社(四川省成都市光华村街 55 号)
网　　址	http://www. bookcj. com
电子邮件	bookcj@ foxmail. com
邮政编码	610074
电　　话	028-87353785
照　　排	四川胜翔数码印务设计有限公司
印　　刷	郫县犀浦印刷厂
成品尺寸	185mm×260mm
印　　张	18. 75
字　　数	430 千字
版　　次	2020 年 12 月第 1 版
印　　次	2020 年 12 月第 1 次印刷
印　　数	1— 2000 册
书　　号	ISBN 978-7-5504-4625-0
定　　价	48. 00 元

21世纪普通高等院校系列教材
编 委 会

　　为推进中国高等教育事业可持续发展，经国务院批准，教育部、财政部启动实施了"高等学校本科教学质量与教学改革工程"（下面简称"本科质量工程"），《国家中长期教育改革和发展规划纲要（2010—2020）》也强调全面实施"高等学校本科教学质量与教学改革工程"的重要性。这是落实"把高等教育的工作重点放在提高质量上"的战略部署，是在新时期实施的一项意义重大的本科教学改革举措。"本科质量工程"以提高高等学校本科教学质量为目标，以推进改革和实现优质资源共享为手段，按照"分类指导、鼓励特色、重在改革"的原则，对推进课程建设、优化专业结构、改革培养模式、提高培养质量发挥了重要的作用。为满足本科层次经济类、管理类教学改革与发展的需求，培养具有国际视野、批判精神、创新意识和精湛业务能力的高素质应用型和复合型人才，迫切需要普通本科院校经管类学院开展深度合作，加强信息交流。在此背景下，我们协调和组织部分高等院校特别是四川的高校，通过定期召开普通本科院校经济管理学院院长联席会议，就学术前沿、教育教学改革、人才培养、学科建设、师资建设和社会科学研究等方面的问题进行广泛交流、研讨和合作。

　　为了切实推进"本科质量工程"，2008年的第一次联席会议将"精品课程、教材建设与资源共享"作为讨论、落实的重点。与会人员对普通本科的教材内容建设问题进行了深入探讨并认为，在高等教育进入大众化教育的新时期，各普通高校使用的教材与其分类人才培养模式脱节，除少数"985"高校定位于培养拔尖创新型和学术型人才外，大多数高校定位于培养复合型和应用型经管人才，而现有的经管类教材存在理论性较深、实践性不强、针对性不够等问题，需要编写一套满足复合型和应用型人才培养要求的高质量的普通本科教材，以促进人才培养和课程体系的合理构建，推动教学内容和教学方法的改革创新，形成指向明确、定位清晰和特色鲜明的课程体系，奋力推进经济管理类高等教育质量的稳步提高。与会人员一致认为，共同打造符合高教改革潮流、深刻把握普通本科教育内涵特征、满足教学需求的系列教材，非常必要。鉴于此，本编委会与西南财经大学出版社合作，组织了30余所普通本科院校的经济学类、管理学类的学院教师共同编写本系列教材。

本系列教材编写的指导思想是：在适度的基础知识与理论体系覆盖下，针对普通本科院校学生的特点，夯实基础，强化实训。编写时，一是注重教材的科学性和前沿性，二是注重教材的基础性，三是注重教材的实践性，力争使本系列教材做到"教师易教、学生乐学、方便实用"。

本系列教材以立体化、系列化和精品化为特色。一是除纸质教材外，还配备课件、视频、案例、习题等数字化教学资源；二是力争做到"基础课横向广覆盖，专业课纵向成系统"；三是力争把每种教材都打造成精品，让多数教材能成为省级精品课教材、部分教材成为国家级精品课教材。

为了编好本系列教材，我们在西南财经大学出版社的协调下，经过多次磋商和讨论，成立了首届编委会。首届编委会主任委员由西华大学管理学院院长章道云教授担任。2017年，由于相关学院院长职务变动，编委会的构成也做了相应调整。调整后的编委会由西南财经大学副校长张邦富教授任名誉主任，蒋远胜教授任主任，李成文教授、张华教授、周佩教授、赵鹏程教授、董洪清教授、傅江景教授任副主任，20余所院校经济管理及相关学院院长或教授任编委会委员。

在编委会的组织、协调下，该系列教材由各院校具有丰富教学经验并有教授或副教授职称的教师担任主编，由各书主编拟订大纲，经编委会审核后再编写。同时，每一种教材均吸收多所院校的教师参加编写，以集众家之长。自2008年启动以来，经过近十年的打造，该系列现已出版公共基础、工商管理、财务与会计、旅游管理、电子商务、国际商务、专业实训、金融经济、综合类九大系列近百种教材。该系列教材出版后，社会反响好，师生认可度高。截至2017年年底，已有30多种图书获评四川省"十二五"

规划教材，多个品种成为省级精品课程教材，教材在西南地区甚至全国普通高校的影响力也在不断增强。

当前，中国特色社会主义进入了新时代，我们要建设教育强国，习近平总书记在党的十九大报告中对高等教育提出明确要求，加快一流大学和一流学科（简称"双一流"）建设，实现高等教育内涵式发展。"双一流"建设的核心是提升学校自身的办学水平，关键是提高人才培养质量和学科建设水平，同时办学声誉得到国际社会的认可。为此，高等学校要更新教育思想观念，遵循教育教学规律，坚持内涵式发展，进一步深化本科人才培养模式改革。而教材是体现高校教学内容和方法的知识载体，是高等院校教学中最基本的工具，也是高校人才培养的基础，因此，高校必须加强教材建设。

为适应"双一流"建设的需要，全面提升高校人才培养质量，构建学术型人才和应用型人才分类、通识教育和专业教育结合的培养制度，满足普通本科院校教师和学生需求，需要对已出版的教材进行升级换代。一是结合教学需要对现有教材进行精心打造。具体而言，贯穿厚基础、重双创的理念，突出创新性、应用性、操作性的特色，反映新知识、新技术和新成果的学科前沿；利用数字技术平台，加快数字化教材建设，打造立体化的优质教学资源库，嵌入可供学生自主学习和个性化学习的网络资源模块。二是根据学科发展的需要，不断补充新的教材，特别是规划旅游类、实训类、应用型教材。

我们希望，通过编委会、主编和编写人员及使用教材的师生的共同努力，将此系列教材打造成适应新时期普通本科院校需要的高质量教材。在此，我们对各经济管理学院领导的大力支持、各位作者的智力成果以及西南财经大学出版社员工的辛勤劳动表示衷心的感谢！

21 世纪普通高等院校系列教材编委会

2018 年 5 月

前言

客户关系管理是一种先进的管理理念、创新的技术手段和具体的商业机制，是企业在市场营销过程中，以客户满意和客户忠诚为导向，以现代信息技术为手段，以客户识别与细分、客户互动与沟通、客户保持与挽回、客户关怀与服务等为内容，以长期合作共赢为目标，积极主动开展的各项商业互动与社会交往。随着营销理念的变革、市场竞争的驱动、客户行为的引领、企业管理的要求及技术创新的推动，客户关系管理已经成为现代市场营销的基本内容之一，企业管理客户的能力也逐渐成为构成其核心竞争优势的关键能力之一。面对日趋激烈的市场竞争，企业的决策者、管理者和营销者必须熟练掌握客户关系管理的理论与实务。笔者编写《新编客户关系管理》这本教材正是为了满足我国普通高等学校新时代人才培养的需要，为培养更多既懂得客户关系管理理论，又熟悉客户关系管理实务的复合型、应用型、创新型经济管理人才提供帮助。

本教材共十二章，第一章至第六章为客户关系管理理论部分，第七章至第十二章为客户关系管理实务部分。客户关系管理理论部分突出了理论知识的科学性、系统性和完整性，重点阐述了客户关系管理的概念与发展、关系营销理论、客户价值理论、客户生命周期理论、市场营销组合理论及客户关系管理战略等内容。客户关系管理实务部分强调了实际管理工作的思路、流程、方法、策略及注意事项，重点讲述了客户识别管理、客户互动管理、客户满意管理、客户忠诚管理、客户流失管理及客户关系管理技术等内容。

本教材内容充实、结构严谨、定位准确，使用了最新的案例、习题和图表资料，适合市场营销、工商管理、企业管理、电子商务、管理学、经济学、国际经济与贸易、国际商务、商务谈判及社会学等专业或课程的学生学习，也可作为市场营销从业人员、经济管理干部、工商企业职员及自主创业人员的自修教材和参考用书。

　　本教材的编著者左世翔，毕业于西南财经大学，是管理学博士，现为西华大学经济学院副教授、硕士生导师，从事客户关系管理教学多年，研究方向为中小企业的创业与成长。

　　为方便教师备课和学生学习，本教材提供了习题、案例和课件等丰富的教学资源。

左世翔

2020 年 7 月

目 录

第一部分 客户关系管理理论

第二部分 客户关系管理实务

客户关系管理理论

第一章

客户关系管理概述

■**学习目标**

　　掌握客户关系管理的内涵，能够概括客户、客户关系及客户关系管理的基本概念。熟悉客户关系管理的产生背景，能够就营销理念的变革、市场竞争的驱动、客户行为的引领、企业管理的要求及技术创新的推动等进行详细阐述与举例分析。

■**学习重点**

　　客户的内涵、特征及分类，客户关系的内涵、特征与类型，客户关系管理的定义与发展脉络，传统营销理念与现代营销理念的异同，企业营销竞争力的来源，消费观念的变迁历程，客户信息与客户知识管理，电子商务对客户关系管理的影响。

开篇案例
KAIPIAN ANLI

阿里巴巴集团的公司愿景

　　阿里巴巴网络技术有限公司于 1999 年在浙江省杭州市创立。阿里巴巴集团经营多项业务，其业务和关联公司的业务主要包括了淘宝网、天猫、聚划算、全球速卖通、阿里巴巴国际交易市场、阿里云、蚂蚁金服以及菜鸟网络等。

　　阿里巴巴集团的网站上有这样的表述："我们不追求大，不追求强；我们追求成为一家活 102 年的好公司。我们旨在构建未来的商业基础设施。我们的愿景是让客户相会、工作和生活在阿里巴巴。"

　　首先，相会在阿里巴巴。我们助力数以亿计的用户之间、消费者与商家之间、各企业之间的日常商业和社交互动。

其次，工作在阿里巴巴。我们向客户提供商业基础设施和新技术，让他们建立业务、创造价值，并与我们数字经济体的参与者共享收益。

再次，生活在阿里巴巴。我们致力于拓展产品和服务范畴，让阿里巴巴成为我们客户日常生活的重要部分。

最后，要运行102年。阿里巴巴集团创立于1999年，持续发展最少102年就意味着我们将跨越三个世纪，取得少有企业能实现的成就。我们的文化、商业模式和系统的建立都要经得起时间考验，让我们得以长期可持续发展。

资料来源：阿里巴巴集团网站。

思考：

阿里巴巴集团的企业文化，体现了怎样的客户关系管理思想？

第一节 客户关系管理的内涵

一、客户的概念

客户（customer）一词被广泛地应用于人们的日常生活当中，是一个既熟悉又模糊的概念。所谓熟悉，是指客户的概念常常与消费者、顾客、用户及买主等概念混同使用，似乎一切购买企业商品或消费企业服务的人就是客户。所谓模糊，是指客户的概念又不仅仅局限于"看得见"的实际购买者，任何潜在的观望者、合作者、竞争者及内部员工等都有可能成为影响企业商业活动的特殊客户。因此，对于客户概念的界定，我们应当充分结合现代商业管理的理论与实践，力求完整、准确和有价值。

（一）客户的内涵

对于客户概念的理解，我们应当突破单纯的"购买者"思维，将其理解为一种能够为企业带来源源不断的价值的行为主体、潜在机会和独特资源。

首先，客户是经济活动中的行为主体，表现为参与买卖的各类人员或组织。对于企业而言，客户广泛存在于企业的各种经济关系当中。除了购买商品或服务的终端消费者外，参与相关商业活动的一切自然人和法人都应当被视为企业的客户。

其次，客户是市场营销中的潜在机会，代表了等待满足的某种需求。谁能够供给满足需求的商品和服务，谁就能从交易中获利。正如菲利普·科特勒的定义，客户就是指那些具有特定需求或欲望，并且愿意通过交换活动来满足这项需求或欲望的人。

最后，客户是社会关系中的独特资源，蕴含着丰富的待开发价值。相比看得见的土地、资本、劳动力等传统资源，客户资源更符合新经济社会学的理论特征，具有社会关系网络的嵌入性、社会资本的增值性及社会活动的互动性。只要管理得当，客户资源就能够为企业带来超越零和博弈的"双赢""多赢"，进而更大限度地创造价值。

（二）客户的基础

为了正确理解客户的含义，我们需要将顾客、消费者和用户等概念进行梳理，并在此基础上概括出客户的概念。

顾客的概念产生于商业习惯。从字面上理解，"顾"是拜访、光临的意思，"客"是来宾、客人的意思，顾客即光顾的客人，并暗含以礼相待的意义。顾客一词多用于商店或服务行业，是指前来购买商品或消费服务的个人或组织。需要注意的是，顾客是一类较为笼统的群体性概念，在大多数企业眼中，顾客只是一张张没有名字的"脸"，代表了企业所面对的整个消费群体。

消费者的概念立足于经济行为。从字面上理解，消费者需要具备明显的"消费"属性。消费者一词常用在商品经济领域，是指其为了达到使用和消费目的而购买某种商品和服务的社会成员。值得注意的是，与商品的生产者和经营者不同，消费者的购买行为主要是出于满足个人与家庭的生活需要，因而是各类商品或服务的终端用户。

用户的概念着眼于使用状态。从字面上理解，用户是正在使用某项商品或服务的人员。用户一词常见于现代新兴服务行业，是指具体使用某种商品、技术或服务的个人或组织，如通信用户、网络用户、设备用户等。需要注意的是，用户大多仅需要商品的使用权，而并不需要购买商品的所有权，因而并不会直接影响商品的运输、储存等环节。另外，企业一般会掌握用户的具体信息，以便长期为其提供有针对性的服务。

可见，顾客、消费者和用户是三个既相互联系又相互区别的概念。梳理三者的含义可以为界定客户的概念奠定基础。

（三）客户的特征

在客户关系管理领域，客户是一个内涵丰富的营销学概念，泛指在市场交换活动中的绝大部分行为主体，其中不仅包括了传统意义上的顾客、消费者和用户，而且包括了与企业生产经营活动相关的一切合作者、竞争者、利益相关者及企业内部的员工。可以说，客户是一个具有更高层次和鲜明特征的概念，体现了现代管理理论与实践的新变化。

首先，客户既具有群体属性，又具有个体特征。在群体属性方面，客户通常来源于企业对市场环境的调查和分析，代表了一类具有某些共性的对象群体。例如，商业银行一般把客户划分为个人客户和机构客户，并在客户进入银行大厅时就开始提供差异化的服务。因此，客户是企业需要面对的一类群体。在个体特征方面，客户是一个个信息明确、特点鲜明的具体人物或组织。每一个客户的需求、偏好和习惯往往是各不相同的，常常需要企业提供有针对性的个性化服务。例如，保险公司一般会根据每一位客户的具体情况，提供不同的人寿保险方案，从而体现面向客户的产品与服务的定制化。可见，客户又是企业需要接触的差异化个体。

其次，客户既可以购买商品，又可以享受服务。在购买商品方面，客户与消费者类似。客户通过向企业购买特定的商品来满足自身的需要，而获取商品的使用价值或商业价值是客户与企业产生联系的主要原因。例如，汽车制造商向客户销售最新设计的汽车，客户是否购买，取决于这款汽车的品牌、质量、外观及性能等因素是否符合客户的需求。这种企业和客户之间的关系就是典型的商品买卖关系。在享受服务方面，客户与用户类似。客户的需求并不仅仅局限于获得商品，还会在购买商品的售前、售中和售后环节产生不同层次的服务需求。对于纯粹的服务行业而言，获得服务更是客户的主要目的。因此，能否享受到满意的服务正逐渐成为影响客户购买决策的重要因素。例如，电脑软件公司会向客户销售定制化的办公软件系统，客户除了获得软件的使用权外，在更大程度上是为了享受长期的软件维护与更新服务。这种企业和客户之间的关系就属于长期服务关系。

最后，客户既需要商业往来，又需要社会交往。在商业往来方面，客户与企业之间的互动主要依托于企业的商业经营活动，企业管理客户的出发点仍然是获取商业利益，因而这一过程具有显著的经济性特征。例如，来自房产中介机构的营销人员会定期向意向性客户发送房产买卖信息并主动询问其买房、售房及租房需求，这类互动的最终目的是促成房屋买卖或租赁合同的签订，是一种商业行为。在社会交往方面，客户与企业之间的往来又不仅仅局限于经济交易，他们常常会在人与人的接触过程中产生信任与情感，从而形成长期稳定的社会互动关系。例如，律师事务所的一些客户会因为信任某位律师而长期委托该事务所办理法律咨询业务，即使存在价格更优的其他律师事务所，这些客户也不会流失。显然，这位律师就在工作中与客户建立了良好的社会关系，从而为事务所带来了额外的竞争优势。

（四）客户的分类

按照不同的标准，客户可以划分为不同的类型。

1. 按照客户的重要性分类

客户的重要性主要表现为创造的销售收入或利润的金额或份额的多少。按照营销学中的"80/20 法则"，公司利润的 80% 通常来自仅占比 20% 的重要客户，而其余的 20% 利润来自占比 80% 的普通客户。按照这一标准，客户可以划分为贵宾型客户、重要型客户和普通型客户三种类型。

第一，贵宾型客户是企业所有客户中购买金额最大的一类客户群体。这类客户在数量上仅占企业客户总量的 1% 到 10%，但为企业带来的利润却占利润总额的 20% 到50%，因而被视为企业最为珍贵的客户。开发和保持贵宾型客户也是客户关系管理的一大难点。

第二，重要型客户是企业所有客户中购买金额较大的一类客户群体。这类客户在数量上占客户总量的 10% 到 19%，为企业带来的利润约占利润总额的 30% 到 60%，被视为在营销环节维持企业正常运转的重要基础。培育和扩大重要型客户的数量将有利于企业的长期稳定和持续发展。

第三，普通型客户是企业所有客户中除了贵宾型客户和重要型客户之外的其他客户。这类客户在数量上占客户总量的 80% 左右，为企业带来的利润仅占利润总额的 20% 左右。普通型客户虽然数量较多，但边际利润水平不高。企业一般不会将普通型客户作为管理的重点，但是会关注其发展变化，以便从中发掘潜在的重要型客户。

需要注意的是，按照部分行业的习惯，贵宾型客户、重要型客户和普通型客户也可以称为大客户、中客户和小客户。

2. 按照客户的优劣性分类

客户的优劣性主要表现为创造销售收入、利润或良好口碑的"投入产出比"。需要注意的是，客户的优劣性并不等同于价值性，即价值较高的客户未必就是优质客户。一类客户是否优质，还与企业在客户关系管理中所投入的成本高低密切相关。按照这一标准，客户可以划分为优质型客户、劣质型客户和一般型客户三种类型。

第一，优质型客户也被称为"好客户"，是指那些能够为企业带来较多利润且占用企业资源较少的客户。这类客户对于购买企业的商品或服务具有较高的"自觉性"，在心理上十分信任企业、高度认可企业，能够长期、频繁、高额地与企业发生交易并积极发挥正向的宣传作用。因此，优质型客户也被视为风险最小的一类客户。

第二，劣质型客户又被称为"坏客户"，是指那些只能为企业带来少量利润甚至负利润，并且要占用企业较多资源的客户。这类客户一般要求较多、信誉较差、财力有限，无论企业如何让步都很难完全满足其需求。与这类客户互动，不但不能有效提升企业的业绩水平，反而容易打击销售人员的工作士气，因而其常常被视为客户关系管理中的"鸡肋"，食之无味，弃之可惜。

第三，介于优质型客户与劣质型客户之间的一般型客户，是指那些为企业带来的利润和消耗的成本都相对合理的正常客户。这类客户具有较强的可塑性，无论是优质型客户，还是劣质型客户，其最初的来源都是一般型客户。事实上，客户的"好"与"坏"只是一个相对概念，企业完全可以通过有效的客户关系管理，将"坏客户"转变为"好客户"。反之，若企业管理失当，任何"好客户"也完全可能转变为"坏客户"。因此，客户的优劣在很大程度上取决于企业管理的好坏。

3. 按照客户的忠诚度分类

客户的忠诚度主要表现为客户对企业的品牌、商品及服务的依赖程度。值得注意的是，客户的忠诚度是一种可被测度的外在表现，在其背后涉及质量、价格、服务、竞争及个体差异等多种影响因素，因而这是一个复杂且多变的概念。按照客户忠诚度的层次不同，客户可以划分为不忠诚客户、伪忠诚客户和真忠诚客户三种类型。

第一，不忠诚客户是指对企业的品牌、商品及服务没有明显依赖表现的客户。这类客户通常只是偶尔购买企业的商品或服务，对企业的满意度评价也不高，进一步重复购买的概率相对较低。实际上，在市场竞争日益激烈的背景下，企业所面对的绝大部分客户都是不忠诚客户，如何将不忠诚客户转变为忠诚客户也是客户关系管理的一项难点。

第二，伪忠诚客户是指对企业的品牌、商品及服务有所依赖但随时可能流失的客户。这类客户表现出了重复购买与长期互动等忠诚行为，但其内心并非真正满意企业的商品和服务。产生这类忠诚的原因往往是优惠价格的吸引、替代商品的稀缺及营销手段的鼓励等，并非企业所希望的基于情感与信任的真正忠诚。随着客户关系管理理念的普及，伪忠诚客户的不稳定性特征愈发显现，如何正确看待和管理伪忠诚客户也更加受到各类企业的重视。

第三，真忠诚客户是指对企业的品牌、商品及服务高度依赖的客户。这类客户不但长期重复购买企业的商品和服务，而且高度认可企业的经营理念和文化价值，能够对企业产生发自内心的情感共鸣。在日常生活中，真忠诚客户不仅自己具有较高的满意度，而且会向其他客户推荐或赞扬企业的商品和服务，从而成为能够宣传企业和创造新的客户的"超级客户"。然而，对于大多数企业而言，获得大量真忠诚客户并非易事，这是需要企业长期努力才能获得的一类理想型客户。

从以上分类方法不难看出，客户是一个具有多重维度的综合概念。事实上，客户细分是客户关系管理的一项重要环节，细分客户的具体方法还有很多种。例如，按照客户的来源，客户可以划分为以消费者为代表的外部客户和以员工为代表的内部客户；按照客户的生命周期，客户可以划分为潜在客户、新客户、老客户及过往客户等。后续章节将对此展开更为详细的分析。这里的阐述有助于我们在系统学习客户关系管理理论与实务之前，构建一个较为准确和全面的客户概念。

（五）本书对客户的定义

基于以上围绕客户的内涵、基础、特征和分类的梳理，本书将客户定义为：客户就是企业在开展各项商业活动过程中所接触的关系方，包括消费者、合作者、竞争者、利益相关者及企业内部的员工等。

二、客户关系的概念

（一）客户关系的内涵

所谓"客户关系"，是指企业以盈利为目标，通过一系列经济手段、管理方法及社会互动等同客户建立起的相互联系。事实上，"关系"是一个社会学中的基本概念，是指人与人在生产与生活过程中所形成的交往联系。由于形成关系的核心是人，因而关系也被称为"人际关系"；由于人类社会是各种各样人际关系的集合，因而关系又被称为"社会关系"。复杂的社会关系进一步形成社会关系网络，人们利用这类网络既可以满足情感与思想的交流需求，又可以实现利益与资源的交换，从而使社会关系具有特殊的价值。近年来，随着新经济社会学的复兴，社会关系网络工具再次被应用到企业管理与市场营销当中，并为客户关系管理理论的创新提供了帮助。而理解客户关系的内涵，我们需要把握三个方面的内容。

首先，客户关系的核心是"人"。马克思认为，人的本质是一切社会关系的总和。一切经济管理活动都离不开人的参与和人的主导。客户关系作为社会关系的一个类型，企业与客户的互动实质上还是人与人的互动。企业需要认识到，在实际的商业环境中，客户并不是一群抽象的、静态的、没有名字的交易者，而是一个个具体的、动态的、个性鲜明的社会人。正如新经济社会学所指出的，社会人能够产生丰富的情感、拥有主观的判断能力、善于总结经验与教训，常常会在商业活动中表现出非理性的经济行为，因而并不完全符合西方经济学中的"理性经济人"假设。可见，人的复杂多变性提高了客户关系管理的难度，对人的重视也应当成为客户关系管理的核心。诸如"顾客就是上帝""客户永远是正确的"等广告语，就很好地体现了以客户这一"社会人"为中心的管理理念。

其次，客户关系的基础是"信任"。社会学将信任定义为人与人之间的一种心理依赖关系，并将其视为绝大部分交易或交换活动的基础。信任作为一种发自人的内心的主观信念，不仅约束和规范着微观关系中的行为主体，也被视为维护宏观社会整体价值与正常秩序的重要因素。事实上，信任产生于社会关系互动，表现为一种承诺或信用。它既反映了一个企业的社会活动历史，也体现了一个企业的社会行为预期，从而具有特殊的商业价值。在市场营销过程中，企业既会因为得到客户的信任而成长，也会因为失去客户的信任而衰落。因此，良好的客户关系必须建立在信任的基础之上。如今，大多数企业已经认识到，客户对于企业的信任不但能够使企业在短期内降低交易成本、提高经济效益，而且能够使企业获得长期稳定的消费市场和良好的行业口碑，因而如何让客户产生信任已成为客户关系管理的一项重要工作。

最后，客户关系的重点是"价值"。一方面，在企业与客户建立并保持关系的过程中，"价值"是贯穿始终的主题。在市场营销领域，客户关系直接表现为一种交换关系，即企业需要通过客户来获得利润，客户则需要通过企业来获得商品和服务。可以说，"有利可图"是双方开展交易的前提。当然，这一交换过程不应当是各取所需的"零和博弈"，正确的客户关系管理将使企业与客户实现双赢，并在创造价值的过程中实现更高层次的合作互利。另一方面，客户关系本身又是可以产生"价值"的特殊资源。在社会学中，社会关系是可以转化为社会资本的。所谓社会资本，即资本视角的社会结构，是一种基于社会信任的、依附于社会关系的、能够产生额外价值的资源集合。在社会资本中蕴藏着诸如潜在的机会、信息、知识等资源，人们识别和管理关系的能力将决定其掌握和运用社会资本的效果。因此，企业管理客户关系的过程就是一项创造价值的过程。

（二）客户关系的特征

客户关系的主要特征包括竞争性、合作性、差异性、周期性、嵌入性和脆弱性。

1. 竞争性

客户关系的竞争性是指企业与企业之间存在竞争关系。在客户市场及其需求总量一定的情况下，市场中的每个企业所能管理的客户关系数量是有限的。企业寻求与客户建立并保持关系的过程具有明显的"优胜劣汰"特征，即企业需要想方设法地去争取客户。在通常情况下，绝大部分客户都会选择与其认为的最优秀的企业建立联系，而企业获取客户信任的过程就是一个逐渐超越其他竞争对手的过程。例如，在某一时间段内，某个城镇的全部居民对移动电话号码的需求量是一定的，不同的移动电话服务商各自占有一部分市场份额，此时，谁的客户关系管理得更好，则谁的市场份额更大。各个企业之间围绕产品质量、服务水平等的竞争将最终表现为针对客户关系的市场竞争。

2. 合作性

客户关系的合作性是指企业与客户之间存在合作关系。所谓合作，是指在个人或群体之间，以共同利益或共同目标为前提，各方能够做到共同协商、相互配合和一致行动。纵观客户关系的产生、发展与终结过程，合作都是贯穿始终的基本要素。特别是随着客户关系时间的延长，客户与企业之间的合作关系会进一步发展为依赖关系，彼此逐渐将合作行为内化为合作意识，并最终形成一种具有包容性、延展性和亲和性的、超越一般商业关系的稳定结构。例如，商业银行与大客户之间的关系就具有明显的合作性和依赖性，彼此会在日常商业活动中相互配合、相互支持，甚至当一方遭遇资金困难时，另一方也会予以帮助。

实际上，良好的客户关系往往是既具有商业属性，又具有社会属性的合作共赢关系。这类关系通常以信任为基础、以情感为纽带，在关键时刻企业与客户都能做到换位思考、充分沟通，进而形成一个特殊的"共同体"。可以说，合作早已成为各方的共识。

3. 差异性

客户关系的差异性也被称为异质性，主要来源于客户与市场两个方面。

其一，在微观层面，客户的真实需求具有异质性。在市场当中，由于影响个体需求的因素很多，因而并不存在需求完全相同的两个客户。例如，除了价格和收入，偏好不同是造成客户需求差异的最主要原因。所谓客户偏好，是指客户对某一商品或服务的喜好程度。客户对该项商品或服务的需求量与其偏好程度正相关。然而，每个人的偏好又是不同的，因此不同的客户会对同一种商品或服务产生不同的评价，从而影响客户关系的具体情况。例如，同一天入住同一家五星级酒店的不同客户，常常会给出不同的满意度评价，有的客户会因为十分"包容"或"理解"而给出 5 分的好评，表现得很容易满足；而有的客户则会因为十分"挑剔"或"苛刻"而给出 1 分的差评，表达很多的不满和抱怨。

其二，在宏观层面，企业的市场策略具有异质性。企业可以根据市场调查的信息和数据将市场进行细分，并针对不同市场的具体特征提供商品和服务，分别实施差异化的产品策略、价格策略、促销策略、品牌策略及管理策略等。而细分市场和差异化营销本身就是管理异质性客户关系的具体体现。例如，饮料生产企业会按照消费者购买饮料的不同用途将产品细分为运动型、保健型、时尚型等不同类型，分别建立针对特定消费群体的客户关系，从而实现市场利润的最大化。实践证明，差异化的市场策略不仅能够帮助企业提高资源配置效率、增强综合竞争优势、挖掘个性化消费需求，而且对企业提供战略性发展动力和扩大成长空间也很有帮助。

4. 周期性

客户关系的周期性是指客户关系不仅具有一定时间的持续性，而且具有特征明显的阶段性。

一方面，客户关系持续时间的长短将影响企业获得客户价值的多少。现有研究已经表明，关系结构中的规则与观念、责任与义务、诚信与担当、认同与期望等都需要通过一定的时间来检验。显而易见，相比于一次性的或偶然的买卖关系，长久稳定的客户关系更有利于企业与客户建立起信任与友谊，也更有利于提高客户跟随企业行动的一致性和双向沟通的便利性，从而能够既提高企业的绩效，又巩固客户的满意度。例如，一些企业或店铺会在广告宣传中强调"老字号""百年老店""代代传承"等特点，或以文献资料、考古发现等证明其悠久的生产经营历史，这样做的目的就是展示其持续稳定的客户关系及其优质可信的客户承诺。

另一方面，客户关系还会呈现出明显的阶段性。按照客户生命周期理论，从企业与客户建立联系到完全终止联系，大致分为考察期、形成期、稳定期和退化期四个阶段。在客户关系的每一个阶段，客户与企业之间的互动频率、交易金额及信任程度等存在显著的差异，并且这四个阶段的出现顺序是相对固定的。在实际商业环境中，一成不变的客户关系是几乎不存在的。例如，很多企业都会通过组织活动、电话回访等措施继续保持与老客户的沟通和互动，其目的就是延续关系的稳定期和推迟关系的退化期。

5. 嵌入性

客户关系的嵌入性是一个社会学概念。所谓嵌入性，是指人们的一切经济行动都是嵌入在人与人之间的社会关系网络当中的。在整个社会中，人是最小的个体，人与人之间形成关系，关系与关系又形成网络。由于真实的人是不完全理性的社会人，因而由人来完成的各种经济活动也就必然可以由社会学理论来解释。换言之，由于经济活动的开展受到社会中的制度、规范和习惯等因素的制约，因而绝大部分经济现象都具有经济与非经济的双重属性。因此，嵌入性使客户关系表现得不再仅仅是单纯的商业关系或买卖关系，而是具有了更多的社会关系特征。例如，有的企业不再着眼于眼前利益，而是采取先亏损、后盈利的冒险策略，希望通过培养客户市场来获得长远的发展；有的企业不再将客户视为单纯的买主或用户，而是希望与客户成为朋友，并发展与客户之间的友谊。这些看似"非理性"的营销策略正好印证了客户关系的社会嵌入性。

6. 脆弱性

客户关系的脆弱性表现为特定情况下的不稳定性或不牢固性。众所周知，建立客户关系并非易事，但更为困难的是长期保持客户关系。对处于市场竞争环境中的大多数企业而言，客户关系是经不起挫折的。客户关系一旦终止或破裂，客户流失就会像多米诺骨牌一样迅速从个别客户扩大到整个市场。实际上，在客户关系管理的过程中，防止客户流失一直是一项十分重要的工作。引发客户流失的原因，主要有客户、企业和市场三个方面的因素。其中，来自客户本身和市场变化方面的原因是客观原因，企业无法完全控制，但企业自身的主观原因应当成为企业维护客户关系的管控重点。来自企业方面的原因也有很多，主要包括产品或服务的质量问题、商业活动的诚信问题、企业重要员工的流失问题、企业文化与品牌形象的问题等，任何看似微小的过失或错误都有可能在客户关系方面造成不可挽回的损失。例如，在餐饮行业中，一些曾经拥有良好口碑的"百年老店""网红餐厅"也会因为一次不诚信的行为而倒闭，诸如地沟油、天价菜等案例，都表现为客户关系的崩溃。

（三）客户关系的类型

按照不同的标准，客户关系可以划分为不同的类型。

1. 按照客户关系的密切程度划分

按照企业与客户之间合作关系的密切程度不同，客户关系可以划分为一般买卖关系、优先供应关系、合作伙伴关系和战略联盟关系四种类型。

第一，一般买卖关系是指企业与大部分客户之间以买卖商品或服务为主要内容的经济交易关系。这种关系多见于一般的消费品市场，企业是商品或服务的供给者，而消费者是商品或服务的需求者，买卖双方只需按照市场规律即可开展公平交易，企业与客户的绝大部分行为都属于正常的市场经济行为。在买卖关系中，客户与企业的主要关注点都集中于交易中的标的物，即商品或服务，以及与之相关的质量、价格及用途等内容。在通常情况下，买卖双方较少开展交易活动之外的互动与沟通，双方各自掌握的信息也十分有限。可以说，买卖关系是一种低层次、低信任、低合作的客户关系，并且企业维护关系的成本与关系创造的价值都不高。

第二，优先供应关系是指企业与少部分客户建立起的比一般买卖关系更为紧密的差别对待关系。这种关系以客户细分为基础，企业通过对全部客户进行一定的分类和筛选，将购买金额较高、资信状况较好及管理成本较低的优质客户作为优先发展关系的重点客户。事实上，优先供应关系是企业与客户双向优先选择的结果。一方面，处于这种关系中的企业，常常会通过发展与客户之间的社会关系来获取第一手的客户需求信息，往往能够先于竞争对手获得商机、赢得市场。另一方面，处于这种关系中的客户，可以凭借自身在企业客户群体中的重要地位，优先享受有关商品和服务的各种优惠或特权，从而获得高于一般客户的"偏爱"待遇。值得注意的是，在优先供应关系中，企业与客户处于一种"不平等"的状态。为了保持重点客户的购买积极性和互动有效性，企业需要投入更多的资源来弥补价格优惠、强化沟通和增加便利产生的成本，从而达到长期维护彼此关系的目的。可以说，优先供应关系是一种企业单方面向客户让渡价值的中长期交易关系，并且将客户关系提升到了一个更高的层次。

第三，合作伙伴关系是指企业与少数客户建立起的比优先供应关系更为深入的长期协作关系。这种关系一般具有几项基本特征。其一，企业与客户彼此充分信任，能够对商业活动中的问题或障碍充分谅解、相互支持；其二，企业与客户彼此充分了解，能够在商业交往中分享信息、共享资源；其三，企业与客户彼此行动一致，能够在商业竞争过程中相互弥补、形成合力。在合作伙伴关系层面，企业与客户已经实现了认知与行动的部分统一，不仅企业动态掌握了客户的真实需求，客户也完全认识到联系企业的积极意义。实践表明，在合作伙伴关系中，客户的满意度和忠诚度均有所提高，而且企业与客户都已意识到，任何一方对于关系的背弃都会使自己和对方付出沉重的代价。实际上，合作伙伴关系已接近企业在战略管理中的战略关系，这种高级客户关系的核心已不再局限于对有限价值的简单分配，而是转变为对新增价值的持续创造。

第四，战略联盟关系是指企业与极少数客户建立起的比合作伙伴关系更为牢固的联合体关系。在管理学中，战略联盟是指由两个或两个以上有着共同战略利益和对等经营实力的企业共同组成的联合行动模式，这一模式被视为影响市场竞争的重要工具。在战略联盟关系中，各方关系人互为客户，他们既着眼于短期的战术性配合，也放眼于长期的战略性协同。各方依托正式或非正式的契约、协议，将彼此之间的内部关系外部化、外部要素内部化，从而达到共同开发市场、共同分享资源、共同应对风险的目的。从客户关系管理的角度分析，战略联盟关系是一种高层次的客户关系，除了具有高效、亲密、稳定等好处外，最大的价值是能够增强企业的竞争优势。实践表明，战略联盟关系能够发挥显著的优势互补或优势叠加效应，从而使联盟中的企业能够更加轻松地战胜外部竞争对手。

综上所述，以上四种客户关系类型代表了客户关系从简单到复杂、从低级到高级的发展过程。需要注意的是，这四种类型并无优劣之分，并非所有客户关系都需要实现从一般买卖关系到战略联盟关系的升级。各类企业应当结合自身的经营状况、行业的发展特点及市场的实时行情等灵活选择最为合适的客户关系类型。

2. 按照客户关系的管理模式划分

按照企业管理客户关系的不同模式，客户关系可以划分为基本型、被动型、负责型、能动型和伙伴型五种类型。

第一，基本型是指企业将商品或服务销售给客户后就不再与其接触。这类关系管理模式多应用于客户数量众多，并且单个客户的边际价值很低的消费品市场。企业的商业活动重点是销售商品，由于客户被视为一个整体，因而针对每位客户的管理或互动就很少开展。例如，大型百货商场或超市一般都采用基本型客户关系管理模式，通常不会直接给消费者打电话或发送邮件。

第二，被动型是指企业在将商品或服务销售给客户的同时，允许或鼓励客户及时向企业反馈有关商品或服务的问题、意见或建议。这类关系管理模式多应用于客户数量较多，并且单个客户的边际价值不高的耐用品市场。企业的商业活动重点仍然是销售商品，考虑到客户的评价会影响企业商品的销量和利润，企业不得不选择倾听客户的反馈，但是这种互动的动机是被动的，效果也是有限的。例如，传统的家电生产企业一般会采用被动型客户关系管理模式，只有当客户投诉或报修时才会启动有针对性的售后服务。

第三，负责型是指企业在将商品或服务销售给客户的同时，及时联系客户，主动询问有关商品或服务的意见或建议，若发现存在质量问题或客户产生抱怨，企业将及时处理并有所改进。这类关系管理模式多应用于客户数量与单个客户的边际价值均适中的商品或服务市场。企业在保证市场份额和利润水平基本稳定的前提下，进一步加大对客户关系的投入，以期随时掌握客户市场的真实需求，从而能够在激烈的市场竞争中赢得一定的先机。例如，星级酒店一般会采用负责型客户关系管理模式，主动询问或调查客户入住后的感受与意见。

第四，能动型是指企业在将商品或服务销售给客户的同时，保持与客户的密切联系，不仅能够随时从客户反馈中获得各种有价值的需求信息，而且能够主动向客户提供关于新商品和新服务的信息。这类关系管理模式多应用于客户数量不多且单个客户的边际价值较高的商品或服务市场。由于客户服务会逐渐成为企业商业活动的重心，因而维护客户关系的稳定性和持续性就显得十分必要。实际上，能动型客户关系已经具备了关系营销和需求创造的理论特征，现代客户关系管理的很多方法都能够应用其中了。例如，大型计算机设备的供应商通常会保持与重要客户的能动型客户关系，在长期服务的过程中持续获取来自客户的价值。

第五，伙伴型是指企业并不仅仅谋求将商品或服务销售给客户，也希望同客户建立起紧密的长期合作关系。企业会站在客户的角度思考问题，向客户提供具有针对性的需求分析和购买计划，并期望在帮助客户的同时实现互利双赢的共同发展。这类关系管理模式多应用于客户数量较少且单个客户的边际价值很高的商品或服务市场。企业与客户在业务内构筑起高效的合作机制，相互支持、相互帮助；在业务外建立起稳定的社会关系，相互信任、相互依赖。例如，大型制造业企业与其关键零部件供应商之间就属于伙伴型客户关系，双方长期依存、互为表里，彼此合作的历史就是共同发展的历史。

综上所述，以上五种客户关系类型反映了各自适用的不同市场特征，并没有明显的优劣之分。不同企业应根据客户的价值、关系的成本、市场的份额等灵活选择客户关系的类型，并结合各项条件的动态变化适时调整管理模式。这里介绍一种结合客户数量和客户的边际利润水平的识别思路（图1-1）。

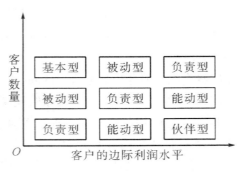

图 1-1　客户关系类型的识别思路

（四）本书对客户关系的定义

基于以上围绕客户关系的内涵、特征和分类的梳理，本书将客户关系定义为：客户关系就是企业与客户之间的、基于价值与信任的互动联系。这类联系包括买卖关系、通信联系、人际关系、社会交往、商业联盟等各种具体表现形式。

三、客户关系管理的概念

（一）客户关系管理的历史

客户关系管理（customer relationship management，CRM）的概念最早由美国企业的管理者提出。回顾这一概念从雏形走向成熟，至今已有近四十年的历史，其中一些具有里程碑意义的关键概念奠定了客户关系管理的概念基础。从 20 世纪 80 年代的接触管理（contact management）、关系营销（relationship marketing），到 90 年代的客户关怀（customer care）、呼叫中心（call center），再到 21 世纪以来的商业智能（business intelligence）、智慧管理（wisdom management），客户关系管理的概念与内涵始终处于不断丰富、不断发展的过程中。

1. 接触管理

接触管理的概念产生于 20 世纪 80 年代的美国，当时的一些美国企业为了进一步降低成本和提高效率，将关注的重点放在了对企业管理流程的改进上。于是，这些企业开始重新设计自身的业务流程，不但开始专门收集客户信息和管理客户互动，而且在营销管理的过程中引入了当时最新的技术手段。以收集客户信息为例，面对客户关系，企业就需要思考至少五个与"W"有关的问题，即在什么时间（when）、什么地点（where）、以什么方式（how）、与什么人（who）及为什么（why）接触，相关信息也将成为企业竞争优势的重要来源。以技术改善为例，随着资讯技术、计算机技术、数据库技术及互联网技术的发展，诸如企业资源计划（enterprise resource planning）、销售自动化（sales automation）、客户服务和支持（customer service and support）等管理工具和系统也逐渐被应用到客户关系管理之中，企业的内部管理效能和外部感知能力都得到了很大程度的改善。

实际上，客户关系来源于客户接触，企业只有管理好了客户接触的过程与结果，才能正确、有效地达成预期的商业目标。可以说，接触管理是客户关系管理的开始，如何以正确的方式来面对客户开始成为市场营销的重点。

2. 关系营销

关系营销的概念于 20 世纪 80 年代由美国学者巴巴拉·本德·杰克逊（Barbara B. Jackson）等提出，企业与客户如何依托一定关系来开展沟通与合作的问题开始成为市场营销领域的研究热点。具体而言，关系营销中的关系不再仅仅局限于商品买卖关系，客户也不再仅仅是指商品或服务的终端消费者。企业既需要与消费者、供应商、分销商及代理商等直接相关的客户建立关系，也需要同竞争者、政府、行业协会、媒体及公众等间接相关的客户保持联系。由于关系营销强调企业与客户的双向沟通、合作共赢及情感维系等跨学科理念，因此其使企业能够更加全面和真实地认识商业市场及其运行规律。相比于传统的交易营销，关系营销更加突出了人与关系在营销活动中的作用，因而这一理念与方法将市场营销理论又向前推进了一大步。如今，关系营销理论已成为客户关系管理最主要的基础理论之一。

3. 客户关怀

客户关怀的概念出现在 20 世纪 90 年代初，是一种基于接触管理的客户服务标准化理念。在这一时期，企业的管理者开始认识到，市场竞争的基本模式已经由传统的产品竞争发展为服务竞争。企业需要将客户置于营销活动的中心位置，而面向客户服务的质量的好坏成为决定企业能否把握客户关系并从中获益的关键。为此，企业必须强化针对客户需求的各种服务，涉及的内容贯穿了市场营销的所有环节。

具体而言，在实施客户关怀的过程中，企业需要做好四项工作。其一，向客户提供有关商品和服务的信息或建议，即做好客户服务（customer service）；其二，保证商品的质量符合有关标准或规定并能够满足客户的使用需求，即做好产品质量（product quality）；其三，着力强化客户在交易过程中获得的良好感知或体验，即做好服务质量（service quality）；其四，提供及时的售后信息查询、维修或维护服务及投诉处理程序等，即做好售后服务（after sales service）。可以说，全方位的客户服务在帮助企业建立良好客户关系的同时，也逐渐使企业将开展营销活动的目标调整为不断满足差异化的客户需求和尽最大努力来实现客户期望。因此，客户关怀思想很好地推广了客户关系管理的理念。

4. 呼叫中心

呼叫中心也被称为客户服务中心，在 20 世纪 90 年代中期以后开始发展与普及。这是一种销售自动化、客户服务与支持、营销策划、现场服务及计算机电话集成技术（computer telephony integration，CTI）等的销售与服务一体化信息服务系统。这一系统大量使用了各种先进的通信技术与计算机网络技术，使得企业能够为客户提供更高质量、更高效率的全方位服务。具体而言，企业能够为客户提供具备交互功能的整体解决方案，方案内容涉及信息整合、销售跟踪、市场分析及客户服务等各个环节。依托呼叫中心，企业可以迅速掌握客户的需求与动向，并及时采取相应措施，从而在消除客户抱怨、提高服务质量、满足客户期望的同时，抓住问题的实质、提升反应的效率、降低管理的成本。可以说，呼叫中心就像是企业开展客户关系管理的"中枢神经"，为企业的对内管理与调度、对外联络与服务起到了十分有效的协调衔接作用。

如今，以客户需求为中心、为客户提供"一站式"服务的呼叫中心被广泛应用于企业的各个部门，如客服部门、销售部门、技术部门、售后部门及物流部门等，效率至上、服务优先的理念也得到了广泛的认同。

5. 商业智能

商业智能也被称为商业智慧，于20世纪90年代末迅速普及。最初的商业智能仅仅是指一类由数据仓库、查询报表、数据分析、数据挖掘、数据备份和数据恢复等组成的技术应用。从实践来看，商业智能又是一种综合型的管理系统，其应用范围包括客户分析系统、客户联络系统、市场细分系统、信用评价系统、产品收益系统、库存运作系统及商业风险系统等。随着这一概念在客户关系管理领域的应用，越来越多的企业从先进的技术中获得了收集和处理客户信息的能力，进而积累起足以立足市场的竞争优势。

如今，商业智能已发展为一种基于现代数据仓库技术、线上分析处理技术、数据挖掘和数据展现技术等的技术性管理决策工具，并成为企业将信息与数据转化为知识与能力的重要解决方案。对于企业而言，商业智能的最大好处是使数据"活"了起来，并自动"读"出了隐含的信息、知识与商机，这不仅提高了企业面对市场的反应能力与应对效率，而且能够把企业的决策者从繁重的数据解读工作中解放出来，使他们能够有充分的时间和精力来思考客户关系管理中的其他问题。

6. 智能管理

近年来，各种先进技术的大发展带来了企业管理模式的飞跃，智能管理和智能企业等概念也相继出现并开始普及。智能管理是一种以提升管理系统的智能水平为主要目标的管理理念和实现方法，表现为人工智能概念与传统管理学、计算机网络技术、信息管理科学等的交叉融合。智能企业（intelligent enterprise）则是指能够全面运用现代智能管理理念、方法与技术的"人机协调"型企业。这里的"人机协调"不仅包含传统信息管理中的技术体系，而且延伸到企业商务活动中的业务流程、营销模式、内部管理及客户关系管理等各个层面，进而帮助企业实现智能计划、智能执行、智能控制及智能决策等。

一般认为，智能企业的管理成效主要体现在三个方面，分别是战略管理、人的管理和智能管理。其中，战略管理是在宏观层面规划和实施企业的中长期发展路径，人的管理是在微观层面认知和控制企业的最真实的运转机制，智能管理就是将人的智慧与组织的流程相结合，从而达到智能化、自动化、信息化的管理效果。需要注意的是，目前的智能管理技术仍然需要发展，很多概念和应用并未完全成熟，真正实现智能管理的企业还很少。但是作为企业创新管理的最新发展方向，其对客户关系管理的作用和影响将是持续的和深远的。

（二）客户关系管理的定义

1. 对现有定义的梳理

关于客户关系管理的定义，无论是学术领域还是实践领域都还没有形成统一的表述，不同的学者或企业给出了不同的解释。尽管如此，客户关系管理的基本内涵已比较清晰，无论是强调营销理念，还是技术手段，以客户为中心的核心思想已成为创新现代企业市场营销管理模式的基本共识。

最早给出客户关系管理定义的是美国的高德纳公司（Gartner Group），这是一家世界级的权威 IT 研究与顾问咨询公司。该企业认为，客户关系管理就是为企业提供全方位的管理视角，赋予企业更加完善的客户交流能力，以及使客户的收益率最大化。而客户关系管理概念的提出是基于传统供应链管理的局限、互联网等技术的普及和市场需求与竞争的变化等因素。高德纳公司重新界定了客户、客户与企业的关系，并将客户关系管理升级为一种 CRM 系统。对于开展客户关系管理的企业而言，企业的商业模式必须向客户与客户关系倾斜，即突出"客户"的中心位置，其中，客户信息是基础，客户满意是目标，而技术与解决方案是手段。

美国的国际商业机器公司（IBM）对客户关系管理的概念进行了补充。该企业认为，客户关系管理是企业识别、挑选、获取、发展和维护客户的整个商业过程。这一管理过程包括两项主要内容。一方面，实施"以客户为中心"的关系管理应当成为企业的客户战略。企业要通过实施一系列技术手段来识别客户及客户需求。通过加强对来自所有接触点的数据信息的管理，企业可以从客户的行为中分析出客户的需求，从而使企业能够有针对性地向客户提供商品和服务。另一方面，整合企业内外部资源的流程管理也要成为企业的工作重点。企业要尽力完善内部的组织结构与业务流程，要在营销中做好整合数据来源、消除信息冗余、便捷查询渠道、共享分析结果等工作，以便企业的各个部门能够形成完美的营销整体，从而提升客户服务的质量和效率。

除此之外，客户关系管理还有一些其他角度的定义。例如，苏朝晖（2018）认为，客户关系管理是建立在营销思想和信息技术基础之上的、先进的管理理念与策略，是专门研究如何建立客户关系、维护客户关系、挽救客户关系的一门科学。吕慧聪等（2016）认为，客户关系管理是指企业运用一定的资源、政策、结构和流程来了解客户、分析客户、选择客户、获得客户和维系客户，在充分满足客户需要的基础上提高客户忠诚度和终生价值，提升企业盈利能力和竞争优势，以及为此而开展的所有活动。林建宗（2013）、马刚等（2015）认为，客户关系管理是企业为提高核心竞争力，树立以客户为中心的发展战略，并在此基础上开展的包括判断、选择、争取、发展和维护客户等所需实施的全部商业过程。客户关系管理也是企业以客户关系为重点的工作实践，是企业全部业务流程、管理方法、解决方案的总和。

2. 对现有定义的归纳

经过梳理，各种与客户关系管理有关的定义可大致分为理念类、技术类和机制类三种主要类型。

第一，客户关系管理是一种先进的管理理念。将其称为理念，是因为客户关系管理重新审视了客户、企业、市场及三者之间的关系，并对市场营销活动中的关键因素进行了重新定义。在新的管理理念指导下，客户取代产品成为企业商业活动的中心，关系及其潜在资源成为企业竞争优势的来源，长期互动也取代短期交易成为企业盈利的基础。为此，客户关系管理常常被定义为关系管理、对人的管理、长期管理及战略管理等。其作为一种宏观层面的管理理念，企业的思维与行动都被提升到了更高的层次，相应的管理思路也会做出调整。企业应当以客户需求为导向，通过收集与分析客户信息来细分客户市场，通过差异化的客户服务和良好的客户互动来提高客户满意度与客户忠诚度，并最终获得长期稳定的商业利润。可以说，客户关系管理的理念不但揭示了市场营销活动的本质，更为市场中的企业指明了管理创新的方向。

第二，客户关系管理是一种创新的技术手段。大量应用新技术是客户关系管理有别于传统管理模式的重要特点。技术不但提高了管理的效率与质量，而且衍生出了一系列专业应用、技术软件及智能系统，使得很多在过去无法实现的管理目标能够快速达成。回顾各种技术在营销管理中的应用，从早期的信息技术、传真电话技术、计算机技术、互联网技术、多媒体技术，到后来的数据仓库与数据挖掘技术、呼叫中心技术、人工智能技术、电子商务技术，客户关系管理的发展始终跟随着科学技术的进步。为此，客户关系管理常常被定义为一种技术型的管理，甚至就是一系列用于管理的技术方法的集成。客户关系管理作为一种技术集合，其管理过程中的技术应用环节需要被企业重视。例如，企业可以依托数据分析工具来管理客户信息，利用现代通信手段来实施客户互动，借助人工智能来预警客户流失，甚至可以采用一整套 CRM 系统软件来自动化完成各项营销管理工作。可以说，今天的客户关系管理之所以能够面向客户与市场提供成套的解决方案，先进的技术是最为主要的实施手段和保障。

第三，客户关系管理是一种具体的商业机制。所谓机制，是指客户关系管理既拥有一定的逻辑结构，又具备一定的运行规律。一方面，客户关系管理要求企业重塑其业务流程。围绕如何满足客户需求这一核心问题，企业需要在商品生产、市场营销、销售实现、客户服务和决策分析等领域进行结构性调整，从而保证企业与客户的接触和互动是符合双方期望的。另一方面，客户关系管理要求企业积极采取行动。针对如何提高客户满意度这一关键问题，企业必须切实兑现向客户做出的各项承诺，以快捷、周到和优质的服务来吸引客户、维护客户及挽回客户，从而实现企业在市场份额和利润水平方面的稳步增长。为此，客户关系管理也常常被定义为一种能够适应最新市场变化和技术要求的机制、原理或方法。作为一种管理机制，客户关系管理对于企业的帮助也是非常明显的。随着客户关系的持续稳定和不断强化，客户资源的真正价值将逐渐显现。例如，企业的资源配置状况将更加优化，各项经济成本将进一步降低，商品或服务的销售周期也会缩短，此时，能否获取商业利润已不再是企业需要考虑的主要问题了。

综上所述，客户关系管理是一个包含管理理念、技术手段和商业机制的综合概念。需要注意的是，客户关系管理也是一个发展中的概念，它既来源于市场也应用于市场，任何企业都需要在商业实践中不断检验和修正对它的理解和应用。

（三）本书对客户关系管理的定义

基于以上围绕客户关系管理的历史和定义的梳理，本书将客户关系管理定义为：客户关系管理是企业在市场营销过程中，以客户满意和客户忠诚为导向，以现代信息技术为手段，以客户识别与细分、客户互动与沟通、客户保持与挽回、客户关怀与服务等为内容，以长期合作共赢为目标，积极主动开展的各项商业互动与社会交往。

一、营销理念的变革

回顾营销理念的发展历程，观念、理论与方法始终是推动企业改变商业模式、创新业务流程和提升市场价值的思想源泉。作为最高层次的指导思想和行为准则，营销理念不仅深刻影响着企业的各项经营管理活动，也是企业经营哲学与思维方式的集中反映。百年来，营销学经历了从传统营销理念向现代营销理念的发展，先后出现了生产理念、产品理念、推销理念、市场理念、社会理念及整体理念等，基本实现了从以经济活动和经济关系为重点的旧理念向以社会活动和社会关系为重点的新理念的变迁。从企业实践和市场反应来看，营销理念每向前发展一小步，企业综合能力的提升就会向前迈进一大步，其中，就包括了管理能力、营销能力、盈利能力及竞争能力等综合能力的提升。客户关系管理正是营销理念变革的产物，特别是当社会营销理念出现以后，客户与客户关系成为营销活动的关键内容。

（一）传统营销理念

1. 生产理念

生产理念（the production concept）产生于19世纪末20世纪初，是一种最为传统的营销思想。在那个时代，工业经济的发展水平还不高，社会生产力水平也相对较低，整个商业市场处于产品供不应求的卖方市场状态。对于消费者而言，企业生产什么样的产品，市场上就只销售什么样的商品，企业及其生产活动构成了市场经济的核心。那时的企业，几乎不用考虑客户的需求和感受，以产定销、产销分离的情况十分普遍。企业家的主要精力和全部资源都投入到增加产量、扩大生产、提高效率和降低成本等直接与生产相关的活动中。由于企业主导着市场需求的满足程度和发展方向，因而生产理念也被称为生产中心论。例如，日本的丰田汽车公司在1937年以前还只是丰田自动织布机公司的一个分部，而到了1947年，这家新兴的汽车生产企业的汽车产量就超过了10万辆。显然，生产规模的快速扩大是贯彻生产理念的直接结果。如今，生产理念的弊端已十分明显，随着市场环境的不断变化，只重视生产而忽略客户的思想已很难使企业获得成功。

2. 产品理念

产品理念（the product concept）产生于20世纪初，是一种由生产理念发展而来的传统营销思想。随着生产力的发展和商品种类的丰富，商业市场中的卖方竞争也日趋激烈起来。对于消费者而言，产品在各个方面的吸引力成为影响其选择的重要因素。由于消费者在市场中的影响力增强，此时的企业开始做出调整，表现为更加重视产品的质量、款式、功能、特色及成本等。在这一时期的企业家眼中，只要产品能够得到消费者的认可，顺利销售是自然而然的，优质的产品几乎成为打败竞争对手、扩大市场份额和持续获得盈利的唯一竞争力。由于提高或改进产品的质量和功能已成为企业赢得客户的主要做法和基本思路，因而产品理念也被称为产品中心论，诸如"酒香不怕巷子深""皇帝的女儿不愁嫁""真金不怕火炼"等思想就带有明显的产品理念特点。

需要注意的是，产品理念也存在着局限性，如果企业过分关注产品及其生产过程，就很容易忽略市场需求的动态变化，从而造成只顾眼前、不看将来的"市场营销近视"问题。这不利于企业的长期发展。可见，产品理念并没有突破生产理念的束缚，仍然是一种将企业与客户分割管理的营销思想。

3. 推销理念

推销理念（the selling concept）兴起于 20 世纪 20 年代，是一种以刺激销量增长为目标的传统营销思想。随着企业生产能力的进一步提升，很多企业都出现了产量过剩、库存积压、销路不畅等问题，加之市场上的同类商品越来越多，如何迅速将商品销售出去成为企业的工作重点。这一阶段的企业家认为，消费者的购买行为具有明显的惰性，在消费行为上表现为少量购买、偶尔购买和被动购买。因此，企业必须主动实施强大的销售手段，加大推广商品、宣传商品的措施力度，从而达到说服、感动、刺激消费者，使其购买甚至勉强购买商品的实际效果。有时候，企业的推销人员即使明知消费者会产生抵触情绪或抗拒思想，也要想方设法地让消费者不得不做出购买的行动。一时之间，各个企业纷纷开始重视推销业务，出现了专门的推销机构、专业的推销人员及五花八门的推销方法。例如，当 1929 年至 1933 年的那场经济危机席卷整个欧美市场之时，企业面临着空前严重的"生产过剩"问题。此时，销售环节完全超越生产环节成了企业维持经营、避免倒闭的核心环节。

如今，诸如送货上门、广告轰炸、营销疲劳战等手段依然符合推销理念，一些企业的目光和行动仍然是短视的和唯利的。很显然，这些企业更关心消费者的钱袋而不是消费者本身。由于推销理念仍然着眼于产品，继续"以产品为中心"，因而其更像是在销售环节对产品理念的一种修正与补充。

（二）现代营销理念

1. 市场理念

市场理念的全称为市场营销理念（marketing concept），发展于 20 世纪 40 年代末，是一种以消费者的需求或欲望为导向的商业思维。二战以后，随着世界经济和市场环境的进一步变革，传统的卖方市场逐渐发展为买方市场，消费者、顾客、用户等买主成为决定市场价格的主要力量。从这时起，企业间的竞争不再仅仅局限于生产技术和产品质量，还扩展到了争夺客户。企业家们认识到，掌握并满足消费者的需求和期望是生产和销售商品的关键，而企业此时的主要工作就是想方设法地使客户满意。于是，企业会集中资源与力量去设计生产受欢迎、有市场的产品，尽可能满足消费者的偏好和兴趣，从而使消费者能够主动购买企业的商品。例如，"顾客至上""消费者就是上帝""客户都是对的"等口号或广告语就是对市场营销理念的反映。

需要注意的是，同样是看重销售环节，推销理念和市场理念又是两种不同的营销思想。推销理念以产品为中心，关注点是商品的销售情况，并不关心客户的真实需求；而市场理念以客户需求为中心，关注点是客户的评价与感受，对商品的重视也基于客户的需求。可以说，从推销理念的以产定销到市场理念的以销定产，是营销思想和管理哲学的一次飞跃。在市场理念的指导下，市场调查、需求分析、目标顾客、顾客满意、顾客忠诚等概念相继出现，市场中的客户、客户关系及客户价值也开始得到越来越多企业的重视。

2. 社会理念

社会理念的全称是社会市场营销理念（social marketing concept），出现于 20 世纪 70 年代，是一种将社会长远利益纳入商业考量的营销观念。随着世界各国的加速工业化和城市化，诸如生态环境污染、恶性价格竞争、不健康消费观念等现象不断出现，这些问题不但引起了公众和政府的注意，还迫使人们开始反思经济活动的目的和意义。后来，绿色营销、良性竞争、理性消费等倡议相继被提出，并引发了激烈的讨论。这些社会讨论又进一步推动了社会市场营销理念的发展，人们开始意识到商业活动不仅与直接参与交易的企业和消费者相关，还会间接影响其他社会成员的利益。例如，按照这一营销理念，制售伪劣产品、宣传虚假广告、贩卖野生动物等行为都属于损害社会利益的不道德行为，这样的企业及其商品应该受到全社会消费者的抵制和反对。因此，企业不应该只顾眼前利益而忽视整个社会的长远发展，社会中的局部利益和整体利益必须实现协调发展。

实际上，社会市场营销是对市场营销理念的补充和发展，它在强调企业要重视市场需求和客户感受的同时，增加了对社会整体利益的重视，从而将企业利益、客户价值和社会福利有机地结合起来。同时，社会理念从关心客户的层面上升到了关心人类和地球的高度，从而成为一种具有可持续发展特征的战略营销理念。

3. 整体理念

整体理念的全称是整体市场营销理念（total marketing concept），由营销学专家菲利普·科特勒于 20 世纪 90 年代提出，是一种放眼企业长远利益、考虑各方协同配合的综合型营销思想。随着社会市场营销理念的广泛应用和渐入人心，人们意识到企业已不再是市场中的孤立个体，企业的商业活动不但受到各方力量的影响和约束，甚至可能出现"牵一发而动全身"的连锁反应。为此，企业的营销过程必须着眼于一个"社会整体"，其中就包括了供应商、分销商、最终顾客、内部职员、财务公司、政府部门、同盟者、竞争者、大众传媒及社会公众十个主要关系方。企业的营销活动进而转变为针对这十种"客户"的全面营销，前面四种关系构成了营销中的微观环境，后面六种关系反映了营销中的宏观环境。于是，按照整体理念的要求，企业对内对外都要做出调整。在企业内部，各个部门或机构要全力配合营销部门的工作，将服务客户的理念融入全体员工的工作当中，从而形成整体性的营销合力。在企业外部，企业与各个广义"客户"要保持稳固的互动联系，使企业优质的商品、周到的服务及负责任的行动深入人心，从而形成良好的社会形象和大众口碑。总之，整体理念下的企业应当具备宽广的视野和包容的胸怀，能够将企业的内外环境有机结合，并寻求与各个关系方建立起长期稳定的合作关系。

值得一提的是，整体理念还指出，追求共同利益已成为当代企业开展营销活动的基本前提，企业的局部利益与市场中的整体利益是密切相关的，商业上的任何自私、片面和不讲道德的做法都是不可能成功的。

（三）各种营销理念的比较

从传统营销理念到现代营销理念，企业对客户、市场及自身的认识都发生了很大变化。在这一背景下，客户关系管理的思想得以出现并被越来越多的企业认可和应用。通过比较前文梳理的六种代表性营销理念，我们可以明显看出客户关系管理理念从无到有、从弱到强的发展脉络（表1-1）。

表1-1　六种代表性营销理念的比较

类型	营销理念	兴起时间	核心思想	主要策略	代表性口号
传统营销理念	生产理念	19世纪末至20世纪初	以产品生产为中心	提高生产效率，扩大生产数量	"我生产什么，你就买什么""以产定销"
	产品理念	20世纪初	以产品质量为中心	提高产品质量，增强产品功能	"我的产品好，你就可以买""酒香不怕巷子深"
	推销理念	20世纪20年代	以产品销售为中心	强化广告宣传，加大推销力度	"我们卖什么，你就买什么""上门推销"
现代营销理念	市场理念	20世纪40年代末	以客户需求为中心	重视客户需求，开发客户价值	"客户需要什么，我们就销售什么""客户都是对的"
	社会理念	20世纪70年代	以社会利益为中心	注重社会形象，谋求长远利益	"社会怎样要求，我们就怎样做""我为人人"
	整体理念	20世纪90年代	以社会整体为中心	拓展客户关系，力争互利共赢	"换位思考""合作双赢"

资料来源：编者整理。

二、市场竞争的驱动

市场竞争是推动客户关系管理兴起的重要力量。不断变化的市场竞争环境促使企业不断反思和调整自身的商业策略，进而不断探索持续盈利的方法和路径。竞争环境的变化也反映在企业竞争力的演变过程当中。

（一）企业竞争力

企业竞争力（firm competitiveness）是指在激烈的市场竞争环境中，企业通过对外获取资源、对内提升能力，进而在赢得客户、获取价值、提高效率及持续盈利等方面培养和积累的综合能力。在传统管理学中，企业竞争力应该包括三个方面的能力。

其一，企业的产品应当具有竞争力。产品是企业营销的主要标的物，企业围绕产品产生的生产能力、质量控制能力、成本控制能力、研发能力、推销能力及售后服务能力等都是企业在产品层面的竞争力。

其二，企业的制度应当具有竞争力。制度既是企业组织制度和管理制度的总称，也是企业内外部各种社会关系的总和，企业开展经营的管理能力、营销能力、应变能力、创新能力等就是企业在制度层面的竞争力。

其三，企业的理念应当具有竞争力。理念是指导企业一切商业活动的最高思想，决定了企业发展的基本格局，企业的战略眼光、行为方式、客户思维、市场认知等反映了企业在理念层面的竞争力。

可以说，产品、制度和理念代表了企业竞争力由弱到强的三个层次，而企业提高竞争力的基本思路，就是在这三个方面不断进行改善和创新。

（二）企业营销竞争力的来源

对企业竞争力三个层面的划分只是对竞争能力内涵的总体描述，务实的企业家们更看重企业的营销竞争力及其直接来源。所谓营销竞争力，是指企业依据市场竞争环境和自身资源条件，以创造客户价值和促成双赢交易为目的，通过系统化地改进或强化市场营销环节所形成的、超越竞争对手的盈利能力或市场控制能力。现有研究表明，拥有一定的营销竞争力，不但能够促进新创企业成功创业，而且能够很好地支撑企业的持续成长，因而企业的营销竞争力也被视为企业核心竞争力的重要组成。一般认为，企业的营销竞争力主要来自商品价格、商品质量、企业品牌、营销管理和客户服务五个方面，这五个方面也代表了企业营销竞争力从"以产品为中心"向"以客户为中心"的变迁过程。按照现代营销理念，企业营销竞争力应当建立在客户价值和企业价值协同发展的基础上，并最终表现为客户关系管理层面的综合竞争优势。

1. 商品价格

商品价格是影响消费者选择的最直接因素。按照经济学中的理性经济人假设，消费者是追求效用最大化的理性人，在正常情况下会表现出对价格的高度敏感和大的弹性空间。于是，商业市场中的相同或相似产品，在其他因素相差不大的情况下，价格更低者更受消费者欢迎，更具市场竞争力。于是，价格竞争一度成为商业竞争的主要手段，诸如降价、打折、额外赠送等做法至今仍是一些商家促销商品的常见策略。

需要注意的是，由市场需求所决定的价格具有客观性，一般企业很难改变，但是作为价格构成基础的成本是企业可以控制和管理的因素，因而价格竞争的实质是成本竞争。如果企业能够通过技术改进、流程优化、管理创新及培养客户信任等方式降低生产和销售商品的成本，那么就可以在市场上推出价格低于竞争对手的商品，从而获得明显的营销竞争力。正如学者迈克尔·波特（Michael Porter）在他提出的竞争力五力模型中指出的，成本优势是企业核心竞争力的重要来源之一。

2. 商品质量

商品质量是决定消费者交易的最主要前提。商品质量的内涵主要包括两个方面的内容。其一，商品的内在质量，如商品的性能、结构、物理特征及化学成分等。其二，商品的外在质量，如商品的外观、形状、颜色、重量及气味等。商品的内外质量共同决定了商品的耐久性、可靠性、安全性及经济性等多种特性。企业与消费者之间的交易本质是一种交换活动，商品交换就是企业向消费者让渡商品的使用价值和实现商品的价值的过程。众所周知，使用价值是商品能够满足人们某种需要的自然属性，由于商品质量的好坏与使用价值的高低直接相关，因而质量也就成了影响商品价格和需求数量的重要因素。

于是，企业必须保证其商品质量能够满足消费者的需求并得到市场的认可，诸如狠抓质量、引进设备、升级技术及品质检测等手段就是很多企业常用的"以质取胜"策略。甚至有一种观点认为，一个不向市场提供优质商品的企业是不可能具有营销竞争力的。而企业为了提升商品在质量方面的竞争力，势必加强质量管理，以确保商品质量具有充分的"比较优势"。例如，如今很多企业都开始引入全面质量管理（total quality management，TQM）的概念，即一个以质量为核心，以效率为基础，以客户满意为目标的系统性管理机制。各种质量管理策略中，包括了著名的 PDCA 循环模型，即"计划（plan）—执行（do）—检查（check）—处理（act）"四阶段循环的质量持续改进方法。可以说，企业管理和控制质量的能力就是企业最根本的竞争力。

3. 企业品牌

企业品牌是吸引消费者购买商品的重要工具。

一方面，优质的品牌能够为企业创造可观的价值。从表面上看，品牌（brand）是方便消费者识别企业及其商品的特殊标志或符号，但是从实质上理解，品牌又具有三种战略价值。其一，品牌是企业对商品质量和服务水平的一种承诺或保证。在消费者眼中，品牌既是对企业过去商业行为的综合反映，也代表着消费者可以获得的期望价值。越知名的品牌，往往代表着越优质的商品或服务，因而消费者也更愿意购买。其二，品牌是支撑企业持续获利的无形资产。在企业家眼中，品牌具有相应的市场号召力，能够使企业获得稳定的消费者群体。作为一种特殊的资产，品牌既依附于商品和服务，又独立于商品和服务，是一种既具有价值又能够产生价值的竞争性资本。其三，品牌还是企业文化或经营理念的象征。企业可以借助品牌来宣传自己的价值观念和客户理念，进而凝聚起认同企业、认可商品的消费者群体。优质的品牌理念不仅立足于企业与消费者的利益，而且能够与社会大众的公共利益协调一致，更加着眼于营销市场的可持续发展。

另一方面，优质的品牌又能为企业带来持续的竞争优势。所谓竞争优势，是指在同一市场当中一家企业所表现出来的相比于另一家企业更高的现实或潜在的竞争力。优质的品牌赋予了相应企业更大的竞争优势，具体体现在三个方面。其一，消费者对优质品牌具有更高的满意度和忠诚度，这不仅使企业的客户群体更加稳定，还极大地降低了企业的营销管理成本。其二，供应商与分销商等上下游客户对优质品牌具有更强的依赖性，由于它们更愿意经营高质量的商品和服务，因而企业在产业链中的地位将更加稳固。其三，商业市场对于优质品牌具有更高的认知度和认可度，这不仅有利于企业拓宽商品和服务的销售渠道，更能使企业在相对更高的价格上持续获利。可以说，品牌的优劣是关系企业营销竞争力的重要因素。为此，企业间的竞争又表现为品牌之间的竞争。各个企业都会注重创造、维持和保护自己的品牌，并形成独特的品牌经营能力。

4. 营销管理

营销管理是提升企业营销竞争力的最直接手段。所谓营销管理（marketing management），是指企业在建立和保持与目标市场之间的交换关系的过程中，在营销流程的各个环节中实施的计划、组织、协调、控制及创新等活动。概言之，营销管理就是企业针对目标市场需求所实施的各种管理。一般认为，营销管理的重点是市场需求的管理和供应链的管理。其一，对于市场需求的管理，企业要能够充分认知市场和细分市场。由于市场需求来源于不同的行为主体，诸如消费者、经销商、供应商及企业自己的销售人员等，他们都在营销活动中表现出了不同层次和不同内容的需求，因而企业需要将市场进一步分类，分别实施差异化的营销对策。其二，对于供应链的管理，企业应当认知并维持与各个关系方之间的价值增值链或价值让渡系统。管理供应链不仅涉及管理企业的常规分销渠道，还包括对销售机构、人员、服务、策略及过程的全面管理。企业唯有优化与整合面向市场需求的供应链，才能在传递客户价值和实现商品价值上优于竞争者。

实际上，系统性营销管理的思路已经十分接近客户关系管理的理念，在企业需要面对的众多关系方中，竞争者也被视为必须考虑的重要"客户"。企业必须识别竞争者、了解竞争者和应对竞争者，即只有在知己知彼的情况下才有可能参与竞争和赢得竞争。如今，实施竞争性营销策略已成为大部分企业培育营销管理竞争力的主要方法。竞争作为一种基本意识早已融入企业营销管理的各项工作中。

5. 客户服务

客户服务是提升企业营销竞争力的最新领域。服务是一项内涵丰富的概念，在经济学中，服务是一种特殊形式的劳动产品，反映的是劳动这一活动本身的特殊使用价值；在管理学中，服务又是可以给人带来某种利益或满足感的无形活动，依附于人与人之间的某种接触或联系。由于服务具有无形性、价值性、异质性、互动性及易逝性等特征，因此管理并保持服务的质量与效果是一项十分困难的工作。在市场营销领域，企业虽然围绕客户服务（customer servicing）的竞争已十分激烈，并表现出了差异化、多样化的特征，但是对于如何理解和把握客户服务并没有形成普遍的共识。

有的企业认为，客户服务就是一种营销"表演"，企业的员工是"演员"，而客户就是"观众"。显然，这种观点是片面的、不正确的。实际上，客户服务的核心功能是实现从客户需求到客户满意的价值让渡过程，是一项需要企业扎实付出并产生实际效果的具体工作。还有的企业认为，服务是一种外在的简单劳动，加之创新性服务很容易被学习和模仿，因而企业对服务的投入和改善很难形成核心竞争力。显然，这种观点也是肤浅的、错误的。

实际上，客户服务具有很强的互动性、依赖性和针对性，企业向客户提供服务的过程就是形成稳定的客户关系的过程。如今，仅仅依靠商品已不能为企业带来多少竞争优势，而真诚、可信、富有情感的客户服务更能够打动市场中的目标客户。可以说，服务竞争早已成为程度最为激烈的一项竞争。

综上所述，市场竞争的重点正在从商品转向服务、从技术转向客户、从价格转向价值，正是这一系列围绕企业营销竞争力的变化促进了客户关系管理的发展。

三、客户行为的引领

客户的观念决定了客户的行为，客户的行为又与商品或服务的交易过程密切关联。探究客户观念与客户行为的变迁有助于企业准确把握客户的期望与感受，从而采取措施建立和发展健康稳定的客户关系。由于消费者是最常见的一类客户，因而消费观念和消费行为的变化最能反映商业市场中客户价值取向的变化。站在客户的角度，随着各个企业在商品质量、价格、品牌及服务等方面的同质化，客户如何做出消费选择就变得更加主观和随意了。此时，企业的个性化服务就成为吸引客户的主要手段，企业的主要精力也逐渐投入到如何打动客户和抓住客户等具体问题上。

（一）客户行为的基础

1. 消费观念

消费观念（consumption concept）是人们在选购商品或服务时，所坚持的价值取向和思维方式。消费观念也是消费行为的指导思想，消费者会在做出购买行为之前，根据自身的消费习惯、支付能力及需求情况等基本条件，对可能选择的消费对象、消费方式、消费过程及消费效果等做出评价与判断，从而使看似随意的消费行为具备了特定的规律和逻辑。回顾市场经济的发展历程，消费观念的形成与变迁始终与社会生产力的发展水平和社会文化的发展进程相适应，落后的消费观念总会被先进的消费观念所取代，观念的更新始终引领着行动的跟随，进而引领企业各项营销策略的动态调整。

2. 消费行为

消费行为也被称为消费者行为或客户行为（customer behavior），是消费者为获取、使用某种商品或服务所采取的调查、筛选、比较、购买、反馈等行为。消费行为有时也可被理解为消费者购买商品或服务的整个决策过程。在商业活动过程中，消费行为与企业行为密切联系，企业在与消费者建立交换关系的同时，也就和消费者共同构成了一个利益整体。为此，企业需要重视售前、售中和售后阶段的服务质量和互动效果，从而促使客户的消费行为能够向着有利于企业的方向积极变化。

需要注意的是，消费观念深刻地影响着消费行为。由于市场中的企业很难改变人们的消费观念，因而营销策略的主要效果只能作用于消费行为。而客户关系管理就是帮助企业掌握和影响消费行为的新兴方式。通过与客户的接触与互动，企业不但能够准确把握相应消费行为的变化特征，而且可以从相应的消费观念中深挖客户需求、掌握消费动机。

（二）消费观念的变迁

目前，消费观念的变迁大体经历了三个阶段，分别是理性消费阶段、感性消费阶段和情感消费阶段。

1. 理性消费阶段

理性消费观念（rational consumption concept）产生于工业化的初期，多见于经济发展水平较低的市场当中。

一方面，企业占据着掌控市场供给的强势地位。由于企业生产商品的能力还十分有限，而消费需求又十分旺盛，因而商业市场符合卖方市场的典型特征，存在严重的供不应求现象。此时，企业的主要注意力是扩大商品产量、提高生产效率，并不会真正关注消费者的具体需求和偏好，从而呈现出重生产而轻市场的经营管理特征。

另一方面，消费者处于需求难以满足的弱势地位。由于消费者的收入普遍不高，市场供给的商品种类又不够丰富，因而选购商品的标准就变得十分简单和直接。此时，消费者的关注点主要是价格和质量。例如，商品在价格上要物美价廉、货真价实，在质量上要真材实料、经久耐用。可以说，商品质量的"好"与"坏"决定了消费者的购买行为。因此，此时的消费者面对市场是十分理性的，即充分追求效用的最大化和决策的合理化。

2. 感性消费阶段

感性消费观念的产生以社会生产力的发展为背景，随着人们可支配收入的增加和商品种类的丰富，人们的消费观念被提升到了新的层次。在感性消费阶段，消费者选择商品或服务的标准不再仅仅局限于价格和质量等低层次因素，还是开始考虑外观、档次、品牌和渠道等高层次特性。此时，消费者的市场影响力不断提高，并部分掌握了市场交易的主动权。例如，有的消费者在交易中不再表现得斤斤计较、处处理性，甚至愿意花费更多的金钱去购买款式更新、质量更优或口碑更好的商品。可以说，对商品的"喜欢"或"不喜欢"逐渐成为决定消费者购买行为的主要因素。

对于市场中的企业而言，随着企业间竞争的加剧，供不应求的现象逐渐转变为供大于求的现象，即卖方市场转变为买方市场。此时，企业的工作重点从生产环节移动到了销售环节，并开始思考如何在营销过程中吸引消费者、方便消费者和稳住消费者。例如，有的企业通过丰富商品的颜色、样式、造型和功能等，以期满足更多消费者的需求；有的企业在销售过程中提供试用、赠品、包装及配送等服务，以提高商品的附加价值来促销；还有的企业甚至通过打造和营销高档品牌，刺激有条件的消费者进行非理性消费。可以说，消费观念的变化引起了生产观念的变化。因此，此时的消费者在面对市场时是十分感性的，个人感觉的"好"与"坏"成为企业不得不重视的因素。

3. 情感消费阶段

情感消费观念是现有消费观念的最高层次。这里的情感主要指消费情感，是顾客在消费商品或服务的过程中所产生的各种情感反应。研究表明，消费者的情感能够直接影响消费行为的动因、过程和效果，即积极的情感能够刺激购买、促进消费，而消极的情感则会干扰判断、抑制消费。随着商业市场中情感消费观念的出现，消费者和企业的交易活动也开始发生变化。对于消费者而言，商品的质量、价格、款式、品牌及便利性等传统因素已不能完全左右消费行为，人们开始看重整个消费过程的价值与体验。例如，购物环境是否时尚、舒适并令人赏心悦目，企业人员是否真诚、友善并让人值得信赖，购物过程是否愉快、有趣并使人印象深刻等。可以说，此时的消费者更加重视情感上的满足和心灵上的充实，对于企业全套商业活动的"满意"与"不满意"成了决定其购买行为的主要指标。

对于企业而言，此时的消费者已变得非常挑剔和难以满足。由于市场竞争已非常激烈，企业与每一个消费者的交易都显得困难且珍贵，因而任何消费者的流失都是不小的损失。为了能够与消费者建立长期稳定的交易关系，企业必须认清消费者的主要需求，并提供有针对性的商品和服务。例如，常见的个性化商品和服务、一对一营销及体验式消费等现象就是迎合情感消费观念的具体表现。在营销互动的过程中，企业还要与顾客建立信任、产生情感，进一步拉近与顾客的心理距离。只有这样，企业才能真正实现从客户满意到客户忠诚的跨越。

综上所述，消费观念经历了从外在化的理性消费到内在化的感性消费，再到个性化的情感消费三个阶段。在应对这一变化的过程中，越来越看重客户的需求与感受是企业营销策略的发展趋势，而客户关系管理的思想正好适应了消费观念与消费行为不断更新的基本要求。因此，客户行为的变化引领了客户关系管理的发展。

四、企业管理的要求

企业运营的核心是企业管理，而市场营销的过程就是企业管理客户、经营市场的过程。随着现代管理理念的革新和营销市场格局的变化，传统的企业管理模式已不能适应新的竞争要求。为此，改革低效率、高内耗的管理业务流程就成为摆在众多企业面前的一项紧迫任务。随着"以客户为中心"的理念逐渐深入人心，企业关注的营销管理重点也发生了变化。一般认为，大部分企业都经历了从客户信息管理阶段到客户知识管理阶段的演变。

（一）客户信息管理

客户信息管理是指企业对于客户概况、客户喜好、客户需求及客户交易等基本资料的各项管理工作。在企业与客户开展交易的过程中，客户信息的价值渐渐显露出来。从内容上看，客户信息主要包括描述类信息、行为类信息和分析类信息三种基本类型，分别反映了不同层次、不同价值、不同作用的客户情况。企业可以通过收集和分析客户信息，实现对客户需求与客户感知的有效掌握，从而获得及时探知商业先机、动态调整营销策略及持续稳定市场绩效等积极效果。

第一，管理客户信息可以使企业及时发现商业机会。所谓机会，实质上是一种市场需求的"可能性"，表现为只要企业营销得当，潜在的客户需求就能够转变为现实的经济价值。简言之，商业机会对于企业的含义就是"有利可图"。客户信息是企业了解客户及客户需求的最直接资料，收集与分析这些信息能够为企业的营销行动提供依据与支撑。例如，面对究竟谁才是企业最具价值的客户这一问题时，企业可以基于客户信息开展客户细分工作，在相对模糊的市场中找到真正偏好企业商品的具体客户，从而以最低的机会成本实施投入产出比最小的针对性营销策略。

第二，管理客户信息可以使企业及时洞悉市场变化，进而动态调整营销策略。众所周知，市场需求具有多变性、周期性和模糊性等特征，特别是随着服务竞争的加剧和消费观念的变迁，客户的需求更难被企业把握。而客户信息正好弥补了这一缺陷，使得企业可以通过观察客户信息的变动情况了解市场的变化趋势。例如，管理客户信息可以帮助企业完成对市场需求的预测工作。企业完全可以通过分析客户的行为类信息来准测客户的购买心理和消费习惯，从而掌握客户决策和客户行动的细微变化，以便提前采取改善商品与服务的相关措施。

第三，管理客户信息可以使企业长期保持绩效稳定。掌握尽可能详细的客户信息是管理客户与管理一般顾客的主要区别。一方面，客户信息本身与发展客户关系相关。在正常情况下，客户信息的完整程度越高，说明企业对客户的了解越全面，与客户的关系也越深入、越牢固。企业更愿意与这类客户开展业务，双方也更容易建立起相互信任的合作关系。另一方面，获取客户信息的过程就是保持与客户互动的过程。对于企业而言，客户信息不仅是开展客户细分的基础，也是进行客户互动的基础。通过频繁有效的客户互动，企业与客户可以增进相互了解、消除沟通障碍、强化共同目标，最终建立相互依赖的互利关系。例如，企业可以按照客户在信息中反映的不同特征，实施"因人、因时、因事而异"的差别化管理，从而将新客户发展成为老客户，将老客户发展成为长期客户，实现客户关系的频繁互动和持续稳定。

总之，客户信息是企业需要掌握的重要资源，而管理客户信息应当成为企业营销管理的重要环节。

（二）客户知识管理

知识是人类对各种认识和发现的提炼与总结，在商业活动中具有显著的价值性和竞争性。知识一般又可分为显性知识（explicit knowledge）和隐性知识（tacit knowledge）。前者可以被表达、被学习，是看得见、说得出的外在知识；后者则是特定情境下的不易表达、很难模仿的内在知识。知识的价值在于能够解决实际问题，例如，陈述性知识（declarative knowledge）能够回答"是什么""为什么"的问题，程序性知识（procedural knowledge）则能够解答"怎么办"的问题。

客户知识是企业与客户在共同的智力劳动中所发现和创造的有价值的资源。在内容方面，客户知识包含了客户信息类的显性知识和客户情感类的隐性知识。在作用方面，客户知识反映了客户的需求与偏好，描述了客户的状态与特征，其中的规律性结论还能够帮助企业预测客户的行为、兼顾风险与商机。实际上，客户知识的概念要比客户信息复杂得多，客户知识不仅来源于静态的客户信息，而且与收集客户信息的互动过程密切相关，诸如经验、教训、心得、眼界等都属于知识的范畴。另外，客户信息往往是分散、孤立、不成体系的资料或数据，企业很难根据支离破碎或杂乱无章的客户信息做出准确有效的营销决策。为此，只有经过整合、提炼、检验及共享的客户信息才能真正转化为能够形成企业核心资源的客户知识。因此，客户信息只是客户知识的基础，必须引入人的思考和行动才能使其变成具有商业价值的客户知识。

客户知识管理（customer knowledge management，CKM）是企业围绕客户知识的发现、获取、研究和应用等环节的管理工作。这项管理工作的重点是对客户知识进行分类识别、系统整合、共享管理和创新应用。在管理客户知识的过程中，企业能够更好地识别客户、认知客户，从而更准确地以客户需求与期望为导向，发展与客户之间的长期合作关系。实践表明，客户知识还是营销环节的一种重要战略资源。管理客户知识能够拉近企业与客户的心理距离，加速相互间的信任与情感的建立，从而促进企业核心竞争力的形成和持续发挥作用。

综上所述，简单的客户信息可以转化为复杂的客户知识，而企业在管理客户知识的同时，对客户关系的管理也随之展开。实际上，客户知识管理是客户关系管理的重要内容。在竞争日益激烈的市场环境中，谋求与客户建立长期的交易关系是大多数企业的营销目标。在客户关系管理中，企业必须大量收集客户信息，并将其上升为企业独特的知识资源，从而为后续的客户细分、客户互动、客户满意度与忠诚度管理等工作提供支撑材料。随着客户知识被应用到企业的生产、营销及管理等各个领域，企业收集客户知识与创新客户知识的能力也在不断提升，从而为企业带来源源不断的客户价值。

五、技术创新的推动

科学技术的创新与应用推动了客户关系管理的发展。例如，依托 CRM 系统软件，一些规模较小、能力不强的新创企业、小微企业也可以实现"一对一"营销、个性化营销、24 小时服务等、在传统商务模式下难以开展的工作。可见，新技术将过去只能想象而不能实践的管理目标变为了现实。

计算机、通信技术及互联网应用是支持客户关系管理现代化的技术基础，并由此衍生出了大量新技术和新方法。在各种新技术当中，电子商务技术、办公自动化技术、信息技术、数据挖掘技术、数据仓库技术、商业智能技术、知识发现技术等最具代表性。

随着以 CRM 系统软件为代表的各种技术应用的发展与成熟，客户关系管理在企业中的实践进程也在加快，企业营销管理的思路与效果会变得越来越清晰。相信，"以客户为中心"的营销理念将不再是企业层面的一句口号，而是一种能够得到广大客户认同的真实感受。

（一）技术应用的作用

第一，技术应用提高了营销管理的效率。现代信息技术和网络工具的大量应用，将传统商务活动变得信息化、网络化、电子化和数字化，从而大大节省了交易磋商和业务办理过程中的人力、物力和财力，实现了对交易成本的大幅度降低。特别是随着电话交易、网络交易等商务方式的普及，参与交易的双方无须见面即可交易，突破了传统商务活动中的时间和空间限制，实现了对交易效率的大幅度提高。

第二，技术应用扩展了营销市场的范围。现代市场营销的主要信息交流媒介是互联网，开放性的网络为企业的外向发展提供了便利。从理论上讲，开展交易的双方无论相距多么遥远，都可以开展电子商务类的线上交易，从而使普通企业也可以面向全球市场推销商品与寻求合作，能够更好地把握来自国际市场的商业机遇。

第三，技术应用提高了企业参与竞争的能力。网络化的在线办公系统使信息的传递更加快捷与透明，有利于企业及时掌握商业市场的最新变化，并及时采取相应的对策。特别是对中小微企业而言，信息是构成其竞争优势的关键资源，能够拥有和大企业一样的信息，无疑提升了其参与市场竞争的生存能力和竞争能力。

第四，技术应用创新了商务活动的模式。一方面，网络化的商务流程减少了经销商、代理商等中间环节，使生产商能够直接与终端消费者或客户进行交易，从而使企业能够更加贴近客户感知、了解市场需求。另一方面，集成化的商务流程重新组合了商品生产与流通的要素配置，使企业内部的资源与能力能够实现最优化组合，从而使企业的营销决策更加准确、更加有效。可以说，随着各种技术应用的投入使用，现代商务活动正向着自动化、智能化、智慧化的方向不断前进。

第五，技术应用增强了企业与客户间的互动。各类通信软件和沟通平台使参与商务活动的各方能够实现随时随地的直接交流。无论是交易磋商、合同签订还是后续履约，开展交易的买卖双方及相关中间方都能通过电子工具及时提出要求或反馈意见，在实现企业与客户间的良性互动的同时，最大限度地减少分歧、避免争议。

如今，科学技术的进步已成为推动客户关系管理发展的重要力量。可以预测，将来一定还有更多、更新的技术和方法被应用到客户关系管理的实践当中。

（二）电子商务的影响

电子商务是网络经济充分发展的一项成果，这一技术集合不但创新了传统的市场营销模式，而且给客户关系管理的发展带来了新的机遇与挑战。

电子商务一词源自 electronic commerce，是指通过电子手段进行的商业活动。对于电子商务的严格定义，学术界尚未完全达成共识。一般认为，只要在商务活动中使用了电子工具，例如，电报、电话、广播、电视、传真、计算机、互联网及移动通信等，即构成了电子商务。由于电子设备和网络技术是电子商务得以开展的基础条件，因而可将电子商务（electronic business，EB）定义为一类利用网络通信技术进行交易的商务活动。

回顾历史，电子商务是伴随着计算机和互联网的发展而出现的新型商务模式。自20世纪90年代以来，电子商务经历了从概念提出到实践应用，再到持续创新的发展历程。如今，电子商务已成为一类综合利用互联网、物联网、数据库系统、商业智能和移动支付等各项技术的创新型商业模式，并日趋规模化、产业化、专业化和国际化，对市场营销与客户关系管理也产生重大的影响。2019年1月，《中华人民共和国电子商务法》开始实施，这是一部促进电子商务持续健康发展的重要法律。

值得注意的是，电子商务创新了多种客户关系，并形成了相应的营销模式。

1. 企业-企业模式（B to B）

企业与企业之间的电子商务模式（business to business），简称 B2B。这是一种将商业交易中的卖方、买方及中间商之间的信息交流与业务活动集成化的电子商务运作模式。在这一模式下，电子商务的交易双方都是企业，双方使用互联网技术和相适应的电子化平台来完成商业交易的全部过程。

2. 企业-消费者模式（B to C）

企业与消费者之间的电子商务模式（business to customer），简称 B2C。这是一种企业以互联网平台为媒介，直接面向消费者销售产品和服务的商业零售模式。在传统零售模式中，商品的流通过程涉及了制造商、批发商、中间商、零售商等多个环节，最终到达消费者手中。而在 B2C 模式中，制造商或销售商为消费者提供了一个全新的购物环境，即通过网上商店将各个中间环节整合，实现以最直观和最直接的方式将商品送到消费者的手中。

3. 企业—政府模式（B to G）

企业与政府机构之间的电子商务模式（business to government），简称 B2G。这是一种将政府机构与企业联系起来的综合性电子商务模式，主要业务内容包括电子化的政府采购、电子税收、电子商检、电子海关、电子化的工商行政管理、电子化的政策性金融服务等。政府机构在电子商务中扮演着多重角色，可以是商品或服务的购买者，也可以是市场运行的管理者，还可以是促进交易的服务者。

除了以上主要电子商务模式外，还有一些新兴的电子商务模式。近年来发展较为迅速的模式有以下几种，分别是消费者与消费者之间的电子商务（customer to customer，C2C）模式，代理商、企业与消费者之间的电子商务（agent to business to consumer，ABC）模式，多个企业与消费者之间的电子商务（business To business To customers，B2B2C）模式，线上与线下相结合的电子商务（online To offline，O2O）模式等。相信，随着电子商务的不断发展，其商业模式还将会被不断地创新和完善，一些新的客户关系管理现象也将随之出现。

 本章小结

本章主要讲述了两个方面的内容。

第一，客户关系管理的内涵。首先，客户是企业在开展各项商业活动过程中所接触的关系方，包括消费者、合作者、竞争者、利益相关者及企业内部的员工等。按照客户的重要性，其可以划分为贵宾型客户、重要型客户和普通型客户；按照客户的优劣性，其可以划分为优质型客户、劣质型客户和一般型客户；按照客户的忠诚度，其可以划分为不忠诚客户、伪忠诚客户和真忠诚客户。其次，客户关系是企业与客户之间的基于价值与信任的互动联系。这类联系包括买卖关系、通信联系、人际关系、社会交往、商业联盟等各种具体表现形式。按照客户关系的密切程度，其可以划分为一般买卖关系、优先供应关系、合作伙伴关系和战略联盟关系；按照客户关系的管理模式，其可以划分为基本型、被动型、负责型、能动型和伙伴型。最后，客户关系管理是企业在市场营销过程中，以客户满意和客户忠诚为导向，以现代信息技术为手段，以客户识别与细分、客户互动与沟通、客户保持与挽回、客户关怀与服务等为内容，以长期合作共赢为目标，积极主动开展的各项商业互动与社会交往。

第二，客户关系管理的产生。其一，客户关系管理是营销理念变革的产物，回顾生产理念、产品理念、推销理念、市场理念、社会理念及整体理念，市场营销实现了从传统营销理念到现代营销理念的发展。其二，市场竞争推动了客户关系管理的兴起。商品价格、商品质量、企业品牌、营销管理和客户服务反映了企业营销竞争力从以产品为中心向以客户为中心变迁的过程。其三，客户行为的变化引领了客户关系管理的发展。消费观念经历了从理性消费到感性消费，再到情感消费的发展，企业也越来越看重客户的需求与感受。其四，企业对客户信息与客户知识的管理要求促进了客户关系管理的兴起。企业必须大量收集客户信息，并将其上升为企业独特的知识资源，从而为后续的客户细分、客户互动、客户满意度与忠诚度管理等工作提供支撑材料。其五，科学技术的创新与应用也推动了客户关系管理的发展，代表性技术包括电子商务技术、数据挖掘技术、数据仓库技术及商业智能技术等。

总之，客户关系管理是一种先进的管理理念、创新的技术手段和具体的商业机制，作为现代市场营销的基本内容，企业管理客户的能力成为构成其核心竞争优势的关键能力之一。

 课后案例

得益于共享经济的哈啰出行

哈啰出行是致力于为用户提供便捷、高效、舒适出行工具和服务的专业移动出行平台。自 2016 年 9 月成立以来，哈啰出行凭借差异化策略、智能技术驱动的精细化运营、优秀的成本控制能力和极致的用户体验，从激烈的共享单车市场竞争中脱颖而出，一跃成为两轮出行服务的领导者，并发展为囊括哈啰单车、哈啰助力车、哈啰车服、哈啰换电和哈啰顺风车等综合业务的专业移动出行平台。

截至 2020 年 7 月，哈啰出行累计注册用户接近 4 亿，稳居行业第一。哈啰出行旗下的哈啰单车已入驻 360 多个城市，用户累计骑行 237 亿千米，累计减少碳排放量近 280 万吨，相当于种植 1.72 亿棵树；哈啰助力车也已进入全国 260 多个城市，用户累计骑行超过 21.49 亿千米；哈啰顺风车目前覆盖超 300 个城市，总完单量达 8 000 万单。哈啰出行各业务均处细分市场领先地位。

哈罗出行的企业价值观为创新文化、诚信做人、心有用户、专业做事、团队精神、保持饥饿。

资料来源：哈啰出行网站。

思考：

1. 请从客户关系管理的角度概括哈啰出行的竞争优势。

2. 试述共享经济为企业带来的机遇与挑战，以及这些变化将如何影响客户关系管理。

 ## 作业与习题

一、单项选择题

1. "我生产什么，你就买什么"，这符合以下哪一种营销理念？（　　　）

    A. 生产理念   B. 产品理念

    C. 推销理念   D. 市场理念

2. "酒香不怕巷子深" "皇帝的女儿不愁嫁"，这符合以下哪一种营销理念？

（　　　）

    A. 生产理念   B. 产品理念

    C. 推销理念   D. 市场理念

3. 下列表述中，对客户关系管理的理解不正确的是（　　　）。

    A. 客户关系管理是一种管理理念   B. 客户关系管理是一种技术手段

    C. 客户关系管理是一种商业机制   D. 客户关系管理是一种推销模式

4. 决定消费者购买行为的主要标准是对商品喜欢或不喜欢的是（　　　）。

    A. 理性消费观念   B. 感性消费观念

    C. 情感消费观念   D. 金钱消费观念

5. 企业围绕客户知识的发现、获取、研究和应用等环节的管理工作被称为

（　　　）。

    A. 客户信息管理   B. 客户知识管理

    C. 客户互动管理   D. 客户满意管理

二、多项选择题

1. 在以下关系方当中，属于客户的有（　　　）。

    A. 消费者   B. 供应商

    C. 分销商   D. 内部员工

2. 按照客户的重要性，可以将其划分为（　　　）。

    A. 贵宾型　　　　　　　　　　　B. 重要型

    C. 普通型　　　　　　　　　　　D. 优质型

3. 客户关系的特征包括（　　　）。

    A. 竞争性　　　　　　　　　　　B. 合作性

    C. 差异性　　　　　　　　　　　D. 周期性

    E. 嵌入性　　　　　　　　　　　F. 脆弱性

4. 按照客户关系的管理模式，可以将其划分为（　　　）。

    A. 基本型　　　　　　　　　　　B. 被动型

    C. 负责型　　　　　　　　　　　D. 能动型

    E. 忠诚型　　　　　　　　　　　F. 伙伴型

5. 推动客户关系管理产生和发展的主要因素包括了（　　　）。

    A. 营销理念的变革　　　　　　　B. 市场竞争的驱动

    C. 客户行为的引领　　　　　　　D. 企业管理的要求

    E. 技术创新的推动　　　　　　　F. 国际贸易的发展

三、判断题

1. 客户及客户关系蕴藏着市场营销中的潜在商业机会。　　　　　　　（　　）

2. 客户关系是纯粹的商业关系，企业不需要和客户发展社会交往。　　（　　）

3. 营销学中的"80/20 法则"是指公司利润的 80% 通常来自仅占比 20% 的重要客户，而其余的 20% 利润来自占比 80% 的普通客户。　　　　　　　　　（　　）

4. 客户服务就是一种营销表演，企业的员工是演员，而客户就是观众。　（　　）

5. 客户关系管理依托了科学技术，电子商务技术、办公自动化技术、信息技术、数据挖掘技术、数据仓库技术、商业智能技术、知识发现技术等最具代表性。　（　　）

四、简答题

1. 请简述客户关系的内涵。

2. 请简述企业营销竞争力的来源。

3. 请简述技术应用对客户关系管理的影响。

参考答案

第二章

关系营销理论

■学习目标

　　掌握关系营销的概念和理论基础，能够概括关系营销理论的特点，能够辨析关系营销同交易营销、服务营销和庸俗营销等的异同。理解关系营销的市场模型，熟悉关系营销的主要对象与基本形态。了解关系营销的常用策略，能够结合具体案例进行理论分析与实践应用。

■学习重点

　　关系营销的概念与意义，社会网络的含义与价值，关系营销的五项主要特征，庸俗营销的概念与弊端，关系营销市场模型中的六个对象市场，五种关系营销形态的区别与联系，关系营销的基本原则与常用策略。

开篇案例
KAIPIAN ANLI

海尔集团的市场战略与客户关系理念

　　海尔集团于 1984 年在中国青岛创立，是一家全球领先的美好生活解决方案服务商。

　　海尔集团认为，互联网时代放大了用户话语权，企业必须从以产品为导向转为以用户为导向，一切以用户为中心。企业的唯一目的就是创造顾客。互联网时代的顾客不等于用户。顾客是消费者，先有产品后有顾客；而用户是能够与企业实时交互的群体，先有用户后有产品。

　　创业至今，海尔集团经历了名牌战略发展阶段、多元化战略发展阶段、国际化战略发展阶段、全球化品牌战略发展阶段、网络化战略发展阶段五个阶段；2019 年 12 月，海尔集团进入第六个战略发展阶段，目标是创造引领全球的物联网生态品牌。

创业以来，海尔集团致力于成为"时代的企业"，每个阶段的战略主题都是随着时代变化而不断变化的，重点关注的就是人的价值实现，使员工在为用户创造价值的同时实现自身的价值。2005年9月20日，海尔集团董事局主席、首席执行官张瑞敏提出"人单合一"模式，"人"即员工；"单"不是狭义的订单，而是用户需求，即每个员工基于用户需求的工作目标；人单合一就是员工和用户结合到一起，员工在为用户创造价值的同时实现自身价值，即员工与用户合一、创造价值与分享价值合一。

资料来源：海尔集团网站。

思考：

1. 海尔集团是如何看待客户与内部员工的关系的，这是否属于关系营销的范畴？
2. 海尔集团的客户思维将对海尔的战略发展产生哪些积极的影响？

第一节　关系营销的含义

一、关系营销的概念

关系营销理论是客户关系管理的基础理论，这一理论以"关系在营销中的价值"为视角，将社会关系、经济关系和商务关系相融合，为企业提供了一种通过互动、沟通与信任等元素来实现合作、双赢与忠诚的客户营销策略。

关系营销的概念产生于20世纪80年代，最早的提出者是美国学者伦纳德·白瑞（Leonard Berry），在他看来，除了吸引消费者，保持和巩固与消费者之间的关系也很重要。由于保持一名老客户的成本要低于开发一名新客户，并且老客户还能够为企业带来良好的口碑，因而持续的客户关系具有更高的经济价值。关系营销就是通过满足客户的喜好和需求来获得客户满意与客户忠诚的营销方式。后来，巴巴拉·本德·杰克逊（Barbara B. Jackson）进一步提出，关系营销的重点是抓住消费者、留住消费者和捆住消费者，即企业需要解决如何与客户建立起长期稳定的互利关系这一营销难题。他通过将传统的交易营销模式与新兴的关系营销模式相比较，得出结论：交易营销是一种短暂的交易关系，只适合于转换成本较低的客户；而关系营销是一种长期的合作关系，适合于转换成本较高的客户。因此，关系营销就是获取、建立并维持与客户的紧密的、长期的交易关系的营销互动过程。

事实上，关系营销的概念始终处于不断发展的过程中，如罗伯特·摩根（Robert Morgan）、谢尔比·汉特（Shelby Hunt）、格朗鲁斯（Gronroos Goodstein）、顾木森（Gummesson）等学者继续研究并推动了关系营销理论的完善，使得关系营销的理论内涵与实践思路得到了不断的丰富（表2-1）。

值得一提的是，营销学专家菲利普·科特勒（Philip Kotler）以关系营销理论为基础，在其著作《营销动向：利润、增长和更新的新方法》中提出了全方位营销（holistic marketing）的概念。在他看来，全球化、网络化引起了市场竞争形态的巨大变化，传统营销模式已不能适应全新的市场竞争环境，旧的关系营销策略也需要不断补充。对于企业而言，转变思路、调整策略和创新模式已迫在眉睫。为此，企业需要突破传统营销思维和市场地域的限制，建立一种具有多层次、立体式的动态营销模式。例如，他以关系营销为手段，以价值活动为内容，具体描绘了一种新的营销模式，即企业应当重视与客户、其他企业和协作厂商等的相互关系，并在经营和管理这些关系的过程中探索价值、创造价值和传递价值。

表 2-1　不同学者对关系营销概念的解释

年份	代表学者	基本定义	核心观点
1983 年	伦纳德·白瑞（Leonard Berry）	关系营销是通过满足客户的喜好和需求来获得客户满意与客户忠诚的营销方式	企业需要保持和改善与现有客户的关系
1985 年	巴巴拉·本德·杰克逊（Barbara B. Jackson）	关系营销是获取、建立并维持与客户的紧密的、长期的交易关系的营销互动过程	企业需要与客户建立起长期稳定的互利关系
1991 年	顾木森（Gummesson）	关系营销是从关系、网络和互动的角度来看待营销过程	在商业市场中，企业间的竞争呈现出了网络化和全球化特征
1994 年	罗伯特·摩根（Robert Morgan）和谢尔比·汉特（Shelby Hunt）	关系营销是建立、发展和保持一种成功交换关系的各项营销活动	客户承诺与客户信任是营销能够取得成功的关键
1996 年	格朗鲁斯（Gronroos Good-stein）	关系营销是在满足企业和相关利益者的利润前提下，进行的识别、建立、维持、促进及终止客户关系的营销过程	客户关系是具有价值的情感联系，能够为顾客和其他各方创造比单纯交易营销更大的价值
2002 年	菲利普·科特勒（Philip Kotler）	关系营销是包含在"全方位营销概念"中的一项内容，是企业立足于全面关系的营销管理工作	企业应该针对个别客户的需求，整合企业的全面关系网络，通过掌握客户占有率、客户忠诚度和客户终生价值来达到获利性的成长

资料来源：编者整理。

综上所述，关系营销是企业为了实现营销商品和服务的目的，围绕客户需求所开展的一系列互动沟通活动。这里的关系中，除了终端消费者，还包括供应商、分销商、政府机构、中介机构、媒体公众及竞争者等，从而使客户的概念得到了极大丰富和拓展。

二、关系营销理论的基础

（一）新经济社会学与社会网络工具

经济社会学创立于 19 世纪末，复兴于 20 世纪 80 年代，与关系营销概念的形成时间基本一致。新经济社会学（new economic sociology）是经济社会学的当代演进，是一门运用社会学的理论和方法来研究经济行为及经济体系的新兴科学。

新经济社会学的重要价值在于对古典、新古典经济学思想所提出的反驳。新古典经济学中对于完全理性经济人和完全自由竞争市场的假设在社会学家看来并不完全正确。

由于新古典经济学忽视了人的能力和人的关系，没有看到社会网络及其规范对经济活动的影响，因此其研究必然与现实情况不符。新经济社会学理论是对传统经济、管理理论的补充和纠正，尤其值得在市场营销学中借鉴与使用。

在新经济社会学的理论体系中，社会信任理论、社会网络理论、社会资本理论、结构洞①理论等为我们从社会学的角度审视客户关系与关系营销提供了帮助。随着从新经济社会学到经济学、管理学的跨学科研究逐渐兴起，市场营销领域的关系营销理论也得到了发展。

社会网络（social network）的概念与关系营销最为相关，是指社会个体成员之间因为互动而形成的相对稳定的关系体系。按照不同的维度，社会网络有着不同的分类。其一，按照关系强度，社会网络类型被划分为强关系网络与弱关系网络。前者有助于网络成员间信任关系的建立，而后者往往具有更丰富的潜在价值。例如，企业一般与大客户之间是强关系，与小客户之间是弱关系。其二，按照开放程度，社会网络类型被划分为封闭网络和开放网络。封闭网络为网络成员带来了稳定、持续的稀缺资源，而开放网络则因结构洞的作用而产生第三方控制优势。例如，企业内部员工之间具有封闭网络特征，而员工与客户之间具有开放网络特征。其三，按照地理范围，社会网络类型被划分为本地网络和全球网络。本地网络满足了企业对本地信息的快速掌握，而全球网络为企业获取国外资源、开拓国际市场提供了便利。例如，企业与国内客户之间的关系属于本地网络，而通过互联网接触的国外客户属于全球网络。

事实上，社会网络也是一类具有价值性、互动性和创新性的社会资本，管理和经营社会网络能够帮助企业实现多种商业目的。社会网络由于既能满足情感互动的需求，又能实现经济利益的交换，因而是关系营销最值得利用的一类特殊资源（图2-1）。

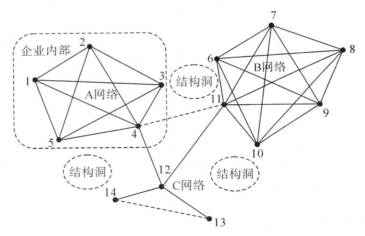

注：数字代表关系方；虚线表示弱关系；实线表示强关系；A网络为企业内部网络，A、B、C三个网络之间形成结构洞。

图2-1　社会关系网络示意图

---

① 结构洞是指两个行动者之间由于关系缺失所形成的一种网络状态。

（二）大市场营销理论的发展

大市场营销（mega marketing）理论由美国学者菲利普·科特勒（Philip Kotler）于1984年提出。当时，面对世界经济加速全球化的发展趋势，很多企业都面临着迫切需要打开国际市场、实现跨国经营与销售的难题，因此，如何消除国际经济壁垒成为营销环节的一个热点问题。针对这一问题，大市场营销理论不仅给出了一套系统的营销策略，还将过去难以改变的外部环境变量纳入可以主动管理的"广义客户"范畴，从而实现了营销理论的一次大发展。

所谓大市场营销，是指企业以成功进入国际市场为目标，扩大对市场主体的认知范围，在战略上综合使用经济、管理、社会、心理及公共关系等多种手段，以期在市场营销过程中获得各个关系方的合作与支持。具体而言，大市场营销战略的内容包含了"6Ps"，分别是传统"4Ps"理论中的产品（product）、价格（price）、渠道（place）、促销（promotion），以及新增的权力（power）和公共关系（public relations）。虽然这一理论的核心目标是消除市场进入障碍、畅通市场营销渠道，但是对市场环境的重新认识为关系营销理论的形成提供了思路。在大市场视角下，一切可能与企业发生接触的关系方都可以成为企业的营销管理对象，其中就包括了消费者、经销商、供应商、研究机构、政府机构、媒体人员及其他利益相关方等。企业若能处理好与这些行为主体的关系，不仅有利于短期的商品和服务销售，而且有利于长期的市场环境形成，从而将战术推销提升为了战略营销。

第二节 关系营销的特殊性

一、关系营销的特征

关系营销理论认为企业是嵌入商业网络、社会网络与全球价值链网络等多重关系网络之中的，而企业的市场营销活动实际上是企业与各个利益关系方的互动过程。企业的一切营销活动应当以"关系"为纽带，从管理关系的过程中获得长期合作的经济利益。按照这一思路，关系营销呈现出了五项基本特征。

（一）沟通的双向性

关系营销理论要求企业与各个关系方的沟通必须是双向的。

首先，双向沟通具有一定难度。在概念上，双相沟通与单向沟通相对应，要求信息的发送者与接受者能够不断变换角色或位置，从而做到换位思考、将心比心。企业面对客户时，要注意尊重、倾听和采纳客户的意见，特别是当收到来自客户的不同意见时，要以谦虚、积极的态度进行协商、沟通，直到双方均能满意为止。双向沟通还要求企业要做到主动沟通，要在与客户互动的过程中掌握主动权。例如，企业要主动接触客户、联系客户、回访客户，保持与客户的顺畅沟通，并时刻关注重要客户的态度、利益和需求。

其次，双向沟通具有两面性。一方面，双向沟通极大地改善了企业的营销效果。例如，双向沟通提高了客户信息的准确性，改善了客户服务的互动性，调动了客户参与的积极性，降低了客户流失的风险性等。另一方面，双向沟通也在一定程度上增加了企业的营销负担。例如，双向沟通增加了企业的管理成本，延长了企业的服务时间，引入了大量与交易无关的信息等。企业需要在营销实践中合理把握双向沟通的深度和广度，从而发挥其最佳的营销效果。

总之，强调双相沟通是关系营销的主要特征之一。良好的沟通能够为企业带来更多、更好的市场信息，而无效的沟通往往使企业脱离市场的需求、丧失发展的机会。

（二）战略的协同性

实施关系营销的企业应当将客户视为合作的对象，对待客户关系需要具有战略眼光和战略思维。

首先，企业应当注重客户关系的战略性。战略协同（strategic synergy）是企业战略管理中的一个基本概念，是指两个或两个以上的企业为了实现共同的发展目标，通过在密切的合作中整合与共享企业的资源与能力，形成并长期保持一致对外的综合竞争优势，从而实现整体经营绩效的战略性增长。关系营销借鉴了战略协同的理念，认为企业与客户之间也应当具有共同的发展方向，并保持长期的合作关系。例如，企业需要分析与经销商、供应商及消费者等各种客户的关系价值与关系状态，积极寻找各个关系方的共同利益，进而通过互利互惠的商业交往巩固合作基础、实现协同发展。

其次，企业需要保持客户关系的协同性。营销战略的协同性主要体现在两个方面。其一，企业与客户要建立起长期稳定的客户关系。换言之，客户关系不应该是一次性的交易行为，企业要看到客户关系中潜在的长期价值，绝不能为了短期的经济利益而损害客户关系。其二，企业要主动保持客户关系的良好状态。由于关系的持续时间受到互动频率和信任程度等因素的影响，因而企业必须在营销活动中主动保持与客户的良性互动，并且依靠自己的一言一行树立起良好的市场信誉。

总之，关系营销中的客户关系具有长期的战略协同性。企业必须将客户关系视为一项重要的战略性资源，力争做到长期维护、协同发展，并将客户关系管理上升到企业战略管理的高度。

（三）交易的互利性

关系营销理论提倡企业与客户应当谋求最终的互利双赢目标。

首先，谋求利益是关系营销的基本前提。众所周知，谋利是一切商业活动的根本目的，也是企业经营客户关系的直接动力。假如企业与客户能够从彼此间的关系中获得利益，则客户关系就能够建立并保持稳定；反之，没有了利益，即使存在客户关系，这一关系也将逐渐减弱，直至消失。在传统商业交易中，企业与客户均表现为"自私"的理性经济人，强调自身利益要尽可能地最大化。显然，这样的关系是短暂而脆弱的，任何有关利益的争议都会演变为关系中的冲突或对抗，从而损害彼此关系的质量与寿命。

其次，实现双赢是关系营销的重要目标。在市场营销学中，双赢是一种最优的盈利模式。在取得双赢的交易过程中，企业与客户不再进行你输我赢的零和博弈，而是在相互理解与相互支持中将整体利益最大化。企业应当努力寻求与各个关系方的利益平衡点，力争实现共同获利、共同发展。实际上，在双赢理念中，企业与客户并非处于平等的地位。在精明的企业家眼中，就像长期利益要重于眼前利益一样，客户的利益要高于企业的利益。例如，面对外部市场，企业会优先考虑消费者的感受与体验，因为只有外部客户满意了，企业才能获得盈利能力；面对内部组织，企业会优先照顾员工的意见与想法，因为只有内部客户满意了，企业才能形成凝聚力。

总之，关系营销中的交易活动具有较强的互利性。企业的各种商业行为必须兼顾客户的利益，任何有损客户利益的策略或行为都会引起客户关系的破裂，进而加速企业的衰落。

（四）反馈的及时性

关系营销理论要求企业能够及时获得来自市场的信息反馈。

首先，信息反馈是关系营销的一项重要功能。信息的实质是一种潜藏着发展机会的特殊资源，一般包括市场需求信息、生产技术信息和政府政策信息等。由于关系营销将市场中的消费者、业务上的合作伙伴及政府机构等都纳入客户的范畴，因此大部分信息都可以通过与客户互动来获得。企业在与客户进行双向沟通时，来自客户的意见或建议往往更有价值。通过收集与分析来自客户的反馈意见，企业能够及时发现营销活动中的问题与失误，从而有针对性地调整策略、纠正偏差及挽回损失。因此，信息反馈（information feedback）被视为企业获取各类信息的重要渠道。

其次，有价值的信息反馈必须及时、准确。一般认为，常规的信息反馈机制具有诸多缺陷。例如，由于信息的传导过程比较复杂，企业获得的市场信息往往在时间上具有滞后性、在逻辑上缺乏连续性、在实践上没有针对性，这样的反馈不仅不能增强企业的竞争优势，反而容易误导企业的决策判断。因此，善于关系营销的企业必须能够动态掌握市场信息的最新变化并及时采取应对措施。例如，一些企业建立了专门接待各类客户的服务部门或管理机构，主动追踪客户的消费体验、服务感受及合作意愿等，通过动态管理信息反馈来巩固客户市场。

总之，关系营销突出了信息反馈的及时性。及时的信息反馈既有助于企业经营老客户，也有助于企业开发新客户。企业既要重视信息反馈的价值，也要掌握信息反馈的方法。

（五）交往的亲密性

关系营销理论认为企业与客户之间应当有一定的亲密性。

首先，亲密性来源于企业与客户间的情感。关系营销中的客户关系具有较强的社会属性，要求企业在与客户互动时应当带有一定的情感。情感是人类所特有的态度或意识，能够使人的行为具有倾向性和稳定性。显然，融入情感因素有利于企业保持客户关系，从而持续获得商业利益。实际上，绝大多数企业与客户之间的交易关系仍然表现为人与人之间的关系。例如，客户需要首先接触企业的人员，然后才能感受企业的商品与服务。销售人员的形象、言行和态度等会直接作用于客户的感受与决策，从而影响客户关系的发展趋势。在社会学中，人际关系以情感为纽带，以信任为基础，能够持续稳定地带来信息沟通和价值传递，因而是一类具有投资性、生产性和延展性的重要社会资本。

其次，亲密性来源于客户对企业的信任。对于客户而言，客户信任是指客户对某一企业的品牌、商品及服务的认同和信赖。客户之所以愿意购买企业的商品和服务，是因为相信企业的承诺，认为企业能够满足自己的需要。对于企业而言，客户信任是关系营销的最大收获，是企业渡过难关、赢得竞争的宝贵财富。如今，绝大多数企业都已认识到，诚信是企业树立品牌、占有市场和持续经营的最基本条件。因此，企业要坚守诚信，并充分重视对客户信任的培育。例如，企业对于生产工艺、产品质量和管理服务等方面的改善，有助于提高客户满意度，从而巩固和提升客户对企业的认可度和信任度。

总之，关系营销要求企业与客户能够亲密交往，并重视情感和信任的积极作用。需要注意的是，情感和信任还具有敏感性和脆弱性特征。在实践中，企业与客户建立并保持亲密关系的过程十分困难，任何不诚信的言行都会导致客户市场的崩溃。因此，企业要在营销过程中放眼长远、坚守承诺，自觉抵制不道德的攫取短期利益的短视行为。

综上所述，关系营销表现出了显著的关系管理特征。其中，双向沟通强调了与客户的积极互动，战略协同强调了与客户的长期合作，交易互利强调了与客户的共同发展，及时反馈强调了与客户的动态联系，亲密交往强调了与客户的情感信任。这一系列观点也适用于针对客户满意度和客户忠诚度的管理。

二、不同营销模式的比较

关系营销由于表现出了明显的社会关系管理特征，因而是一种特殊的市场营销模式。这里将关系营销同传统营销模式中的交易营销、服务营销、庸俗营销相比较，从而进一步提炼出关系营销的特殊性。

（一）关系营销与交易营销

交易营销（transaction marketing）是指企业将商业交易作为营销的重点，看重企业与客户之间围绕商品和服务的买卖关系。交易营销的主要任务是激发客户的购买行为，认为只有客户支付了货币，企业才能获利。然而，交易营销对客户关系的认知是片面的，它将客户的每一次购买行为视为相互孤立的营销活动，从而忽略了企业对客户价值的长期积累。实际上，市场交易并不是客户偶然做出的短期市场行为，企业完全可以通过关系营销实现客户交易价值的长期最大化。随着关系营销理念的兴起，交易营销已经越来越不能适应现代市场竞争的要求。例如，很多企业开始调整营销策略，纷纷采用免费体验、价格让利、样品赠送等非理性的营销手段。这些企业以实现中长期的客户市场繁荣和整体营销盈利为目标，不再要求与客户的每一次交易都要盈利，从而做到了从"短期交易"向"长期关系"的理念转变。

相较而言，关系营销与交易营销存在四项主要区别（表2-2）。

表2-2　关系营销与交易营销的区别

比较内容		关系营销	交易营销
营销目标		保持客户关系	促进客户交易
关注重点		满足客户的需求	提升商品的吸引力
客户服务	承诺	高度承诺	有限承诺
	重要性	服务比交易重要	服务是交易的辅助
	行动	主动服务	被动服务

表2-2（续）

比较内容		关系营销	交易营销
客户关系	关系时间	长期关系，保持客户	短期关系，一次性买卖
	互动频率	频繁互动	偶尔联系
	管理理念	全员参与的战略管理	个别部门的战术管理

资料来源：编者整理。

第一，营销的目标不同。关系营销看重企业与客户的关系，认为价值来源于联系；交易营销看重企业与客户的交易，认为价值来源于买卖。

第二，关注的重点不同。关系营销关心客户的需求，愿意倾听客户的反馈；交易营销关心商品或服务的吸引力，重视广告和推销的作用。

第三，对服务的理解不同。关系营销将服务视为营销的必需内容，对客户的承诺较高，企业一般会主动向客户提供服务，有时服务比商品更重要；交易营销将服务视为营销的辅助内容，对客户的承诺有限，企业一般被动地向客户提供服务，认为商品比服务要重要。

第四，对客户关系的理解不同。关系营销认为客户关系的存续时间是长期的，客户互动是频繁的，客户关系管理是全员参与的战略性事务；交易营销认为客户关系的存续时间是暂时的，客户互动是偶尔的，客户关系管理是营销部门、售后部门等少数部门的战术性业务。

当然，关系营销并不能完全取代交易营销，毕竟企业的一切营销活动都是服务于商业交易这一根本目的的。引入关系营销的价值在于帮助企业重新认识客户关系，从而按照全新的营销思路实现企业经营管理的可持续发展。

（二）关系营销与服务营销

服务营销（services marketing）是指企业在市场营销过程中，充分了解和认知客户的需求，将优质的服务作为赢得市场竞争的主要手段。相比于传统的交易营销，服务营销的理念更加适应市场的变化趋势。服务营销看到了客户需求的重要性，即客户除了看重商品的质量与功能外，还需要有围绕商品销售的各种服务。可以说，服务的质量同样是影响客户满意的重要因素。与关系营销类似，服务营销也强调了企业对客户关系的长期保持，认为企业与客户发生交易并不是客户关系的结束，而是一系列服务活动的开始。随着客户与企业关系的深入，客户需求还会不断增加，企业可以在长期服务客户的过程中，不断提高客户的满意度和忠诚度，从而获得持续的营销收益。服务营销虽然看到了客户服务的重要价值，对于商业交易的理解也更加全面，但是相比于关系营销对于客户关系的解析，仍然存在一定差距。

相较而言，关系营销与服务营销存在三项主要区别（表2-3）。

表 2-3　关系营销与服务营销的区别

比较内容	关系营销	服务营销
营销理念	客户中心论	产品中心论
营销手段	服务是众多营销手段中的一种	服务是最主要的营销手段
客户关系	关系是营销活动的核心	关系是众多影响因素中的一种

资料来源：编者整理。

第一，营销理念不同。关系营销以客户满意度和忠诚度为导向，认为服务是满足客户需求的具体内容，具有一定的客户中心论特征；服务营销以销售商品和服务为目的，认为服务依附于商品，是商品价值的外在延伸，仍然属于产品中心论的范畴。

第二，营销手段不同。关系营销拥有众多营销手段，服务只是其中较为常用的一种；服务营销将服务视为最主要的营销手段，全部营销活动都应围绕客户服务来展开。

第三，对客户关系的理解不同。关系营销将客户关系视为一切营销活动的核心，即关系具有特殊性；服务营销仅仅把关系作为众多影响因素中的一项，并没有特殊价值。

总之，关系营销与服务营销是相似但不相同的两种营销模式。相比而言，关系营销的适用范围更广，对市场竞争的理解也更为全面。

（三）关系营销与庸俗营销

庸俗营销是一种依托庸俗关系的市场营销活动。所谓庸俗关系，是指在经济交往或日常生活中，将金钱、虚荣、私利等因素融入人际关系，进而使正常的社会关系庸俗化。庸俗营销一般借助于亲属关系网络和故旧关系网络，具体表现为一系列不正规的营销行为。例如，拉关系、走后门、徇私情、给回扣等。这些营销手段往往是不公开、不透明和不合法的，不仅营销效果难以保证，还很容易造成恶劣的市场影响，因而被认为是不正当的竞争手段。需要指出的是，庸俗营销和关系营销都看到了社会关系的重要价值，但是，庸俗营销过分强调了人际关系的决定性作用，错误地将正常的情感、信任与亲密关系视作赢得客户的唯一要素。显然，这样的观点是片面的和不正确的。而关系营销则对社会关系有着更为清晰的认知，从而能够正确、高效地开展客户互动、获取客户价值。

相较而言，关系营销与庸俗营销存在五项主要区别（表2-4）。

表2-4　关系营销与庸俗营销的区别

比较内容	关系营销	庸俗营销
产生背景	市场经济高度发展	市场经济未完全发展
营销目的	为了共同利益长期合作	为了短期利益暂时合作
营销手段	客户互动	利益互动
营销效果	整体利益最大化	个人利益最大化
社会影响	积极的正向影响	消极的负向影响

资料来源：编者整理。

第一，产生背景不同。关系营销是市场经济高度发展状态下的理念，是市场竞争良性发展的正常手段；庸俗营销是市场经济未得到充分发展状态下的理念，是市场竞争恶性循环的非正常手段。

第二，营销目的不同。关系营销着眼于长期稳定的客户关系，谋求建立一种互利双赢的合作型商业关系；庸俗营销只看到眼前的利益，为了有限的价值暂时与客户合作，谋求的是单方面的短期利益。

第三，营销手段不同。关系营销以客户互动为手段，主要采取客户接触、客户服务、客户关怀及客户沟通等方式来提高客户满意度，各类措施的透明度较高；庸俗营销以利益互动为手段，主要采取发展私人关系、打听小道消息、开展幕后交易等方式来获得优先交易机会，各种措施的透明度较低，甚至一些做法属于违法行为。

第四，营销效果不同。关系营销注重企业与客户的整体利益，最终的营销效果是双方长期利益的最大化；庸俗营销片面注重企业自身的利益，常常对客户企业的相关人员施以小恩小惠，最终的营销效果是短期利益的最大化和个人利益的最大化。

第五，社会影响不同。关系营销的社会影响是正面的，不仅有利于减少交易成本、优化资源配置、改善市场环境，而且并不损害第三方利益和社会整体利益；庸俗营销的社会影响是负面的，不仅增加了交易成本、浪费了企业资源、破坏了市场秩序，而且常常产生损人利己、助长腐败等不良影响。

总之，关系营销与庸俗营销是截然不同的两种营销层次，两者不可混为一谈。现代企业在实践关系营销的过程中，一定要避免来自庸俗营销的干扰。

第三节　关系营销的市场模型

构建关系营销的市场模型需要明确两个基本问题。其一，关系营销的对象有哪些，即企业需要和谁展开接触和互动。其二，关系营销的形态是什么，即哪些关系可以成为营销的渠道。为此，可以画出关系营销的市场模型图（图2-2）。

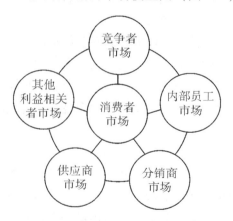

图2-2　关系营销市场模型图

一、关系营销的对象

一般认为，企业与市场相组合，共同构成了现代市场经济的资源配置模式。企业及其商业行为并不能脱离市场环境而单独存在，与市场当中的其他主体共同构成了一个动态平衡的整体系统。关系营销理论将企业面对的市场环境划分为外部环境和内部环境。其中，外部环境包括消费者市场、供应商市场、分销商市场、竞争者市场及其他利益相关者市场等。内部环境主要是指由企业内部员工所形成的市场。这六种市场共同构成了关系营销的基本模型，而关系营销的管理对象即企业与这六种市场的关系。如何看待和处理这些关系直接影响企业营销活动的成败。

（一）消费者市场

消费者市场是关系营销的最主要市场。无论产业链或价值链如何变革，消费者始终是企业最终端的客户。企业生产或销售的商品最终将到达消费者的手中，成为满足消费者个人及其家庭需要的消费品。因此，消费者市场是最为广阔的客户市场。在整个市场当中，消费者不仅数量众多，而且其购买需求还是多种多样的。企业可以根据消费者的年龄、性别、收入、习惯及心理等因素实施客户识别与客户细分，从中找到最有价值的客户群体并实施有针对性的关系营销，从而在消费者市场中实现高效、持续的获利。

关系营销理论指出，以消费者为代表的广大客户是企业得以生存与发展的基本依靠，市场营销中的大部分竞争，实质上都是争夺消费者市场的竞争。因此，企业需要重视针对消费者的客户关系管理，既要发展新客户，也要维护老客户，并不断提高客户的忠诚度。

（二）供应商市场

供应商市场可分为狭义市场和广义市场两类。狭义市场是指为企业提供生产经营活动所需的原材料、零部件及其他商品货源的市场，由供应商品的各种上游企业或组织构成。广义市场则是指为企业提供人员、资金、技术、原材料、信息及知识等各类生产经营要素的市场，由各类生产厂商、服务机构及个体工商户组成。实际上，任何企业都不可能独立完成全产业链的生产经营活动，企业开展商业活动的过程就是和各个关系方开展交换活动的过程。企业与各个供应商的关系质量的好坏，直接影响其获得资源的多少与能力的大小，进而决定其市场营销的绩效高低。

关系营销理论认为，供应商是企业的基础性合作伙伴。企业与供应商之间高质量的关系网络是奠定其核心竞争优势的基础。这类关系会在商品质量、技术工艺、人力资源及品牌商标等方面持续发挥着影响作用。因此，企业需要巩固与供应商的关系，并与关键性质的供应商结成战略联盟关系，从而保障企业能够拥有稳定的资源与要素来源市场。

（三）分销商市场

分销商市场是指专门为企业销售商品和服务的市场，由各种下游企业、组织或个人构成。分销商市场的作用是将企业的商品由生产环节转移到营销环节，即实现由商品到货币的转变。分销商市场通常又可分为零售商市场和批发商市场。零售商（retailer）是直接将商品销售给终端消费者的中间商，处于商品流通的最终环节。零售商由于是消费者最常见到的销售方，因而是能够直接影响客户感知质量的重要关系方。常见的零售商包括百货商场、专卖店、超级市场及个体店铺等。批发商（whole salers）是介于生产商和零售商之间的中间商，处于商品流通的中间环节。批发商掌握着稀缺的货源信息和分销渠道，具有特殊的市场营销地位优势，同样是生产企业必须加强合作的重要关系方。常见的批发商包括普通商品批发商、大类商品批发商、专业商品批发商及批发交易市场等。可以说，分销商市场关系着企业商品的销售数量、销售区域和销售利润，获得相应零售商与批发商的支持和帮助是企业营销活动的重要内容。

关系营销理论认为，分销商是企业的竞争型合作伙伴。同类企业之间在市场营销领域的竞争，往往表现为对销售渠道的争夺。因此，企业必须发展与经销商的关系，并建立起牢固的商品销售网络和良好的市场口碑。

（四）内部员工市场

内部员工市场也被称为内部市场（internal market），是指存在于企业内部的机构、部门和人员之间的"小环境"市场，主要由企业的内部员工构成。内部员工按照企业的管理规则形成了一个整体，这一整体既遵循正式的公司章程，也受制于非正式的企业文化，因而是一种区别于外部市场的特殊市场。一般认为，企业内部环境会直接影响组织的对外竞争能力，良好的内部环境表现为协调的内部客户关系。一方面，内部客户必须清楚自己的角色，能够在自己的岗位上发挥积极的作用。例如，基层员工、中层干部、高层管理者等就是企业的内部客户，他们相互间应当既有分工，又有协作，并且责、权、利的划分要十分清晰。另一方面，内部客户必须对企业的各个方面充分满意。因为只有做到了员工满意，员工才能高效率地生产商品和提供服务，并最终让外部客户达到满意。例如，不满意公司待遇的客户经理不仅自己会跳槽，还很有可能带走公司的重要客户，从而让公司遭受连锁反应式的经济损失。可见，内部员工市场对企业的稳定和发展是十分重要的。

关系营销理论认为，内部员工是企业首先要管理好的特殊客户。不仅是营销部门的员工，企业应当让所有员工都能感到满意，并对企业的未来充满希望。因此，企业需要将内部市场作为专门的管理对象，使整个企业具有对内的凝聚力和对外的竞争力。

（五）竞争者市场

竞争者市场由各类与企业形成竞争关系的组织构成。竞争者的概念分为狭义和广义两种类型。狭义的竞争者是指那些提供与本企业相似的商品或服务，并且同在一个市场当中的其他企业。这类竞争者大多是企业的同行，相互之间具有明显的市场竞争关系。例如，本地的所有网约车平台公司就构成了一个竞争者市场，它们共同满足整个市场的乘客需求，各自的市场份额始终处于此消彼长的动态竞争当中。广义的竞争者不仅包括同行企业，还包括生产替代商品的企业和以其他方式满足客户需求的企业。有时，竞争关系甚至会出现在企业与消费者、上游的供应商、下游的分销商等对象之间，成为企业经营发展的一种常态化关系。例如，某一出租车公司不仅和其他出租车公司争夺市场中的乘客，还可能与新开通的公交、地铁等公共交通运营企业产生竞争关系。再比如，激烈的市场竞争让消费者愈发难以满足，企业为了生存就必须不断改进产品和优化服务，从而产生与消费者日益升级的效用偏好之间的竞争。可见，竞争者几乎无处不在，而竞争者市场是企业需要重点管理的特殊领域。

有一种观点认为，现代企业与竞争者之间的关系更多地表现为一种"竞合（co-opetition）"关系，即企业与竞争者之间既有竞争，又有合作，竞争与合作实质上是同一事物的两个方面。这一观点符合关系营销的理念，并且特别适用于企业对竞争者市场的管理。精明的企业一定能够通过与竞争者协调行动来实现稳定有序的良性竞争。

（六）其他利益相关者市场

除了消费者、合作者、竞争者等关系方之外，还存在着金融机构、行业中介、新闻媒体、政府机构、邻里社区及公益组织等其他利益相关者，它们共同组成了利益相关者市场。事实上，任何企业从新创、存活到成长、发展，整个生命周期都离不开其他利益相关者的支持与帮扶，企业与它们之间的关系既可能是商业性质的，也可能是社会性质的。同时，企业与任何利益相关者发生矛盾或冲突，都有可能给企业的生产经营活动制造麻烦、带来困难。例如，如果企业迟迟不向商业银行偿付贷款及利息，企业与银行的关系将受到损害，商业银行将调整企业的信用等级，从而影响企业在整个金融市场的融资活动；如果企业对待新闻媒体的态度十分傲慢且拒绝配合，企业与媒体的关系也会受到影响，进而使企业的商品和服务难以得到媒体宣传的助力；如果企业在生产经营过程中污染了环境或浪费了资源，则很容易引起环保组织的谴责，企业与公益团体的关系也会变得紧张，进而引起社会大众的不满和市场营销的崩溃。可以说，企业的商业活动不仅涉及买家和卖家的利益，还与其他利益相关者有着千丝万缕的联系。

关系营销理论认为，企业必须把市场营销中的客户市场视为一个整体，并且综合管理与各个利益相关者的关系。虽然做到这一要求十分困难，但是整体营销的观念是有益于企业的实际工作的。

二、关系营销的形态

关系营销中的关系是商业关系与社会关系的融合，既具有商品买卖的经济形态，也具有人际交往的非经济形态。由于经济关系存在于所有的市场营销模式当中，而非经济关系只出现在关系营销等少数几种营销模式中，因而关系营销的形态更适合于按照社会关系的特征来识别。按社会关系的来源，关系营销的形态可以划分为先赋性质的亲缘关系、地缘关系，后赋性质的业缘关系、文化关系，以及其他偶发关系等。

（一）亲缘关系营销形态

亲缘关系营销形态是指企业依靠各种来自家庭的血缘关系、姻缘关系来开展市场营销活动。亲缘关系大多为先天关系，后天姻缘往往与商业活动无关，因而其属于人们与生俱来、难以改变的先赋性质关系。例如，父子、兄弟、姐妹等为血缘关系，夫妻、妯娌、婆媳等为姻缘关系。

一方面，亲缘关系具有结构稳定、辈分清晰、亲疏有序、时间长久等优点，是一类容易协调、便于管理的社会关系。例如，一些企业在创业初期会选择家族企业的经营模式，聘用自己的亲属担任企业的营销总监、财务总监及管理干部等重要职位。在这类企业家眼中，相较于没有血缘关系的"外人"，亲戚更值得信任和倚重。另一方面，亲缘关系具有盘根错节、根深蒂固、论资排辈等缺点，也是一类难以创新、局限性强的社会关系。例如，大部分家族企业都难以长期发展，究其原因还是受制于亲缘关系的产权模糊、分工不明、待人不公等弊端。当然，尽管存在很多不足，亲缘关系仍然是一种廉价的社会资本，相应的营销模式仍然具有维护成本低、不确定风险小及信任基础牢固等优势。亲缘关系不仅降低了企业内部的交易成本，更增进了企业员工的团结，特别适合小型民营企业的内部客户管理。

（二）地缘关系营销形态

地缘关系营销形态是指企业依靠营销人员所在地域的社会关系来开展市场营销活动。地缘关系以地理位置或地域空间为联结纽带，在原本并不存在联系的人员之间找到了共同特征，从而人为地拉近了人与人之间的情感距离和亲密关系。例如，同乡、同宗、世交、邻里等为地缘关系。

　　一般认为，由于人的出生地具有唯一性，与谁具有地缘关系也是不能选择和改变的，因而地缘关系也是一种先赋性质的关系。同时，具有地缘关系的人们现在或曾经生活在同一地理范围之内，因而按照社会学的观点，这类人员一定拥有更为相似的价值观念、心灵故事和共同语言，从而更容易开展稳定且有益的社会交往。事实上，对于中国商人而言，地缘关系并不陌生，其历史十分久远。历史上的晋商、徽商、粤商等商帮，以及遍布各地的湖广会馆、江西会馆、广东会馆等会馆，就是典型的以乡土地缘为纽带，以会馆为办事机构和标志性建筑为媒介的古代地缘关系。今天，地缘关系营销形态仍然存在，特别是在一些经济发展水平不高，通信、物流条件较差，以及资金、信息、人员等流通不畅的地区还有明显的作用。另外，在国际贸易和跨境电商领域，海外华人、华侨等也是发挥地缘关系营销作用的重要客户群体。

（三）业缘关系营销形态

　　业缘关系营销形态是指企业依靠营销人员所在行业或专业的社会关系来开展市场营销活动。业缘关系来源于人们的职业、行业或学业背景，是人们在工作、学习过程中所形成的人际关系。例如，企业内部的同事关系、市场中的同行关系、各级学历中的同学关系等即业缘关系。

　　由于业缘关系并非与生俱来的，在正常情况下，人们完全可以自主选择或改变自己的职业、行业及专业，因而业缘关系是一种后赋性质的关系。可以想象，具有业缘关系的人们，不仅拥有相似的工作环境和成长历程，而且拥有相近的职业理想和人生规划，因而更容易形成相互熟悉、相互信任、相互帮扶的社会关系。在市场营销领域，业缘关系几乎渗透到了所有客户关系市场，特别是在供应商市场、分销商市场、内部员工市场及竞争者市场中，业缘关系是最有价值的一类关系形态。例如，人们在大学时期的同学关系，通常会在其就业之后转变为业缘关系。大家的专业基础相同，今后的就业方向也会相近。其中，一部分同学会形成合作关系，而另一部分同学会形成竞争关系。总之，业缘关系是企业实施关系营销策略时值得利用的一种常见社会资本。

（四）文化关系营销形态

　　文化关系营销形态是指企业依靠营销人员所具备的文化习俗共性来开展市场营销活动。理解文化关系的含义与价值，需要借助社会学的理论范式。社会学中存在三种形式的资本概念，即经济资本、社会资本和文化资本，并且三者的联系十分紧密。其中，文化资本就是资本化的文化关系，可以分为广义和狭义两种概念。广义的文化资本包含一切共同的信仰、习俗、规则及观念等。例如，来自同一民族的人们通常就具有相同的文化资本。狭义的文化资本则主要是指企业层面的共同属性。例如，企业在成长过程中所形成的独特的企业文化就是一种能够消除隔阂、凝聚力量的文化资本。可以说，文化资本能够帮助人们相互理解、相互信任、相互交往，并成为推动人们参与社会实践的重要催化剂。

　　同时，文化资本对市场营销的影响也是非常直观的。例如，认同企业文化的顾客更有可能成为企业的忠诚客户；具有相同文化背景的供应商更容易成为企业的战略合作者；受企业自身文化影响的内部员工更能相互配合、团结协作。可见，传承并发展企业的文化资本，有助于企业对内加强认同感、对外扩大影响力，这也是现代企业能够持续发展的一种文化"软实力"。

然而，不可否认，文化资本也具有双重性，即优的文化资本能够调动人的行动，成为刺激企业盈利的积极的生产要素；而劣的文化资本则会制约人的思想，并限制资源的流动和技术的进步，成为阻碍企业发展的消极的社会因素。因此，文化关系营销的重点是认知并发掘文化资本的积极价值，并将其作为提升营销质量的一种文化视角的"捷径"。

（五）偶发关系营销形态

偶发关系营销形态是指企业通过偶然发现的机会来开展市场营销活动。偶发关系由于具有随机发生、难以预测、不可持续等特征，因而是一种很难被企业定量管理和系统管理的关系类型。同时，对偶发关系的理解也并不容易：一方面，企业仅仅寄希望于偶发关系是不可能获得稳定发展的，正常的客户关系并不包括偶发关系；另一方面，在特定的时间和空间条件下，偶发关系又是值得关注的市场现象。实际上，偶发关系的最大价值并不是关系本身，而是关系之中所蕴含的营销机会。企业开展营销活动的过程就是对竞争环境中相应商业机会的发掘过程。例如，企业的老客户带来了新客户，从而为企业创造了经营新客户的机会，而这些新客户很可能就是价值更大、周期更长、口碑效应更好的优质客户。

值得注意的是，偶发关系看似偶然，却暗含着必然，因为机会只属于有准备的人。例如，正是由于企业长期向老客户提供了优质的服务，老客户才会积极主动地带来新客户。从这一角度看，善于营销的企业是能够将偶发关系转变为必然关系的。正如经济学理论的观点，机会来源于局部市场的短暂不均衡现象，只有具有敏锐眼光和清醒头脑的企业家才能在转瞬即逝的市场供求关系缝隙中把握住机会，进而实现成功的市场营销。因此，偶发关系营销形态也被列为现代企业关系营销的常见形态之一。

第四节　关系营销的策略

一、关系营销的原则

关系营销以"客户关系"为中心，强调企业与各类关系方的长期良性互动。相应的营销活动应遵循若干基本原则。

（一）主动沟通原则

关系营销要求企业主动与客户开展接触、沟通及交往等互动活动，即企业必须掌握客户互动的主动权。事实上，绝大多数客户在最开始时并没有与企业进行互动的强烈意愿，联系企业的原因仅限于购买商品或消费服务，这样的沟通效果往往是低效率的和不成体系的。因此，为保障客户市场信息的准确性和及时性，企业应当转变被动应付客户互动的传统思维，主动采取一系列具有创新性和务实性的接触行动。企业在与客户的交流沟通过程中，可以进一步了解客户的深层次期望与实际需要，从而为洞察市场变化和改进自身不足争取足够的时间。例如，家电企业会主动打电话给顾客，询问顾客对产品、人员及服务的评价，从而及时获取来自客户市场的信息反馈。

（二）承诺信任原则

关系营销既要求企业对客户做出承诺，也主张客户对企业做出承诺。企业与客户相互承诺的基础是彼此信任，而如何产生信任就是一项需要企业重点研究和努力做好的工作。关系营销十分强调保持客户的重要价值，并将客户满意、客户忠诚和客户承诺（customer commitment）视为留住客户的三个着力点。更有学者指出，承诺是缔结关系的最高阶段，一旦做出承诺就必须负责到底。在实践中，信守承诺的企业不仅能够获得稳定的客户市场，还能拥有更强的市场生存力，从而使企业能够抵御较大的市场风险。失信违约的企业不但不能获得长期的经济收益，还会形成恶劣的市场声誉，从而加速企业的衰败。因此，承诺与信任是关系营销必须坚持的基本原则。例如，曾经承诺"为了大众的营养健康而不懈进取"的大型企业三鹿集团，就在 2009 年因"三聚氰胺奶粉污染事件"而正式破产，可见失信失德对客户关系的巨大破坏力。

（三）互利双赢原则

关系营销要求企业必须坚持互利双赢的客户战略。企业的一切营销活动必须考虑客户的需求与感受，甚至应当将客户利益置于企业利益之上。在与客户的互动过程中，企业也要注意观察和分析客户感知的变化，并努力将客户的利益诉求融入企业的长期发展目标，真正形成合作关系作用下的利益共同体。然而，坚持互利双赢原则并非易事，企业需要克服眼前利益的诱惑和急功近利的思想，辩证看待短期效益和长期效益的关系，避免采用杀鸡取卵、涸泽而渔等不可持续的市场营销策略。换言之，在互利双赢原则下，企业营销的目标将由短期利益最大化调整为长期利益最大化，由自身利益最大化上升为自身和客户的整体利益最大化。例如，某百货公司在刚刚进入市场时，计划向消费者提供高质量的服务，准备以三年的亏损营销来获得消费者的认同和青睐，从而制定了短期亏损、长期盈利的经营战略。事后证明，这家企业非但没有亏损，还获得了极好的市场口碑，最终成为一家很受欢迎的百货公司。

二、常用关系营销策略举例

关系营销具有较强的灵活性，只要企业以保持客户忠诚、提高客户满意和改善客户互动效果等为出发点，各种能够发挥营销效果的方法、技巧、思路等都可以成为营销创新的素材。这里介绍几种常用的关系营销策略。

（一）人际关系营销策略

企业可以依托人际关系（interpersonal relationships）来开展市场营销。人际关系是人与人之间最直接的接触关系，具有鲜明的情感特征。良好的人际关系具有友好、信赖、协调等特征，易于产生亲密的合作和非理性的互助；劣质的人际关系具有敌意、多疑、紧张等特征，容易造成逆反心理和不合作的思想。因此，企业的营销人员应当尽量与客户建立良好的关系，避免在人际交往中引起冲突或对立。同时，经营人际关系需要开展一系列的交往活动，营销人员需要与客户发展私人友谊，并保持这类非正式关系的活跃度。例如，一些企业的销售人员会主动收集重要客户的个人信息，在其生日或家庭成员生日时送去祝福和礼物，或者在一些节假日、营销活动日主动邀请其参与联谊、共进午餐或观光考察等。通过良性的人际交往，客户会对企业人员产生好感，这有助于企业推广自身的商品和服务，从而达到市场营销的基本目的。

（二）交易关系营销策略

企业可以依托已经发生的交易关系来开展市场营销。一般认为，已经和企业有过交易的客户即老客户，而经营老客户比开发新客户要更加容易。为此，以频繁营销为代表的老客户营销模式得到了广泛应用。频繁营销策略的主要内容是向老客户提供交易奖励或互动激励，表现为累计消费前提下的购买折扣、赠送礼物、抽取奖品及消费积分等。例如，常见的买一赠一、第二杯半价、满1 000元抽奖等旨在刺激消费者多次消费、重复购买的策略都属于频繁营销的范畴。企业通过各种手段来维持与客户的交易关系，并尽可能使这一关系达成的金额更大、频率更高、稳定性更强，从而达到占领市场、巩固市场并长期经营市场的营销目的。在现有市场领域中，这一策略尤其适合服务行业，诸如酒店、航空公司、电信服务商、零售百货业等就常常使用这一关系营销策略。

（三）会员关系营销策略

企业可以通过在客户群体中发展会员关系来开展市场营销，即实施会员制。会员制营销（affiliate marketing）也被称为俱乐部营销，是指企业将客户进行分类，从中筛选出一类具有某项共性的客户组成的特殊群体，并使其成为一个俱乐部形式的团体，从而向其专门提供有针对性的商品或服务。会员制营销的最大价值是能够为企业源源不断地培养忠诚客户，进而形成稳定的消费市场。这一优点不仅完全符合关系营销的基本理念，还和客户生命周期理论、客户价值理论等相适应，是一种以客户忠诚度为核心的营销思路。可以想象，当普通客户在成为会员之后，他不仅会得到差异化的客户待遇，还会产生心理上的优越感。

在日益激烈的市场竞争中，会员制既拉近了企业与客户之间的心理距离，同时也提高了客户放弃企业的机会成本，因而是一种效果明显的市场竞争手段。例如，企业设置的会员价格会比非会员价格低，消费者为了"享受"这一优惠，必然踊跃成为企业的会员，从而由"一张没有名字的脸"转变为有名有姓、信息详实的客户。企业可以通过发送营销信息、推出商业活动等措施进一步加强与会员的互动，进而与客户建立起十分牢固的交易关系，令市场上的其他竞争者难以超越。总之，会员制这一升级客户关系的营销模式既能够使客户获得消费满意，又能够使企业获得客户忠诚，因而具有广阔的市场应用空间。

 本章小结

本章主要讲述了四个方面的内容。

第一，关系营销的含义。关系营销以关系在营销中的价值为视角，将社会关系、经济关系和商务关系相融合，是一种要求企业通过互动、沟通与信任等来实现合作、双赢与忠诚的客户营销策略。关系营销理论的基础包括社会网络理论和大市场营销理论。社会网络是一类具有价值性、互动性和创新性的社会资本，管理和经营社会网络能够改善企业的客户关系管理绩效。大市场营销理论则给出了一套系统的营销策略，不仅将外部环境变量纳入"广义客户"范畴，还认为一切与企业发生接触的关系方都可以成为企业的营销管理对象。

第二，关系营销的特殊性。关系营销呈现出五项基本特征，分别是沟通的双向性、战略的协同性、交易的互利性、反馈的及时性及交往的亲密性。同时，与传统营销模式中的交易营销、服务营销、庸俗营销相比较，关系营销在目的、理念和手段等方面更加高明，相应的营销效果和社会影响等也更好。需要强调的是，关系营销与庸俗营销是截然不同的两种营销层次，二者不可混为一谈。

第三，关系营销的市场模型。关系营销的对象主要包括消费者市场、供应商市场、分销商市场、内部员工市场、竞争者市场及其他利益相关者市场等。这六种市场共同构成了关系营销的基本模型，如何看待和处理这些关系直接影响企业营销活动的成败。另外，按社会关系的来源，关系营销的形态可以划分为先赋性质的亲缘关系、地缘关系，后赋性质的业缘关系、文化关系，以及其他偶发关系等基本形态，每一种形态又有着相应的特征和适用情形。

第四，关系营销的策略。关系营销以客户关系为中心，基本原则包括主动沟通原则、承诺信任原则和互利双赢原则。常用的关系营销策略包括人际关系营销策略、交易关系营销策略和会员关系营销策略等。

总之，关系营销理论是客户关系管理的基础理论，这一理论不但系统阐述了客户与关系的内涵，而且将企业的营销管理对象扩展为终端消费者、供应商、分销商、政府机构、中介机构、媒体公众及竞争者等多个对象。

 课后案例

成都伊藤洋华堂有限公司的"大市场营销"策略

成都伊藤洋华堂有限公司成立于 1996 年 12 月 25 日，注册资金 2 300 万美元，是一家包含多种业态的中外合资公司。目前，该公司经营着多家零售百货商场，并拥有线上线下相结合的服务业务。

随着成都伊藤洋华堂有限公司品牌影响力的逐步增强，在秉承"忠诚于各地社区"的公司信念下，公司忠实地履行企业社会责任。其范围涉及环保、教育、社会弱势群体、文化交流、社会道德等多个领域。在同行业中率先推出环保理念，积极推行环保购物袋和设立废旧电池回收箱；学雷锋志愿清扫街道，植树造林；惠及教育，展开"边远小学百万元计划""校园图书计划"及支援困难大学生等系列活动；关爱老人及弱势群体，在重阳、端午及各种节庆向周边社区的孤寡老人、困难户送去节日的慰问；举办中日、中韩、中美文化交流活动……企业的忠诚得到消费者的高度评价，成都伊藤洋华堂有限公司连续多年荣获成都市纳税百强企业称号。

资料来源：成都伊藤洋华堂有限公司网站。

第二章　关系营销理论

思考：

1. 成都伊藤洋华堂有限公司是如何定位关系营销对象的？为什么会热衷于履行企

业的社会责任?

2. 成都伊藤洋华堂有限公司运用了哪些关系营销策略? 零售百货企业应当如何进行有效的客户关系管理?

 ## 作业与习题

一、单项选择题

1. 买一赠一、第二杯半价、满 1 000 元抽奖等刺激消费者多次消费、重复购买的策略是 (   )。

    A. 会员营销   B. 频繁营销

    C. 网络营销   D. 情感营销

2. 销售人员在客户生日主动邀请客户参与联谊、共进午餐或观光考察等活动, 这种策略属于 (   )。

    A. 交易关系营销   B. 会员关系营销

    C. 人际关系营销   D. 商业关系营销

3. 企业与客户的交往亲密性主要来源于 (   )。

    A. 利益   B. 信任

    C. 信息   D. 体验

4. 借助于亲属关系网络等, 表现为拉关系、走后门等不正规营销行为的是 (   )。

    A. 庸俗营销   B. 服务营销

    C. 交易营销   D. 社会营销

5. 不符合关系营销中战略协同性要求的是 (   )。

    A. 长期维护   B. 协同发展

    C. 共同利益   D. 不能吃亏

二、多项选择题

1. 按照关系强度, 社会网络类型可以被划分为哪两种类型? (   )

    A. 强关系网络   B. 弱关系网络

    C. 封闭网络   D. 开放网络

    E. 本地网络   F. 全球网络

2. 大市场营销战略的内容包含 "6Ps", 分别是 (   )。

    A. 产品   B. 价格

    C. 渠道   D. 促销

    E. 权力   F. 公共关系

3. 关系营销的主要特征包括哪五项内容。 (   )

A. 沟通的双向性   B. 战略的协同性

C. 交易的互利性   D. 反馈的及时性

E. 交往的亲密性   F. 交易的唯利性

4. 关系营销的常见形态包括了（　　　）。

A. 亲缘关系   B. 地缘关系

C. 业缘关系   D. 文化关系

E. 偶发关系   F. 介绍关系

5. 关系营销与服务营销的主要区别包括（　　　）。

A. 营销的理念不同   B. 营销的手段不同

C. 对客户关系的理解不同   D. 对关系保持的理解不同

三、判断题

1. 关系营销理论以关系在营销中的价值为视角，提倡企业在市场营销中将社会关系、经济关系和商务关系相融合。 （　　）

2. 关系营销与交易营销一样，都将客户关系视为一次性的短期买卖关系。 （　　）

3. 企业应当坚持互利双赢的原则，避免采用杀鸡取卵、涸泽而渔等目光短浅的市场营销策略。 （　　）

4. 亲缘关系由于具有盘根错节、根深蒂固、论资排辈等缺点，因而是一类难以创新、局限较大的社会关系。 （　　）

5. 在国际贸易和跨境电商领域，海外华人、华侨等是发挥地缘关系营销作用的重要客户群体。 （　　）

四、简答题

1. 请简述关系营销与庸俗营销的主要区别。

2. 请简述关系营销的对象主要有哪些。

3. 请简述企业应当如何与客户开展有效的沟通。

参考答案

第三章

客户价值理论

■学习目标

　　掌握客户让渡价值的概念、特点及内涵。理解客户总价值的构成内容，能够结合商品整体概念进行详细阐述。理解客户总成本的构成内容，掌握客户价值分析的意义，能够结合具体实例提出提高客户让渡价值的思路与对策。

■学习重点

　　客户让渡价值的计算公式，客户让渡价值的潜在性、独立性、不确定性、时间性及互动性特征，产品价值、服务价值、人员价值及形象价值的相互关系，商品整体概念的四个基本层次及模型，货币成本、时间成本和精力成本的相互影响，客户让渡价值理论的应用。

 开篇案例
KAIPIAN ANLI

奉行客户为先和为社会创造价值的京东集团

　　京东集团于 2004 年正式涉足电商领域，2019 年，京东集团市场交易额超过 2 万亿元。2019 年 7 月，京东集团第四次入榜《财富》全球 500 强，位列第 139 位，是中国线上线下最大的零售集团。2019 年全年，京东集团净收入达 5 769 亿元，归属于普通股股东的净利润达 122 亿元，创历史最高纪录。京东集团定位于"以供应链为基础的技术与服务企业"，核心业务为零售、数字科技、物流、技术服务四大版块。

　　京东集团坚守"正道成功"的价值取向，坚定地践行用合法方式获得商业成功，致力于成为一家为社会创造最大价值的公司。自创立之初，京东集团就秉持诚信经营的

核心理念，坚守正品行货、倡导品质经济，成为中国备受消费者信赖的零售平台。京东集团坚定"客户为先"的服务理念，大力发展自建物流，保障用户体验，成为领先全球的新标杆。

与此同时，京东集团不忘初心，积极履行企业社会责任，在促进就业、提升社会效率、带动高质量消费、助力实体经济数字化转型、支持新农村建设、推动供给侧结构性改革等方面不断为社会做出贡献。截至目前，京东集团拥有超过22万名员工，间接带动就业人数超过1 500万。2016年始，京东集团全面推进落实电商精准扶贫工作，通过品牌打造、自营直采、地方特产、众筹扶贫等模式，在全国各地贫困地区开展扶贫工作，上线贫困地区商品超过300万种，实现扶贫农产品成交额超过750亿元。依托强大的物流基础设施网络和供应链整合能力，京东集团大幅提升了行业运营效率，降低了社会成本。通过打造高质量消费，京东集团以商品和服务为抓手、以技术创新为依托，带动实体经济数字化转型，进一步助力供给侧结构性改革，推动中国经济高质量发展。京东集团充分发挥自身优势，整合内外资源，与政府、媒体和公益组织协同创新，为用户、合作伙伴、员工、环境、社会创造价值。

资料来源：京东集团网站。

思考：

1. 如何评价京东集团的客户价值理念？这些理念和措施对于京东集团的快速发展有何帮助？

2. 京东集团在创造客户价值和降低客户成本方面有哪些值得借鉴的经验？

第一节　客户让渡价值

一、客户让渡价值的含义

客户让渡价值（customer delivered value，CDV）由菲利普·科特勒在其著作《营销管理》一书中提出，是指客户在与企业开展交易的过程中，能够感受到的实际价值。客户让渡价值是一个可以被测度和计算的统计量，即客户让渡价值等于客户总价值（total customer value，TCV）与客户总成本（total customer cost，TCC）之间的差额（公式3-1）。其中，客户总价值是指客户在购买某种商品或消费某种服务时所期望获得的全部效用和利益，代表了客户对整个交易的总体评价。例如，产品价值、服务价值、人员价值和形象价值等就是构成客户总价值的主要内容。客户总成本则是指客户在购买某种商品或消费某种服务时所花费的全部金钱和其他代价，反映了客户在整个交易活动中的总体付出。例如，货币成本、时间成本、精神成本、体力成本和机会成本等就是构成客户总成本的主要内容。

$$CDV = TCV - TCC$$

$$\begin{cases} \mathrm{CDV} = \mathrm{f}(x_1, \ x_2, \ x_3, \ \cdots x_n) \\ \mathrm{TCV} = \mathrm{f}(y_1, \ y_2, \ y_3, \ \cdots y_n) \\ \mathrm{TCC} = \mathrm{f}(z_1, \ z_2, \ z_3, \ \cdots z_n) \end{cases} \qquad (3\text{-}1)$$

按照经济学的观点，绝大多数客户会追求自身效用的最大化。在市场营销领域，追求物美价廉也是客户行为的基本共性。为此，站在客户的角度，如何让客户获取得更多、付出得更少，就成了企业创新营销策略的一种普遍思路。客户让渡价值恰好揭示了客户关系管理的一项重要原理，即企业可以通过提高客户让渡价值来实现客户市场的长期稳定和持续繁荣。着眼于决定客户让渡价值的两个主要变量，企业只要能够做到增加客户总价值和减少客户总成本，实现二者差额的最大化，则能够以优于竞争对手的客户让渡价值吸引更多的潜在客户，从而达到提高客户满意度和客户忠诚度的营销效果。

在实践中，一方面，为了提高客户总价值，企业会不断改进产品的质量、提高服务的水平、增强人员的能力及维护良好的企业形象。另一方面，为了降低客户总成本，企业又会努力降低生产和营销商品的成本、便捷客户选择和购买商品的渠道及改善广告宣传的效果等。总之，客户让渡价值是影响客户行为的重要因素，围绕客户让渡价值的管理是提高客户关系管理质量的重要方向。

需要注意的是，影响客户让渡价值、客户总价值及客户总成本的因素还有很多。例如，企业层面的营销战略、技术创新、突发事件等，市场层面的需求变化、观念更新、客户争夺等。因此，不同企业要充分认知自身客户让渡价值的基本构成和影响因素，唯有实施有针对性的差异化营销策略，才能取得更为实际的商业绩效。

二、客户让渡价值的特点

（一）客户让渡价值具有潜在性

在整个市场当中，客户让渡价值是始终存在的。企业虽然能够意识到这一价值的积极意义，但是并不能轻易地将其转化为货币收益。实践表明，获取客户让渡价值需要经历一个长期经营、缓慢积累的过程，只有当企业与客户形成了长期稳定的客户关系时，客户让渡价值才能真正成为企业的有效价值。

具体而言，客户让渡价值来源于客户需求的满足程度，而企业能否满足客户需求则取决于其商品和服务的市场表现的好坏。若企业以客户需求为导向，赢得了特定客户群体的青睐，则客户让渡价值能够转变为企业实实在在的经济价值；若企业的市场营销策略无效，未能获得忠诚的客户市场，则客户让渡价值就难以成为企业的稳定收益。例如，新开业的游乐园迎来了大批游客，但是园内的餐饮店铺却存在消费价格偏高、菜品种类单一、接待能力不足及网点分布不均等问题。这些问题导致游乐园不能满足入园游客的餐饮需求，此时，即使面对巨大的客户让渡价值，该游乐园也无法兑现。因此，客户让渡价值具有潜在性，其兑现过程离不开企业在客户关系管理方面的积极行动。

（二）客户让渡价值具有独立性

客户让渡价值主要由客户总价值与客户总成本决定，这两项变量均来自客户本身，与企业并无直接关联。实质上，客户让渡价值是客户自身消费行为的综合表现。从市场整体角度分析，客户让渡价值仍然属于客户需求的基本范畴。例如，随着智慧概念在家电行业的兴起，消费者也希望家用电器能够具有网络共享功能。这项新的需求改变了消费者对现有产品的主观评价，使客户总价值降低，从而使客户让渡价值也随之降低。面对这种变化，企业唯有通过科研攻关、技术创新等手段来改进现有产品的网络功能，才能留住客户并保持客户让渡价值的持续稳定。

如今，市场竞争已日趋白热化，为了更好地满足客户需求，买方市场格局下的企业纷纷选择以客户为中心的市场策略。面对众多且复杂多变的市场需求，大部分企业并没有能力改变供求关系的基本格局，单个企业只能采取主动适应的营销手段，以期获得一定份额的客户让渡价值，因此，客户让渡价值具有独立性和客观性。企业有必要在营销过程中主动去发现、认知和管理客户让渡价值，并使其向着既有利于客户，又有利于企业的方向流动。

（三）客户让渡价值具有不确定性

由于客户需求具有异质性、动态性和敏感性等特征，因而以此为基础的客户让渡价值也就具有一定的不确定性。按照经济学的观点，影响市场需求的因素有很多，例如，商品或服务的价格、消费者的收入与偏好、市场价格变动的预期及市场的总体规模等，这些因素同样适用于市场营销领域。客户会按照自己的体验、感受及经济状况来判断或评价一项交易的实际效果，进而形成差异化的客户让渡价值。

同时，客户的评价还会因势、因时、因地而各不相同，可以说，企业与同一客户的每一次交易，客户让渡价值都有可能发生变化。例如，市场营销常常面临着边际效用递减的困难，一些餐饮企业为了吸引老客户，专注于创造回头客的营销策略，采用了消费后赠予代金券、优惠券等做法。然而，由于菜品创新不足、消费体验重复，依靠反复优惠来吸引消费者的策略并没有持续性。当优惠券形成的客户总价值低于相应的客户总成本时，回头客现象也就不复存在了。因此，实践中的客户让渡价值具有一定的模糊性和不确定性，企业应当综合考虑各项影响因素，积极实施可以随时反馈和动态调整的市场营销策略。

（四）客户让渡价值具有时间性

客户让渡价值具有的时间性特征主要体现在两个方面。

一方面，客户让渡价值的存续时间是有限的。对于企业而言，某位具体客户的客户让渡价值只存在于相应的客户生命周期之内。企业与客户之间的关系从建立、发展、稳定到衰退，客户让渡价值会随着客户生命周期的走向终结而逐渐减少，直至最终消失。例如，对于一位老年消费者而言，她对化妆品的需求正在减弱，她已经处于客户生命周期的衰退阶段。此时，她的客户让渡价值已接近于零，企业也无法与其开展能获取更多金额的化妆品交易。

另一方面，客户让渡价值与客户关系的时间长短成正比。对于客户而言，企业优质的商品和服务能够延长客户生命周期的长度，使其始终保持对企业的信任和依赖。客户在与企业的长期互动过程中，获得感、满意度等客户总价值不断提高，交易成本、决策时间等客户总成本不断减少，即客户让渡价值会随着时间的推移而不断增加。例如，对于一位老客户而言，他会长期购买企业的商品并不断发挥口碑宣传作用，相比于只购买过一次企业商品的新客户而言，老客户的客户让渡价值显然会更多。因此，客户让渡价值还是一个具有时间维度的变量，企业不但需要掌握其持续性、阶段性及周期性等特点，还要着力延长其存续时间，从而发掘客户关系中更为丰富的商业价值。

（五）客户让渡价值具有互动性

客户互动是企业兑现客户让渡价值的主要方法。

一方面，互动是开启客户让渡价值的钥匙。通过与客户互动，企业可以探知潜在的客户让渡价值，为后续的营销策略提供依据。客户在购买企业商品或服务的过程中，会不断接收来自企业的各种信息。随着信息的积累，客户会不断调整自己的思维与行动，以便做出最优的交易决策。例如，企业为了开发新的消费市场，必须准确定位潜在的客户群体。为了获取新客户的选择和支持，第一次互动是建立良好第一印象的关键。

另一方面，互动又是联通客户让渡价值的桥梁。由于互动具有双向反馈的特点，因而企业可以通过积极主动的客户互动，了解客户需求的最新变化，从而实现对客户让渡价值的动态管理。例如，客户抱怨是企业收到的最难处理的客户反馈，如果企业能够正确处理客户抱怨并满足其背后的期望与需求，则不仅能够提高客户的满意度，消除客户流失的风险，而且能够延长客户生命周期，从而获得更多的客户让渡价值。实践中，企业与客户的每一次接触、沟通及互动都是双向的，并且能够影响客户对交易过程的感知和对交易结果的评价。因此，积极有效的互动能够帮助企业吸引新客户、维持老客户，进而获得更多来自客户的价值。

三、客户让渡价值的内涵

（一）客户让渡价值决定了客户的购买行为

按照经济学原理，绝大多数客户符合理性经济人的假设，能够在交易活动中追求自身效用的最大化。以消费市场为例，消费者是具有独立思考能力的行为主体，会在深思熟虑之后做出交易决策。

具体而言，消费者的决策过程一般包括三个步骤。第一步，将消费者需求转化为消费者期望。面对市场中丰富的商品和服务，消费者会根据自身的实际需求、经济预算、消费理念及知识水平等因素，综合评价自身的消费者期望。这一期望是站在市场需求角度的客户总价值。第二步，将消费者支出换算为消费者成本。考虑到购买商品或消费服务的货币价格、挑选时间及精力损耗等因素，消费者会对各项成本进行加总，从而得到一个具有综合性和预算性的消费者成本。这一成本是站在市场需求角度的客户总成本。第三步，比较得出最优的客户让渡价值。消费者会对市场上各类企业的商品和服务进行了解、比较和筛选，并分析得出站在市场供给角度的客户总价值和客户总成本。消费者会找出那些客户总价值更高和客户总成本更低的企业，并最终选择与客户让渡价值最优的企业进行交易。因此，消费者的购买行为是建立在对客户让渡价值的分析与比较基础上的，即客户价值决定了客户行为。

（二）客户让渡价值成了市场营销活动的核心

一方面，客户让渡价值与客户满意度有关。客户关系管理理念认为，企业的一切市场营销活动都应当坚持"以客户为中心"的思想。在竞争激烈的市场环境中，企业应当以客户需求为导向，把不断满足客户的各种需求作为市场营销环节的中心工作。企业必须清楚地认识到，只有当客户的需求得到很好的满足时，客户才会满意。也只有满意的客户才有可能成为忠诚的客户，进而为企业带来持续稳定的经济利益。可见，如何令客户满意是市场营销的关键问题。然而，满意的客户并不等同于忠诚的客户，面对丰富的市场选择，满意的客户也会流失。于是，仅仅让客户满意已不能适应市场竞争的新要求。

另一方面，客户让渡价值不仅是影响客户满意度的重要因素，还与客户忠诚度的形成与巩固密切相关。企业可以通过向市场提供更高的客户让渡价值，更好地满足客户需求。客户也会通过市场比较，自然选择与客户让渡价值更高的企业进行交易，从而更容易形成客户忠诚。实际上，对于企业所采取的诸如产品策略、价格策略、服务策略等各种市场营销措施，能否提高客户让渡价值是决定其是否有效的关键。而企业围绕市场营销所形成的竞争优势，归根到底还是依托于客户让渡价值的相对优势。因此，市场营销活动的核心不再停留在单纯的客户满意度管理上，而是逐渐深入客户忠诚度管理和客户让渡价值管理的层面。

（三）客户让渡价值需要企业与客户共同创造

在客户关系管理过程中，客户让渡价值的创造离不开企业与客户的协调配合。虽然企业在创造客户让渡价值的过程中具有主导性，但是客户的态度和行动也会影响客户让渡价值的变化。换言之，企业与客户可以通过双向努力来改善关系，并在理性的商业交易中融入非理性的社会因素。具体而言，除了改进产品和提高服务水平，企业还要谋求与客户建立起良好的信任关系，并尝试培养客户对企业的特殊情感。随着客户关系由单纯的商业关系升级为社会关系，客户对企业的认识和评价也会发生改变。此时，即使客户总价值降低或客户总成本上升，客户也不会改变自己的决策。来自社会情感层面的客户忠诚将放大客户让渡价值的实际效果，从而保障了企业与客户之间的长期互利双赢。因此，交易双方之间的关系也是影响客户让渡价值的重要因素，企业与客户都可以通过改善关系来提高客户让渡价值。

第二节 客户总价值

客户总价值主要由四个方面组成，分别是产品价值、服务价值、人员价值和形象价值。为了使客户能够体验到更多的客户让渡价值，企业可以着重提升以上四种具体价值。可以说，增加客户总价值也是改善市场营销效果最为直接的一种方法。近年来，随着商品整体概念的兴起，市场对客户总价值的认识和管理又有了进一步的发展。

一、客户总价值的构成

（一）产品价值

产品价值是围绕企业产品所体现出的一系列价值。产品价值是市场交换的基础性价值，也是影响消费者选购商品的主要因素。产品价值通常由产品的质量、功能、成分、特性、规格、产地、包装及外观等要素构成，综合反映了商品在生产与流通过程中的经济价值和社会价值。在市场营销领域，产品价值是决定客户总价值的关键因素，处于商品整体概念模型的中心位置。在自由竞争的市场当中，一项产品唯有获得消费者的认可，方能成为有价值、有口碑及有市场的合格产品。

需要注意的是，产品价值的确定需要经过市场的检验，即消费者掌握了评判产品价值的主导权。其一，产品价值与消费者的需求密切相关。不同的消费者会根据自身的不同需求或偏好，差异化地评价构成产品价值的各项因素。例如，产品的质量就可分为外观、颜色、款式等外在质量和实用性、可靠性、安全性等内在质量。有的消费者会因为追求时尚潮流而看重外在质量，而有的消费者会因为注重经久耐用而看重内在质量，致使同一商品出现两种截然相反的市场价值。其二，产品价值会时刻受市场变化的影响。所谓市场，既是买卖双方开展交易的场所，也是各种资源与要素的动态集合。可以说，市场本身自始至终都处于动态变化的过程当中。例如，价格是反映价值的最直接指标，当产品的市场价格发生波动时，产品价值也会随之变化。另外，从长期角度看，市场还会受到生产技术进步、消费观念革新、社会文化发展等其他因素的影响，从而改变消费者对产品价值的原有评价。例如，随着社会经济及生产技术的发展，新能源汽车将逐渐取代传统动力汽车成为人们的主要交通工具，市场对于传统汽车的需求量和评价价值也将逐渐降低。因此，企业应当高度重视自身的产品价值，并关注消费者需求与市场环境的变化。

（二）服务价值

服务价值是依附于企业服务而产生的一系列价值。众所周知，服务是一种特殊的无形商品，反映的是人类劳动这一活动本身的特殊使用价值。在市场营销过程中，服务是一种常见的客户互动，而服务价值就来源于企业向客户提供的各种劳动，例如，介绍产品、送货上门、安装调试、故障维修和质量保证等。由于服务能够影响消费者对商品的感受和评价，因而服务价值也被视为构成客户总价值的重要因素。

实际上，最初的服务价值是一种伴随商品交换而产生的附属价值，但随着各种服务项目的商品化，服务价值又成了一种独立于商品实体的专属价值。为此，企业对服务价值的理解应该包含两个方面的内容。其一，服务价值是产品价值的重要补充。在以产品为中心的时代，企业在销售产品的过程中并不需要提供多少服务，产品和服务也并没有直接关联。那时，企业的服务是一种被动的追加措施，相应的服务价值也很低。随着"以客户为中心"时代的到来，服务成了商品销售过程中的必需品，消费者不仅会根据服务价值的高低来选购商品，有时甚至会因为过分看重服务而忽略了商品本身的价值。此时，企业的服务变成一种主动的营销行动，相应的服务价值也开始提高。可以说，单纯的产品营销已不能满足现代市场的需求，服务与产品已成为一个不可分割的整体。其二，服务价值是影响市场竞争的重要因素。随着服务价值的逐渐显现，越来越多的企业开始将服务竞争作为市场竞争的新形式。企业需要认识到，当面对同类或相似的商品时，消费者一定会比较不同企业的服务项目和服务水平，并择优选择，从而淘汰市场中的落后企业。为此，企业除了向客户提供产品，还必须要配合开展高质量的营销服务，并使服务成为企业核心竞争优势的重要组成之一。总之，服务价值的优劣直接关系客户满意度的高低，企业间围绕客户服务的竞争已成为现代市场竞争的焦点之一。

（三）人员价值

人员价值是由企业人员的素质与能力所表现出的一系列价值。由于客户关系的最根本表现还是人与人之间的互动关系，因而企业的人员及其工作表现是构成客户总价值的重要部分。一般而言，人员价值来源于个人与集体两个层面。

一方面，个人层面的人员价值与企业员工的个体情况有关。诸如企业员工的营销思想、知识水平、业务能力、工作态度及服务形象等都是决定其人员价值的重要方面。客户在与企业员工的接触过程中，会根据这些员工的综合表现来决策购买行为，而客户对员工本人的评价往往会直接影响交易活动的成败。例如，一位经验丰富和技术熟练的资深营销人员，会比新入职的实习员工更能够抓住客户的心理和解决客户的问题。当客户需要维修产品时，更高的技术水平带来了更高的维修效率；当客户需要咨询疑问时，更全面的知识结构传递了更加准确的企业信息；当客户可能放弃购买企业的商品时，更有效的沟通又打消了客户顾虑、挽回了客户信任。可见，优质的人员价值不仅能提升客户的感知质量，也能促进客户关系的健康发展。

另一方面，集体层面的人员价值与企业的团队建设有关。诸如企业内部的人员配合、组织结构、管理机制、业务流程及企业文化等都是影响人员价值的重要因素。企业的所有员工会以一个整体团队的形式展现出人员价值。在互动过程中，客户不但能够感受到企业的价值观念、行为准则及文化氛围，还能够据此推断企业产品和服务的具体水平，从而为自己的购买行为提供决策依据。例如，面对一个团结互助、诚信敬业的客户服务团队，客户很容易产生信任感和安全感，从而更有利于达成商业交易。反之，尽管企业的整体员工队伍十分优秀，但是只要有一位员工的表现令客户不满，整个团队的人员价值也会大打折扣。因此，企业不能忽略人员价值的重要意义，并且需要从个人和团队两个层面来加强和落实对于"人"的管理工作。

（四）形象价值

形象价值是由企业的品牌、商品及服务在社会大众中的总体形象所形成的一系列价值。任何市场中的企业都面临着来自客户的评价，各种评价的汇总结果就是企业的社会形象。由于企业形象直接影响企业的市场营销情况，因而企业必须加强自身形象的管理和维护工作。

一方面，管理形象价值能够帮助企业建立积极的客户关系。良好的社会形象表现为讲诚信、负责任、有公德且不唯利是图等，这样的企业更受市场欢迎，也更有可能成长壮大、长期盈利。例如，一些百年老店、老字号品牌就拥有较高的形象价值，经过长期的市场检验，企业与消费者早已建立起稳固的互信关系，从而使消费者高度认可企业和忠诚于企业。

另一方面，维护形象价值又是企业经营客户关系的一大难点。树立良好的社会形象并非一朝一夕所能实现的，这项工作往往需要企业长期坚持并时刻警觉。企业需要明白，任何损害自身社会形象的过失都有可能引来整个客户市场的崩溃。例如，某些曾经十分知名的大企业，就因为破坏生态环境、损害公众健康、欺骗新老客户等原因而形象受损，最终造成得罪消费者并被市场抛弃的严重后果。从这一点来看，企业的形象价值又具有暂时性和脆弱性。

事实上，企业的形象价值是一项综合的概念，几乎包含了产品价值、服务价值和人员价值的全部内容。同时，形象价值又是对企业客户关系管理效果的集中反映，代表了企业在客户市场上的吸引力、影响力和号召力，因而是每个企业都应当充分重视的竞争性无形资产。

二、商品整体概念的解释

（一）商品整体概念的含义

在市场营销学中，商品的概念可以分为狭义与广义两个层面。狭义的商品是指具有某种特定物质形态或功能用途的物品，是看得见、摸得着的具体物件。广义的是商品则是指人们在交易过程中所获得的、能够满足某种需求或欲望的效用总和，既包括有形的产品实体，也包括无形的服务、利益及感受等。实际上，商品概念经历了从狭义到广义的发展过程。随着市场经济和营销管理的发展，商品的概念得到了不断补充和扩展，并逐渐从单纯的、用于交换的劳动产品发展为一切存在于交换过程中的使用价值，成为一项内涵十分丰富的综合概念。

如今，商品整体概念已日趋成熟，虽然站在不同的分析角度，人们对于整体概念模型的描述还有所差异，但是将客户从企业获得或感受到的全部价值视为一个整体的观点已成为市场的共识。

（二）商品整体概念的内容

商品整体概念指出，企业在开展市场营销活动时，应当把与商品有关的全部价值视为一项整体，企业与客户开展交易的标的物不能局限于产品本身，而是应当由内向外逐渐延展到包装、服务、情感等多个层次。具体而言，整体形态的商品应当包括核心商品、有形商品、附加商品和心理商品四个层次（图3-1）。

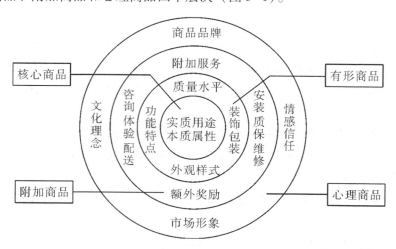

图3-1　商品整体概念模型

1. 核心商品

核心商品是整体商品的最内层部分。核心商品是具有实质用途或本质属性的商品，表现为能够直接满足消费者的最主要需求。换言之，核心商品能够让消费者获得实实在在的效用或利益，是消费者最为原始的购买动机。例如，平板电视机的核心是能够接受信号并播放节目，新能源汽车的核心是能够安全驾驶并节约能源，旅游产品的核心是能够实地观光和令人身心愉悦等。对于企业而言，核心商品是奠定客户让渡价值的基础。任何商品的市场营销，都不能背离商品的核心价值，即任何形式大于内容的营销策略都是难以持续和必然失败的。

2. 有形商品

有形商品是整体商品的第二层部分。有形商品是商品的外在表现形式，表现为商品展现在消费者面前的质量水平、外观样式、功能特点及装饰包装等。实际上，有形商品能够让消费者直观感受商品的优劣情况，是影响消费者购买行为的重要因素。例如，平板电视机的有形特征是画质色彩、频道数量、外观设计及使用寿命等，新能源汽车的有形特征是节能效率、外观造型及其他创新性功能等，旅游产品的有形特征是住宿酒店、交通工具及伙食标准等。对于企业而言，有形商品是吸引客户的基本条件，为了将商品的核心价值转化为实际的使用价值，企业必须加强在产品设计、技术研发、功能创新及包装改进等环节的工作，即只有具备良好市场形象并获得消费者认可的商品，才能成为市场中的畅销商品。

3. 附加商品

附加商品是整体商品的第三层部分。附加商品是消费者在购买商品的过程中所获得的附加服务和附加价值，表现为企业向消费者提供的各种服务项目和额外奖励。例如，售前环节的咨询、参观、体验、试用等服务，售中环节的信贷、配送、安装、调试等服务，以及售后环节的质保、维修、退换货等服务。随着市场营销手段的发展，附加服务已逐渐成为商品销售的必备条件，并发展为企业间相互竞争的主要手段之一。消费者不仅会看重商品本身的价值，也会根据附加服务来选购商品。例如，平板电视机的附加商品是送货上门、免费安装、配件赠送及延长质保期等，新能源汽车的附加商品是免费试驾、保险办理、融资贷款及其他售后服务等，旅游产品的附加商品是特产赠送、免费接送及额外的导游服务等。对于企业而言，附加商品是提高客户感知价值的重要部分。由于消费商品是一个连续的过程，因而企业必须与客户保持一段时间的接触或互动。在这一过程中，良好的服务无疑是对消费者的最好回馈。因此，附加商品的优劣影响客户的满意度和忠诚度，进而成为关系企业能否保持客户并赢得竞争的重要因素。

4. 心理商品

心理商品是整体商品的最外层部分。心理商品是消费者在购买商品过程中获得的心理满足或情感价值，表现为对企业的商品品牌、市场形象及文化理念等的心理倾向或情感依赖。心理商品背后的客户关系已经超越了一般交易中的经济关系，并且上升为具有信任、情感、赞美等因素的社会关系或心灵关系。此时，消费者选购商品的需要，不再只是为了获得使用价值，也是为了满足提高消费档次和社会身份等更高层次的需求。例如，人们在消费过程中对知名品牌、驰名商标的偏爱，就反映了来自心理层次的商品价值需求。另外，消费者在与企业互动的过程中所产生的诸如满足感、成就感、自豪感及归属感等情感、情绪因素，也属于心理商品的范畴。对于企业而言，心理商品是客户关系管理中的核心竞争优势，为了形成既有一定规模，又能保持稳定的忠诚客户群体，企业必须重视对自身品牌、形象及口碑的经营和维护，并为此付出坚持不懈的长期努力。

综上所述，商品应当是一个多层次的整体性概念。随着商品理论的发展，人们还在不断补充商品的内涵，诸如个性商品、期望商品等概念还在不断地被补充到商品整体概念当中。可以说，商品整体概念是一个发展中的动态概念。事实上，商品整体概念与客户总价值的概念具有很多相似之处。前者站在商品的角度，概括了市场中优质商品的基本构成，即核心商品、有形商品、附加商品和心理商品。后者站在客户的角度，总结了企业创造价值的主要方向，即产品价值、服务价值、人员价值和形象价值。两者均以市场中的客户需求为基础，以提升客户满意度为目标，都为企业描绘了一条如何增强市场营销竞争力的清晰路径。

第三节　客户总成本

一、客户总成本的构成

客户总成本主要由三个方面的内容组成，分别是货币成本、时间成本和精力成本。为了使客户能够获得到更多的客户让渡价值，企业可以着眼于降低以上三类具体成本。与增加客户总价值相类似，降低客户总成本也是改善市场营销效果的一种有效方法。需要注意的是，站在客户角度的成本概念，并不等同于企业的生产经营成本，而是一种包含经济、社会和心理等因素的综合概念，具有一定的模糊性、差异性和主观性。

（一）货币成本

货币成本（monetary cost）是指客户在购买和使用商品过程中所产生的货币形态的成本。货币成本表现为客户的货币支出，支出的内容主要涉及商品的价格、服务的价格及其他相关费用。

首先，商品的价格是构成货币成本的最主要部分。客户在挑选商品时，会比较同类商品的不同销售价格，尽可能选购那些质优价廉的商品。在品质相同或类似的前提下，商品的价格越低，客户的货币成本越低，客户价值的获得感也越强烈。

其次，服务的价格是影响货币成本的重要因素。绝大部分商品在销售过程中都伴随着服务，而企业的服务既有免费的，也有付费的。无论服务是否会产生名义上的支出，消费者都会对服务的实际成本进行评价，并将其纳入客户总成本的范畴。因此，服务的价格也与客户的货币成本成正比，与客户的总价值成反比。

最后，其他相关费用也会增加客户的货币成本。常见的相关费用主要包括两类：一类是由客户互动所产生的费用，如电话费、交通费及网络费等；另一类是由价格波动所产生的费用，如错过的折扣金额、涨价后的额外支出等。这些费用也会被客户计算为货币成本，进而影响客户的消费决策。

面对客户货币成本的三项内容，企业应当制定和实施相应的成本管理措施。在产品层面，要着力降低生产成本和提高生产效率，进而降低销售价格；在服务层面，应尽量提供周到且廉价的服务，从而改善服务的价值创造功能；在相关费用层面，还要进一步便捷营销渠道和拓展服务范围，从而使客户与企业的沟通更加顺畅，彼此的距离也更加缩短。总之，货币成本与经济价值直接相关，是一种最直观、最普遍和最主要的客户成本。

（二）时间成本

时间成本（time cost）是指客户在购买和等待商品过程中所耗费的时间价值。按照关系营销理论的观点，市场营销活动是一个关系互动的复杂过程，往往会持续一段较长的时间。销售商品仅仅是客户关系的开始，而并非商业互动的结束。市场营销理论也认为，消费者的购买决策是基于一系列复杂活动的系统过程，涉及需求的确定、购买动机的形成、购买方案的选定、购买行为的实施及消费商品后的评价等诸多环节。于是，客户为了获得期望中的商品和服务，必须付出相当可观的时间代价。

具体而言，在购买商品之前，消费者通常会花费较长的时间来收集信息、制订计划，从而明确选定最为合适的商品和服务；在购买商品之时，消费者会花费一定的时间来接触企业、等待交易，从而实际获得期望中的商品和服务；在购买商品之后，消费者又会花费不短的时间来使用商品、检验商品，从而综合评价实际获得的商品和服务。可以说，时间成本贯穿了整个商品交易的过程。

对于客户而言，时间成本可以直接由耗费时间的长短来度量。客户在交易过程中所耽误的时间越短，则时间成本越低，客户的价值感受也越好。对于企业而言，时间成本则与客户满意度和客户总价值成反比。为了降低客户的时间成本，企业的营销策略应当注重两项内容。其一，企业应当提高与客户交易的效率。例如，企业可以提高商品的生产效率，保障市场需求能够得到充分满足；企业可以缩短商品的营销流程，使消费者能够在市场中迅速选定企业的商品；企业可以提升配套服务的水平，以便捷的物流和快捷的支付等为消费者带来方便。其二，企业应当强化对内部组织的建设与管理。例如，企业可以通过培训员工，增强营销团队的责任感和凝聚力，从而尽量减少因人员失误而造成的客户等待或时间浪费，保证企业的各项客户服务能够顺利开展。

需要注意的是，企业仍然需要辩证地看待时间成本。有时候，客户接触企业的"多余"时间也是企业沟通客户的"最佳"时间，其间蕴藏着了解客户需求、展现企业形象、改变客户行为等商业机会。可以说，时间不仅是成本，更是一种潜在的价值。如果企业能够在客户等待交易的时间里，提供额外的、优质的服务，不仅可以转移客户的注意力，也能让客户觉得花费的时间是值得的。例如，一些餐饮企业会在客户等待就餐的过程中提供一些与主营业务几乎无关的服务项目，有的消费者甚至忽略了就餐的质量，而对附加服务赞不绝口。总之，时间成本是一种既容易被忽略，又可以被利用的非经济性客户成本。

（三）精力成本

精力成本（psychic cost）是指客户在购买和使用商品过程中所消耗的精神、体力等。相比于货币成本与时间成本，精力成本具有更大的隐蔽性和模糊性。只有当客户总价值与其他成本均一定时，精力成本的影响和作用才会有所体现。作为一种特殊的成本形式，客户消耗的精神与体力越少，则精力成本越低；反之，则精力成本越高。

实际上，人类的一切行为都是思维与行动的组合。消费者在选购商品或服务的过程中，每一项行动也都是深思熟虑的结果。一方面，客户会在交易活动中耗费精神。思维科学认为，人的思考决策过程是一整套接收信息、存储信息、加工信息及输出信息的知识创造过程。思考不仅能够解决眼前的问题，而且能够形成处理同类问题的经验或知识，因而具有一定的价值性。生理学则认为，思维是一种高级生理现象，是人脑的一种生化反应。思考会消耗人体的一定能量，而过度的思考还会引起疲倦、烦躁等不舒适的状况，因而的确会产生一定的成本。可见，为了在思考中获得价值，客户需要损耗精神。另一方面，客户会在交易过程中耗费体力。购买商品和服务是客户的具体行动，只要是人的行动，就会消耗体力。例如，消费者会在挑选商品的过程中来回奔波，会在反馈信息的过程中频繁沟通，会在退换商品的过程中浪费体力。同时，精神和体力又是两个相互影响的变量，消费者既会因为体力损耗而引起精神不佳，也可能因为精神良好而体力倍增。

因此，企业应当注意客户在购买商品过程中的精力成本，并从三个方面做好工作。其一，强化对商品和服务的宣传力度，减少客户在信息获取与筛选方面的精力成本。例如，企业可以通过综合使用多种广告手段，将电视广告、平面广告和网络广告相结合，从而更加全面和准确地向消费者传递商品信息。其二，合理设置商品和服务的销售网点，减少客户在获得商品或服务方面的精力成本。例如，企业可以通过同时开设线上线下多种营销渠道，使消费者能够在线消费和就近购买。其三，企业可以尽量为客户提供全面周到的服务，最大限度地减少需要客户自己完成的事项。例如，企业可以通过优化销售流程，为客户提供一站式、一条龙式的销售服务，让客户少产生或不产生精力耗费。总之，精力成本也是一种应当引起企业重视的非经济性客户成本。

二、客户价值分析的意义

客户价值分析包含三个主要变量，分别是客户让渡价值、客户总价值和客户总成本。对这三个概念及其相互关系的分析，为研究和指导企业的市场营销活动提供了科学和系统的思路。

首先，客户让渡价值理论揭示了企业销售商品或服务的基本原理。在传统的营销理论中，消费者是否选购企业的商品，完全取决于商品的价格、质量、广告及渠道等是否满足其要求。企业只知道这些条件或因素十分重要，却并不理解其背后的作用原理。客户让渡价值理论则深入分析了消费者的决策动机。通过分析客户总价值与客户总成本的关系，该理论解释了客户让渡价值的概念，认为企业的一切营销活动都要围绕增加或保持客户让渡价值这一核心问题，从而创新了企业的市场营销模式。

其次，客户让渡价值理论丰富了影响市场营销的主要因素。传统的营销理论大多着眼于经济关系、商业利益和市场规律，看重的是与交易直接相关的商品和服务，以及货币形式的价格与成本等。客户让渡价值理论则拓展了人们对市场的理解，将来自个人和团队的价值、企业文化与品牌形象的价值、时间形式和精力形式的成本等纳入营销决策的范畴，从而使企业能够更加全面地理解市场和更加真实地认识客户。

最后，客户让渡价值理论就如何改善企业的营销效果提出了对策。概括而言，面对激烈的市场竞争，企业的基本对策就是一句话：以提高客户让渡价值为目标，通过综合运用各种对内对外的经营管理措施，不断提高客户总价值和降低客户总成本，最终实现持续的客户满意和企业发展。

如今，越来越多的企业已建立起系统的客户价值管理机制，在它们看来，企业在客户让渡价值方面的优势完全可以成为企业赖以生存和发展的核心竞争优势。

 本章小结

本章主要讲述了三个方面的内容。

第一，客户让渡价值。客户让渡价值等于客户总价值与客户总成本之间的差额。客户让渡价值具有潜在性、独立性、不确定性、时间性及互动性等特征。客户让渡价值由企业与客户共同创造，能够影响客户的购买行为，也是企业开展市场营销活动的核心。

第二，客户总价值。客户总价值是指客户在购买某种商品或消费某种服务时所期望获得的全部效用和利益，代表了客户对整个交易的总体评价。其具体内容包括产品价值、服务价值、人员价值和形象价值。另外，商品整体概念是对客户总价值概念的很好补充。企业应当把与商品有关的全部价值视为一个整体，并将商品理解为核心商品、有形商品、附加商品和心理商品四个层次。

第三，客户总成本。客户总成本是指客户在购买某种商品或消费某种服务时所花费的全部金钱和其他代价，反映了客户在整个交易活动中的总体付出。客户总成本主要包括货币成本、时间成本和精力成本三项基本内容。企业需要特别重视对时间成本和精力成本的有效管理。

总之，客户价值理论很好地揭示了客户关系管理的基本原理。企业的市场营销重点就是提高客户总价值和降低客户总成本，从而凭借更优质的客户让渡价值来赢得市场竞争。

 课后案例

从一杯咖啡走向世界的星巴克

星巴克成立于1971年，是一家以经营咖啡饮料为主的连锁企业。星巴克于1999年1月，在北京中国国际贸易中心开设中国内地第一家门店。目前，星巴克已经在中国内地180个城市开设了超过4 300家门店，拥有58 000多名星巴克伙伴。这一独特优势使星巴克能够在每一天，通过每一家星巴克门店，践行星巴克对客户和消费者的承诺。对星巴克来说，中国已成为星巴克发展速度最快、最大的海外市场。

星巴克的使命是激发并孕育人文精神，即"每人，每杯，每个社区"。

星巴克将企业的价值观表述为："以我们的伙伴、咖啡和顾客为核心，营造一种温暖而有归属感的文化，欣然接纳和欢迎每一个人。积极行动，勇于挑战现状，打破陈规，以创新方式实现公司与伙伴的共同成长。在每个连接彼此的当下，我们专注投入，开诚相见，互尊互敬。对于每件事，我们都竭尽所能，做到最好，敢于担当。"

资料来源：星巴克（中国）网站。

思考：

1. 星巴克售卖的仅仅是咖啡吗？这一企业是如何定义商品和服务的？

2. 试从商品整体概念分析星巴克咖啡的内涵以及星巴克是如何管理客户让渡价值的。

作业与习题

一、单项选择题

1. 在以下概念中，影响客户做出购买决策的最主要变量是（　　）。

    A. 客户让渡价值   B. 客户总价值

    C. 客户总成本   D. 客户终生价值

2. 不能用客户让渡价值理论来解释的现象是（　　）。

    A. 货真价实   B. 物美价廉

    C. 物超所值   D. 便宜无好货

3. 一些餐饮企业会突出老字号、百年老店等品牌特色，这是为了增加（　　）。

    A. 产品价值   B. 服务价值

    C. 人员价值   D. 形象价值

4. 优质的品牌属于商品整体概念中的（　　）。

    A. 核心商品   B. 有形商品

    C. 附加商品   D. 心理商品

5. 餐厅的顾客在排队等待、就座点菜和完成就餐的过程中，不会产生的成本是（　　）。

    A. 货币成本   B. 时间成本

    C. 精力成本   D. 人力成本

二、多项选择题

1. 客户让渡价值的特点包括（　　）。

    A. 潜在性   B. 独立性

    C. 不确定性   D. 时间性

    E. 互动性   F. 偶然性

2. 客户总价值主要包括（　　）。

    A. 产品价值   B. 服务价值

    C. 人员价值   D. 形象价值

3. 客户总成本主要包括（　　）。

    A. 货币成本   B. 时间成本

    C. 精力成本   D. 机会成本

4. 商品整体概念指出，完整的商品包括（　　）四个层次。

    A. 核心商品   B. 有形商品

    C. 附加商品   D. 心理商品

    E. 情感商品   F. 包装商品

5. 在以下方法中，能够帮助企业吸引客户的有（　　）。

    A. 提高客户让渡价值   B. 提高客户总价值

    C. 提高客户总成本   D. 降低客户总成本

三、判断题

1. 客户让渡价值等于客户总价值（TCV）与客户总成本（TCC）之间的差额。

                                              （　　）

2. 客户让渡价值与客户生命周期有一定关联。   （　　）

3. 在信任与情感的作用下，即使客户总价值降低或客户总成本上升，客户也不会改变自己的决策。   （　　）

4. 企业应当专注于对有形商品的生产经营，额外的、免费的附加服务只会增加企业的成本，因而没有必要向客户提供。   （　　）

5. 如果企业能够在客户等待交易的时间里，提供额外的、优质的服务，不仅可以转移客户的注意力，也能让客户觉得花费的时间是值得的。   （　　）

四、简答题

1. 请简述企业形象价值的含义与作用。

2. 请简述商品整体概念的具体内容。

3. 请简述客户价值分析对于客户关系管理的意义。

参考答案

第四章

客户生命周期理论

了解生命周期理论的背景，掌握客户生命周期的阶段划分，能够根据客户生命周期的阶段特征和基本模式分析和判断具体实例中客户关系的发展状态。理解客户终生价值的含义与意义，掌握客户终生价值的基本分析方法。

■学习重点

仿生学与生态学的理论观点，客户生命周期的考察期、形成期、稳定期和退化期，客户生命周期各阶段的市场营销绩效特征，早期流产型、中途夭折型、提前退出型和长期保持型的内涵，客户终生价值的含义与公式，客户价值矩阵与客户盈利能力矩阵，客户购买份额与交叉销售效应。

开篇案例
KAIPIAN ANLI

三百年同仁堂的"金字招牌"

同仁堂是我国中药行业的老字号，始创于 1669 年，至今已有 300 多年的历史。1992 年 8 月，中国北京同仁堂集团公司正式成立。

同仁堂科技作为中国北京同仁堂集团旗下集产、供、销于一体的高科技现代化中药企业，坚持继承和发扬同仁堂皇家御药制药传统，依托现代制药技术，以"同修仁德，济世养生"为己任，坚持"配方独特、选料上乘、工艺精湛、疗效显著"的制药特色。

企业的价值理念为："善待社会、善待员工、善待经营伙伴、善待投资者。"

同仁堂未来将继续致力于传统中药现代化，改进现有传统中药产品并进行天然药物的开发，逐步实现中药现代化、国际化，拓展营销网络，推动现代中药进入国际医药主流市场。

资料来源：同仁堂（北京）网站。

思考：

1. 同仁堂是如何做到三百多年持续经营的，其成功背后的"秘方"是什么？

2. 历史悠久的同仁堂必然拥有代代相传的忠诚客户，在延续企业生命周期的同时，同仁堂又是如何管理客户生命周期的？

第一节　客户生命周期理论模型

一、客户生命周期理论的背景

（一）生命周期理论的兴起

学者卡曼（A. K. Karman）于1966年最早提出了较为完整和系统的生命周期理论（life-cycle approach），这一理论后来又得到了赫塞（Hersey）、布兰查德（Blanchard）等学者的补充和完善，并发展为经济管理领域的一种既具有较为完备的理论性，又具有较为灵活的实践性的常用理论。

生命周期理论常常被用于研究经济社会现象，并逐渐形成了市场生命周期、行业生命周期、企业生命周期和产品生命周期等分支理论。随着市场营销理论的发展，生命周期这一独特的研究方法又被借鉴到了客户关系管理领域，从而产生了客户生命周期理论。尽管各种分支理论的研究对象不尽相同，但是研究的思路是基本一致的，即市场中绝大多数事物的发展过程，都会依次经历诞生、成长、成熟及消亡四个阶段。可以说，生命周期理论以生命演化过程的视角揭示了经济管理活动的本质规律，因而具有深刻的现实意义。

（二）生命视角研究的发展

在现代管理学的发展历程中，经济活动与商业交易中"人"的价值不断凸显，一切组织或行为主体都被视为"有生命""有头脑"的"鲜活"个体，进而开启了生命视角这一新兴的研究方向。回顾客户生命周期理论的形成过程，对多种跨学科理论的借鉴与改造起到了积极的作用。其中，来自仿生学和生态学的观点最具代表性。

1. 仿生学的观点

仿生学的观点认为，经济组织与生命体类似，也有出生、成长、成熟及衰老等周期性过程。由于企业与客户是具体的人或由人组成的经济组织，所以它们的思维与行动必然来源于人的意识、表现出人的特征。企业与客户互动的过程恰似生物生长发育的过程，同样会经历从无到有、从少到多、从弱到强，并最终消亡或再生的过程。因此，客户关系的管理完全可以借鉴生命科学的观点与方法，将企业接触客户过程中所反映的特征与问题视为特殊的"生命现象"并加以管控，从而实现客户关系的健康、活跃及长盛不衰。

2. 生态学的观点

生态学的观点认为，经济管理问题的研究，不仅需要将相关对象视为有生命的"活"组织，而且要把外部的商业环境比拟成生物栖息的生态环境。在企业所处的生态环境中，竞争与合作对立统一。作为商业生态系统的基本单元，企业获得生存与成长的基本策略就是保持组织内部与外部各种客户关系的动态平衡，以期企业能够适应激烈竞争的市场环境。生态学视角的价值在于看到了企业同周边环境及环境中其他个体的互动关系，这些关系互动的过程与结果充分印证了客户关系管理的必要性。不难看出，从生态学理论开始，企业与客户都不再是孤立的无生命个体。特别是竞争环境中的企业，它们既具备生命特征，也拥有生命周期，并且必须凭借自身过硬的生存能力才能在商业生态链条网络中获得一席之地。正所谓"物竞天择，适者生存"。

总之，不论是仿生学还是生态学，它们都是奠定客户生命周期理论的基础性观点。这类研究探索性地提出了解释客户关系原理的新模型，不仅有利于研究客户需求、客户感知及客户行为等的变化规律，也有利于企业针对这些变化规律来创新市场营销策略。

二、客户生命周期的阶段划分

一般认为，客户生命周期会经历考察期、形成期、稳定期和退化期，即四阶段周期模型（图4-1）。

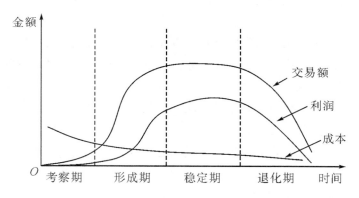

图 4-1　客户生命周期示意图

（一）考察期

考察期也被称为孕育期，属于企业与客户在建立关系之前的试探性接触阶段。在这一时期，客户与企业间的关系呈现出双向接触、相互选择的基本特征。

一方面，客户需要选择企业。随着客户需求的产生和积累，购买商品或服务是客户的必然行动。为了获得最大程度的满足，此时的客户会在市场上收集、比较和分析不同企业的商品信息和服务信息。客户会接触不同的企业、尝试不同的商品，逐渐缩小可供选择的范围，从而形成客户关系的雏形。

另一方面，企业也在选择客户。随着企业市场营销活动的开展，谁将是购买企业商品或服务的最主要客户成为首要问题。为了长期稳定地获得市场利润，此时的企业会对市场展开调查、研究和分类，从大量客户信息中细分出最有潜力和价值的目标客户，从而为后续开展针对性的营销活动提供依据。可以说，考察期的客户关系是最不稳定的，买卖双方的接触均带有明显的探索性和试验性。

值得注意的是，企业此时的营销管理并不完全处于被动状态。企业应当积极地行动起来，率先开展市场调查、信息搜集和广告宣传等工作，并在与客户的初次接触中，以最好的"第一印象"打动客户。因此，在考察期，企业的主要任务就是找出真正的潜在优质客户，并为发展下一阶段的客户关系做好准备。

（二）形成期

形成期也被称为成长期，属于企业与客户在关系形成过程中的快速发展阶段。在这一期间，客户与企业间的关系呈现出交往密切、信赖增加的基本特征。

一方面，客户与企业的互动越发频繁。客户由于对之前的尝试性购买感到满意，因此会继续购买企业的商品或服务。随着购买商品的次数、金额及种类的增加，客户会进一步了解企业的商品质量、服务水平及文化理念，从而产生更大的购买欲望和消费需求。此时，若企业能够积极回应客户的行动，不断倾听客户的诉求并改进自己的营销工作，则可以推动相互关系向着更高层次深入发展。

另一方面，企业与客户的信赖关系更加巩固。随着客户满意度的不断提高，客户对企业的接受程度和认可程度也在不断增加。此时，企业若能够保证商品质量和服务水平，持续满足客户的个性化、差异化的消费需求，则可以提升客户对企业的信任和依赖程度，从而将双方的关系由短期的交易关系上升为中长期的合作关系。可以说，形成期是发展客户关系的最关键时期，买卖双方均已意识到相互关系的重要性和价值性。

然而，形成期的客户关系仍然十分脆弱，企业的任何营销过失都有可能导致客户流失和关系终止。因此，在形成期，企业在着眼于扩大客户业务的同时，还要密切关注客户满意度和忠诚度的变化。此时，企业的主要任务是在获得客户信任的基础上找到与客户的共同利益，进而为形成长期稳定的战略型客户关系创造条件。

（三）稳定期

稳定期也被称为成熟期，属于客户关系达到最佳状态的阶段。在这一阶段，客户与企业间的关系呈现出高度合作、长期稳定的基本特征。

一方面，客户与企业形成了互利双赢的合作关系。随着客户对企业的商品和服务发自内心地认可和满意，其购买行为也会变得频繁和持续。客户在与企业的不断交易中，渐渐形成相互了解、相互信任的利益共同体，彼此均会站在对方的角度来思考问题，从而形成相互促进、相互支持的合作关系。此时，客户与企业之间的沟通不仅呈现出双向性、及时性和高效性等特点，而且双方都会为了维护这一段来之不易的高质量关系而共同努力。

另一方面，企业与客户保持长期稳定的共生关系。随着客户关系的稳定和成熟，客户不会轻易放弃购买企业的商品或服务，企业也不会忽略对老客户的持续管理和跟踪反馈。企业会根据客户的偏好、兴趣及消费习惯，主动采取各种刺激性的营销措施，尽量保持或延长客户关系的时间长度，从而实现客户关系价值的长期最大化。可以说，稳定期是客户关系管理过程中绩效最高的时期，此时企业与客户均对彼此间的合作关系感到满意，买卖双方均实现了各自的期望价值。

然而，稳定期也蕴藏着很多不确定因素，其延续时间的长短不仅取决于市场中客户需求的变化情况，而且与企业的营销策略密切相关。此时，企业的主要任务是尽一切可能保持客户关系稳定，从而在战略上实现客户关系管理的成功。

（四）退化期

退化期也被称为衰退期，属于客户关系由强转弱、由盛转衰的转折阶段。在这一阶段，客户与企业的关系呈现出互动减少、逐渐疏远的基本特征。事实上，市场上并没有永不衰退的客户关系，来自企业、客户及市场环境三个方面的因素都有可能引起客户关系的退化和消亡。

首先，在企业方面，随着企业的成长壮大和持续发展，其客户市场也会不断更新换代。例如，随着企业产品在质量、功能及价格等方面的提升，企业将放弃原有的低价竞争策略，转而经营维护愿意购买价值更高、消费需求更大的新的消费者群体。

其次，在客户方面，随着客户消费层次的提升和需求偏好的变化，其对商品和服务的要求也会不断提高。如果企业不能满足消费者的新需求和新期望，消费者将对其购买对象做出重新选择。例如，当消费者有能力消费品牌商品时，将改变过去一味追求价格便宜的消费习惯，从而放弃继续购买那些无品牌、无知名度的商品。

最后，在市场环境方面，随着技术、观念及竞争形式等的转变，传统客户关系也会走向终结。例如，随着科学技术的快速进步，新产品会取代旧产品，产品生命周期的结束即客户生命周期的终止。再比如，随着健康观念的深入人心，香烟、烈酒等不利于身体健康的商品将逐渐退出市场，相应的客户关系也会明显衰退。可以说，退化期是所有企业都要面对和经历的必然时期。此时，客户与企业的交易量会下降、亲密程度会减弱、合作关系会变得十分脆弱。

然而，在客户关系的退化期，放弃客户并不是企业的唯一选择。企业仍然可以通过深挖客户需求、强化客户沟通及创新服务模式等手段对客户关系进行"二次开发"。因此，也有学者将退化期称为蜕变期，认为企业完全可以在更高层次上实现客户关系的"重生"。

三、客户生命周期的各阶段交易特征

在客户生命周期的各个阶段，不同特征的客户关系对企业的市场营销绩效产生不同的影响，并具体表现在交易数量、价格水平、成本情况、商业利润、口碑效应及社会资本等方面。

（一）交易数量

如何保持最大成交数量是企业最为关心的问题之一。在考察期，由于正式的客户关系尚未建立，客户只会试探性地少量购买商品或服务，因而交易数量很少。在形成期，由于客户已开始信任企业的商品、服务及品牌，购买的次数和频率都呈现出快速增长的趋势，因而交易数量也会加速增多。在稳定期，由于客户的需求已得到充分满足，客户关系也进入稳定保持的成熟时期，因而交易数量会达到峰值并呈现出持续保持的趋势。在衰退期，客户关系出现变化，客户购买的次数和频率逐渐下降，因而交易数量会不断回落，直至为零。总之，交易数量与客户关系的密切程度成正比。

（二）价格水平

客户关系的发展会改变客户对于价格变动的态度和反应。在考察期，客户面对着市场上众多的潜在选购对象，其对价格的敏感性很高。此时，企业的定价水平一般不高，促销或折扣的力度普遍较大，因而商品和服务的价格水平较低。在形成期，随着客户对企业商品和服务更加了解，价格因素的影响力会逐渐弱化。此时，客户更关心商品的质量、服务的效果及长期购买的整体价值等，而不会局限于短期的折扣或让利幅度。在稳定期，客户已经对企业的商品和服务产生了充分的信任和依赖，双方已经形成长期稳定的合作关系。此时，客户对价格的敏感程度会降至最低，即使企业适当提高商品的价格，忠诚的客户仍然会选择继续购买。在衰退期，价格已不能成为扭转客户关系持续衰退的主要因素。此时，随着客户需求的衰减或转移，无论企业是提高价格还是降低价格，客户都不会继续购买企业的商品。总之，价格水平会受到客户关系质量的制约，并且其影响力会随着客户生命周期的发展而逐渐减弱。

（三）成本情况

在客户生命周期的不同阶段，企业的总体成本也会有所不同。在考察期，由于企业需要开展大量市场调查、广告宣传和客户细分等工作，企业的营销成本、管理成本和生产成本都处于较高的水平。此时，企业为了吸引消费者并打开销路，不会计较短期利益，有时甚至会以一定的亏损来培育消费者市场。在形成期，随着客户市场的逐渐形成，日益增长的销售额会逐渐弥补企业的成本支出，从而使企业有能力实施一定的成本控制。此时，企业的成本水平不会明显下降，但增长的趋势会得到扭转。在稳定期，企业与客户的关系日益成熟，由于企业已经掌握了服务客户的最佳方法，因而维持客户关系的成本会大幅下降。此时，处于满意状态的客户并不需要企业的特殊管理，其购买行为呈现出一定的自觉性和习惯性。在退化期，客户流失已不可避免。在绝大多数情况下，即使企业投入再多的成本也很难挽回客户。此时，若企业放弃客户关系，则成本趋近于零；若企业坚持挽留客户，则成本会增加。总之，企业的成本会随着客户生命周期的发展而逐渐降低。另外，市场营销过程中的规模效应、情感信任、沟通反馈等因素也能引起企业成本的不断下降。

（四）商业利润

企业并不能在客户生命周期的每一阶段都实现盈利。在考察期，企业销售商品的成本较高、价格较低，总体利润处于微利或无利水平。此时，企业会专注于提高营销宣传的实际效果，盈利与否并不是工作的重点。在形成期，随着客户数量和购买金额的快速上升，企业的利润水平也会迅速提升。此时，企业开始由亏损或微利转变为正常的盈利状态。在稳定期，随着客户市场的持续稳定，企业的盈利水平达到最佳状态。此时，企业能够稳定地获得由客户购买行为带来的利润，但是利润水平既不会大幅增长，也不会明显下降，总体上处于一个相对平稳的态势。在退化期，客户数量逐渐减少、客户的购买金额不断下降，企业的盈利能力也趋于衰减。此时，旧的客户关系已不能使企业获利，买卖双方是否还能继续合作也充满了变数。总之，企业的商业利润会受到客户生命周期的影响。企业对于客户关系的管理即对商业利润的管理。

（五）口碑效应

在客户生命周期的不同阶段，客户对企业的评价也有所不同，并反映为不同的口碑效应。在考察期，客户对于企业的品牌、商品和服务并不十分了解，购买后的评价也不尽相同。此时，企业的市场知名度不高，口碑效应尚未形成。在形成期，随着客户购买数量的增加，企业品牌、商品和服务的市场影响力开始增加。此时，若企业能够在保证商品和服务质量的前提下，进一步加大广告宣传的力度，则可以加速形成正面的口碑效应。在成熟期，企业的口碑效应会进一步扩大，并发挥出十分积极的营销效果。在这一阶段，企业已经拥有良好的市场形象和数量稳定的忠诚客户，忠诚的客户又会自觉地为企业做宣传，进而带来更多的新客户。在退化期，随着客户关系的衰退，口碑效应也会不断减弱。此时，企业即使加大对广告宣传的投入，也不会对客户市场产生明显的效果。总之，口碑效应会出现在客户关系最活跃、最稳定的时期。作为一种从客户满意中衍生出来的特殊价值，"免费"的口碑将为企业带来更多的间接经济效益。

（六）社会资本

客户关系领域的社会资本表现为买卖双方之间的信任、情感、社会关系，以及由此产生的其他非经济的动机与行为。在考察期，客户与企业初次接触，双方并没有信任基础和情感积累。此时，买卖双方之间仅存在单纯的交易关系，而没有社会关系，社会资本的影响力很弱。在形成期，随着企业与客户的相互熟悉，彼此间既有商业关系上的合作，又有人际关系上的交往，基于信任的社会关系开始形成。此时，若企业进一步加强与客户的沟通和互动，则相互关系会得到快速发展，社会资本也将得到积累。在成熟期，客户与企业已形成长期的交易关系，在行动上相互信任、在情感上彼此依赖，双方间的商业交易更像是社会交往中的必要合作，具备了很多社会性的特征。此时，客户关系所形成的社会资本将发挥积极的作用。例如，面对市场中的危机，忠诚的客户会选择与企业共渡难关，用坚定的购买行动来支持企业的经营。在退化期，客户与企业间的社会资本会逐渐衰退，最终企业将失去与客户的全部联系。总之，社会资本也是客户生命周期中的一项重要变量。正确发挥社会资本的作用将有助于企业延长客户关系的时间并提升客户关系的价值。

综上所述，类似于四阶段周期模型，我们还可以画出针对交易数量、价格水平、成本情况、商业利润、口碑效应及社会资本等的客户生命周期函数图。这些图形能够较为清晰地反映影响营销绩效的变量的周期性特征，从而帮助我们更好地理解和应用客户生命周期模型。

四、客户生命周期的基本模式

客户生命周期的四阶段模型仅仅反映了客户关系发展的一般情形，是一种较为理想的概念模型。在实践中，由于不同的企业会面临不同的市场和客户，相应的客户关系会因为各种内部或外部原因发生改变，因而并不是每一次市场营销活动都能经历客户生命周期的四个阶段。换言之，企业只有切实做到积极有效的客户关系管理，才有可能从较为完整且持久的客户生命周期中获利。否则，客户关系会在任何一个阶段出现退化，从而造成企业市场营销策略的彻底失败。习惯上，按照客户关系出现衰退迹象的时间，其又可分为早期流产型、中途夭折型、提前退出型和长期保持型四种具体类别。

（一）早期流产型

早期流产型是指客户关系在考察期就已终止的情形（图4-2）。具体表现为，客户在有过一次或几次购买行为后，便不再购买企业的商品或服务。出现这种现象的原因主要有两个方面。一方面，客户不满意，即企业的商品或服务不能满足客户的需要。另一方面，企业不满意，即客户的某些表现让企业感到失望，企业认为没有进一步开展长期合作的价值。在实践中，由于选择与被选择是市场交易过程中的常态现象，因而早期流产型是最为常见的一种客户生命周期类型。同时，早期流产型也反映了建立客户关系的困难性，如何在数量众多的初次接触客户中找到真正的潜在客户，的确是企业所要解决的一项市场营销难题。

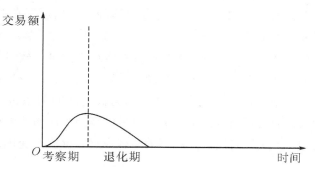

图4-2　早期流产型示意图

（二）中途夭折型

中途夭折型是指客户关系在形成期开始出现衰退的情形（图4-3）。具体表现为，在考察期，企业与客户对彼此的表现十分满意，双方顺利进入了形成期；在形成期，随着彼此交易、互动及了解的深入，某些问题开始成为阻碍双方进一步合作的障碍，客户关系在进入稳定期之前终止。出现这种现象的原因主要有两个方面。一方面，双方对预期的价值不满意。客户若认为企业的商品和服务不能满足其日益提升的价值预期，则会放弃继续购买企业的商品和服务。例如，随着客户需求的个性化发展，企业将很难凭借一成不变的优质商品来长期留住客户。同理，企业若认为客户的商业价值有限、关系成本较高，也会选择调整营销策略，默认其放弃购买。另一方面，竞争对手也会改变客户的选择。形成期的客户关系仍然十分脆弱，由于企业与客户尚未建立牢固的信任关系，因而竞争者的积极行动会直接影响客户的购买决策。若企业再在客户关系管理中出现失误，则更会加速客户的流失进程，造成客户关系的提前终止。在实践中，中途夭折型对企业造成的损失更大，因而它是企业应当着重避免的客户生命周期类型。此时，若企业能够着眼于长远，对客户多一分真诚、多一点包容，则完全有可能将客户关系推进到更有价值的稳定期。

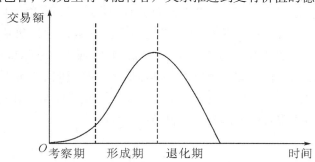

图4-3　中途夭折型示意图

（三）提前退出型

提前退出型是指客户关系在进入稳定期后，提前出现衰退的情形（图4-4）。具体表现为，在进入稳定期后不久，客户关系并没有保持长期平稳，而是迅速走向了终结。出现这种现象的原因也主要有两个方面。一方面，企业的客户关系管理出现问题。持续的客户关系来源于持续的客户让渡价值，若企业不能向客户持续提供高于竞争对手的客户感知价值，则客户关系必然退化。事实上，在稳定期，企业在市场营销领域的核心竞争优势是维持客户忠诚的关键因素。若竞争者能够轻易模仿或简单替代企业的竞争优势，则客户关系不可能保持稳定。另一方面，客户的合作意愿下降。对客户而言，长期的客户关系同样具有战略意义，企业与客户需要对等地维护这一战略关系，并始终坚持互利双赢的基本原则。客户若感觉在关系互动中无法实现双赢或遭受损失，则不会选择继续与企业合作。在实践中，由于企业与客户均为彼此间的关系付出了大量经济、情感、时间及精力投入，因而提前退出型是最为可惜的客户生命周期类型。为此，企业应当强化全生命周期的客户关系管理，并时刻关注客户感知价值的变化，预防客户关系的提前结束。

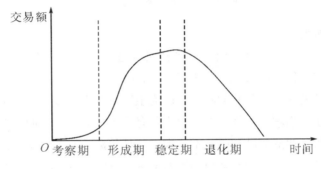

图4-4 提前退出型示意图

（四）长期保持型

长期保持型是客户关系的最佳情形（图4-5）。这种客户生命周期类型真正实现了企业与客户的长期协同、互利双赢和战略合作，也是企业最为期望的客户关系类型。然而，形成长期保持的客户关系并非易事。企业至少需要在三个方面做好工作。其一，企业要坚持以客户为中心的理念。客户关系管理的核心是满足客户需求，无论客户关系如何发展，企业都不能忽略对客户的关怀，毕竟只有满意的客户、忠诚的客户才有可能与企业建立起长期的合作关系。其二，企业需要拥有一定的核心竞争优势。例如，难以模仿的核心技术、不可替代的品牌价值，这些优势将保证客户感知价值的独特性和持续性。其三，企业可适当增加客户的转移成本。所谓转移成本（switching costs），是指客户为终止关系而付出的代价，如经济成本、学习成本、时间成本、情感成本等。较高的转移成本会阻止客户流失，从而延续客户关系。总之，企业应当以建立长期保持型的客户关系为目标，努力实现长期利润或共同价值的最大化。

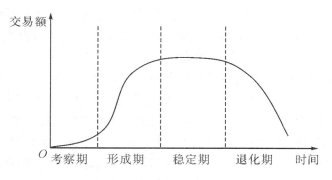

图 4-5　长期保持型示意图

第二节　客户终生价值

一、客户终生价值的含义

客户终生价值（customer lifetime value，CLV）是指每个客户在其生命周期内能够为企业带来的各种收益的总和。这一概念揭示了影响企业获取客户价值的三个关键变量，即客户关系的长度、客户关系的广度和客户关系的深度。

第一，客户关系的长度是指客户生命周期的持续时间。客户与企业开展交易的时间越长，交易的金额或数量越多，企业能够获得的客户价值也就越大。为此，企业需要尽量培育和保持与客户的长期关系。企业可以通过频繁的互动和有效的沟通，不断提升客户的满意度和忠诚度，并尽力避免重要客户的非正常流失。

第二，客户关系的广度是指企业拥有的全部客户数量。购买企业商品或服务的客户越多，企业的客户关系越丰富，相应的客户价值也就越大。为此，企业需要不断扩大客户市场的规模，并保持相应关系的持续和稳定。企业可以通过积极有效的广告宣传，不断吸引新客户；通过坚持不懈的诚信经营，长期保持老客户；通过及时采取沟通和补救措施，挽留抱怨和不满意的客户。

第三，客户关系的深度是指客户关系的质量。客户关系的质量越高，客户的满意度与忠诚度越高，客户能够为企业创造的价值也就越大。一般认为，客户为企业带来的价值是多元化的，既有看得见的利润、成本等经济价值，也有看不见的信息、知识、口碑、情感等非经济价值。为此，企业应当重视与客户的关系水平，尽力将客户关系发展为一种以信任为基础、以情感为纽带的战略性合作关系，从而使买卖双方都能对关系满意并从关系中获益。

综上所述，客户终生价值包含了时间长度、市场广度、质量深度三个基本维度，是一项能够度量客户关系全生命周期价值的综合指标。具体而言，企业全部客户的终生价值的公式如下（公式 4-1）：

$$CLV = \sum_{i=1}^{N} \sum_{t=0}^{T_i} \frac{(\pi_{it} - c_{it})}{(1 + \gamma_t)^t} \tag{4-1}$$

式中，N 代表企业所拥有的客户总数；T_i 为第 i 个客户的生命周期长度；γ_t 为第 t 个时间段的贴现率；π_{it} 为第 i 个客户在第 t 时间段为企业带来的价值；c_{it} 为企业在第 t 时间段获取和维持第 i 个客户所付出的成本。

需要注意的是，客户终生价值又可被进一步细分为三个部分，分别是历史价值、当前价值和潜在价值。其一，历史价值是指到目前为止，客户关系已经表现出的实际价值。例如，客户已经购买的商品金额、已经提出的建议或意见等。其二，当前价值是指按照现在的客户需求水平，客户继续购买企业的商品或服务，至客户生命周期结束时所剩余的全部期望价值。例如，某一小客户的消费水平有限，按照现有的购买频率和购买金额，企业可以估算出相应的期望价值，以便提供有针对性的营销服务。其三，潜在价值是指当客户关系产生积极的变化时，客户所能带来的更大价值。例如，企业可以通过交叉购买提高客户的购买积极性，可以通过关系营销深化与客户的关系水平，还可以通过奖励手段促使客户向他人推荐企业的商品和服务等，从而使客户关系的价值尽可能增加。因此，客户终生价值是一个动态变化的指标，企业虽然并不能提前掌握客户终生价值的准确额度，但是可以通过积极有效的营销管理来实现这一价值的最大化。

二、客户终生价值的分析方法

（一）收集客户资料

分析客户终生价值的第一步是收集有关客户的全部资料和相关数据。企业需要了解至少三个层面的基本信息。第一，客户本身的信息。例如，企业需要了解客户的姓名、性别、年龄、职业、电话号码及家庭住址等，以便回答"企业的客户究竟是谁"这一首要问题。第二，客户行为的信息。例如，企业有必要掌握客户的生活方式、兴趣爱好、风险偏好、购买活动的历史记录，以及客户评价和客户抱怨等，以便明确"企业的客户需要什么"这一核心问题。第三，市场中的相关信息。例如，企业还需知晓市场行情的变化趋势、竞争者的动向等，以便解答"客户关系将如何发展"这一关键问题。总之，企业收集的客户资料及相关信息，将成为分析客户终生价值的基础性资料，并且企业需保证其准确性、完整性和实时性。

（二）计算客户价值

客户终生价值既受到客户关系的长度、广度和深度的影响，也被其历史价值、当前价值和潜在价值的构成所左右，因而是一项十分复杂的统计量。除了可以按照客户终生价值的一般公式来估算外，企业还要注意以下几个变量或因素。第一，客户已经为企业带来的价值和未来可能的收益。第二，企业已经在客户关系中付出的成本和未来继续产生的代价。第三，客户生命周期的发展阶段和可预期的持续时间。第四，客户购买商品和服务的频率、数量及相应的偏好等。第五，客户对企业商品或服务的感受与评价，以及向他人推荐的积极性和主动性。第六，在客户互动过程中，信息反馈的价值性、企业行动的及时性等。第七，选择合适的贴现率。总之，企业需要尽可能准确地预测客户终生价值，只有完成了对客户及其市场需求的"定量"分析，才能为企业的后续营销活动提供较为清晰的绩效目标。

（三）分析企业利润

通过比较不同客户市场的客户终生价值，企业又可进一步测算出相应客户的利润情况。在通常情况下，对于客户终生价值较高的客户，企业会予以重点关注，除了提高关系互动的频率，企业还会进一步挖掘客户需求，并积极预防这类客户出现抱怨、不满及流失等问题。而对于客户终生价值不高的客户，企业则不会进一步增加营销投入。企业只会尽量维持与这类客户的正常交易，特别是当客户关系进入退化期时，企业不会刻意挽留已经没有价值的客户。总之，企业可以基于客户终生价值来分析和预测企业的利润水平，并在投入与管理方面做出相应的调整。

（四）细分客户市场

企业可以按照客户终生价值细分客户市场。企业需要先按照客户终生价值的大小对客户进行排序，然后选取不同的特征维度对客户群体进行分类，进而明确企业的主要客户目标和次要客户目标，从而进行分类管理。例如，选取历史价值、当前价值和潜在价值中的任意两个维度，就可以构建客户价值矩阵（customer value matrix），如图4-6所示。一方面，白金客户的利润水平最高，黄金客户的利润水平次之。这两类客户的数量较少，但价值最大，构成了企业需要特别管理的大客户群体。另一方面，铁质客户的利润水平一般，铅质客户更是处于微利或无利状态。这两类客户占企业客户总数的绝大部分，但总体价值不大，属于企业只需常规管理的中小客户群体。这一客户细分结果，基本符合"80/20法则"，即20%的大客户创造了企业80%的利润，而80%的中小客户仅能贡献20%的利润。

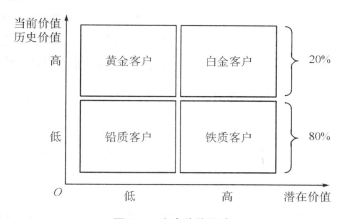

图 4-6　客户价值矩阵

类似的，企业还可以根据客户终生价值来构建客户盈利能力矩阵。企业可以核算出每一类客户的综合成本和期望利润，进而分类实施差异性的营销管理策略。如图4-7所示，以纵轴表示客户为企业带来的净收益，如经济利润、口碑效应及情感价值等；以横轴表示企业为客户关系付出的各项成本，如服务成本、商品成本及管理成本等，于是形成了四个象限的客户群体。第一象限代表了高收益、高成本的客户群体，第二象限代表了高收益、低成本的客户群体，第三象限代表了低收益、低成本的客户群体，第四象限代表了低收益、高成本的客户群体。而仅位于图中对角线上方区域的客户，才能为企业带来利润。可以说，这类依托矩阵来细分客户市场的分析方法，有利于企业快速掌握预测和分析客户价值的能力，并且能够帮助企业找到最具盈利空间的高质量客户，从而明显改善企业客户战略的实施效果。

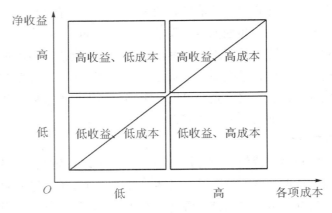

图 4-7　客户盈利能力矩阵

（五）实施营销策略

企业可以按照客户终生价值的大小和客户生命周期的阶段，制定和实施有针对性的营销策略。事实上，分析客户终生价值并不是企业的最终目标，而是要通过相应的市场调查、价值计算、利润分析和市场细分等工作，来创新企业的市场营销策略和改善企业的客户管理效果。这一点也反映在很多具体的营销方法上。例如，价值链营销就是一种基于客户价值的营销方法，并且强调企业在获得客户终生价值的同时，也要向客户传递"对等的"企业价值。具体而言，价值链营销要求企业将客户关系视为一连串"价值创造和价值交换活动"。企业获得利润的过程，即客户感受到满意和体会到价值的过程。为此，企业需要坚持以客户为导向，实施全员参与的全过程整体营销，以期获得客户的持续满意和长期忠诚。

三、分析客户终生价值的意义

对于客户终生价值的分析，有助于企业更好地开展市场营销活动。除了能够帮助企业提高销售收入、减少营销成本和营造口碑等之外，还能产生两项很有意义的效果，即改善客户份额和创造交叉销售效应。

（一）客户份额

分析客户终生价值将有助于企业认知和改善客户份额。客户份额（constituency share）也被称为钱袋份额，是指客户购买某一企业的商品或服务的金额占其全部同类消费金额的比重。客户份额反映了企业的商品或服务对于客户的重要程度，即客户份额越高，客户与企业的关系越紧密、越稳定、越不可替代。除了客户的维持率，客户份额也是一项能够直接影响客户终生价值的变量。例如，在客户生命周期的不同阶段，相应的客户份额呈现不同的变化特点，这一规律对于企业的市场营销活动具有重要的现实意义。为此，企业应当尽量满足重要客户的个性化需求，使相应的客户份额能够保持在一个较高的稳定状态。随着客户生命周期的持续，企业也将持续获得更多的商业利润。

（二）交叉销售效应

分析客户终生价值将促进企业进一步实施交叉销售策略。交叉销售（cross selling）也被称为交叉营销，是指企业通过向客户销售其他商品或服务，进而发现更大价值、获得更多利润的营销策略。事实上，随着客户关系时间的持续，长期客户更容易产生交叉购买的现象。在商业交易的过程中，人的需求和欲望是不可能被彻底满足的，当客户的一种需求得到满足时，另一种新的需求又会产生。因此，客户会不断购买企业的新产品，从而不断拓展企业的业务范围。站在企业的角度，基于对客户终生价值的分析，企业可以预测客户的需求变化趋势。此时，企业若能够及时推出相应的商品或服务，则可以提升客户关系的质量，进而形成不断交叉销售的良性互动关系。

总之，客户终生价值的概念是客户生命周期理论的重要组成部分。归根结底，对于客户生命周期的研究，其实质还是在探索加入了时间维度的客户价值变化规律。

 ## 本章小结

本章主要讲述了两个方面的内容。

第一，客户生命周期理论模型。回顾客户生命周期理论的形成过程，来自仿生学和生态学的观点起到了积极的作用。一般认为，客户生命周期会经历考察期、形成期、稳定期和退化期。在客户生命周期的各个阶段，交易数量、价格水平、成本情况、商业利润、口碑效应及社会资本等也会呈现出不同的变化特征。另外，按照客户关系出现衰退迹象的时间，其又可分为早期流产型、中途夭折型、提前退出型和长期保持型四种具体类别。

第二，客户终生价值。客户终生价值是指每个客户在其生命周期内能够为企业带来的各种收益的总和。这一概念反映了客户关系的长度、广度及深度。客户终生价值的分析方法包含五个基本步骤，分别是收集客户资料、计算客户价值、分析企业利润、细分客户市场和实施营销策略。对于客户终生价值的分析，有助于企业提高销售收入、减少营销成本、营造口碑效应、改善客户份额及创造交叉销售效应。

总之，客户生命周期理论是指导企业实施中长期客户关系管理的常用理论，客户终生价值的概念也为企业全面认识客户关系提供了帮助，这些观点将为企业强化全生命周期的客户关系管理提供更加清晰的思路。

 ## 课后案例

天津知名小吃"狗不理"的传承与遗失

闻名退迩、享誉世界的"狗不理"是中国百年字号，是中华饮食文化的典范之作。中外游客到天津没吃上"狗不理"包子，就等于到北京没登上八达岭长城，实为一件憾事。

目前，"狗不理"以酒楼为主业，经营领域涉及中式简餐、物流配送、速冻食品、养殖基地、新品开发、培训学校等多种业态。

企业的核心价值观为"诚信为本，品质经营"；企业的使命为"让'狗不理'包子这一发酵、蒸制食品为人类的营养健康做贡献"；企业精神为"坚韧、进取、奉献"；企业理念为"成就共同价值，传承发展民族事业"；企业愿景为"做世界上知名的中国百年品牌"。

资料来源："狗不理"集团网站。

　　天津百年老店"狗不理"因经营不善、毛利率连续下滑，近日黯然退市新三板。"狗不理"包子曾是风靡海内外的中华美食之一，至今已有162年历史，以皮薄、料足、十八个褶闻名于世。2011年11月，"'狗不理'包子传统手工制作技艺"项目被列入第三批国家非物质文化遗产名录。然而近年来，"狗不理"走上高端路线。一只传统的猪肉包卖到12元，一只"吉品"三鲜包更是卖到35元的"天价"。一桌食客在包间吃一顿包子得花1 000多元，即使在大厅也要花费四五百元。更令食客不能接受的是，一些服务员自恃百年老店招牌大，时常板着个脸，对食客爱理不理。价高、味差、脾气坏，"狗不理"招牌再大也难挽颓势。

资料来源：2020年6月13日《新华日报》。

思考：

　　1. 作为中华老字号，"狗不理"这一品牌在过去受到市场欢迎的原因是什么，如今"狗不理"遭遇困境的原因又是什么，从中体现了怎样的客户关系管理理念变化？

　　2. 近年来，一些传统老字号企业出现了价格偏高、服务不周、菜品单一、创新不足以及回头客减少等问题，试从管理客户生命周期的角度提出有针对性的改进措施。

 作业与习题

一、单项选择题

　　1. （　　）认为，经济组织与生命体相类似，也有出生、成长、成熟及衰老等周期性过程。

　　　　A. 仿生学　　　　　　　　　　　B. 生态学

　　　　C. 社会学　　　　　　　　　　　D. 环境学

　　2. （　　）认为，对于经济管理问题的研究，不仅需要将相关对象视为有生命的"活"组织，而且要把外部的商业环境比拟成生物栖息的生态环境。

　　　　A. 仿生学　　　　　　　　　　　B. 生态学

　　　　C. 社会学　　　　　　　　　　　D. 环境学

　　3. 一般情况下，企业的口碑效应在（　　）阶段达到最佳水平。

　　　　A. 考察期　　　　　　　　　　　B. 形成期

　　　　C. 稳定期　　　　　　　　　　　D. 退化期

　　4. 在（　　）的作用下，忠诚的客户会选择与企业共渡难关，用坚定地购买行动来支持企业的经营。

　　　　A. 商业利润　　　　　　　　　　B. 价格优惠

　　　　C. 社会资本　　　　　　　　　　D. 广告宣传

　　5. 客户关系在考察期就已终止的情形被称为（　　）。

　　　　A. 早期流产型　　　　　　　　　B. 中途夭折型

　　　　C. 提前退出型　　　　　　　　　D. 长期保持型

二、多项选择题

1. 客户生命周期模型阐述了（　　　）重要阶段。
   - A. 考察期
   - B. 形成期
   - C. 稳定期
   - D. 退化期
   - E. 分离期
   - F. 徘徊期

2. 客户终生价值反映了（　　　）三个方面的内容。
   - A. 时间长度
   - B. 市场广度
   - C. 质量深度
   - D. 购买频率
   - E. 关系强弱
   - F. 环境优劣

3. 客户终生价值包含了（　　　）三项具体价值。
   - A. 历史价值
   - B. 当前价值
   - C. 潜在价值
   - D. 额外价值

4. 客户价值矩阵将客户划分为（　　　）四种类型。
   - A. 黄金客户
   - B. 白金客户
   - C. 铁质客户
   - D. 铅质客户
   - E. 白银客户
   - F. 青铜客户

5. 分析客户终生价值的意义包括了（　　　）。
   - A. 提高销售收入
   - B. 减少营销成本
   - C. 营造口碑效应
   - D. 改善客户购买份额
   - E. 创造交叉销售效应
   - F. 延长客户生命周期

三、判断题

1. 企业与所有客户的关系都会经历各个阶段都很完整的客户生命周期。（　　　）
2. 在形成期，客户对价格的敏感程度会降至最低，即使企业适当提高商品的价格，忠诚的客户仍然会选择继续购买。（　　　）
3. 企业并不能在客户生命周期的每一阶段都实现盈利。（　　　）
4. 客户份额越低，客户与企业的关系越紧密、越稳定、越不可替代。（　　　）
5. 长期保持型是客户关系的最佳情形。（　　　）

四、简答题

1. 请简述客户终生价值的含义与意义。
2. 请列举生命周期理论的常见应用领域。
3. 请简述社会资本在客户生命周期各个阶段的不同表现。

参考答案

第五章

市场营销组合理论

 学习目标

　　理解市场营销组合的含义、特点及意义。掌握"4Ps"营销理论和"4Cs"营销理论的内容，能够比较二者的区别与联系。掌握"4Rs"营销理论和"4Vs"营销理论的内容，能够结合客户关系管理思想进行评述。了解市场营销组合理论的最新发展。

■**学习重点**

　　"4Ps"营销理论的模型，"4Cs"营销理论的模型，"4Cs"营销理论与"4Ps"营销理论的比较，"4Rs"营销理论的模型，"4Vs"营销理论的内容，"NPs"营销理论与"4Fs"营销理论；各种营销组合理论的优点与缺点。

 开篇案例
KAIPIAN ANLI

不断做大做强的联想集团

　　联想集团是一家成立于中国、业务遍及 180 个市场的全球化科技公司。联想集团聚焦全球化发展，树立了行业领先的多元企业文化和运营模式典范，服务全球超过 10 亿用户。作为值得信赖的全球科技企业领导者，联想集团助力客户，把握明日科技，变革今日世界。

　　联想集团作为全球领先的信息与通信技术科技企业，秉承"智能，为每一个可能"的理念，为用户与全行业提供整合了应用、服务和最佳体验的智能终端，以及强大的云基础设施与行业智能解决方案。

作为全球智能设备的领导厂商，联想集团每年为全球用户提供数以亿计的智能终端设备，包括电脑、平板、智能手机等。2018 年联想 PC 销售量全球第一。作为企业数字化和智能化解决方案的全球顶级供应商，联想集团积极推动全行业"设备+云"和"基础设施+云"的发展，以及智能化解决方案的落地。

目前，联想集团的整体营业额达到 507 亿美元（3 531 亿人民币）。

资料来源：联想集团网站。

思考：

1. 从 1984 年的 20 万元人民币起家，到 2019 年收入达到 3 531 亿元人民币，联想集团的成功经验是什么？在客户关系管理方面有无亮点？

2. 联想集团的优势是什么？请从产品、价格、渠道、促销、客户及沟通等角度展开分析。

第一节 市场营销组合概述

一、市场营销组合的含义

所谓市场营销组合（marketing mix），是指企业在选定的目标市场上，综合考虑企业的任务、目标、资源、能力及面对的外部环境条件等，将最能影响其市场竞争表现的各种变量进行优化和组合，从而形成一种具有较高效率和良好效果的市场营销模式。

回顾历史，市场营销组合的概念最早由美国学者尼尔·鲍顿（N. H. Borden）于 20 世纪 50 年代提出。在他看来，市场需求会受到各种"营销变量"的影响。为了刺激市场需求的增长，企业就应当探索最佳的市场营销变量组合。随后，麦卡锡（E. J. McCarthy）于 1960 年提出了经典的"4Ps"营销理论；菲利普·科特勒（Philip Kotler）于 1986 年进一步提出了"6Ps"和"11Ps"营销理论；罗伯特·劳特朋（R. F. Lauterborn）于 1993 年提出了著名的"4Cs"营销理论；艾略特·艾登伯格（Elliott Ettenberg）于 2001 年提出了"4Rs"营销理论。随着这些代表性市场营销组合理论的提出，客户关系管理的思想与理念也逐渐深入企业的市场营销实践之中。

另外，在企业的市场营销战略中，市场营销组合还是落实战略目标的重要途径。为了长期满足客户的各项需求，并保持客户满意和客户忠诚，企业必须依托有限的自身条件使市场营销措施实现最优化组合。为了获得更好的经济效益和社会声誉，企业必须通过不断评价与改进自身的市场营销策略，找到其中最为关键的营销要素，并将其组合为一项整体性的营销行动流程。

如今，市场营销组合理论不仅在理论层面发展出了丰富的分支理论，而且在实践层面也得到了企业的广泛采用。这些组合模式发挥着节约营销成本、提升竞争优势和优化资源配置等多项积极的作用。

二、市场营销组合的特点

（一）市场营销组合具有综合性

首先，市场营销组合是一个内涵十分丰富的概念，并由多个具体变量搭配组合而成。例如，"4Ps"营销模型就包含了产品、价格、渠道及促销四项要素。其次，各个变量会动态影响整个组合的应用效果。具体而言，各个具体变量与企业的市场表现会形成一定的函数关系。其中，企业的市场营销效果或绩效是因变量，产品、价格、渠道等具体因素是自变量。当任何一种具体变量发生改变时，企业的市场营销结果都会随之动态调整。最后，市场营销组合并不一定完全准确，企业还需要在应用过程中不断听取来自市场或客户的反馈，动态调整和更新组合的具体内容。换言之，企业不仅要认知各个具体变量的含义与作用，而且要将这些变量置于动态变化的环境之中。总之，市场营销组合具有显著的综合性和动态性。企业需要时刻关注营销组合的变动趋势，并尽量使其向着有利于企业和客户的方向不断完善。

（二）市场营销组合具有整体性

其一，市场营销组合是一项整合了各种显性变量的隐性变量。例如，在"4Cs"营销组合中，客户、成本、便利和沟通四项要素都可以被企业观测，但由其整合而来的市场营销效果反映为可见的经济利润和不可见的口碑效应等，必须通过重新定义和深入分析才能间接得出。其二，市场营销组合是一种营销管理的创新模式，能够显著提高企业的市场营销能力。实际上，市场营销组合并不是将客户、成本、便利等要素简单相加，而是要形成一种整体性的协同效果。企业通过调整针对各个要素的营销策略，努力做到扬长避短、相互促进，则完全可以取得"一加一大于二"的创造性绩效。其三，市场营销组合还具有一定的层次性。各个具体变量既可以组成一个新的整体，也可以继续被细分为若干层次，从而使市场营销组合表现为一个结构复杂和层次分明的整体。例如，成本一般由产品成本、服务成本和内部管理成本等组成。产品成本又可细分为原材料成本、加工制造成本和其他费用等。总之，市场营销组合体现出了一定的整体性、增值性和层次性，企业运用市场营销组合策略的成效来源于企业对各个要素的整体协调管理。

（三）市场营销组合具有灵活性

一方面，市场营销组合是一个发展中的概念。虽然将各种营销要素进行优化组合是一种有效的管理方法，但是并不存在唯一正确的要素组合模型。不同企业要选择适合的营销组合时，必须结合自身特点和市场情况，对具体要素的选择或侧重应当具有较强的自主性和灵活性。例如，从"4Ps"到"6Ps"，再到"11Ps"或"12Ps"，以字母P为内容的营销组合就有很多类型可供企业选择。随着市场环境和竞争手段的发展变化，新的要素会不断出现，并被补充到市场营销组合之中，从而推动相关理论的丰富和发展。究竟哪一种组合最为有效，则需要企业通过自身的实践来回答。另一方面，市场营销组合又是一个依赖于企业行动的概念。对于如何发挥市场营销组合的效果，企业具有充分灵活的决策权。例如，按照"4Rs"营销组合，企业需要做好关联、反应、关系和回报四个方面的工作。而企业具体应该怎么做，则"一半是科学、一半是艺术"，不同企业完全可能以不同的手段达成相似的目标。总之，市场营销组合更像是一种提高管理绩效的创新思路，具有一定的灵活性。企业应当正确理解市场营销组合的意义和作用，并在营销实践中注意提升自身的创新能力和应变能力。

三、市场营销组合的意义

（一）市场营销战略的基础

市场营销战略（marketing strategy）是企业对整个市场营销活动做出的长远规划，涉及市场分析、目标定位、策略组合及相应的管理控制等。按照客户关系管理的思想，企业在市场营销领域的战略管理其实就表现为对客户关系的长期管理。为了赢得长期稳定的客户关系，企业必须提升市场营销的效果，而恰当的市场营销组合正好为企业提供了行动的思路。例如，若以"4Ps"营销组合为基础，企业需要制定一整套包含产品策略、价格策略、渠道策略和促销策略的市场营销战略。当目标客户对产品、价格、渠道及促销均感到满意时，良好的客户关系可以得到长期保持，从而保障企业能够实现预期的战略目标。因此，市场营销组合是企业制定市场营销战略的基础。

（二）市场营销竞争的手段

一般认为，企业的市场营销竞争力由五个部分组成，分别是开发与创新产品的能力、质量管理的能力、品牌营销的能力、管理供应链和销售业务的能力、客户关系管理的能力。不难看出，企业可以通过市场营销组合实现对各种核心竞争能力的培育和提高。例如，按照"4Cs"营销组合，在客户方面，企业应具备管理客户的能力，能够识别、获取和保持客户，并满足客户的需求；在成本方面，企业应具备创新能力和质量管理能力，能够创新生产技术、降低生产成本，并在保证质量的前提下扩大产品的价格优势；在便利方面，企业应具备优化供应链的能力，能够不断丰富商品流通的各种渠道，使客户获得满足的过程更加简便和高效；在沟通方面，企业应具备市场营销和关系管理的综合能力，不仅能够在客户互动中激励客户或挽回客户，还能通过营造品牌、口碑等获得长期稳定的客户市场。可以说，市场营销组合反映了企业竞争优势的主要构成，为企业更好地培育优势、保持优势和扩大优势提供了思路。因此，制定切实可行的市场营销组合也是企业适应激烈市场竞争的一种手段。

（三）市场营销管理的思路

面对复杂多变的市场环境，企业需要保持清醒的头脑和清晰的思路。为此，企业可以将市场营销组合作为开展各项市场营销活动的指南，进而形成一套系统的客户关系管理策略。例如，按照"4Rs"营销组合，首先，企业应当与客户形成利益共同体，建立起"关联"；然后，企业需要倾听来自客户的反馈，形成及时的"反应"；随后，企业还需要进一步保持与客户的长期合作，巩固战略性质的"关系"；最后，企业还需要正确处理客户关系中的利益与价值，给予客户互利双赢的"回报"。可以说，市场营销组合亦是一种具有实践意义的管理流程，能够帮助企业更为清晰地认识市场营销过程中的重点和难点，从而制定和实施针对性和系统性的策略。

综上所述，恰当的市场营销组合能够满足企业对市场竞争和营销管理的要求。随着客户关系管理思想的兴起和发展，市场营销组合的内容也逐渐从"以产品营销为中心"转变为"以客户需求为中心"，进而成了现代客户关系管理理论的重要组成部分。

第二节　"4Ps"营销理论

一、"4Ps"营销理论的内容

"4Ps"营销理论（the marketing theory of 4Ps）诞生于 20 世纪 60 年代。"4Ps"营销组合的概念最早由美国学者杰罗姆·麦卡锡（E. Jerome McCarthy）在其著作《基础营销学》中提出，后来菲利普·科特勒又在其著作《营销管理》中对"4Ps"进行了更为深入的概括和论述，使之成为一种固定且成熟的市场营销分析框架。具体而言，"4Ps"分别是产品（product）、价格（price）、渠道（place）和促销（promotion）四项要素的英文单词首字母，而这四项内容共同组成了企业视角的市场营销核心体系。

（一）产品

产品是指企业向市场提供的、能够满足客户某种需要的各种商品。产品的内容既包括有形的商品，也包括无形的服务，有时甚至涉及企业的人员、组织、观念及文化等，因而是一系列交换价值的组合。

在"4Ps"营销组合中，产品是满足客户需求的核心。企业必须重视产品的质量、功能及外观等要素，使产品具备一定的特点或吸引力，进而在满足消费者使用的同时，能得到消费者的认可和喜爱。例如，餐饮店铺需要形成具有自身特色的招牌菜、看家菜，并将其作为吸引食客的核心产品。总之，企业需要形成围绕特色产品的核心竞争优势，这也是大部分企业立足于市场的根本条件。

（二）价格

价格是指客户在购买企业的商品或服务时，需要支付的具体货币金额。营销学中的价格可分为名义价格和实际价格，名义价格减去折扣金额、优惠数量及附加价值等即为实际价格。一般认为，影响价格的因素包括三个方面，分别是客户需求、企业成本和市场竞争。客户需求决定了价格的上限，企业成本决定了价格的下限，而企业在市场竞争中的表现决定了自身商品价格的高低。可见，价格是对企业市场营销竞争力的综合反映。

在"4Ps"营销组合中，价格还是保障企业盈利的关键。企业应当根据客户市场的不同特征，制定差异化的价格策略，并将定价策略同品牌策略相结合，以期实现最佳的盈利模式。例如，为了获得更大的利润，一些白酒企业会将同一种白酒包装成不同等级并差别定价，从而产生类似经济学中"价格歧视"的盈利效果。总之，企业必须重视对价格的管理和控制，以便能够在保持价格优势的前提下，长期获得来自稳定客户群体的丰厚利润。

（三）渠道

渠道是指商品或服务在商业交换过程中的流通环节、分销路径及传递节点等。渠道的内容既包含有形的流转路线，也包括无形的推进力量，因而是一个综合性的整体概念。企业的营销渠道与商品销售的数量、客户市场的范围、创造利润的效率等密切相关。在实践中，很多企业并不会直接面对商品或服务的终端消费者，而是将资源和精力投入培育经销商和构建销售网络的工作中，这更加凸显了渠道的重要性。

在"4Ps"营销组合中，渠道是开展市场营销的基础。企业应当清晰认知自己在产业链和价值链中的位置，保持与上游供应商和下游经销商的密切合作，通过不断改进传统渠道和开发新的渠道，建立和发展以自身为中心的市场营销网络，从而持续提高企业商品的营销效率和盈利水平。例如，随着电子商务模式的推广和流行，越来越多的实体店铺开始发展线上销售业务，从而突破了线下营销的地域限制和时间限制，在丰富自身商品营销渠道的同时，也创造了更多的商业利润。可以说，企业的营销网络越发达，其市场营销竞争力也越强。总之，渠道是连接企业和客户的重要桥梁，企业需时刻保证营销网络的畅通与高效，并不断创新渠道的种类和管理渠道的方法。

（四）促销

促销是指企业以营销者的身份尽力向消费者推荐和销售商品。促销的概念可分为狭义和广义两种类型，前者仅仅是指扩大商品销售数量的手段，类似于推销或倾销；而后者是指改善市场营销效果的整个过程，包括市场调查、营销策划、广告宣传及商品销售等一系列企业行为。实质上，促销是企业与客户的一种沟通方式。为了扩大商品或服务的销售量，企业需要想尽一切办法来说服或打动客户，令其做出购买行为。在这一过程中，企业应当主动向客户传递有关企业商品或服务的各种信息，有时，甚至需要免费邀请客户亲身体验商品的质量或服务的效果。可以说，促销是客户关系中最为常见的一种互动现象。

在"4Ps"营销组合中，促销是市场营销的重要手段。企业可以通过发布各种刺激消费的信息或广告，影响和改变消费者的心理与行为，并最终形成诸如销量增加、口碑提升、利润增长等来自消费市场的积极反馈。例如，常见的促销手段包括价格促销、赠品促销及积分促销等，这些方法都能够在短期内迅速提高企业的营销绩效。总之，促销是企业扩大市场影响力和应对市场竞争的策略方法，企业需要结合外部市场和内部资源的具体情况，灵活选择最为恰当的促销形式。

二、"4Ps"营销理论的模型

"4Ps"营销理论不但为企业概括了一个完整的市场营销理论模型，而且站在企业的角度解释了市场营销活动的基本原理。企业的市场营销活动能否取得成功，关键在于如何认识与管理微观企业与宏观市场之间的互动关系。

"4Ps"营销理论认为，影响企业市场营销活动效果的因素主要有两类。一类是来自宏观环境的客观因素，具体包括人口与经济环境、技术与自然环境、政治与法律环境、社会与文化环境等。这些因素存在于企业外部，并且不受企业控制，因而被统称为外部环境因素，另一类是来自微观企业的主观因素，具体包括产品、价格、渠道和促销等。这些因素与企业的生产、经营及管理活动有关，受到企业行为的影响或控制，因而被统称为内部条件因素。实际上，企业的市场营销过程，就是探索外部环境因素与内部条件因素的最佳平衡点的过程。企业需要基于宏观市场环境来实施恰当的营销组合策略，并结合市场反馈积极调整相应的产品策略、价格策略、渠道策略和促销策略，从而在满足市场需要的同时，实现企业自身的经营管理目标。换言之，只要企业能够向市场提供合适的产品、制定恰当的价格、选择正确的渠道，并配合适当的促销活动，则相应的市场营销目标就一定能够实现。

因此，"4Ps"营销理论也可以被概括为一个包含三层要素的整体模型（图5-1）。其中，目标客户是企业的直接营销对象，处于中心位置；"4Ps"代表了企业的可控变量，处于第一层位置；营销中介、社会公众、竞争者和供应商等是企业的间接关系方，处于第二层位置；外部环境代表企业需要面对的各种不可控变量，处于第三层位置。这一模型有助企业把握"4Ps"营销理论的积极意义，从中也能看到"以客户为中心""各种关系方"等客户关系管理的雏形。

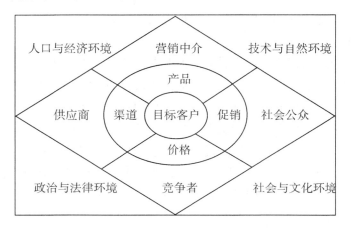

图5-1　"4Ps"营销理论模型

三、对"4Ps"营销理论的评述

"4Ps"营销理论是市场营销组合理论中的经典理论。这一理论不但创新了市场营销管理的思路和方法，更为后续市场营销理论的大发展奠定了基础。随着市场营销实践的不断丰富，"4Ps"营销理论也逐渐被更新、更好的理论所取代。企业对于"4Ps"营销理论中的一些问题或不足的总结，将有助于其更好地认识和应用这一理论方法。

第一，"4Ps"营销理论具有一定的片面性。一般认为，这一理论仅适合于对微观问题的分析，所能解决的营销困难不能超越企业的组织范围。实际上，"4Ps"营销理论几乎是一种完全站在企业角度的指导性策略，较少考虑客户的感受或市场的变化。这一理论强调更多的是企业要"做什么"和"怎么做"，而并没有清晰回答企业"为什么做"的问题。从相关理论表述中也不难看出，"4Ps"营销理论仍然保留了大量"产品中心论"或"生产中心论"的痕迹，其着眼点是刺激短期交易，而并非营造长期关系，因而并未真正进入"客户中心论"的范畴。另外，也有学者认为，"4Ps"营销理论将市场营销片面地定义为一种职能活动，从而没有看到营销管理整体性的战略价值。因此，"4Ps"营销理论在被用于分析今天的市场竞争时，常常表现出明显的局限性。

第二，"4Ps"营销理论具有一定的抽象性。一般认为，市场营销是企业需要面对的一项十分复杂的工作环节，受到大量因素的影响或制约。"4Ps"营销理论将市场营销的关键要点仅仅概括为产品、价格、渠道和促销四项，显然是不够完整和全面的。尽管有学者指出，"4Ps"营销组合并不是一个标准的理论，而是一套指导营销人员的工作方法，但是，"4Ps"营销理论的确没有考虑选取变量的来源、权重、顺序及相互关系等，使得这一理论更像是为了拼凑4个"P"而进行的刻意组合。因此，和后来的理论相比，"4Ps"营销理论显得有些简单和粗糙。面对如今的市场环境，企业必须将影响市场营销效果的其他因素也纳入考量，从而能够更加准确有效地应对市场变化。

第三，"4Ps"营销理论的适用范围较为有限。一般认为，这一理论仅适用于生产行业和快速消费品行业。生产行业由各种产品的生产和制造企业组成，快速消费品行业由生产和销售使用寿命较短的产品的企业构成，如食品、饮料、日用百货等商品就属于快速消费品。这两类企业通常位于生产链的上游位置，可以单向面对下游客户或终端消费者，因而"4Ps"营销组合能够发挥较为明显的作用。然而，对于在生产链中处于经销商、供应商、代理商等位置的其他企业而言，"4Ps"营销理论则不一定适用。这些企业往往需要双向面对上游卖家和下游买家，同时扮演着买卖双方的角色，因而很难独立自主地实施诸如价格、促销等"4Ps"营销策略。因此，当企业不能左右价格、产品等"4Ps"要素时，或企业能够控制的要素是人员、关系等非"4Ps"要素时，这一理论就不能指导这些企业的市场营销活动。

第四，"4Ps"营销理论缺乏牢固的理论基础。一般认为，"4Ps"营销理论来源于市场营销实践，是对新出现的市场营销现象和管理理念方法的一种解释。然而，这一理论并没有详细阐述产品、价格、渠道和促销这四个要素的理论来源和逻辑关系，因而其理论基础显得较为薄弱。实际上，早在"4Ps"营销组合的概念被提出之前，学者理查德·克鲁维（Richard Clewett）就已经使用过"产品（product）、定价（price）、分销（distribution）、推广（promotion）"的理论模型，后来的学者将分销替换为了渠道（place），方才构成了"4Ps"的框架。可见，这一理论的根基并不牢固，更像是对营销经验的一种凝练和总结。因此，"4Ps"营销理论的价值更多地体现为实践价值，而不是理论价值。

综上所述，针对"4Ps"营销理论存在的瑕疵或不足，后来的学者们又对其进行了补充和发展。今天，市场中的很多企业仍然在使用"4Ps"营销理论指导营销实践，这一理论依然具有要点明确、方法简单、成效显著和成本低廉等诸多优势。

第三节 "4Cs"营销理论

一、"4Cs"营销理论的内容

随着市场竞争的日趋激烈，新的经验和观点不断积累，人们对于市场营销规律及其影响因素的理解也日益深入。针对"4Ps"营销理论，美国学者罗伯特·劳特朋教授（R. F. Lauterborn）于1993年提出了"4Cs"营销理论，从而进一步完善和发展了企业视角的市场营销组合理论。具体而言，"4Cs"分别是指客户（consumer）、成本（cost）、便利（convenience）和沟通（communication），而这四项要素分别与"4Ps"相对应，体现了对"4Ps"营销理论的继承和发展。"4Cs"营销理论认为，企业的市场营销重点应当是客户，为了令客户满意，必须降低企业的综合成本、提高客户的购买便利、保持与客户的良好沟通。

（一）客户

客户是企业的主要服务对象。在市场营销过程中，企业应当以客户需求为导向，各项生产、销售和服务工作都要围绕客户需求这一基本出发点。为此，企业必须做好三个方面的具体工作。其一，了解客户需求。在制定具体的市场营销策略前，企业需要调研市场信息和整合内部资源，以便在准确掌握市场需求最新动向的同时，合理定位自身的目标客户市场。例如，随着一些地区的人口老龄化，手机生产企业发现了其中的商机，并将老年客户群体定位为企业亟待开拓的潜在新市场。其二，满足客户需求。针对客户市场的具体需求，企业应改进自身的商品和服务，使之能够充分满足客户的需要。例如，手机生产企业专门为老年人开发了老年版智能手机，这类手机不仅操作简单、功能明确、价格便宜，而且带有助听、保健、急救呼叫等特殊功能，能够较好地满足老年人的使用要求。其三，保持客户满意。随着客户需求的不断变化，企业还要适时调整自身的客户策略。企业不仅要让客户满足，更要令客户满意，因为只有满意的客户才能为企业带来长久的利益。例如，随着老年客户学习能力的增强，传统老年版手机已不能满足新的需求，企业还必须继续研发新的软件和功能，以持续的创新来保持客户的满意。

在"4Cs"营销理论中，客户及其需求是企业市场营销活动的核心。企业必须关心客户的期望与感受，并要认识到交易商品或服务的过程不仅是企业与客户的互动过程，更是双方创造价值和分享价值的过程。

（二）成本

成本是指来自企业和客户的全部付出。不论是经济学，还是营销学，成本都是影响决策的重要变量。企业与客户都会通过成本核算，做出最有利于己方的行动决策。在企业方面，成本是构成商品和服务价格的基础。在商业市场当中，企业间的价格竞争，实质上是围绕成本的竞争，即谁的成本更低，则谁的价格竞争力更强。例如，有的企业会过分看重广告宣传的作用，片面认为只要广告费用越多，广告效果就会越好。然而，其结果往往是增加了商品的成本和价格，削弱了商品的市场竞争力。在客户方面，成本是影响客户让渡价值的重要因素。面对市场上众多的商品和服务，客户的购买成本越低，则客户能够感受到的让渡价值越大，相应商品或服务的吸引力也就越强。客户除了会计算购买商品或服务的货币成本，还会考虑相关的时间、精力及心理成本等。例如，一些价格低廉却没有品牌的商品就很难获得消费者的长期青睐。消费者对于商品质量和后续服务的担心，会增加其心理成本，从而形成"便宜无好货"的主观心理。

在"4Cs"营销理论中，成本是企业形成市场营销竞争力的关键。在控制成本的过程中，企业必须兼顾买卖双方对于成本的理解与预期，合理定位企业的成本、利润及价格，以期能够实现企业与客户的持续性价值双赢。

（三）便利

便利是指企业为客户提供的各种方便措施。在市场营销过程中，企业与客户需要完成商品和货币的交换，为了使客户能够获得良好的交易感受，企业必须改进两个环节的工作。一方面，为了使客户能够顺利地获得商品和服务，企业需要提高各种具体营销策略的实用性和便利性。具体而言，为了使客户能够及时了解企业的商品信息，企业需要综合运用电视广告和网络平台来提升广告宣传的实际效果；为了使客户能够随时体验企业的商品或服务，企业需要合理布局营销网点；为了使客户能够便捷地获得和使用已购买的商品，企业需要提供送货上门、免费安装等售后服务。例如，很多实体店铺都会推出自己的微信公众号，以便能够随时向客户发送产品信息或营销活动，方便客户选购企业的商品。另一方面，为了使企业能够顺利获得支付，企业需要丰富和创新传统的交易模式，提高客户在付款时的便利性和积极性。具体而言，企业需要向客户提供多元化的支付方式，并尽量减少客户在付款环节花费的时间和精力。例如，有的企业会向客户提供低息的消费贷款，以便刺激客户的消费需求；有的企业会向客户开通线上付款的渠道，方便客户能够随时随地地付款；还有的企业会向客户提供预付款奖励，鼓励客户预付货款或预存金额，只要消费者提前付款，即可享受更大的优惠。当然，尽管企业对于付款环节的改进是为了使自己方便，但客观上仍然产生了方便客户的效果。

在"4Cs"营销理论中，便利是企业创造客户价值的有效方法。在日趋激烈的市场竞争中，企业的各项市场营销措施，既是在便利客户，也是在便利自己。如今，为了缩短客户与企业的地理距离、心理距离和文化距离，越来越多的企业开始思考有关便利的问题。即使是远程客户，也可以通过便利的交通和快捷的网络完成有关商品的查询、浏览、参观、挑选、购买、结算和送达等环节，从而获得"一条龙"式的完整服务。

（四）沟通

沟通是指企业与客户之间具有双向性和互动性的联系。实际上，企业的绝大部分市场营销活动都离不开客户的参与，如何与客户沟通是企业必须回答的问题之一。一方面，企业应当保持与客户的双向沟通。过去，市场营销活动更多地表现为企业向客户的单向推销，企业只关心客户"买"还是"不买"，而并不在乎客户"需要"还是"不需要"。随着客户地位在市场营销理念中的不断提升，来自客户的意见或建议越发受到企业的重视。如今，市场营销活动已呈现出双向反馈的基本态势，企业更加关心客户的"满意"或"不满意"，并将客户的评价与感受视为市场营销的关键。例如，很多企业都会在销售商品之后，主动通过电话、短信、邮件及微信等途径了解客户使用商品的感受，这些反馈意见最终被应用到创新产品和提升服务的工作当中。另一方面，企业应当提高与客户互动的频率。过去，企业市场营销活动以销售商品为目标，只要完成交易，与客户的接触也就停止。随着客户关系价值的日益凸显，保持客户关系的健康与活跃就成了市场营销的一项重要工作。如今，主动与客户进行互动已成为企业的营销常态，达成交易不再是市场营销的结束，而成为关系管理的开始。例如，一些企业会经常邀请老客户参观工厂、试用产品或出席庆典，想尽办法保持与客户的联系和互动，以期获得健康稳定的消费市场。

在"4Cs"营销理论中，沟通是经营客户关系的重要手段。无论是在客户关系的哪一个阶段，沟通都是促进企业与客户相互了解、相互信任、相互合作的基本手段，双方也只有在沟通中才能找到实现共同价值的最佳平衡点。

二、"4Cs"营销理论的模型

"4Cs"营销理论是一种更加接近真实市场的营销组合理论,该理论不仅站在企业的角度分析了影响市场营销的关键要素,而且还站在客户的角度给出了改善市场营销效果的具体方法。企业能否在激烈的市场竞争中获得生存与发展,关键在于其能否洞悉客户的真实需求,并在满足客户需求的同时,尽量使客户满意。

"4Cs"营销理论认为,客户需求是企业一切市场营销活动的中心。一般认为,按照能否在购买行为中直接表现出来,客户需求可以被划分为显性需求(manifest demand)和隐性需求(implicit demand)两种类型。一方面,显性需求是指客户能够自我察觉和意识到的需求。例如,饥饿感产生了购买食品的需求,季节变化产生了购买服装的需求,节假日的休闲时间产生了旅游观光的需求。显性需求是最容易被企业察觉的市场需求,企业最初的市场营销活动大多都是从满足客户的显性需求开始的。另一方面,隐性需求是指客户不能直接表达或清晰描述的需求。例如,消费者在购买食品时,会产生对味道和口感的需求;选购服装时,会产生对品牌、样式、材质等的需求;参加旅游时,会产生对舒适性、娱乐性和刺激性的需求。隐性需求是最难辨认的市场需求,往往具有较强的潜在性和不确定性。企业需要在市场营销的过程中,主动去发现或激发客户的隐性需求。实际上,企业开展市场营销的过程,就是探索和引导客户需求的过程。企业需要在充分掌握目标客户显性需求的前提下,结合市场变化的趋势和企业自身的条件,引导客户形成有益的隐性需求。可以说,只要企业能够同时满足客户的显性需求和隐性需求、合理控制企业的生产经营成本与客户的价值感知成本、便利各项有关市场营销的渠道网络,并与客户开展积极有效的双向沟通,则更容易将满意的客户转变为忠诚的客户,并实现客户关系管理的长期增值。

另外,随着商业市场由"卖方市场"转变为"买方市场",具有客户导向特征的"4Cs"营销组合逐渐成为适用于大多数企业的市场营销策略。所谓客户导向(customer orientation),是指企业以满足客户需求和增加客户感知价值为目标,在市场营销过程中注重分析客户的消费能力、消费偏好、消费心理及消费行为,并重视对相应商品和服务的创新与改进,以期能够持续满足不断变化的客户需求。按照"4Cs"营销理论的观点,企业需要明确四项关系的先后顺序。首先,在客户方面,了解客户需求在先,确定企业的产品或服务在后;其次,在成本方面,估算客户感知成本在先,确定产品或服务的价格在后;然后,在便利方面,站在客户角度设计销售和服务渠道在先,考虑企业角度的成本和困难在后;最后,在沟通方面,形成长期的信任和情感在先,实现短期的经济利润在后。可见,是否重视客户,是决定企业市场营销活动成败的关键。

综上所述,"4Cs"营销理论可被概括为一个整体模型(图5-2)。其中,客户及客户需求是中心;"4Cs"代表了企业与客户需要共同关心的基本要素;外部市场环境包含了影响企业行动的所有不可控因素。这一模型能够帮助企业更好地认识"4Cs"营销组合,并理解市场营销策略必须由"产品导向"向"客户导向"转变的重要意义。

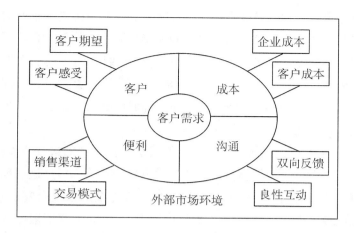

图 5-2 "4Cs" 营销理论模型

三、对"4Cs"营销理论的评述

"4Cs"营销理论是市场营销组合理论发展过程中的代表性理论。这一理论不但改进和发展了传统的"4Ps"营销理论，更将客户关系管理的思想进一步融入市场营销战略思维之中。然而，"4Cs"营销理论仍然是一种具有一定局限性的理论，其中的一些问题或不足将制约企业的长期发展，并不能彻底解决企业在市场营销领域的全部问题。

第一，"4Cs"营销理论并没有强调竞争的重要性。"4Cs"营销理论其实是一种具有客户导向特征的营销组合理论，更加看重客户及客户需求。然而，面对日趋复杂的市场竞争，企业仅仅关注客户显然是不够的，企业还必须重视竞争者的行动，采取客户导向与竞争导向相结合的市场营销策略。所谓竞争导向，是指企业的市场竞争活动以竞争者为参照，在思维上要领先竞争者、在方法上要学习竞争者、在行动上要超越竞争者，并形成具有自身优势的竞争性营销策略。为此，企业在洞察客户需求的同时，还必须先于竞争者采取行动。换言之，企业能否在争取客户和保持客户方面领先，是决定其能否战胜对手、赢得竞争的关键。企业可以对照竞争者分析自身所处的竞争环境，首先明确自身在"4Cs"方面的优势与劣势，然后再实施有针对性的营销策略，以便能够扬长避短、取长补短，进而提升综合竞争力。总之，企业在应用"4Cs"营销理论时，不能忽略来自竞争者的诸多影响因素。

第二，"4Cs"营销理论很容易造成市场营销策略的同质化。所谓同质化，是指不同企业在竞争过程中相互模仿，使得商品性能、服务水平、营销策略及带给客户的感受等逐渐趋同的现象。"4Cs"营销组合中的客户、成本、便利和沟通，几乎是每一个企业都要面临并攻克的市场营销难点。尽管不同企业的解决途径和具体方法各不相同，但最终的市场营销效果是基本一致的。换言之，随着"4Cs"营销理论的广泛普及和大量应用，市场上的大部分企业又会在新的竞争层次上难分伯仲。当所有企业都以客户需求为中心，都具有较低的成本、便利的渠道和良好的沟通时，企业自身的特色、优势及吸引力也就同质化了。为此，企业在重视改善"4Cs"营销组合的同时，还必须实施差异化战略。所谓差异化战略（differentiation strategy），是指企业要保持自身商品、服务、形象及策略等与竞争对手的明显区别。这一战略能够让客户感受到企业的独特性或不可替代性，从而有利于企业形成核心竞争优势和保持长期客户关系。企业可以深入发掘自身的核心资源和核心能力，使之成为支撑"4Cs"营销组合向更高层次发展的动力。例如，关键性的优质客户、独一无二的关键技术、先进的智能营销平台、知名度极高的商标品牌等，这些都可以作为实施差异化战略的基础性条件。总之，企业在应用"4Cs"营销理论时，还需要实施一定的差异化战略。

第三，"4Cs"营销理论并没有解释各个关键要素要达到的最佳程度。"4Cs"营销理论的主要价值在于为企业的市场营销活动提供更好的思路，但是这一理论仅仅强调了客户、成本、便利和沟通四项要素的重要性，并没有详细阐述各个要素间的组合关系。换言之，如何把握最合理的"度"或"量"的问题，"4Cs"营销理论并没有回答。具体而言，在客户方面，并不是客户的所有需求都需要企业来满足，一些诸如过分个性化的需求、没有足够市场份额的需求、没有潜在提升空间的需求，企业就不一定非要满足。例如，大部分客户都希望买到物美价廉的商品，价格越低，客户越满意。但是商品质量与生产成本直接关联，企业不可能为了"客户"而损害"成本"。在成本方面，企业也不能为了刻意降低成本而影响市场营销的质量。例如，一些企业为了提升客户的感知价值，在客户等候消费的环节提供了大量与主营业务无关的服务，这些服务在降低客户成本的同时，却提高了企业成本，若数量过度，则会使企业无利可图。在便利方面，企业应当力所能及地为客户提供各项便利措施，凡是超过企业资源与能力的所谓"便利"，往往都会适得其反并难以持久。例如，一些企业开设了大量的网站、网页、电子邮箱及微信公众号，然而却因人力不足或管理不善，很长时间都不更新信息和回应互动，这些做法不但不能向客户提供便利，反而会引起客户的不满。在沟通方面，企业也需要把握沟通的频率与强度。对于不同的客户，同一种沟通方式往往会产生不同的效果。例如，一些服务行业的营销人员会十分主动和热情地接待客户，然而，对于很多新客户而言，销售员过分主动地问这问那，反而会使客户产生厌烦的情绪，这并不利于交易的达成。可见，"4Cs"营销理论在指导实践的过程中，仍然具有一定的模糊性。这需要企业在具体的实践过程中不断探索和调整，以便确定最优尺度的"4Cs"营销组合。

第四，"4Cs"营销理论距离完整意义上的客户关系管理理论尚有一段距离。虽然在"4Cs"营销理论中，首次出现了客户、沟通等概念，但是这一理论更多的是在阐述满足客户需求的操作性问题或战术性方案，而并没有很好地解释企业应当如何建立和保持与客户的长期关系这一关键问题。为此，企业在应用"4Cs"营销理论时，还需进一步引入客户关系管理的具体方法，使之成为能够真正达成客户战略目标的有效模式。具体而言，在客户方面，企业可以从客户生命周期的角度来理解客户需求。满足客户当前的需求只是客户关系的开始，而满足客户的长期需求才是企业的最终目标。在成本方面，企业可以从客户让渡价值的角度来理解客户成本。企业既要重视对客户总价值的提升，还要尽量实现对客户总成本的控制。在便利方面，企业可以从整体营销的角度来看待便利。企业应尽力实现市场营销过程的全程优化，使客户能够获得包括信息、商品和服务等的各项便利。在沟通方面，企业可以借鉴关系营销的理念与方法，实现客户互动的双向沟通、长期协同和反馈控制等效果，以期建立互利双赢的客户关系。总之，在实践中，"4Cs"营销理论需要得到其他客户关系管理理论的补充，但其作为一种较为经典的市场营销组合理论，仍然值得被借鉴和使用。

综上所述，虽然"4Cs"营销理论存在一定的瑕疵或不足，但是并不影响企业的应用和实践。如今，随着"4Cs"营销理论被越来越多的企业认知和应用，整个商业市场的竞争环境发生了很大变化，企业的商品质量和服务水平也得到了很大程度的提升。值得注意的是，"4Cs"营销理论毕竟是对"4Ps"营销理论的改进和发展，并没有彻底、完全地做到摒弃其缺点，更像是对"4Ps"的简单迎合，因而还是在实践中表现出了一定的被动型和局限性。

四、"4Cs"营销理论与"4Ps"营销理论的比较

（一）从"产品"到"客户"

一方面，在"4Ps"营销理论中，企业应当充分认识产品策略的重要性，并且能够向市场提供合格的商品和服务。为此，企业的主要精力将被用于提升产品质量、创新产品设计、丰富产品功能、经营产品品牌及改善相关服务等方面。另一方面，在"4Cs"营销理论中，产品仅仅是客户价值的一种载体，购买产品的客户本人及其需求才是企业开展市场营销的关键点。为此，企业的工作重点应当是针对客户需求来提供商品和服务，产品策略从属于更高层次的客户策略。

实际上，从产品策略到客户策略的转变，反映了市场营销理念的进步。在过去，市场是生产活动的终点，只要产品被销售，企业的各项任务就算完成；而现在，市场变成了生产活动的新起点，只有产品被销售，客户关系才会产生，企业的后续工作才真正开始。另外，客户需求并不是一个固定值，企业完全可以通过开展引导性的市场营销活动，发现或创造新的客户需求，从而跳出商品交易零和博弈的定式思维，实现企业与客户在更大利益中的互利双赢。可以说，随着人们对于客户这一"人"的概念的重视，过去机械、呆板、缺乏情感的商业活动也就逐渐变得生机勃勃了。总之，从"产品"到"客户"，这是"4Cs"营销理论最主要的进步之一。

（二）从"价格"到"成本"

一方面，在"4Ps"营销理论中，价格策略是关系企业利润和市场份额的关键性策略。特别是在卖方市场中，由于价格是影响消费者购买决策的最主要因素，因而企业要十分重视对商品和服务的合理定价。企业需要综合考虑市场环境和自身实力，并兼顾企业的近期目标和长期利益，适时调整价格水平，以期能够在保证一定市场份额的前提下将企业的经济利益最大化。另一方面，在"4Cs"营销理论中，价格只是市场供求关系的一种表现，价格背后的企业成本和客户成本才是决定商品或服务市场竞争力的关键点。简单的价格竞争并不能成为企业的万能营销策略，相应的成本策略才能符合企业的内在能力和客户的心理感受，并真正提高企业的市场竞争力。

实际上，从价格策略到成本策略的转变，体现了企业价值观念的变革和进步。企业

对于商业利益的认识逐渐由过去的"产生于交换"转变为"来源于创造"，企业在思考价格、成本和利润时，开始主动站在客户的角度思考，并逐渐将市场营销绩效由"企业价值的最大化"转变为"共同价值的最大化"。总之，从"价格"到"成本"，"4Cs"营销理论纠正了企业对市场的理解。

（三）从"渠道"到"便利"

一方面，在"4Ps"营销理论中，渠道仍然是企业视角的营销变现途经。企业需要将商品和服务转移到消费者手中，而渠道就是实现这一交易过程的桥梁与纽带。为此，企业必须重视对营销网络的建设与维护，渠道策略的重要目标就是要保障企业能够顺利地将商品和服务销售出去。另一方面，在"4Cs"营销理论中，静态的渠道网络已经转变为动态的互动过程，企业不能仅仅考虑自己的销售便利，更要将消费者的购买便利纳入营销策略之中。为此，企业需要考虑客户的体验与感受，使客户能够在购买商品和服务的过程中，既获得方便，又得到实惠，并真正体会到企业的创新思维和用心服务。

实际上，大多数客户眼中，并没有渠道的概念，是否便利才是他们所能感受和评价的。可见，从渠道策略到便利策略的转变，反映了企业对于客户评价的真正关心。越来越多的企业开始意识到，唯有客户满意，企业才能最终实现市场营销的全部目标。总之，从"渠道"到"便利"，"4Cs"营销理论进一步强调了客户感知价值的重要性。

（四）从"促销"到"沟通"

一方面，在"4Ps"营销理论中，促销策略仍然带有明显的推销理念的痕迹，认为企业必须通过开展积极主动的市场营销活动，刺激消费者的购买兴趣、激发消费者的购买欲望、加速消费者的购买行动，并最终将商品和服务销售出去。由于这一观点将营销活动视为一种企业的单方面行动，片面强调了企业在市场交易过程中的决定性作用，因而是一种并不完全正确的营销观点。另一方面，在"4Cs"营销理论中，市场营销需要企业与客户共同来完成。特别是在买方市场中，消费者拥有极大的选择权和主动权，企业必须倾听并理解消费者的期望与诉求。为此，企业与客户互动就成了一种双向的沟通活动，企业需要根据消费者的反馈来调整相应的商品和服务，以期在保持客户满意的同时，随时洞察商业市场的最新变化。

实际上，双向沟通也是大多数客户的一项基本需求，在企业与客户沟通的过程中，彼此会因为产生了信任和情感而更加依赖，从而为形成长期合作的良好关系创造条件。可以说，从促销策略到沟通策略，代表了客户关系由单向刺激到双向交流的转变。在企业与客户实现了良性沟通的过程中，越来越多来自客户市场的信息、知识、经验和教训成为促进企业创新发展的重要资源。总之，从"促销"到"沟通"，"4Cs"营销理论进一步体现出了对客户关系及其互动的重视。

综上所述，从"4Ps"营销理论到"4Cs"营销理论，客户关系管理的思想得到了进一步体现。比较两种市场营销组合理论，有利于企业更加准确地把握影响市场营销活动的关键变量（表5-1）。

表 5-1 "4Cs"营销理论与"4Ps"营销理论的比较

类别	"4Ps"营销组合		"4Cs"营销组合	
内容	产品 （product）	商品的质量、功能、包装、品牌及服务等	客户 （consumer）	客户的需求、喜好、欲望、期望及感受等
	价格 （price）	名义价格、折扣、利息及支付方式等	成本 （cost）	企业的生产经营成本；客户的购买成本，如金钱、时间、精力及情感等
	渠道 （place）	营销网络、价值链、实体店铺及互联网平台等	便利 （convenience）	客户获取信息、价格、商品及服务的方便程度，完成支付的方便程度
	促销 （promotion）	商业广告、人员推销及其他营销活动等	沟通 （communication）	双向沟通、长期协同、互利双赢及反馈控制等
年代	20 世纪 60 年代		20 世纪 90 年代	
代表学者	杰罗姆·麦卡锡（E. Jerome McCarthy）		罗伯特·劳特朋教授（R. F. Lauterborn）	

资料来源：编者整理。

第四节 "4Rs"营销理论

一、"4Rs"营销理论的内容

"4Rs"营销理论（the marketing theory of 4Rs）诞生于 21 世纪初，这一概念最早由艾略特·艾登伯格（Elliott Ettenberg）在其著作《4R 营销》中提出。在同一时期，唐·舒尔茨（Don E. Schuhz）也在"4Cs"营销理论的基础上，提出了"4Rs"营销理论。作为一种新型市场营销组合理论，"4Rs"营销理论以关系营销理论为基础，更加看重客户满意与客户忠诚，是一种兼顾企业利益与客户需求的创新型营销战略。具体而言，"4Rs"分别是关联（relevancy）、反应（respond）、关系（relation）和回报（return）四项要素的英文单词首字母，而这四项内容完全脱离了"4Ps"和"4Cs"的理论框架，形成了一种全新的市场营销组合。

（一）关联

关联是指企业与客户之间需要形成的一种高层次关系。在市场营销过程中，企业应当与客户形成一个密不可分的整体，相互之间既有支持与合作，又有依赖与融合。为此，企业必须做好三个方面的具体工作。

其一，与客户形成利益上的关联。企业应当谋求与客户形成长期的共同利益，双方需要通过密切合作来扩大整体利益，并且任何一方遭受损失都会影响另外一方。例如，大型商场、购物中心等零售百货业企业与入住其中的品牌商铺之间就是典型的利益共同体关系。由于整个商场的效益与每一个品牌店铺的效益密切相关，因而商场会尽力吸引并留住那些优质的品牌商铺，而尽量拒绝和淘汰那些劣质的品牌商铺。

其二，与客户形成情感上的关联。企业需要与客户产生亲密的情感，即使面对更优的选择，双方也不会轻易改变已经建立的合作关系。可以说，双方因情感因素而相互依赖，进而形成心理上的密切关联。例如，消费者充分认可和信赖某一品牌时，会长期坚持购买相应的商品，即使在市场上出现质量更好的替代商品，这类消费者也不会轻易改变选择，并常常将这一坚持称为一种难舍的"情怀"或怀旧的"情结"。

其三，与客户形成行动上的关联。企业的行动能够引导客户跟随行动，客户的行动也能影响企业在行动上做出调整。如果企业能够与客户形成行动上的联合体，则能够在相互配合中实现更大的共同价值。例如，当品牌服装企业推出新的服装款式时，即使价格相对较高，忠诚的消费者也会在第一时间购买并穿着，从而成为第一批推广这些"时尚新品"的流动宣传员。

总之，在"4Rs"营销理论中，关联是一切市场营销活动的基础。企业必须与客户形成一定的关联，后续的客户关系管理才能顺利开展。

（二）反应

反应是指企业应当重视来自客户市场的信息反馈并有所行动。在日趋激烈的市场竞争中，企业的计划往往没有市场的变化快，企业需要接受来自客户市场的信息反馈，将被动的"推测型"商业模式转变为主动的"回应型"商业模式。一般而言，企业的反应包括倾听和响应两个环节。

一方面，倾听是企业了解客户需求的基本途径。在人际沟通领域，倾听是一项重要的技能。当客户向企业反馈信息或提出抱怨时，企业的营销人员需要拥有充分的耐心、虚心和诚心，并从客户的语言、态度、情绪及行为等表达中读出背后的期望与诉求。例如，当餐饮企业遭遇消费者投诉时，一味回避过失或转移矛盾并不能解决问题，企业正确的反应是倾听客户抱怨，不仅有助于消除客户的不满情绪，还可以为开展服务补救提供信息和赢得时间。

另一方面，响应是企业对客户需求做出的行动反馈。倾听的结果必须落实为企业的行动。客户之所以愿意与企业沟通或互动，其目的还是希望获得更好的商品和服务，这是客户需求不断变化的一种表现。为此，企业应当及时洞察客户需求的调整与转变，对客户的要求做出实时响应，从而始终保持客户满意度处于一个较为理想的状态。例如，当企业遇到一名前来投诉的客户时，在他的背后就可能存在着至少二十名有同样抱怨的客户，企业必须真正倾听相关要求，并反应为切实的改进行动，才能彻底消除这项客户服务的质量隐患。其实，在市场营销理论中，有一种被称为响应营销（responsive marketing）的具体策略，认为企业不仅要被动响应客户的信息反馈，而且可以主动预测客户的未来需求，有助于企业先于竞争对手占领客户市场。

总之，在"4Rs"营销理论中，反应是企业应对市场变化的意识和行动。企业需要通过这一特殊形式的客户互动来提升自身的市场竞争能力。

（三）关系

关系是指企业与客户需要建立起长期稳定的合作关系。类似关系营销的观点，关系是企业可以利用的一种特殊资源。在客户关系当中蕴藏着潜在的信息、机会和价值，企业完全可以通过经营和管理客户关系长期保持市场营销绩效。为了获得优质的客户关系，企业需要重视两个方面的工作。

一方面，企业应当重视保持客户的满意度。满意度是客户对企业商品和服务的直接评价。客户的满意度越高，其继续购买商品和服务的概率也越大。为此，企业需要针对客户的需求与感受实施差异化的市场营销策略，以期保持客户对品牌、商品、服务和彼此关系的较高满意度。例如，服务行业的企业都提倡微笑服务，认为令人满意的客户关系建立的前提是亲切、友好和饱含情感的氛围。

另一方面，企业应当尽力提高客户的忠诚度。忠诚度是客户关系稳定性的具体表现，而客户发自内心的真正忠诚是企业长期获利的宝贵财富。客户的忠诚度越高，其对企业商品和服务的依赖程度也越高。为此，企业需要重视客户的态度与行为，并用企业的诚信与坚持来兑现客户承诺，从而赢得实实在在的客户忠诚。例如，客户对某一品牌的忠诚就来源于企业的长期努力，在知名品牌的背后，是众多客户对企业文化、产品质量、服务理念及人员品德等的充分认可和高度赞赏。

总之，在"4Rs"营销理论中，关系是市场营销的桥梁与纽带。企业需要开展积极有效的客户关系管理，才能获得更高客户满意度和客户忠诚度。

（四）回报

回报是指经营客户关系带给企业和客户的额外价值。类似关系营销的观点，客户关系并不是单纯的经济关系，企业与客户也不完全是"自私自利"的理性经济人。人际关系学中存在着"相互回报心理"的概念，即当一方向另一方传递价值时，对方也会产生回应价值的想法和行动。因此，回报的结果是双向的，企业与客户都会获得关系投入所产生的回报。

具体而言，一方面，客户的投入会产生回报。随着客户购买频率和购买金额的增加，客户会逐渐由新客户升级为老客户，在心理和情感上也会更加依赖企业的商品和服务。此时，企业往往会给予老客户更多的优惠和便利，使客户的经济投入和情感投入能够得到实实在在的回报。例如，很多酒店会实施积分营销策略，推出类似住四天送一天的消费激励措施，让消费者能够从多次购买中获得实惠，从而兑现企业回报客户、感谢客户的市场承诺。

另一方面，企业的投入也会产生回报。随着企业将客户关系管理作为一项战略任务而长期投入时，企业将最终获得优质的客户市场。其中，大量的忠诚客户会不断购买企业的商品和服务，并积极宣传企业的品牌与理念，为企业持续带来经济的和非经济的价值回报。例如，当企业遭遇市场风险或陷入经营困境时，忠诚的客户往往成为持续消费的主要力量。他们会关心企业的发展，留恋企业的服务，并希望用自己的消费行动来帮助企业渡过难关。可以说，回报的概念将客户关系上升到了一个新的高度，企业与客户不但形成更为亲密的社会关系，而且还在互利双赢和长期协同的过程中，不断投入、不断获取回报，进而形成相互关联、积极反应和紧密联系的价值共同体。

总之，在"4Rs"营销理论中，回报是客户关系对双方产生的价值回馈。企业与客户都应将对方视为值得信赖的合作伙伴，并将彼此间的关系经营为值得投入的优质社会资本。

二、"4Rs"营销理论的模型

"4Rs"营销理论是一种由现象深入本质的营销组合理论，该理论不再简单地强调看得见的产品和渠道、算得出的价格和成本、表面层次的客户和需求，而是抓住了市场营销活动的一系列本质问题。可以说，企业在市场竞争中获得长期成功的关键，在于其管理客户关系的能力与效果，而关联、反应、关系和回报都是围绕客户关系的重要变量。

于是，"4Rs"营销理论可以被概括为一个整体模型（图 5-3）。其中，企业与客户的长期共同利益是中心，"4Rs"代表了客户关系管理的四项基本要素，外部市场环境包含了影响企业行动和客户需求的所有不可控因素。这一模型能够帮助企业更好地认识"4Rs"营销组合，并掌握获取客户关系管理效益的一系列可行路径。

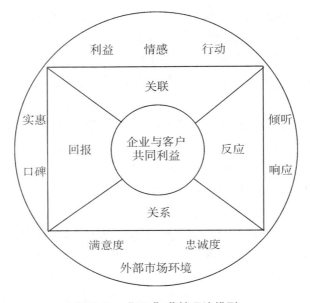

图 5-3 "4Rs"营销理论模型

三、对"4Rs"营销理论的评述

"4Rs"营销理论是一种提出时间不长的市场营销组合理论，在理论上具有明显的创新性和前沿性，在实践上还有待进一步验证和完善。

（一）"4Rs"营销理论的价值

"4Rs"营销理论的价值在于启发了企业的市场营销思路，具体表现为三个方面。

第一，"4Rs"营销理论以竞争为导向，较好地弥补了"4Cs""4Ps"等营销理论的不足。众所周知，适应竞争是现代市场营销的根本要求，而企业间的竞争涉及产品质量、价格成本、服务水平、品牌形象及人员素质等各个方面。"4Rs"营销理论将复杂的市场竞争简化为围绕客户的竞争，认为竞争的目的、过程和结果都反映在企业与客户的关系当中。为此，企业需要重视两个环节的工作。一方面，企业需要提升自身的综合竞争能力。为了能够大量争取客户并持续保持客户，企业需要结合自身的实际情况，尽最大可能向市场提供"理念更新、品质更优、价格更廉、服务更诚"的商品。企业需要明白，任何方面的劣势或短板都会削弱自身的综合竞争能力，从而直接影响市场营销策略的效果。另一方面，企业需要形成具有自身特色的核心竞争能力。核心竞争能力不同于一般意义的竞争能力，是企业在长期市场营销过程中积累形成的，包括特殊的知识、资源、技能、关系及品牌等内容，表现为一种可以轻松超越竞争对手的独特能力。为了能够长期稳定地获得市场中的利益和价值，企业除了需要形成整体性的综合竞争力之外，还必须探索和发掘符合自身条件的核心竞争力，从而突破因市场营销策略同质化而产生的市场竞争困局。因此，按照"4Rs"营销理论，企业与客户的关系互动过程带有明显的竞争性。企业识别、建立、管理和维持客户关系的能力，奠定企业的市场营销核心能力。

第二，"4Rs"营销理论以关系营销理论为基础，促进了人们对客户关系的重新认识。作为客户关系管理的基础理论，关系营销较为全面和系统地论述了客户关系的内涵与特征，为企业赢得市场竞争提供了更加有效的策略和技巧。"4Rs"营销理论借鉴了关系营销中的诸多概念，并将其概括为四项核心要素。具体而言，其一，关联代表了关系营销中的战略型共同利益。为了实现企业与客户的长期协同，企业必须谋求与客户形成各个方面的关联。其二，反应体现了关系营销中的主动行动。为了强化企业对市场需求的反馈控制，一旦察觉市场变化或客户流失时，企业应当积极反应。其三，关系就是指关系营销中的兼容商业属性与社会属性的客户关系。为了实现企业与客户的双向沟通，企业需要与客户形成信任与情感，并保持与客户良好的互动关系。其四，回报体现了关系营销所带来的积极成效。为了增进企业与客户的互利双赢，企业既要适时地回报客户，更要珍惜来自客户的回报。因此，按照"4Rs"营销理论，企业的市场营销策略最终会演变为客户关系管理策略，企业开展市场营销的重点表现为建立关系、保持客户和长期获益等几个关键环节。

第三，"4Rs"营销理论看到了客户忠诚的重要价值，并认为客户关系管理的主要难点就是提高客户的忠诚度。从"4Ps"营销理论到"4Cs"营销理论，企业逐渐认识到了客户满意的重要价值，然后，满意的客户并不完全等同于忠诚的客户。在竞争激烈、选择众多的现代商业市场中，令客户满意容易，令客户忠诚却困难。"4Rs"营销理论不仅强调了保持长期性客户忠诚的重要性，而且进一步指出了企业获得客户忠诚的具体思路。具体而言，其一，关联是形成客户忠诚的利益基础。当客户与企业形成利益或价值共同体时，客户不但不会离去，而且会主动保持与企业的长期合作关系。其二，反应是企业保持客户忠诚的基本要求。面对客户市场的反馈或异动，企业必须立即做出针对性的反应，从而既能消除客户不满，又能预防客户流失。其三，关系是巩固客户忠诚的连接机制。企业需要通过频繁的关系互动，随时了解客户的需求与感受，从而更好地满足客户和服务客户，进而使不忠诚的客户逐渐转变态度，忠诚的客户更加坚定自己的选择。其四，回报是对忠诚客户的最佳激励。客户关系的最大价值在于创造新的价值，忠诚的客户不仅向企业传递着客户价值，企业也应当主动向客户回馈更多的价值。有时，虽然企业对客户的回报是无形的，但是回报的效果一定是有助于提高客户忠诚度的。因此，按照"4Rs"营销组合，企业应当将建立和保持客户忠诚作为市场营销的又一重要目标，并将忠诚的客户作为企业持续发展和盈利的重要依靠。

（二）"4Rs"营销理论的不足

需要指出的是，"4Rs"营销理论是一种理论性强于实践性的新兴理论。特别是在现实的市场环境中，真正能够做到"4Rs"的企业可谓少之又少。这一理论仍然存在一些问题或不足，需要得到理论研究者和市场应用者的继续完善和补充。具体而言，"4Rs"营销理论的不足主要体现在两个方面。

第一，"4Rs"营销理论具有较高的应用难度。一方面，理解"4Rs"营销组合具有一定的难度。在大部分普通企业眼中，相比"4Ps"或"4Cs"营销组合中的产品与客户、价格与成本等要素，"4Rs"营销理论显得"高深莫测""不知所云"，其中的关联、回报等概念并不能得到商业市场的直接反映，因而具有一定的抽象性和理论性。为此，企业更愿意将精力与财力投入那些能够直接产生效益的环节，如提高产品的质量、拓宽营销的网络及保持与客户的联系等。另一方面，应用"4Rs"营销理论需要一定的条件。"4Rs"营销组合对企业及企业家提出了较高的要求，相应企业必须将客户关系管理作为企业的战略内容，并为此付出长期不懈的努力。另外，建立和维持高质量的客户关系也需要企业具备足够的基础条件和经济实力，对于能力较弱的中小微企业而言，就很难与客户形成"4Rs"意义上的回报共同体。换言之，只有那些充分实践了"4Ps"或"4Cs"营销组合并取得成效的成熟企业，才有可能去学习和尝试"4Rs"营销理论。因此，"4Rs"营销理论并不是一种适用于任何企业的营销组合理论。大多数企业只能将其作为一种营销理念，尽力达到或接近"4Rs"的要求。

第二，"4Rs"营销理论忽略了对市场风险的考量。一般认为，风险是来自外部环境的重要变量，常见的经济风险主要包括利率风险、汇率风险及价格风险等，非经济风险主要包括自然风险和社会风险等。其中，市场营销风险（marketing risk）是指企业在开展各项市场营销活动时，出现的不利的环境因素引起的市场营销绩效损失或相关策略失败。实际上，风险的本质是发生损失的不确定性，表现为一定的出险概率。风险会影响客户的判断和决策，从而增加企业管理客户关系的难度和成本。在实施市场营销策略之前，企业需要仔细分析可能遭遇的市场营销风险，并制订预案和预防措施，以便保障能够最大限度地完成企业的市场营销目标。然而，"4Rs"营销理论并没有给出风险防控的相应措施，相应的客户关系管理策略并不适用于具有较高风险的商业市场。为此，有学者就提出了"5Rs"营销组合的概念，即在"4Rs"的基础之上，再加上"风险控制（risk control）"，从而弥补"4Rs"营销组合的不足。可见，"4Rs"营销理论仍然处在发展与完善的过程当中，企业必须做好风险控制，才能获得持续稳定的市场营销利益。

综上所述，尽管"4Rs"营销理论并不完善，但是极大地丰富了企业的市场营销思路。可以预测，随着客户关系管理实践的快速发展，一定会有更多的企业能够应用和用好"4Rs"营销理论。

（三）"4Rs"营销理论的注意事项

为了实现"4Rs"营销理论所预期的良好效果，企业需要做好以下几个方面的工作。

首先，企业需要紧密联系客户。企业必须综合运用电话、微信及线下门店等渠道，尽量保持与客户的密切联系，从而在随时了解客户想法与需求的同时，逐渐形成与客户的互助合作关联。为了保证客户联系的准确性和有效性，企业还需要建立一定的营销数据库或客户关系管理系统，从而能够收集、分析及预测客户信息和数据，提升客户关系管理的效率，改善其效果。

其次，企业需要提高对市场变化的反应速度。企业应当丰富市场信息的来源渠道，并具备预测或预警客户需求变化的能力。企业应当认识到，固守原定的营销计划和目标，或者坚持一成不变的方法策略并不适用于当前的市场营销环境。过去的经验并不一定能够解决未来的问题。企业在倾听客户诉求或抱怨时，还要及时制定应对措施，以快速有效的行动反应来化解客户市场的潜在危机。

再次，企业需要正确认识客户互动的内涵。实际上，企业与客户的接触、互动和沟通是三个不同层次或不同阶段的概念。其中，接触带有试探性、单向性和被动型，适用于客户关系的最初阶段；互动具有一定的行动性和双向性，主要在客户关系的形成阶段发挥作用；沟通具有明显的情感性、反馈性和主动性，是客户关系开始进入成熟阶段的一种现象。为了建立长期稳定的客户关系，企业与客户需要经历从接触、互动到沟通的关系发展过程，而企业恰当的市场营销策略将发挥积极作用。

最后，企业需要重视回报的价值。一般认为，来自客户市场的回报是市场营销利润的源泉。在市场营销过程中，企业不能只关注眼前的短期利益，而应当看到长远的价值回报。企业的思维和行动都要符合其市场战略，唯有坚持兑现向客户做出的长期承诺，方能最终获得源源不断的客户回报。

第五节　其他营销组合理论

一、"4Vs"营销理论

随着高科技产业的迅速发展，新的科学概念、科技手段及服务方式被应用到市场营销活动当中，从而催生了一大批新型的市场营销组合理论。其中，"4Vs"营销理论（the marketing theory of 4Vs）就是一种具有代表性的新理论。具体而言，"4Vs"分别是差异化（variation）、功能化（versatility）、附加价值（value）、共鸣（vibration）四项要素的英文单词首字母，充分体现了人们对市场营销运行机制的全新理解。

（一）差异化

差异化是现代市场营销服务的必然趋势。一般而言，企业的差异化策略包含两项内容。

一方面，企业应做到商品和服务的差异化。企业向客户销售的商品应当具有一定的特色或特点，使其不能被市场中的同类商品轻易替代。例如，有的餐饮企业会推出一些创新的特色菜品，在整个行业中仅此一家，从而稳固地占据着消费市场。有的家电企业会推出一些具有消毒、净化、杀菌等健康环保功能的空调、洗衣机及冰箱，从而率先满足新兴的消费需求，使自己的商品在竞争中脱颖而出。

另一方面，企业需要实现品牌形象的差异化。相比于商品和服务，企业在品牌、商标等商业形象上的差异化更具竞争优势。消费者在选择品牌时，常常表现出非经济、非理性的行为特征。例如，同样是运动服装，即使普通品牌的服装质量更好、价格更廉，其竞争力也很难超过名牌服装企业。差异化的品牌能够增强相应商品的市场吸引力和号召力，从而形成超越商品本身的核心竞争优势。

总之，"4Vs"营销理论强调了市场营销中的差异化策略，为企业提供了从"差异化客户"到"差异化竞争"的思路。

（二）功能化

功能化是指企业需要根据消费者差异化的需求，提供功能更加丰富的商品和服务，从而获得更多客户的认可和满意。

一方面，功能化对企业提出了新的、更高的要求。在商品学中，商品的功能一般包括三个层次。其一，核心功能。核心功能是商品最根本的使用价值。例如，能够准确计时、防水防震等就是所有运动手表的核心功能。其二，附加功能。附加功能是商品由核心功能向外扩展而来的附属功能。例如，能够在运动中计算步数、测量心跳等就是运动手表的附加功能。其三，外延功能。外延功能是商品脱离核心功能之外的其他功能。例如，能够浏览网页、视频连线及充当电筒等就是运动手表的外延功能。对于市场竞争中的企业而言，功能化策略就是在保证商品核心功能的前提下，不断开发更新、更好的附加功能，并适当拓展外延功能。

另一方面，功能化又是企业适应市场竞争的必然选择。在个性化的消费时代，企业面对着具有多样化需求特征的客户市场。从表面上看，不同的消费者都在购买同样的商品，但实际上却有着千差万别的消费需求。例如，同样是购买智能手机，青年消费者更看重手机的内存大小、运行速度及外观样式等，因为他们的主要需求是使用最新软件和追赶潮流时尚；而中老年消费者则更看重手机的价格、电池及耐用性等，因为他们的主要需求是频繁通话、长时间待机和经济实惠等。因此，为了满足不同客户的需求层次和需求偏好，企业必须对自身的商品、服务及相应的市场营销活动进行功能化改造，从而在已近饱和的市场状态下，继续细分出新的客户需求和新的客户市场。

总之，"4Vs"营销理论强调了市场营销中的功能化策略，企业需要针对目标客户的具体情形，实施富有弹性的功能化策略。

（三）附加价值

企业需要在市场营销活动中，尽可能地向客户提供具有更多附加价值的商品和服务。所谓附加价值（adding value），是指商品或服务能够带给消费者的额外价值，主要由技术性附加价值、服务性附加价值和文化性附加价值三部分组成。

其一，技术性附加价值依托于一定的科学技术。由于使用了新材料、新工艺或新发明，商品的技术含量得以提高，从而具备更强的市场吸引力或竞争力，进而产生技术性附加值。例如，近年来新出现的曲屏智能手机，具有很高的技术性附加值，相应的市场价格也远远高于其他智能手机。

其二，服务性附加价值由企业服务所创造。有形的商品能够产生"硬性"的价值，而无形的服务能够创造"软性"的价值。企业可以通过向客户提供售前、售中及售后的全程优质服务，来改善客户的交易感受，提升满意度评价，从而以增加附加值的方式提高客户让渡价值。例如，各个旅游产品销售店铺的产品其实是一样的，最大的差异是附属服务的种类与质量，消费者会根据企业是否提供免费接送、有无旅游赠品及价格优惠幅度等综合判断相应旅游产品的价值，优先选择那些服务性附加价值更大的产品。

其三，社会性附加价值来源于企业的商标品牌和文化理念。这类附加价值具有潜在性、深层性和持续性，一旦形成，将会为企业带来源源不断的经济效益与社会效益。在实践中，消费者往往会倾向于选择那些拥有知名品牌、明星代言或良好社会形象的企业。例如，知名品牌会给消费者带来购买的愉悦感。各种品牌咖啡店所销售的咖啡其实并没有多大差别，但一些品牌却传递出了与众不同的生活态度或时尚个性，使得消费者认为，他们购买的并不是普通的咖啡，而是有了社会性附加价值的文化产品。再比如，社会责任也会增强消费者的购买意愿。一些企业会在广告中说明，每消费一件商品，会向环保、扶贫或爱心等公益项目捐款一定金额，从而在消费者的购买行为中增加了社会性附加价值。

总之，"4Vs"营销理论十分看重市场营销中的附加价值，企业可以根据市场特征和自身条件，合理使用提升商品和服务附加价值的营销策略。

（四）共鸣

共鸣是指企业与客户之间的关系达到了高度一致和密切配合的最佳状态。共鸣是客户关系管理的最高境界，企业与客户心灵相通、思维相同、行为一致，能够形成价值最大、成本最低、情感最亲密的合作共赢关系。一般认为，商业市场上的共鸣主要包括两个方面。

一方面，企业需要强化与客户在思想层面的共鸣。这是一种围绕解决实际问题、基于换位思考的营销共鸣策略。企业需要深挖客户需求，并将客户最希望解决的问题放在市场营销目标的首位。例如，大多数酒店本来是只提供整天的住宿服务的，随着在中小学校考试期间学生和家长午休需求的大量出现，附近的酒店开始推出几个小时的钟点房。这一措施一经推出就大受消费者欢迎，酒店急家长之所急、思学生之所思，从而在思想上与客户形成了共鸣。

另一方面，企业还要重视与客户在情感层面的共鸣。这是一种难度较大，但意义深远的营销共鸣策略。企业需要发展和巩固与客户的信任关系、情感联系，使客户能够在情感上倾向于企业、行动上跟随企业。例如，有的企业会以周年庆典、感恩回馈等主题开展市场营销活动，以老照片、旧影像、经典产品形象等元素来唤起消费者的认同和赞叹。特别是一些老顾客，会更加感慨企业的艰难发展和自己的坚持购买，从而在情感上产生共鸣。

总之，"4Vs"营销理论认为，共鸣能够让企业建立起更加稳固的客户关系。如果能够从心灵深处激发客户对企业商品、服务及理念的共鸣，则企业的市场营销策略必将取得事半功倍的良好效果。

"4Vs"营销理论是一种十分新颖的营销组合理论，该理论既看到了市场营销活动的竞争性，认为商品和服务应该差异化和功能化，也看到了客户关系管理的关键，认为必须向客户传递附加价值并产生情感共鸣。于是，"4Vs"营销理论可以被概括为一个整体模型。其中，企业与客户的长期共同利益仍然是中心，"4Vs"代表了企业如何通过客户关系管理来获取市场营销绩效的四项关键要素，外部市场环境则包含了各种竞争性与非竞争性的其他影响因素。尽管做到"4Vs"营销组合是十分困难的，但其中的一些观点与策略仍然能够帮助企业将市场营销活动开展得更好。企业需要凭借自身的技术优势和管理优势，向市场提供有特色的、创新的、能够满足客户需求的优质商品和周到服务，并着力实现与客户的共鸣，进而实现企业与客户整体利益的长期最大化。

二、"3As"与"3Ps"营销理论

"3As"营销理论是一种早期的市场营销组合策划，最早由可口可乐公司提出，代表了市场竞争初期"以销售为中心"的传统营销思想。具体而言，"3As"分别是买得到（available）、买得起（affordable）、买得高兴（acceptable）三项要素的英文单词首字母，代表了企业对于销售渠道、定价水平以及客户感知的理解与重视。随着消费市场的日趋稳定和成熟，可口可乐公司又在"3As"的基础上进一步提出了"3Ps"营销思想，认为无处不在（pervasiveness）、物有所值（price to value）、心中偏爱（preference）是吸引消费者购买商品的主要因素。

我们通过对比不难发现，首先，"买得到"仅仅满足了企业销售商品的最基本要求，而"无处不在"则更加强调了"买得到"的状态必须要最大限度地满足市场需求，从而将简单的销售渠道升级为复杂的市场营销网络。其次，"买得起"只是满足了消费者购买商品的价格要求，而"物有所值"则更加凸显了"买得起"前提下商品更高的性价比，从而将低廉的价格转变为了超额的价值。最后，"买得高兴"只能说明消费者对选购商品的过程和结果表示满意，并不能排除竞争者的威胁，而"心中偏爱"则更加强调了"买得高兴"的前提是客户忠诚，从而将表面的高兴升华为客户发自内心的喜爱。消费者会因为"情有独钟"而在市场上首选企业的商品。

总之，从"3As"到"3Ps"，企业的品牌价值和客户的忠诚度越发受到重视，这一理论转变也体现了一定的"以客户为中心"的市场营销思想。

三、基于"4Ps"的各种营销理论

（一）"5Ps"营销理论

在市场营销过程中，企业逐渐发现包装对客户购买行为的影响作用。调查显示，大部分终端消费者会根据商品的包装来选购商品，即商品的销售包装越精美别致，越容易吸引消费者。特别是在零售百货业中，商品包装带给消费者的"第一印象"往往能够影响消费者的购买决策，因而企业的市场营销策略必须补充针对商品包装的专门策略。于是，在传统的"4Ps"营销组合基础上，一些企业提出了"5Ps"的概念，即在产品（product）、价格（price）、渠道（place）和促销（promotion）之外，又加上了包装（package）这一重要的影响因素。

（二）"6Ps"营销理论

从20世纪80年代开始，世界市场上来自政策法律、社会文化等非经济因素的影响日益突出，企业的市场营销活动越来越需要考虑来自外部环境的不确定性因素。于是，以美国学者菲利浦·科特勒为代表，不少学者通过继续研究，进一步发展了早期的"4Ps"营销理论，提出了具有"大市场营销（mega marketing）"理念的"6Ps"营销组合。具体而言，除了产品（product）、价格（price）、渠道（place）和促销（promotion）之外，又增加了权力（power）和公共关系（public relations）两个变量。由于这一理论考虑了各国的贸易保护壁垒和社会公众信任，因而特别适用于分析和指导企业的国际商务活动，是一种具有较强全局性观念的市场营销组合理论。

（三）"7Ps"营销理论

在服务营销领域，布姆斯（Booms）和比特纳（Bitner）等学者又在"4Ps"营销理论的基础上提出了"7Ps"营销理论，即在产品（product）、价格（price）、渠道（place）和促销（promotion）之外，又增加了人员（participant/people）、有形展示（physical evidence）和过程管理（process management）三项要素。

第一，人员包括了企业员工和客户两个方面的人的因素。企业员工是商品和服务的直接提供者，需要具有良好的能力素质和服务意识，并要尽力做到让客户满意；客户是商品和服务的最终接受者，企业需要重视客户的需求和感受，并保持客户关系的良好状态。

第二，有形展示是企业传递商品和服务的一种手段。在市场营销过程中，企业应当尽量缩短商品与客户的距离，使客户能够直接接触和体验到商品和服务，从而激发其购买的欲望和消费的冲动。

第三，过程管理是指企业需要管理与客户发生交易的整个过程。从广告宣传、客户上门、购买商品到售后服务，企业需要策划和实施针对每一环节的商业策略，在促进商品销售的同时，保证客户能够获得更好的互动体验。

显然，"7Ps"营销理论使"4Ps"营销组合更加适合客户关系管理，其中的全员参与理念、全程管控客户等观点充分体现了企业对客户需求的重视，因而更具市场实践的应用性。

（四）"NPs"营销理论

事实上，基于"4Ps"的营销理论一直处于发展之中。科特勒于1986年在"6Ps"营销理论的基础上又加上了战略"4Ps"营销组合中的市场调查（probing）、市场细分（partitioning）、目标市场选择（prioritizing）、市场定位（positioning）四项内容，从而形成了"10Ps"营销理论。在他看来，成功的市场营销策略必须引入战略管理的思维，即企业短期的战术手段必须与长期的战略目标相适应。不久之后，科特勒又将员工（people）纳入组合，认为企业中的"人"也是决定市场营销的关键要素之一，从而形成了"11Ps"营销理论。可以说，从那时起，人们对于市场营销组合的创新与发展就越发活跃起来，形成了各式各样的"NPs"营销组合。例如，一些学者将各种有关"4Ps"的营销理论进行汇总，形成了包括传统"4Ps"营销组合、战略"4Ps"营销组合、"5Ps"营销组合中的包装（package）、"6Ps"营销组合中的权力（power）和公共关系（public relations）、"7Ps"营销组合中的人员（participant/people）等在内的"12Ps"营销组合，从而更加全面地解释了企业实施市场营销策略的思路与要点。然而，无论相应理论如何变化，客户及客户关系的价值已不可忽视，企业的市场营销活动也渐渐转变为依托客户关系管理的综合性商业竞争活动。

四、市场营销组合理论的最新发展

（一）新"4Ps"营销理论

新"4Ps"营销理论是指个性化（personalization）、参与度（participation）、对等性（peer-to-peer）和预测模型化（predictive modeling）。其中，个性化要求企业能够针对

客户的不同需求，提供定制化的特别商品或服务，以便在满足客户日趋异质性的偏好的同时，稳定占据市场竞争中的优势地位。参与度要求企业把客户纳入品牌建设中来，即要求企业与客户共同成长。企业的广告宣传、形象塑造及社会行为都要以客户需求为导向，突出来自客户市场的要求与偏好。对等性体现为企业对客户的充分尊重，企业不再将商品或服务强加给客户，而是注重倾听客户的各种反馈。随着互联网和通信技术的发展，客户与企业的沟通也变得越来越平等、越来越有效了。预测模型化是指企业应当利用先进的技术、手段与方法，预测客户市场的变化趋势，并精确制定营销策略，从而更好地把握客户生命周期与客户让渡价值等。总之，新"4Ps"营销理论与传统"4Ps"营销理论并无直接关联，其作为一种新概念，值得企业在市场营销中的借鉴与参考。

（二）新"4Cs"营销理论

21世纪以来，随着互联网和计算机技术的迅速发展，企业与客户之间的关系也变得越发紧密。于是，有学者就基于网络营销的特点对传统"4Cs"营销理论进行了改进，从而提出了新"4Cs"营销理论，具体包括连接（connection）、沟通（communication）、商务（commerce）、合作（co-operation）四项内容。相比而言，传统"4Cs"营销理论中的客户仍然具有一定的被动性，需要企业来主导成本、便利及沟通等环节。而新"4Cs"营销理论突出了网络沟通的积极作用，企业完全可以借助互联网来与客户交流信息和传递价值，从而更好地满足差异化的客户需求，并实现企业目标与客户目标的长期整合。

（三）"4Fs"营销理论

由于市场竞争已经非常激烈，企业普遍面临着需求不足、产品过剩及创新困难等问题。为此，针对中小企业需要克服的成本较高、技术较弱和品牌较次等竞争劣势，有学者就提出了"4Fs"营销理论。具体而言，这一概念包括了四种感觉（feeling）。第一，企业的商品和服务要使消费者产生"想买"的感觉（wished feeling）。企业需优化商品和服务的质量、品牌及包装等，以便能够激发消费者的购买欲望。第二，商品和服务的价格要使消费者产生"超值"的感觉（cost-efficient feeling）。企业的定价策略应当合适，除了考虑企业的成本，客户在购买商品时会花费的时间、精力等也应引起重视。第三，营销渠道或网络要使消费者产生"流行"的感觉（fashionable feeling）。由于人们更喜欢购买畅销商品，因而企业的广告宣传必须及时和有力，与之相配合的销售渠道也应当十分便利。第四，促销类的市场营销活动要使消费者产生"难得"的感觉（hard-won feeling）。企业需要明白，一味让利、打折并非长久之计，适当营造活动氛围和巧妙选择让利时机更容易让消费者珍惜购买的机会，从而强化和提高客户的感知价值。总之，"4Fs"营销理论从客户感觉的角度重新解析了产品、价格、渠道和评价等要素，是一种从客户角度出发的市场营销组合理论。

 ## 本章小结

本章主要讲述了五个方面的内容。

第一，市场营销组合概述。市场营销组合是指企业在选定的目标市场上，将最能影响其市场竞争表现的各种变量进行优化和组合，从而形成一种具有较高效率和良好效果的市场营销模式。市场营销组合具有综合性、整体性及灵活性等特点，能够作为企业的营销战略基础、营销竞争手段和营销管理思路。

第二，"4Ps"营销理论。"4Ps"是指产品（product）、价格（price）、渠道（place）和促销（promotion）四项要素。这一理论不但创新了市场营销管理的思路和方法，更为后续市场营销理论的大发展奠定了基础，因而是市场营销组合理论中的经典理论。

第三，"4Cs"营销理论。"4Cs"是指客户（consumer）、成本（cost）、便利（convenience）和沟通（communication）四项要素。这一理论不但改进和发展了传统的"4Ps"营销理论，更将客户关系管理的思想进一步融入市场营销战略思维之中，因而是市场营销组合理论发展过程中的代表性理论。

第四，"4Rs"营销理论。"4Rs"是指关联（relevancy）、反应（respond）、关系（relation）和回报（return）四项要素。作为一种新型市场营销组合理论，"4Rs"营销理论以关系营销理论为基础，更加看重客户满意与客户忠诚，是一种兼顾企业利益与客户需求的创新型营销战略。

第五，其他营销组合理论，包括"4Vs"营销理论、"3As"与"3Ps"营销理论、"5Ps"营销理论、"6Ps"营销理论、"7Ps"营销理论、"NPs"营销理论、新"4Ps"营销理论、新"4Cs"营销理论、"4Fs"营销理论等。

总之，市场营销组合理论的发展体现了客户关系管理思想的兴起，无论组合的内容如何变化，客户的需求与利益已成为市场营销活动的中心。

 课后案例

以"成就客户、诚实守信"为理念的顺丰公司

1993年，顺丰公司诞生于广东顺德。顺丰公司是国内领先的快递物流综合服务商。经过多年发展，顺丰公司已初步形成为客户提供一体化综合物流解决方案的能力，为客户提供仓储管理、销售预测、大数据分析、金融管理等一揽子解决方案。

顺丰公司同时还是一家具有网络规模优势的智能物流运营商。经过多年潜心经营和前瞻性战略布局，顺丰公司已形成拥有"天网+地网+信息网"三网合一、可覆盖国内外的综合物流服务网络。

顺丰公司的核心价值观：成就客户、创新包容、平等尊重和开放共赢。基本准则：不作假、不欺瞒；不损害客户及公司利益；不损人利己，不以公谋私；不轻言毁诺，不失信于人。

在顺丰公司的网站上，记录了这样一则案例：

为了给客户最优质的服务体验，周黑鸭联手顺丰公司，开展冷运到家业务的推广，2016年"双十一"期间，顺丰公司承接了周黑鸭全部订单，7天内完成60万单配送，带给客户最新鲜健康的产品，为客户提供了优良的购物体验。

为满足消费者口味，顺丰公司以大量的实验数据为依据，新推出的包装箱不仅保障了产品的新鲜度，同时也降低了周黑鸭的包装成本。为提高时效，顺丰公司安排专人驻场及专车转运，直接在仓库完成贴单、扫描和分拣流程，并直接运往机场，保证在24到36小时内完成配送。

经过一个月的测试推广，消费者反应良好，满意度大幅提升，有效推动了周黑鸭在电子商务业务上的长足发展。

基于对"顾客第一"核心价值观的认可，顺丰公司将与周黑鸭加深在物流供应链方面的深度合作，助力周黑鸭扩展市场，实现周黑鸭与顺丰公司双赢。

资料来源：顺丰公司网站。

思考：

1. 从顺丰公司的理念与行动来看，该公司符合哪一种市场营销组合理论？

2. 顺丰公司是如何看待客户的，该公司在客户关系管理领域形成了哪些竞争优势？

 作业与习题

一、单项选择题

1. 市场营销组合的特点不包括（   ）。

    A. 综合性   B. 整体性

    C. 灵活性   D. 唯一性

2. "4Ps"营销理论符合（   ）的观点。

    A. 产品中心论   B. 客户中心论

    C. 服务中心论   D. 市场中心论

3. 在"4Cs"营销理论中，与"4Ps"中的"产品"相对应的概念是（   ）。

    A. 客户   B. 成本

    C. 便利   D. 沟通

4. 在"4Rs"营销理论中，要求企业不能"自私自利"的"R"是（   ）。

    A. 关联   B. 反应

    C. 关系   D. 回报

5. 在"4Vs"营销理论中，强调企业与客户之间需要产生情感的"V"是（   ）。

    A. 差异化   B. 功能化

    C. 附加价值   D. 共鸣

二、多项选择题

1. "4Ps"营销组合的具体内容包括（   ）。

    A. 产品   B. 价格

    C. 渠道   D. 促销

E. 成本　　　　　　　　　　　　　　F. 客户

2. "4Cs" 营销组合的具体内容包括（　　　）。

A. 客户　　　　　　　　　　　　　B. 成本

C. 便利　　　　　　　　　　　　　D. 沟通

E. 关系　　　　　　　　　　　　　F. 环境

3. "4Rs" 营销组合的具体内容包括（　　　）。

A. 关联　　　　　　　　　　　　　B. 反应

C. 关系　　　　　　　　　　　　　D. 回报

E. 渠道　　　　　　　　　　　　　F. 共鸣

4. "4Vs" 营销组合的具体内容包括（　　　）。

A. 差异化　　　　　　　　　　　　B. 功能化

C. 附加价值　　　　　　　　　　　D. 共鸣

E. 关联　　　　　　　　　　　　　F. 回报

5. 企业需要面对的外部环境一般包括了（　　　）。

A. 人口与经济环境　　　　　　　　B. 技术与自然环境

C. 政治与法律环境　　　　　　　　D. 社会与文化环境

三、判断题

1. 市场营销组合更像是为了拼凑几个字母而进行的刻意组合，没有太多的理论价值。
（　　　）

2. "4Ps" 营销理论强调更多的是企业要"做什么"和"怎么做"，而并没有清晰回答企业"为什么做"的问题。　　　　　　　　　　　　　　（　　　）

3. 由于 "4Cs" 营销理论很容易造成市场营销策略的同质化，因而企业还需要实施一定的差异化战略。　　　　　　　　　　　　　　　　（　　　）

4. 在现实的市场环境中，能够做到 "4Rs" 的企业已非常多，大部分企业已经从 "4Ps" 直接进入了 "4Rs"。　　　　　　　　　　（　　　）

5. 商品的功能一般包括三个层次，能够浏览网页、视频连线以及充当电筒等功能就是运动手表的核心功能。　　　　　　　　　　　　（　　　）

四、简答题

1. 请简述从 "4Ps" 营销理论到 "4Cs" 营销理论的进步。

2. 请简述 "4Rs" 营销理论的价值与不足。

3. 请简述 "4Fs" 营销理论的具体内容。

参考答案

客户关系管理战略

■**学习目标**

　　理解企业战略管理的含义、特点及作用，能够结合具体案例分析企业的战略管理过程。掌握客户关系管理战略的实施步骤，包括客户关系管理战略分析、客户关系管理战略选择、客户关系管理战略实施和客户关系管理战略评价四个环节，能够阐述各个环节的基本含义、关键内容及常用方法等。

■**学习重点**

　　战略管理的特点，PEST 分析模型，SWOT 分析模型，对企业资源、能力及文化的分析方法，战略远景与目标的制定策略，客户战略矩阵，客户增长矩阵，实施客户战略的重点工作，战略评价的内容与维度。

开篇案例
KAIPIAN ANLI

以客户为中心、以可持续发展为目标的华为公司

　　华为技术有限公司（简称华为）创立于 1987 年，是全球领先的信息与通信基础设施和智能终端提供商。华为致力于把数字世界带入每个人、每个家庭、每个组织，构建万物互联的智能世界。目前华为约有 19.4 万员工，业务遍及 170 多个国家和地区，服务 30 多亿人口。

　　华为对外依靠客户与合作伙伴，坚持以客户为中心，通过创新的产品为客户创造价值；对内依靠努力奋斗的员工，以奋斗者为本，让有贡献者得到合理回报；并与供应商、合作伙伴、产业组织、开源社区、标准组织、大学、研究机构等构建共赢的生态

圈，推动技术进步和产业发展；华为遵从业务所在国适用的法律法规，为当地社会创造就业、带来税收贡献，并与政府、媒体等保持开放沟通。

华为公司的愿景和使命是："把数字世界带入每个人、每个家庭、每个组织，构建万物互联的智能世界。承接公司的愿景和使命，我们制定了可持续发展战略，并将可持续发展作为一项优先的准则，全面融入企业的整体发展战略当中。"

资料来源：华为公司网站。

思考：

1. 华为的愿景和使命反映了什么样的公司战略？

2. 华为提出以客户为中心、为客户创造价值、可持续发展等理念，这将对企业的客户关系管理产生哪些积极影响？

第一节　企业战略管理概述

一、战略管理的含义

"战略"一词来源于军事领域，最早出自希腊语中的"军事指挥艺术"，后来被借用于商业领域，成为现代企业管理的重要思想之一。战略管理（strategy management）是指企业或组织围绕长远目标实施的全局性、系统性和动态性管理工作。进行战略管理的企业，首先需要根据外部环境与内部条件合理设定自身的远期使命和战略目标。然后，为保证相应目标的按时达成，企业需要进一步谋划和实施各种策略，并对这一过程进行持续有效的管理和控制。这是企业战略管理的战略制定和战略实施两大关键环节。我们对企业战略管理的理解，需要把握三个方面的内容。

第一，战略管理是一种具有丰富内涵的管理理念。事实上，战略管理并不是空洞的长远规划，而是企业日常业务操作与长期成长计划的高度协同，包含着丰富的企业管理核心概念。例如，按照战略管理的实施时间，过去的战略表现为一种经验（experience），现在的战略表现为一种模式（pattern），未来的战略则表现为一种计划（plan）。按照战略管理的实施范围，产业层面的战略表现为一种定位（position），企业层面的战略表现为一种观念（perspective），竞争层面的战略则表现为一种计谋（ploy）。

第二，战略管理是一项十分复杂的管理工作。对于大多数企业而言，战略管理具有很大的挑战性，并且坚持长期管理和实现战略目标都是十分困难的。例如，当市场行情波动时，企业有可能在追逐短期利益的过程中中断战略管理进程；当内部资源短缺或能力不足时，企业有可能因为产生畏难情绪而放弃之前的战略目标。

第三，战略管理是一项循环往复的动态管理过程。战略管理并非是一次性的静态管理过程，而是需要企业根据自身在市场竞争环境中的位置变化不断修正和调整的动态管理。当企业实现预定的战略目标时，新一轮的战略管理进程又从头开始，因而成功的战略管理不会终止或间断，将始终与企业的成长发展同步进行。

第六章　客户关系管理战略

·119·

总之，准确理解战略管理的内涵不但有助于企业开展一般性的生产经营活动，更有助于企业形成战略性的市场营销思维，进而取得更好的客户关系管理绩效。

二、战略管理的特点

企业战略管理不同于一般意义的日常管理，具有五项基本特点。

（一）战略管理具有全局性

所谓全局，是指将静态的事物看作一个由诸多要素相互联系、相互作用而形成的动态发展过程。其具体包含空间与时间两个维度。

在空间维度方面，企业战略管理需要全面分析影响企业生存发展的各项因素，将各个局部问题纳入企业的整体活动来考量。例如，战略管理下的市场营销活动就不再只是营销部门的工作，而是一项包含研发、生产、营销及售后等大部分工作的整体性工作。每个部门的态度与表现都将影响企业战略的目标、过程和绩效，从而使市场营销管理的空间范围扩大到了整个企业。

在时间维度方面，企业战略管理具有明显的时间延续性，是一种长期性的管理活动。战略管理引入了时间变量，能够通过企业的过去和现在指导未来，从而兼具经验性和前瞻性。这一特点被企业广泛地应用于各类周期性管理活动当中。例如，战略管理能够帮助企业开展客户生命周期管理，企业完全可以通过长期的调查与反馈，及时准确地把握客户市场动向，并通过实施有针对性的市场营销策略，在战略上实现企业利润和客户价值的长期最大化。

可见，战略管理是一项具有全局性特征的综合管理过程。

（二）战略管理具有顶层性

所谓顶层性，是指企业的决策者要着眼全局、立足长远，围绕企业的未来目标做出各方面、各层次、各要素的统筹规划，以期整合内外资源、激发潜在能力，并最终实现管理目标。尽管战略管理需要企业全体成员的合力参与，但是确定战略目标与实施战略措施的主体只能是企业的最高管理层。同时，战略管理对企业的决策者也提出了较高的要求。例如，最高管理者的每一次战略决策都将成为决定企业成败的关键选择。正确的战略决策可以使企业加速发展，从而逐渐适应市场环境并取得良好的经济效益；而错误的战略决策则使企业陷入困境，企业不但会错失发展的良机，更有可能在市场竞争中屡屡受挫、一蹶不振。因此，企业的顶层管理者必须具备"战略家"的能力与素质，能够在工作中展现出敏锐的眼光、清醒的头脑、专业的知识、过人的胆识及宽广的胸襟等。

总之，战略管理是一种自上而下的顶层管理，企业的最高决策者在战略管理中发挥着"头脑"的重要作用。

（三）战略管理具有竞争性

战略管理需要培育企业的核心竞争优势。从特定角度讲，企业战略管理的对象其实是资源与能力，而企业的核心竞争优势就来源于最优的资源配置和最佳的能力组合。

一方面，战略管理能够帮助企业积累战略层面的竞争性资源。常见的竞争性资源包括人力资源、财务资源、知识资源和信息资源等。企业可以通过实施有针对性的管理战略，重点积累某项资源，从而将其发展成不可替代的核心资源。例如，有的企业会实施"以人为本"的人才战略，引进并培养起一支专业能力强、综合素质高、流失比例小的人才队伍，从而为企业的长期向好发展提供保障。

另一方面，战略管理能够帮助企业提升战略层面的竞争力。常见的竞争力包括管理能力、营销能力、生产能力和创新能力等。企业可以根据市场竞争的需要来实施管理战略，提升已经具有优势的能力或弥补尚处劣势的能力，从而形成难以模仿的核心能力。例如，一些企业会实施创新导向的竞争战略，竭尽所能地提升企业在产品、技术、管理及品牌等方面的创新能力，从而使企业能够具备领先竞争者的先驱优势（pioneer advantage）。

总之，当掌握了战略性的资源与能力时，企业也就在长期的战略管理过程中获得了核心竞争优势。

（四）战略管理具有长远性

在通常情况下，企业的战略管理过程会持续五到十年时间，并至少包含企业生命周期中一个以上的阶段。与客户生命周期类似，在企业的生命周期中，也存在着诞生、成长、成熟及衰退四个主要阶段。企业的高层决策者需要清楚地把握企业生命周期的阶段特征和策略重心，从而有效实施跨阶段、跨周期的战略管理。例如，在企业生命周期的每一阶段，企业战略管理的侧重点有所区别。在诞生期，企业刚刚创立，其战略重心是获得生存；在成长期，企业已步入正轨，其战略重心是快速发展；在成熟期，企业面对的市场已日趋饱和，其战略重心是维持利润；在衰退期，企业已不能适应市场竞争的要求，其战略重心是为顺利转型做准备。可以说，企业战略管理与生命周期管理是相互配合的，两者都有时间维度和阶段特征。从长远来看，成功的战略管理不但能够延长企业生命周期的存续时间，更能改善每一阶段的企业绩效，进而实现企业全生命周期的高质量发展。

（五）战略管理具有关系性

战略管理离不开客户关系管理。由于企业在实施战略管理的过程中，需要应对来自外部环境的各种不可控因素，因而企业的战略管理能否成功，并非一件可以由企业单独决定的简单事项。例如，企业的思维和行动受到消费者、竞争者、合作者及政府机构等的影响，特别是当消费者的需求与评价发生重大变化时，企业原有的战略目标很可能变得毫无意义。实际上，任何时候都不能将企业视为脱离市场环境的孤立个体，而企业的一切活动都将最终表现为与市场中其他主体的互动活动。可以说，客户关系管理恰好能够帮助企业有效管理与各个"客户"的关系，从而保障企业能够最终实现战略目标。

三、战略管理的作用

战略管理将有助于企业转变认识、更新观念，具体表现为四项积极作用。

第一，企业将更加重视对市场环境的分析与研究。由于战略管理是企业为适应市场环境而做出的系统性长期管理，因而企业的决策依据和行动方略必然更加立足于来自市场环境的影响因素。为此，企业的决策者们必须专门设立研究市场环境的组织机构，以便能够及时了解市场需求的变化趋势，从中发掘潜在的机会、获取稀缺的信息，以及预警即将到来的风险等。

第二，企业将更加重视对各种战略的理解与应用。按照不同的战略目标，战略管理又可细分为多种具体的企业战略（enterprise strategy）。常见的就有竞争战略、营销战略、生存战略、发展战略、品牌战略及人才战略等。例如，企业的市场营销战略就包括了各种市场营销组合策略，诸如产品战略、成本战略和客户战略等都可以成为企业整体战略管理的一项侧重点。值得注意的是，战略管理的价值并不停留在单纯的战略分析和战略制定上，而是需要企业长期坚持战略行动。也唯有实际行动，才能将战略目标变为现实。

第三，企业将更加重视对可持续发展能力的培育。战略管理要求企业将近期计划与长期战略相结合，从而实现整体战略同局部战术的整合与协调。为此，企业将不再着眼于获得短期利益，而是将长期经营市场作为了主要目标。例如，在战略思维作用下，企业会十分重视自身的市场形象，绝不会为了眼前的小利而违背诚信原则。可以说，战略管理将使企业站得更高、看得更远，并为获得长期的发展而不懈努力。

第四，企业将更加重视对自身行动的评价与改进。由于战略管理是一个不断循环的动态管理过程，并且会消耗企业不少的投入，因而企业需要不断评价战略管理的结果，以便保证战略管理的目标能够完全达成。例如，企业在实施客户战略时，将十分关注商品和服务的客户吸引力是否形成、客户满意度是否提高、市场竞争力是否增强等问题，一旦发现失误或不足，企业将对相应策略做出及时的调整。可见，战略管理使企业能够时时反思自己的行动，从而提升了企业的市场竞争能力。

四、战略管理的过程

战略管理的过程一般包括四个主要环节，分别是战略分析、战略选择、战略实施和战略评价。

（一）战略分析

战略分析（strategy analysis）是战略管理的首要环节，企业需要完成对内外环境的诊断和分析，从而为后续的战略决策做好准备。具体而言，企业的战略分析主要包含三项具体工作。

首先，企业需要确定使命与目标。所谓企业使命（enterprise mission），是指企业对自身在社会经济环境中的角色和责任的定位。企业需要清楚地回答"本企业为什么而存在""究竟要做好什么事业""将来要成为什么样的企业"等有关组织的根本性质和存在理由的问题。合理的企业使命和目标被作为制定、实施和评估全部战略方针的基本依据。

其次，企业需要做好环境分析。企业对于外部环境的认知情况将影响其战略思维格局的广度和深度。企业既需要全面分析经济人口、政治法律、社会文化及自然科技等宏观环境，并从中把握企业面临的机遇与威胁；企业也需要充分认知消费者、员工、供应商、竞争者及中介机构等微观环境，并从中分析出企业自身的优势与劣势。例如，SWOT 分析方法就是一种常用的环境分析工具。

最后，企业需要掌握组织内部的资源。企业应当了解自身的资源与能力，了解自身所处的市场竞争地位。例如，企业的资金实力、营销渠道、员工素质及品牌形象等。这些条件的优劣也直接影响战略管理的水平与绩效。

总之，战略分析是战略管理的前提，企业的一切决策部署都应建立在"知己、知彼、知势"的分析研究基础之上。

（二）战略选择

战略选择（strategic choice）是企业基于有限的资源和能力所做出的最优选择。战略选择的目的在于正式确定企业战略的方向、目标和思路，是企业战略管理过程中的决策环节。在这一阶段，企业需要明确回答"企业的战略究竟是什么"这一关键性问题。具体而言，企业的战略选择主要包含三项具体工作。

第一，企业需要准备若干备选战略方案。通过之前的战略分析，企业已经掌握了总体战略态势，此时，企业可以初步制定若干可行方案，并将企业的战略目标、组织特征、核心优势等体现在各套方案当中。然而，备选方案也不是越多越好，企业需要注意相应方案的目的性和可行性。

第二，企业需要比较分析各个备选战略方案。一般认为，企业评估战略方案有两项原则，其一，对于企业自身而言，备选方案是否能够达到发挥优势、弥补劣势的效果，企业是否能够从上到下形成一个高效协作的整体；其二，对于外部环境而言，备选方案是否能够发挥抓住机会、削弱威胁的作用，企业的战略是否能够被各个关系方所接受，从而形成良好的外部关系。

第三，企业需要最终选定一个战略方案。被选定的战略方案是企业的战略决策方案，后续的战略行动和评估工作都围绕这一方案展开和实施。需要注意的是，企业的战略选择并没有唯一的"正确答案"。其实，不同的备选方案都有获得成功的可能，企业需要在决策之时根据自己的判断做出最优的选择。

（三）战略实施

战略实施（strategy implementation）就是企业将战略规划转变为战略行动的过程。战略实施的目的在于发挥战略管理的作用，是一项比制定战略更为关键的管理环节。战略实施是企业自上而下的动态管理过程，战略任务从企业的决策层开始，得到逐层的分解、下达和落实。这一过程又可被进一步细分为四个阶段。

首先是战略发动阶段。企业需要在组织内部实施战略动员，既要使全体员工在思想上理解企业战略的内涵与意义，也要调动他们在行动上实践企业战略的积极性和主动性。

再次是战略细分阶段。企业需要将总体战略分解为几个具体的时间阶段，以便能够分阶段逐一落实战略目标。在实施战略的过程中，企业需要合理组织相应的人员、财力及物资，并保持各个阶段目标的逻辑连贯性。

然后是战略运作阶段。企业需要用切实的行动来推动相关事项的进展。例如，新的组织机构必须建立，资源配置中的不合理现象必须消除，企业文化的积极效应需要体现，市场营销的信息渠道必须创新，客户关系管理的思想必须深入人心等。

最后是战略调整阶段。企业需要在实践中不断检验战略措施的有效性和可行性，从而保证企业的行动不会偏离战略目标。实际上，战略实施是一项长期的管理工作，企业的决策者必须接受来自商业市场和管理一线的信息反馈，以便能够随时控制和及时调整企业战略的实施过程。

另外，战略实施的效果还与管理者本人及其团队密切相关。优秀的管理队伍更能够保质保量地按时完成战略任务。可见，"人"是一切管理活动的核心，这一观点也值得企业在实施客户关系管理战略时借鉴。

（四）战略评价

战略评价（strategy evaluation）是企业对战略实施是否达成战略目标所做出的判断与评估。总体性的战略评价包括两个方面。

一方面，评价企业战略管理的结果。通过比较战略管理的预期目标与实际结果，企业可以评价战略管理的成败。例如，企业可以评价预期的目标客户市场是否获得、领先竞争对手的核心竞争优势是否形成、计划的生产销售目标是否达到等。其中的经验、教训又会被应用于下一轮的战略管理。

另一方面，评价企业战略管理的过程。通过回顾企业战略实施的具体步骤与阶段性特征，企业可以反省自身的管理思想与行动能力，更好地认识自我。例如，企业可以总结哪些策略具有前瞻性，哪些策略走了弯路，为什么会产生这些现象等。另外，企业也可以根据实际需要，分项目地评价战略管理。例如，企业可以评价自身表现与战略环境的适应性、企业在资源配置和利用效率方面的能力、企业应对战略风险的能力、企业实施战略管理的时间管理能力等。

总之，战略评价既包括对企业战略管理的绩效评价，也包括对之前战略分析的科学性、战略选择的准确性、战略实施的有效性等的综合评价，是对战略管理的全面总结。

综上所述，战略管理是一项完整的系统工作。战略分析让企业明确了未来的使命和目标，战略选择让企业制订了完整的战略计划，战略实施让企业能够有效开展战略行动，战略评价让企业知晓战略管理的结果。战略管理包括的思想和行动过程同样适用于客户关系管理。

第二节 客户关系管理战略分析

一、外部环境分析

企业环境分析（corporate environmental analysis）是指企业通过收集、比较、研究和评估影响企业生产经营活动的各种环境因素，以便其能够审时度势、趋利避害地做出有利于企业生存和发展的行动决策。企业所处的环境又可细分为外部环境与内部环境两类，其中，外部环境由宏观环境和微观环境组成，内部环境受到企业的资源、能力及文化等因素的影响。客户关系管理战略分析要求企业在充分掌握内外市场环境的前提下，通过主动适应外部环境和积极调整内部环境来取得市场营销绩效的持续增长。

（一）宏观环境分析

来自宏观环境的影响因素主要包括政策法规因素、经济人口因素、科学技术因素及社会文化因素等。这些因素是企业必须面对的不可控因素，对于企业的市场营销活动和客户关系管理有着明显的影响。在市场营销学中，PEST 分析模型（PEST analysis）是分析宏观环境的常用工具（图 6-1）。具体而言，"PEST"是指政治（political）、经济（economic）、社会文化（social and cultural）和技术（technological）四项宏观影响因素。

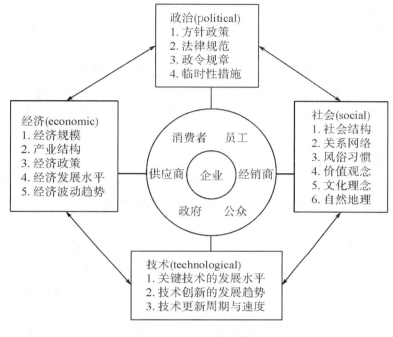

图 6-1　PEST 分析模型

1. 政治环境

政治环境主要是指影响和制约企业从事商业活动的政治要素和法律体系，例如，国家的方针政策、法律规范、政令规章及临时性法律措施等。稳定的政策法律环境能够保证市场竞争的公平性和有序性，企业能够制定相对长远的战略规划，并对未来的发展情况拥有良好的心理预期。值得注意的是，政府层面的法律规范往往具有管理和规范经济活动的作用，企业对此须充分认知并严格遵守，以免因触犯法律法规而遭受损失。

2. 经济环境

经济环境是指企业生存和发展的经济制度和市场条件，例如，国家的经济规模、产业结构、经济政策、经济发展水平及经济波动趋势等。按照宏观经济学的观点，企业需要特别关注国民生产总值、人均可支配收入、就业率、通货膨胀率、国际收支情况、税收情况、汇率与利率的变动趋势等经济指标，以便及时掌握宏观经济现状与预期。良好的经济环境能够提高企业市场营销活动的成功率，从而使更多的企业能够在不断发展的宏观经济环境中共同发展、协调发展。需要注意的是，经济环境经常会发生波动，企业不但需要及时调整自身的策略，还必须对可能出现的经济风险提前做好预案准备。

3. 社会文化环境

社会文化环境是指影响企业生产经营活动的非经济因素，例如，社会结构、关系网络、风俗习惯、价值观念、文化理念及自然地理等。社会文化环境对于企业商业活动的影响具有潜在性，企业很容易因为忽略了一些看似不重要的影响因素而遭受重大经济损失。例如，礼仪习俗中的禁忌、根深蒂固的观念及跨文化沟通的障碍等。企业必须充分重视并认知目标市场所在的社会文化环境，尽量消除各种不利因素对企业客户战略的威胁与损害。

4. 技术环境

技术环境是指与企业商业活动有关的科学技术因素，例如，关键技术的发展水平、技术创新的发展趋势、技术更新换代的周期与速度等。近年来，随着科学技术的快速发展，技术对企业市场营销活动的影响越发明显。不论是生产环节还是营销环节，适应并应用先进技术的企业往往能够在市场竞争中抢占先机，进而取得较好的绩效；而技术落后或创新不足的企业则常常在市场竞争中被淘汰。可见，技术环境具有两面性，恰似"逆水行舟，不进则退"。

（二）微观环境分析

构成微观环境的影响因素主要包括市场需求因素、市场竞争因素、资源环境因素、行业背景因素及关系营销因素等。这些因素直接影响着企业的市场营销策略，主动对其进行管理也是企业实施客户关系管理战略的基本要求。

第一，企业需要掌握自身商品和服务的市场需求情况。市场需求又可分为现实需求和潜在需求两个层次。其中，现实需求是企业能够观察到的当前客户需求，由客户的支付能力和兴趣偏好等因素决定。潜在需求则是一类处于不确定状态的未来客户需求，需要企业在与客户互动时进一步发现或创造。从短期来看，企业需要准确掌握市场中的现实需求；从长期来看，企业需要预测和激发市场中的潜在需求，二者共同构成了客户市场的总需求。

第二，企业需要认知自身所在市场的竞争情况。由于市场营销活动具有较强的竞争性，因而企业需要掌握竞争对手的具体情况。例如，同类产品的竞争者数量、企业自身的竞争优势与劣势、竞争领域的变动方向等。除了围绕终端消费者的市场竞争，企业还应关注有关经销商、供应商及其他利益相关者的市场竞争情况，对可能发生的竞争性风险有所准备。

第三，企业需要了解自身行业的各项资源情况。这里的资源是指与企业的商业活动密切相关的资源市场环境。例如，人力资源环境、原材料资源环境、信息资源环境及金融货币市场环境等。这些具体资源市场的变动会直接影响企业的商业绩效，进而影响市场营销活动的开展。

第四，企业需要掌握自身行业的发展情况。不同行业的企业适用于不同的战略，企业需要根据所处行业的特征来制定行动策略。例如，企业需要了解自身行业的生命周期、产品特色及发展潜力等，以便使企业的战略管理能够符合行业发展的整体趋势。

第五，企业需要掌握与各类客户的关系情况。在企业的市场营销活动中，存在着大量互动关系，相应的关系方包括终端消费者、合作者、竞争者、中介机构和媒体公众等。企业需要了解相应客户关系的疏密程度、价值大小及发展态势等，从而为实施更为有效的关系营销策略提供支撑。

除了以上分析思路外，在市场营销学中，SWOT 分析模型（SWOT analysis）也是分析微观环境的常用工具（图6-2）。具体而言，"SWOT"是指优势（strengths）、劣势（weaknesses）、机会（opportunities）和威胁（threats）四项微观影响因素。企业可以通过分析微观环境，进一步概括出自身所处环境的具体情况，从而为扬长避短、化危为机做好战略层面的准备。

图6-2　SWOT分析模型

二、内部环境分析

企业的内部环境也被称为内部条件，主要包括企业资源、企业能力和企业文化三个方面。

（一）企业资源分析

企业资源主要包括了人力资源、财力资源、物力资源、知识资源、信息资源和关系资源等。各类有形资源与无形的资源共同构成了企业的竞争性资源体系，这一体系亦是企业开展各项生产经营活动的基础。企业需要分析自身的资源状况，并将其作为制定和实施客户关系管理战略的依据。

1. 人力资源

人力资源（human resource）是指企业内部人员的全部智力与体力、知识与经验、技能与特长等价值总和。优质的人力资源能够为企业创造或贡献源源不断的财富，并且是构成企业核心竞争优势的关键性资源。企业需要分析各类人员的总体数量、技术水平、年龄结构、受教育层次及学习培训情况等。为了满足客户关系管理的需要，企业还应重点掌握市场营销人员的情况，以期建立和保持一支令客户满意的员工队伍。

2. 财力资源

财力资源（financial resource）主要是指企业所能利用的全部资产和权利。财力资源能够为企业带来预期的经济利益，因而它是企业维持生存和继续发展的经济保障。企业需要分析自身财力资源的基本情况，例如，资产总量中的流动资产、长期投资、固定资产及无形资产等的构成比例，流动资产中的现金、银行存款、短期投资及应收款项等的具体金额；固定资产中的房屋、建筑物及机器设备等的经营使用效益等。实际上，客户关系管理也是一项高投入、高消耗的市场营销活动，企业必须结合自身的财力资源，实施最优的管理决策。

3. 物力资源

物力资源（material resources）是指企业开展生产经营活动所需的全部生产资料。物力资源又可进一步分为劳动对象和劳动手段两项内容。例如，对于制造业企业而言，物力资源中的劳动对象包括原材料、辅助材料及燃料等，劳动手段则包括厂房、设备及生产工具等。对于服务业企业而言，物力资源中的劳动对象主要是指流通中的商品，劳动手段则包括店铺、仓库及柜台等。需要注意的是，同样是机器设备，财力资源强调的是其资产价值，即可以增值或变现的价值；物力资源强调的是其使用价值，即生产产品的价值。企业需要掌握物力资源的数量和使用情况，为市场营销活动提供必要的物质保障。

4. 知识资源

知识资源（knowledge resources）是指企业可以反复利用的、有价值的客观知识和经验知识。企业知识资源的内涵十分丰富，既包括企业的品牌、信誉及社会形象等无形资产，也包括企业的专利、版权、技术诀窍及商业秘密等知识产权，还包括企业在成长发展过程中所积累的经验教训等。为了提高市场营销绩效，企业需要在与客户互动的过程中不断发现知识、学习知识并应用知识，知识资源亦是构成企业核心竞争优势的关键资源之一。

5. 信息资源

信息资源（information resources）是指企业在生产经营过程中所能获取和利用的全部商业与非商业的信息情报。一般认为，信息的实质是一种发展的机会，谁率先掌握了来自市场的信息，谁就拥有了超越竞争者的先机。在市场营销领域，企业的信息资源主要包括需求信息、技术信息和政策信息三种类型。为了适应客户关系管理的需要，企业必须建立完整的信息处理流程，从而能够发现、获取、分析、处理和跟踪来自客户市场的重要信息资源。

6. 关系资源

关系资源（relation resource）是指企业可以发展和利用的全部客户关系。客户关系的对象主要包括消费者、合作伙伴、竞争者、政府机构、中介机构及媒体公众等。按照关系营销理论，客户关系是一种有价值的特殊资源，相应的社会网络与社会资本能够为企业带来忠诚的客户群体。为此，企业需要分析客户市场中的关系资源，并掌握相应关系的数量、结构、强度及周期等特征，从而使客户关系管理战略具有更好的针对性和可操作性。

（二）企业能力分析

在制定客户关系管理战略时，企业既需要分析自身的综合能力条件，也应当重点把握能够影响企业战略活动成败的核心能力条件。

1. 综合能力

企业的综合能力主要包括生产能力、管理能力、营销能力、创新能力和企业家能力等。

第一，生产能力是指企业制造产品的能力。这项能力表现在生产成本、生产设备、产品质量及交货水平等方面。

第二，管理能力是指企业的管理运行体制及其运行效率。这项能力表现在日常管理、组织架构和沟通协调等方面。

第三，营销能力是指企业运用集体知识和集体资源解决市场交易问题和创造客户价值的能力。这项能力表现为企业在实施定价、促销、宣传及广告等策略时的竞争能力。

第四，创新能力是指企业发现和创造新增价值的能力，亦是企业应对挑战、抢占先机的能力。这项能力表现在技术研发、专利申请及经费投入等方面。

第五，企业家能力是指企业家领导企业应对市场风险、把握市场机遇和内外组织协调的个人能力。这项能力表现为企业家本人的领导风格、管理艺术及性格特质等。

总之，企业应当在平衡发展各个具体能力的基础上，根据市场竞争的变动趋势，重点发展若干项具体能力，从而构建起"强项更强、弱项不弱"的综合性竞争能力。

2. 核心能力

企业的核心能力是指企业在长期生产经营过程中所积累形成的能够超越竞争对手的特殊能力。企业的核心能力与核心资源相关，两者共同构成了企业的核心竞争优势。一般而言，核心能力具有五项基本特征。

第一，稀缺性。核心能力是企业所特有的某项能力，并且能够为企业带来持续的超额利润。

第二，独特性。核心能力是竞争者难以模仿的特殊能力。这项能力来源于企业独特的核心资源和长期的经验积累，并非是一朝一夕所能够具备的能力。

第三，价值性。核心能力能够降低生产成本、改善商品质量和提高管理效率，在客户关系管理环节也能扩大客户感知价值，是一种能够产生效益的能力。

第四，持续性。企业培育核心能力的过程需要较长的时间，核心能力一旦形成，就会使企业持续获得竞争优势。

第五，延展性。一方面，核心能力可以扩展为多种具体竞争能力，从而在不同领域发挥作用。另一方面，核心能力也在不断发展和创新，从而使企业更具竞争优势。

总之，企业应当分析自身核心能力的构成与来源，并就如何形成持续竞争优势做好战略规划。

（三）企业文化分析

企业文化是指企业在生产经营过程中逐渐形成的，为全体员工所共同遵守的价值观念、行为准则及心灵故事等。例如，企业的集体使命感、共同愿景、企业精神、经营理念及处事风格等，都属于企业文化的范畴。企业文化常常被视为企业生存与发展的灵魂，是一种重要的非经济影响因素。在制定客户关系管理战略时，企业需要分析自身文化的现状、特点和影响作用，以便为持续推进战略管理提供更深层次的制度保障。

1. 企业文化的层次

企业文化一般包括三个层次，分别是物质层、制度层和精神层。

首先，物质层是企业文化的最外层，是人们所能观察和感受到的企业形象。例如，企业的产品形象、品牌商标、厂容店貌、宣传广告及员工服装、言行举止等。

其次，制度层是企业文化的中间层，是企业针对自身管理所表现出的、有特色的行为规范。例如，企业制定的规章制度、形成的道德规范及建立的组织结构等。

最后，精神层是企业文化的最内层，是企业文化的核心内容。例如，企业的经营哲学、理想信念、思维方式、原则底线及价值观念等。

因此，企业文化的结构层次如图 6-3 所示。企业对自身文化层次的认识和理解，深刻影响其客户战略的具体思路。

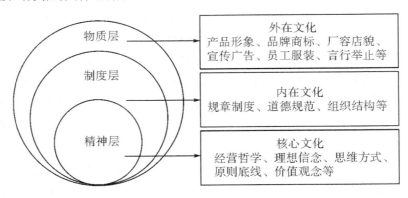

图 6-3　企业文化的结构层次

2. 企业文化的内容

企业文化的内容十分丰富，站在不同的角度，企业对文化内容的理解也会有所差异。一般而言，企业文化主要包括企业经营思想、价值观念、企业制度、企业精神、企业道德、团队意识及企业形象等内容。其中，企业经营思想、价值观念和企业制度最具代表性。

（1）企业经营思想。

企业经营思想（enterprise operation strategy）也被称为企业经营哲学，是指企业在生产经营过程中，基于对各种关系的认识和态度，所形成的一系列带有指导性的观点和思想。企业经营思想是企业行动的思想基础，表现为企业从事生产经营和管理活动的逻辑思路和方法论原则。例如，很多企业都会以诚信立业、质量为本等口号作为自己的经营原则，从而保持长期稳定的市场绩效。

（2）价值观念。

价值观念是人们在做出认知、理解、判断或抉择时，所依据的、主观的思维或取向。一般而言，价值观念具有主观性、稳定性和持续性等特征，是形成企业内部凝聚力的重要基础。对于企业而言，价值观念不仅决定了企业的战略目标，还影响企业的整个战略过程。例如，一些企业会强调每一位员工都是企业的主人，提出爱厂如家、爱岗敬业等概念，从而增进组织内部的团结，营造更高效率的内部环境。

（3）企业制度。

企业制度是企业基于管理目的而制定的各种规定和办法。广义的企业制度包含产权制度、组织制度和管理制度三个部分的内容，而狭义的企业制度主要是指管理制度。企业制度具有规范行为、体制保障及惩罚激励等作用，因而能够直接影响企业文化的发展特征。例如，宽松的企业制度可能导致企业文化的多元化，企业员工充满创新活力但纪律性不足；严苛的企业制度能够形成高效、务实的企业文化，企业绩效快速增长但并不一定能够持续。

3. 企业文化的作用

企业文化对市场营销战略的制定和实施具有积极的意义。

第一，导向作用。导向作用是指企业文化能够为企业营造良好的精神思想氛围，引导企业的员工按照企业所倡导的价值观念来做出决策与行动，并在工作中自觉遵守企业的制度与规范。

第二，凝聚作用。凝聚作用是指企业文化能够协调并统一企业员工的思想与人心，将个人层面的个体意识凝聚为企业层面的集体意识。在企业文化的作用下，整个企业充满了凝聚力，能够齐心协力、同舟共济。

第三，约束作用。约束作用是指企业文化能够给全体员工带来无形的压力或动力，从而约束全体员工的行动，使其只能向着有利于企业价值与目标的方向前进。这类约束作用既来自有形的管理制度，也来自无形的道德舆论或情感友谊。

第四，激励作用。激励作用是指企业文化能够鼓励或促进企业员工继续付出努力。共同的价值观念使每一名员工都能感受到自身的价值，并将追求更大的人生价值作为奋斗的目标。良好的企业文化能够增加员工的荣誉感、责任感和上进心，从而在企业的内部员工间形成"你追我赶"的良性竞争。

第五，辐射作用。辐射作用是指企业文化不仅能够影响本企业的生产经营活动，而且会对行业中的其他企业产生间接的影响。随着客户关系管理的开展，与企业交往的客户、合作伙伴、竞争者及其他关系方都会感受到不同层次的企业文化，进而受到潜移默化的辐射影响。

总之，企业文化是影响企业市场营销活动的重要因素，应当纳入客户关系管理战略分析的范畴。

三、战略远景与目标

（一）战略远景

客户关系管理的战略远景（strategic vision）是企业对未来市场营销效果的最佳预期，是引导企业长期坚持以客户为中心理念的最高目标。企业在制定战略远景之前，需要进行内外部环境分析。企业对于战略远景的描述也应当清晰、明确并符合现实。尽管不同企业会拥有不同的战略远景，但是大部分企业形成战略远景的思维过程是相似的，需要思考并回答一系列战略性问题（表6-1）。

表6-1　客户关系管理战略远景的思考模式

思考要点	具体问题
企业远景	企业的理想和目标是什么，未来将成为什么样的企业？ 企业的存在理由是什么，企业的使命与责任是什么？ 企业的市场战略是什么，为什么制定这样的战略？
客户市场	企业的目标客户是谁，目标市场在哪里？ 企业的目标客户有什么需求，企业如何满足这类需求？ 企业的市场定位有何前途，为什么选择这一行业？

表6-1（续）

思考要点	具体问题
地理范围	企业的经营范围选定在哪些地区？ 企业的经营战略是否包含跨地区、跨国家及全球化等经营内容？ 企业服务的地理区域有哪些特点，这些特点与企业战略是否相关？
商品和服务	企业的核心商品是什么，这些商品能满足客户的哪些需求？ 企业的核心服务是什么，这些服务能够为客户带来什么价值？ 企业的商品和服务能否形成相互支撑的整体？
核心竞争优势	企业的核心竞争优势是什么，这类优势从何而来，未来又将如何变化？ 企业掌握了哪些核心资源，如何发挥这些核心资源的作用？ 企业拥有哪些核心能力，提高这些能力的方式有哪些？
企业文化	企业的组织文化是否形成，如何描述？ 企业的管理制度和员工的价值观是否与企业战略相适应？ 企业内部对于客户关系的认识是否形成共识？

资料来源：编者整理。

（二）战略目标

战略目标（strategic objectives）是企业设定的具体生产、经营及管理目标。一般而言，企业的战略目标以企业使命为基础，包括市场目标、创新目标、盈利目标和社会目标四项主要内容。这一分析框架同样适用于企业对客户关系的管理。例如，企业需要思考并回答一系列有关客户关系管理战略目标的问题（表6-2）。总之，在客户关系管理战略中，战略目标是企业战略远景的具体化指标，是企业对自身市场营销活动提出的一系列要求和期望。

表6-2 客户关系管理战略目标的思考模式

思考要点	具体问题
市场目标	在产品目标方面，产品的价格、销量、销售额及市场份额等将达到什么水平？ 在渠道目标方面，产品或服务的渠道数量、网络规模及销售层次等将达到什么水平？ 在营销目标方面，企业的广告宣传、营销活动等的成本与效益将达到什么水平？ 在客户目标方面，客户满意度、忠诚度、流失率及生命周期等将表现为什么水平？
创新目标	在制度目标方面，企业的理念、文化与规则将如何创新？ 在技术目标方面，企业将引入哪些有关生产、经营与管理的新技术或新方法？ 在管理目标方面，企业对管理体系、管理手段、管理对象和管理职能如何创新？ 在客户目标方面，企业将如何定义客户关系，将应用哪些创造客户价值的新措施？

表6-2(续)

思考要点	具体问题
盈利目标	在资源目标方面，企业的投入产出比、资源利用率及成本控制等将达到什么水平？ 在能力目标方面，企业的定价能力、营销能力、风险控制能力将达到什么水平？ 在利润目标方面，企业如何看待短期利润与长期利润，利润在企业战略中如何定位？ 在客户目标方面，企业的客户吸引、客户保持与客户挽回能力将达到什么水平？
社会目标	在公共关系方面，企业的社会形象、文化建设将达到什么水平？ 在社会责任方面，企业将扮演什么样的社会角色，发挥哪些积极的社会作用？ 在政府关系方面，企业的纳税目标、就业目标以及服务地方经济的目标是什么？ 在客户关系方面，企业将如何满足客户的需求，如何与客户建立长期的信任关系？

资料来源：编者整理。

第三节 客户关系管理战略选择

一、客户战略的内容

客户战略（customer strategy）是指企业针对客户关系管理的战略远景与目标，所做出的整体性战略谋划。一般认为，完整的客户战略应该至少包括四项基本内容，分别是客户理解、客户竞争、客户吸引力和客户管理能力。

第一，客户理解是指企业对于客户的认识、定位和描述。实际上，企业服务的客户并不是一个抽象、空洞的概念，企业需要根据客户的需求与偏好，细分出具体的客户市场，并从中找到最有经营价值的客户类型。例如，经营儿童市场的企业就需要对购买儿童产品和服务的消费者进行分析，主要客户是儿童本人还是家长，相应的战略措施并不相同。可见，客户理解直接影响企业对客户市场的细分工作，亦是企业计划和实施客户战略的基础。

第二，客户竞争是指企业获取和维持客户关系的过程具有竞争性。企业需要不断提高自身的市场营销竞争力，并在竞争中不断地吸引优质客户和淘汰劣质客户，从而保持在客户市场中的有效份额和优势地位。例如，小微型企业为了能够"在市场夹缝中求生存"，实施了个性化的小众营销（micro-marketing）客户战略，其富有特色的产品或服务往往能够满足小众客户群体的需要，并在一定条件下排除了大型企业的竞争。实际上，实施客户战略也是立足于客户市场竞争的一种长期措施。在瞬息万变的市场竞争中，缺乏战略思维的客户关系管理，很容易导致企业发展目标的混乱和经营过程的波动。

第三，客户吸引力是指客户主动选择和购买企业商品和服务的意愿程度。企业的客户吸引力越强，企业的经济效益和客户市场也越稳定。客户战略应当包含提高客户吸引力的措施，企业需要通过营造良好的品牌、口碑和形象，使客户能够信任、喜爱和依赖企业的商品和服务，从而保持较高的客户忠诚度并源源不断地为企业带来价值。企业在制定客户战略时，需要思考客户吸引力的来源。例如，家电企业可以依托成本优势形成价格吸引力，电子产品企业可以依托技术优势形成产品吸引力，旅游企业可以依托定制化优势形成服务吸引力。

第四，客户管理能力是指企业发现客户、接触客户、服务客户和创造客户的综合能力。实施客户战略的重要任务之一就是要提高企业管理客户及客户关系的能力。从企业的最高决策层到市场营销的基层员工，全体人员都要树立起服务客户的基本理念，进而在客户关系管理中形成一个密切协作的有机整体。例如，一些企业会实施全员营销战略，围绕客户这一核心来组织与开展研发、生产、财务、行政及物流等各项工作。这样的战略不仅使企业的内部组织得到整合和优化，而且在企业的员工当中形成一种客户服务"人人有责"的共识。

综上所述，基于客户战略的基本内容，企业可以制定不同形式的战略规划。在市场营销实践中，客户战略矩阵和客户增长矩阵是帮助企业做出战略选择的常用分析工具。

二、客户战略矩阵

客户战略矩阵是指导企业战略选择的一种常用工具，能够帮助企业认识从产品到服务，再到客户的整个战略转型过程。具体而言，客户战略矩阵包含两个基本维度，分别是客户信息量和客户服务程度，并由此形成了客户战略选择的四种类型，分别是产品营销战略、客户营销战略、服务营销战略和个性化营销战略。客户战略矩阵如图6-4所示。每一种具体战略分别适用于不同的商业环境和企业。企业亦可在发展过程中调整战略，从而提升客户关系管理的层次与水平。

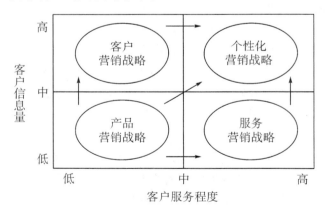

图6-4 客户战略矩阵

第一，产品营销战略位于客户战略矩阵的左下方，这一战略适用于客户信息量较少、客户服务水平较低的行业的企业。例如，在传统消费品市场中，生产食品、服装、玩具等商品的企业就可以采用产品营销战略，将企业的大部分精力用于产品的研发、生产和销售环节，无须向每一名消费者提供专门的服务。实际上，产品营销战略更符合"以产品为中心"的市场理念，相应企业需要完成从产品营销战略向更高层次的客户战略的过渡与转变。

第二，服务营销战略位于客户战略矩阵的右下方，这一战略适用于客户信息量不多、但客户服务要求较高的行业的企业。例如，在传统服务行业中，餐饮企业、运输企业、零售企业等就可以采用服务营销战略，强化企业的优质服务在市场营销中的重要价值。企业的工作重心是提高服务的水平和扩大服务的范围，并不一定要掌握每一名消费者的全部信息。显然，服务营销战略看到了服务对于产品销售的支持作用，由于这一战略开始重视服务这一人与人之间的互动活动，因而具备了更接近客户关系管理的特质。

第三，客户营销战略位于客户战略矩阵的左上方，这一战略适用于客户信息量较大，但客户服务水平不高的行业的企业。例如，在传统商业银行中，大部分办理存、贷款业务的客户并不需要与企业频繁的互动与联系，银行只要保证相应资金的安全性、流动性和盈利性即可。银行由于掌握了这些客户的详细信息，因而可以实施客户营销战略，将工作的重心放在如何吸引客户与保持客户上。实际上，客户营销战略已经将客户作为市场营销的重点，相应的客户识别、客户满意度与忠诚度分析、客户流失管理等客户关系管理工作也出现在客户战略当中。

第四，个性化营销战略位于客户战略矩阵的右上方，这一战略适用于客户信息量丰富、客户服务水平较高的行业的企业。例如，家用汽车销售、房屋租售等行业就可以采用个性化营销战略。在这类行业中，企业能够较为详细地掌握客户信息，客户也对服务质量具有较高的要求。企业可以根据客户的需求与偏好，有针对性地提供个性化服务，从而实现企业与客户的价值双赢。可以说，个性化营销战略是最接近客户关系管理思想的营销战略，企业与客户不仅能够从彼此关系中获得短期利益，而且能够在相互了解的过程中产生信任与情感，从而发展为长期合作的稳定关系。

综上所述，按照客户战略矩阵的描述，企业不仅可以静态地选择四种客户战略形态，而且能够通过转变理念与措施，实现客户战略形态的动态升级，从而为企业从"以产品为中心"转变为"以客户为中心"提供了一种可行的战略路径。

三、客户增长矩阵

客户增长矩阵是指导企业进一步实施客户战略的一种常用工具，能够帮助企业更好地理解客户战略对于客户关系的积极作用。具体而言，客户增长矩阵包含两个维度，分别是客户关系的类型、商品与服务的类型，并由此形成了客户关系管理的四种战略形态，即客户忠诚战略、客户扩充战略、客户获得战略和客户多样化战略。客户增长矩阵如图6-5所示。其中，客户关系的类型分为现有客户和新增客户，反映了客户关系的数量，即广度；商品和服务的类型分为现有的和新增的，度量了客户关系的质量，即深度。

第一，客户忠诚战略位于客户增长矩阵的左上方。这一战略针对企业的现有客户，目标是让他们继续购买企业的现有商品或服务。由于企业与这类客户已经建立关系，因而企业的管理重心是提高客户忠诚度。例如，长期信守承诺的企业，更容易形成优质的品牌和口碑，从而使消费者在选择企业的商品和服务时，能够放心、满意、不后悔，进而一直忠诚地坚持购买。尽管实现真正的客户忠诚是十分困难的，但是企业仍然需要通过长期的努力来赢得客户的信任与选择，因为忠诚的客户是保障企业长期获利的战略性资源。

商品与服务的类型

现有的　　　　　　　　新增的

<table>
<tr><td rowspan="2">现有客户关系的类型</td><td>现有客户</td><td>客户忠诚
战略</td><td>客户扩充
战略</td></tr>
<tr><td>新增客户</td><td>客户获得
战略</td><td>客户多样化
战略</td></tr>
</table>

图 6-5　客户增长矩阵

　　第二，客户扩充战略位于客户增长矩阵的右上方。这一战略针对企业的现有客户，目标是让他们开始购买企业新推出的商品或服务。由于这些客户已经使用过企业的商品或服务，对于企业的评价已经形成，他们更容易接受企业的新产品和新服务，客户关系的价值总量也还可进一步增加。例如，很多企业都会与老客户保持联系，并适时向其推销新产品。随着老客户购买产品数量和价值的增加，他们也会渐渐成为企业的重要客户，从而获得高质量的客户服务。可见，客户扩充战略是一种基于现有客户关系的客户发展战略。

　　第三，客户获得战略位于客户增长矩阵的左下方。这一战略针对企业的新增客户，目标是让他们购买企业现有的商品和服务。在市场营销初期，企业需要将潜在客户转变为实际客户，从而建立有效的客户关系。此时，企业现有的商品和服务已经成熟，并具备了较强的市场竞争力和客户吸引力。通过客户细分与广告宣传，企业就能够发现并获得新的客户资源。例如，每个企业都有自己的核心商品，这类商品已经形成一定的市场口碑，能够较好地满足客户需求。企业与老客户共同的宣传示范，能够使更多的新客户加入购买队伍当中。

　　第四，客户多样化战略位于客户增长矩阵的右下方。这一战略针对企业的新增客户，目标是让他们购买企业新推出的商品或服务。这一客户战略具有一定的风险，任何商品方面或客户方面的偏差都可能导致营销策略的失败。为此，企业必须充分了解潜在目标客户的真实需求，并有针对性地提供个性化、专门化的商品和服务，从而保证满意的客户关系能够得以建立。例如，家电企业会根据市场需求的最新变化，预测性地研发新产品。其中，诸如能玩游戏的电视机、能净化空气的空调等家电，一经推出就获得了客户市场的欢迎。

　　值得注意的是，企业的客户战略并非是唯一的、不变的，企业可以根据市场变化和自身发展实施动态的战略调整。按照客户增长矩阵，企业可以首先实施客户忠诚战略，然后实施客户扩充战略和客户获得战略，待企业获得稳定的客户市场和明显的市场优势后，最后实施客户多样化战略。换言之，忠诚的客户是战略基础，优化和创新商品及扩大客户群体是战略路径，而满足客户多样化的需求是战略目标。

一、客户关系管理战略的实施

客户关系管理战略的实施过程是企业实现战略目标、落实战略选择的行动过程。一方面，这一过程与一般的战略管理流程类似，是一个不断自我调整的循环管理过程。企业需要按照战略发动阶段、战略计划阶段、战略运作阶段、战略控制与评估阶段，依次实施客户关系管理战略。另一方面，这一过程又区别于一般的战略管理过程，是一项十分强调客户及客户关系的战略过程。企业在实施和调整客户关系管理战略时，需要做好客户智能管理、市场营销管理、客户服务管理和客户生命周期管理四项关键性质的管理工作。其中，实施战略层面的客户关系管理主要是指企业应当对目标客户实施持续有效的全生命周期管理。由于有关客户生命周期管理的内容已在之前的章节中详细阐述，因而这里着重讲解前三项特殊的战略管理工作。

（一）客户智能管理

客户智能（customer intelligence，CI）是客户信息管理的高级形式，表现为企业能够将客户信息转化为客户知识，并以其为基础形成一整套能够提升客户关系管理能力与效果的方法、流程、技术及软件等知识的集合。企业实施客户智能管理需要理解两个基本概念，分别是作为基础性资源的客户知识与作为行动流程的客户智能体系。

1. 客户知识

客户知识（customer knowledge）是企业与客户共同发现和创造的各种有利于市场营销活动的新知识。客户知识既能够改善企业的产品和服务，也能够提高客户的满意度和忠诚度，因而是一种具有较高价值的特殊资源。对于企业而言，如何认识和利用这类知识将影响企业的客户关系管理绩效。客户知识主要来源于各种形式的客户信息，常见的客户知识包括消费者的偏好、兴趣及习惯等消费特征，也可具体细分为三种类型。

第一，客户需要的知识。这类知识主要由企业向客户提供，是能帮助客户了解企业、商品与服务的知识。例如，消费者可以通过广告宣传了解商品的品牌、功能、外观及价格等，从而为选购商品提供决策信息。

第二，企业需要的知识。这类知识主要是关于客户的各种信息，是企业识别客户、描述客户和追踪客户的主要依据。例如，企业需要知道自己的客户是谁，即掌握客户的姓名、年龄及收入等情况；企业需要了解客户的需求是什么，即掌握客户的偏好、期望等信息；企业需要知晓客户有哪些特征，即掌握客户的消费习惯、购买经历及主观评价等。

第三，企业与客户的共有知识。这类知识产生于企业与客户的长期关系互动，是特定企业与特定客户的关系性知识，具有独特的商业价值。例如，老客户与企业间的情感、信任就是共有知识，只有当双方处于合作状态时，这类知识才能产生互利双赢的作用。

为此，企业需要实施有效的客户知识管理。具体而言，首先，企业需要收集和分析客户信息。在客户战略中，企业获取客户信息的渠道必须整合。企业需要将来自各个部门、各类员工的客户信息进行汇总，有时甚至需要从碎片化的信息中挖掘有用的信息资源，从而将其转化为能够被企业全体员工所共享的客户知识。其次，企业需要密切联系客户。如果企业能够建立并保持与关键客户的知识交流，则可及时了解客户的最新情况，从而使企业更加贴近市场需求，使企业的客户战略能够更加准确和有效。最后，企业还需要掌握发现或创造客户知识的能力。实际上，面对相同的客户信息，不同企业有着不同的理解方式。只有具备战略眼光的企业家才能够发现其中的潜在价值，并从中总结出稀缺的客户知识。因此，客户知识管理的效果依赖于企业识别、获取、发展和创新客户信息的经验与能力，是企业战略管理过程中的一项重要工作。

2. 客户智能体系

客户智能体系包含理论基础、信息系统、数据分析、知识发现和客户战略五个方面的内容，是一项能够帮助企业落实客户关系管理战略的具体路径（图 6-6）。

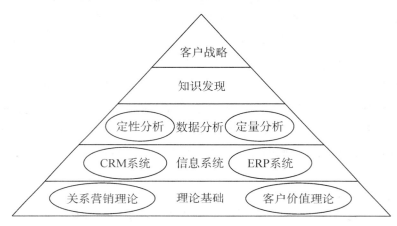

图 6-6 客户智能体系

第一，客户智能的理论基础是企业认识和管理客户的依据，包括企业管理客户信息的方法、测度客户价值的指标和指导客户关系管理的理论等。企业通过应用恰当的理论方法，实现对客户类型的分类、对客户行为的分析及对客户需求的预测等管理目标。例如，关系营销理论、客户价值理论就可作为客户智能管理的理论基础。

第二，客户智能的信息系统是企业凭借现代科技实施客户关系管理的具体手段。完善的客户信息系统（consumer information system，CFS）以客户信息数据库为基础，能够为企业的市场营销决策提供原始数据资料，是企业客户资源管理体系的重要组成部分。例如，CRM 系统、ERP 系统和销售自动化系统等就是常见的客户智能管理软件平台。

第三，客户智能的数据分析是指企业用于客户信息分析的算法、工具或模型。企业需要从大量繁杂的客户信息中筛选出有价值的数据或信息，并凭借一定的分析工具将其转化为能够形成竞争优势的客户知识。在统计学中，数据分析包含了描述性统计分析、探索性数据分析和验证性数据分析三种主要类型。其中，描述性统计分析侧重于整理和比较信息，探索性数据分析侧重于发现和创造新的信息，而验证性数据分析则侧重于提出假设并检验其真伪。这些方法同样适用于企业对客户信息数据的研究与分析。

第四，客户智能的知识发现是指企业在将客户信息转化为客户知识之后，依托客户知识调整和优化企业的客户关系管理措施，从而兑现客户知识的实际价值。随着客户知识的不断发现和持续积累，企业也会在应用这些知识的过程中不断获益，其中，客户知识在提高客户满意度和忠诚度领域的积极作用最能反映客户智能管理的重要价值。

第五，客户智能的客户战略是指企业依托客户知识实施战略决策的综合能力。企业需要结合自身的战略远景与目标，实施一整套客户智能管理流程，不仅在数据信息层面实现自动化、精准化和合理化，而且能在管理绩效层面保持长期的稳定。

总之，客户智能管理的目标是将企业能够获得的市场信息转化为客户知识，进而形成超越竞争对手的核心竞争优势。同时，客户智能体系亦能从战略高度改善企业在市场营销管理中的决策能力、决策效率和决策效果。

（二）市场营销管理

市场营销管理（marketing management）是指企业为了实现自身的战略目标，对市场营销活动进行的分析、规划、实施与控制等管理工作，从而逐步建立并保持与客户市场之间互利双赢的交换关系。市场营销管理亦是企业实施客户战略管理的重要内容，其实质是一种针对目标客户的需求管理。于是，按照客户关系的主要对象，市场营销管理需要满足终端消费者、中间客户及企业自身三类主体的具体需求。

1. 消费者需求

企业需要满足消费者的需求。消费者的需求来源于人们对于物质和文化的生活需要，表现为人们购买物质产品和服务的欲望、期待和货币支付能力等。按照购买目的或消费意图，消费者的需要又可划分为初级的物质需求和高级的精神需求两种基本类型，前者表现为人们对必要生存物资的购买行为，后者则表现为人们在更高需求层次上的非物质需求。

需要注意的是，战略管理层面的市场营销管理要求企业能够准确掌握消费者的需求情况。一方面，掌握消费者的需求需要一个过程。企业需要从较长时间的客户关系中，梳理出消费者购买行为背后的意图、欲望、偏好及评价等信息，从而将深藏于消费者心中的模糊意识转变为可描述、可操作的客户需求。另一方面，掌握消费者的需求需要一定的方法。企业需要全面了解目标消费者的需求，并将各项需求按照重要性、紧迫性和价值性等指标进行排序，以保证企业向消费者提供的商品和服务能够最大限度地满足其需求，并实现最优的双边价值。

在实践中，消费者的需求往往具有明显的差异性和动态性，有时甚至连消费者本人也不能准确描述自己的需求。为此，企业不但需要对消费者的购买意图进行仔细分析，而且需要通过积极有效的互动和沟通，主动引导消费者的需求发生变化，从而使企业的商品和服务能够准确地满足消费者的需求。

2. 中间客户需求

企业需要满足中间客户的需求。这里的中间客户主要指与企业市场营销活动相关联的经销商、供应商及中介机构等。以经销商为例，这类客户的需求主要反映在三项指标上，分别是销售量、利润率与销售渠道。首先，经销商更愿意选择商品销售量较大的企业作为合作伙伴。企业商品的市场销售量越大，说明其市场控制力与竞争力越强。其次，经销商更看重与商品利润率较高的企业之间的关系，企业商品的盈利水平越高，说明企业的技术水平和成本控制能力越好。最后，经销商更希望合作企业能够提供丰富且稳定的销售渠道。企业商品的销售渠道越丰富，说明其市场流通效率越高，经销商能够更加便利和快捷地将商品销售出去，而不用过度依赖自身的销售下线。可以说，经销商的根本需求就是希望在与企业的合作关系中持续获得经济利益。在实践中，中间客户的需求也具有一定的差异性，企业需要根据市场营销的实际需要，有针对性地满足其各项需求，从而在战略层面实现与这类客户的良性互动。

3. 企业自身需求

企业自身需求来源于战略层面的期望远景和战术层面的阶段性目标。在市场营销管理过程中，阶段性的经济与非经济目标更能反映企业的实际需要。例如，按照企业生命周期理论，企业在每一个生命阶段都有着不同的需求。第一，在孕育求生期，企业刚刚创立，此时的需求是抓住市场机遇、获得客户认可，从而能够在竞争中生存。第二，在高速发展期，企业的产量与销量快速提升，此时的需求是扩大市场空间、形成特色优势，从而能够在竞争中成长。第三，在成熟期，企业的市场营销绩效和客户关系状态趋于稳定，此时的需求是保持市场份额、延长生命周期，从而能够保持自身的竞争优势。第四，在衰退期，企业的市场份额开始收缩，客户关系的活力日益衰减，此时的需求是转变营销策略、力争二次创业，从而能够实现企业在竞争中创新与蜕变。可见，企业自身的需求会随着外部环境与自身条件的变化而变化，而战略层面的市场营销管理必须动态满足不同阶段的企业需求。

需要注意的是，来自企业内部员工的需求也是一类特殊的企业需求。企业还需要在实施市场营销策略的过程中，时刻关注来自员工队伍的期望和诉求，唯有令内部员工满意，方能使企业的其他策略奏效。换言之，只有当企业的内部成员团结为一个整体时，企业的客户关系管理战略才能够得以真正实施。

（三）客户服务管理

客户服务管理（customer service management）是指企业在市场营销过程中，为了建立、维持和发展与客户的关系而开展的各种服务类工作。为了更好地实施战略管理层面的客户服务管理，企业需要理解以下三个方面的内容。

首先，客户服务管理的目的在于提高客户的满意度和忠诚度。一方面，多元化的服务更能打动客户，从而改善客户对企业的评价水平。另一方面，差异化的服务更能留住客户，从而使客户更加留恋或依赖企业的商品和服务。同时，企业在向客户提供服务的过程中，不但能够了解和满足客户的具体需求，而且能够通过积极的互动形成具备信任与情感的高质量客户关系。

其次，客户服务管理的效果表现为创造客户价值。一方面，客户服务能够拓展客户需求的量，进而提高企业与客户的交易频率和交易金额，使企业能够从客户关系中获得更大的价值。另一方面，客户服务能够创造新的客户需求，从而丰富企业与客户的交易内容和合作领域，使企业能够依托客户关系衍生新的市场与业务。同时，客户服务管理还能够帮助企业更加准确地认识客户和管理客户，进而将企业的资源与精力更多地放在经营潜在价值更大的优质客户身上，而逐渐减少对低价值客户的过度服务，使企业的客户关系管理更有效率。

最后，客户服务管理的重点在于保障服务质量。在市场营销学中，服务质量是服务营销的核心概念，并被视为企业赢得现代市场竞争的必备条件之一。事实上，客户对于服务质量的评价受到多种因素的影响，如客户预期、沟通效果、企业形象及客户需求等都是企业不能忽略的影响因素。同时，客户对服务质量的评价不仅来源于服务的结果，而且与服务的过程也密切相关，因而企业必须时刻保持较高水平的客户服务质量，稍有差错就可能引发客户市场的转变。为了保证客户服务质量，企业还需要重视六个环节的关联工作，具体包括关注客户需求、重视领导决策、全员参与服务、持续弥补短板、倡导个性化服务及保持沟通反馈等。

总之，企业需要树立以质量为核心的管理理念，以客户忠诚为导向，能够站在客户的角度思考问题，并建立完整的服务质量管理体系和评价标准，以期向客户提供全程式的优质服务。

（四）实施客户关系管理战略的注意事项

企业实施客户关系管理战略，需要做好以下几个方面的工作。

第一，确保客户关系管理战略实施过程的持续性和协调性。客户关系管理战略是企业整体战略管理的重要组成，企业需要保障客户战略与其他战略协调一致。

第二，调整企业的组织结构，使之能够适应和满足客户关系管理的需要。企业的组织结构往往反映了企业的行动目标，是企业利用资源、发挥能力的具体组织方式。随着企业理念从"以产品为中心"转变为"以客户为中心"，企业组织结构的主要功能也需要从"交易管理"转变为"关系管理"。

第三，培育符合客户关系管理思维的企业文化。企业的决策者需要通过营造文化氛围、开展培训活动和创新管理制度等方式，在企业内部形成自上而下的示范引领作用，从而使全体员工都能在思想认识和工作行动中主动践行企业的客户关系管理理念。久而久之，服务客户、帮助客户、替客户着想等观念也将以企业文化的形式持续作用于企业的各项工作。

第四，建设一个集成化的信息环境。企业需要综合应用一系列新技术、新软件和新方法，将客户关系管理的信息与渠道进行整合，使所有的数据资料都能够统一口径、集成存取和动态更新，从而使客户能够便捷地与企业互动，企业也能够高效地与客户沟通。

第五，形成企业自上而下的管理共识。企业的决策层除了要在战略上理解和重视客户关系管理之外，还需要给予各个部门足够的实际支持。例如，企业的高层领导者需要亲自领导客户关系管理战略，并随时监督客户关系管理的效率与效果；企业的决策层在分配资源时，需要保证市场营销部门拥有足够的资金、人员和技术来实施客户关系管理战略。

二、客户关系管理战略的评价

（一）战略评价的内容

企业通过构建和测度一系列与市场营销活动绩效有关的指标体系，可以动态检测客户关系管理战略的实施过程和结果。企业在不断修正相应战略决策的同时，也保证了战略目标的达成率和战略实施过程的准确度。

一方面，战略评价对于企业实施客户关系管理战略具有重要意义。在战略管理过程中，战略评价能够发挥诸多作用。其一，评价的结果能够帮助企业更好地决策。例如，当企业发现某项策略不能带来预期的收益时，及时改变决策往往能够使企业减少损失、挽回机遇。其二，评价的过程能够提升企业的经营管理效率。例如，企业在实施客户方面的战略评价时，企业的所有部门和全体员工都有可能参与评价，从而形成制度化的管理压力和常态化的工作动力。其三，评价的方法可以帮助企业预测市场的未来。例如，随着战略评价工具的模型化、网络化和信息化，企业对市场行情、客户感知及自身发展的预测结果也将更加准确，从而使企业能够提前发现机遇和防范风险。

另一方面，战略评价是企业实施客户关系管理战略的重要环节。具体而言，战略评价主要包括三项具体工作。其一，考察企业客户战略的内在基础。例如，评价企业的组织结构、员工队伍、资产规模及市场竞争力等能否满足客户关系管理战略的实施条件和管理要求。其二，考察企业客户战略的实施效果。企业会将客户关系管理战略的预期目标与实际业绩相比较，并分析相应差异所反映的经验或教训。例如，企业通常会选取市场份额、销售利润、技术创新和客户评价等指标作为判断客户关系管理业绩的绩效指标。其三，提出提高客户战略绩效的具体措施，为制定和实施新一轮的客户关系管理战略做好准备。例如，企业会根据战略评价的结果，对失当的措施进行纠正、对成功的策略进行强化，以便使新的客户战略能够发挥更大的作用。

企业在开展客户关系管理战略评价时，也可从市场环境、企业自身和客户三个角度分别展开，常用评价思路如表 6-3 所示。

表 6-3　客户关系管理战略评价表

评价角度	参考问题
企业角度	客户战略是否可行？ 客户战略的实施时间和进度是否恰当？ 客户战略的经济目标是否达成？ 客户战略的非经济目标是否达成？
客户角度	客户满意度是否提高？ 客户忠诚度如何变化？ 客户让渡价值是否提高？ 客户生命周期是否延长？
市场角度	客户战略的市场定位是否准确？ 客户战略是否能够满足市场竞争的要求？ 客户战略实施期间所涉及的风险是否可以接受？ 客户战略对竞争者、合作者及其他关系方产生了怎样的影响？

资料来源：编者整理。

（二）战略评价的维度

企业在制定客户关系管理战略的评价体系时，需要侧重考虑四个方面的具体维度，分别是客户知识维度、客户互动维度、客户价值维度和客户满意维度。

首先，客户知识维度主要反映了企业对客户信息的管理情况。企业需要从客户信息中整理出客户特征与客户需求，并通过预测和引导客户行为，实现有效的市场营销。为此，企业需要建立客户信息数据库，并借助一定的技术与方法，挖掘和创造有价值的客户知识，从而给予客户战略有力的支持。

其次，客户互动维度主要测量了企业联系客户的实际效果。企业需要在与客户的接触过程中，准确定位目标客户群体，并通过互动将其转化为满意的客户和忠诚的客户。为此，企业需要实施差异化的互动策略，为客户提供畅通的沟通渠道和便捷的服务方式，从而使客户战略能够真正做到"一切为了客户"和"为了客户的一切"。

再次，客户价值维度主要测度了企业与客户所获得的全部利益。一方面，企业需要评价经营客户市场所获得的利益，这里既包括资本、利润等经济收益，也包括声誉、口碑、社会关系及市场经验等非经济收益。另一方面，企业也需要评价客户在彼此交易中的收益，如客户让渡价值、客户终生价值等。可以说，对客户价值的评价，反映了客户关系管理的互利双赢特征。

最后，客户满意维度主要测量了客户对企业商品和服务的满意情况。这一评价结果来源于客户的主观感受，较为真实地反映了企业在市场中的受欢迎程度。企业需要评价客户战略对客户满意度的影响，从而为调整或强化客户关系管理战略提供有力的依据。

 本章小结

本章主要讲述了四个方面的内容。

第一，企业战略管理概述。战略管理是指企业或组织围绕长远目标实施的全局性、系统性和动态性管理工作。战略管理具有全局性、顶层性、竞争性、长远性及关系性等特征，一般包括战略分析、战略选择、战略实施和战略评价四项基本环节。

第二，客户关系管理战略分析。企业可以通过外部环境分析和内部环境分析来制定客户关系管理角度的战略远景与目标。其中，PEST分析模型是分析宏观环境的常用工具，SWOT分析模型是分析微观环境的常用工具，资源、能力与文化是内部环境分析的重点。

第三，客户关系管理战略选择。客户战略是指企业针对客户关系管理的战略远景与目标，所做出的整体性战略谋划，涉及客户理解、客户竞争、客户吸引力和客户管理能力等内容。客户战略矩阵能够帮助企业实现客户战略形态的动态升级，客户增长矩阵则能够帮助企业更好地理解客户战略对于客户关系的积极作用。

第四，客户关系管理战略的实施与评价。客户关系管理战略的实施过程是企业实现战略目标、落实战略选择的行动过程，其内容包括客户智能管理、市场营销管理、客户服务管理和客户生命周期管理。客户关系管理战略评价可以动态检测客户关系管理战略的实施过程和结果，主要评价维度包括客户知识维度、客户互动维度、客户价值维度和客户满意维度。

总之，客户关系管理是一项具有战略意义的管理工作，战略管理理论应当与关系营销理论、客户价值理论、客户生命周期理论和营销组合理论一起，成为指导现代企业践行客户关系管理的基础理论。

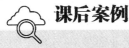 **课后案例**

因错失战略机遇而陷入困境的柯达公司

美国伊士曼柯达公司准备数周内申请破产保护。这家131年历史的企业将加入因未能适应商业模式日新月异的变化而遭到淘汰的著名美国企业行列中。

柯达公司1975年发明数码相机,却未能把这项新技术变成利润增长点。随着海外竞争对手开始攫取胶卷业市场份额,柯达公司20世纪80年代开始走下坡路。后来,柯达公司不得不面对数码相机和智能手机的崛起。2003年,柯达公司宣布停止投资胶卷业务。

柯达公司是世界上最大的影像产品的生产和供应商,业务遍布150多个国家和地区,全球员工约8万人。

曾经的柯达公司在影像拍摄、分享、输出和显示领域一直处于世界领先地位,一百多年来帮助无数的人们留住美好回忆、交流重要信息及享受娱乐时光。公司2002年的全球营业额达128亿美元,其中一半以上来自美国以外的市场。柯达公司作为感光行业的王牌品牌,曾经创造出一系列的辉煌成绩,但是瞬息万变的市场和飞速发展的科技使每个企业都面临着挑战,柯达公司也不例外。

随着数字成像技术的出现,照相技术逐渐告别底片和相纸。一张巴掌大的光盘可存贮成千上万张照片;然后,通过电脑打印机可以直接打印出照片……总之,数字成像已经成为市场主流,底片和相纸除了部分专业人士外,基本已经无人问津。这场技术革命宣告胶卷行业进入濒死状态。

现在,柯达公司似乎要随着胶卷一起退出人们的生活了。

资料来源:2012年1月17日《文摘报》。

思考:

1. 导致柯达公司濒临破产的原因是什么,柯达公司的战略管理存在哪些问题?

2. 技术进步改变了市场需求,试分析柯达公司在客户关系管理方面的教训。

3. 企业应当如何避免在市场营销领域出现"醒得早,起得晚"的战略性失误?

 作业与习题

一、单项选择题

1. 以下针对战略管理的表述,不正确的是( )。

    A. 战略管理是一种具有丰富内涵的管理理念

    B. 战略管理是一项十分复杂的管理工作

    C. 战略管理是一项循环往复的动态管理过程

D. 战略管理是一项停留在理念层面的管理概念

2. 战略管理的（　　）特征指出，战略管理是一种自上而下的顶层管理，企业的最高决策者在战略管理中发挥着"头脑"的重要作用。

A. 全局性　　　　　　　　　　　　　　B. 顶层性

C. 竞争性　　　　　　　　　　　　　　D. 长远性

E. 关系性　　　　　　　　　　　　　　F. 复杂性

3. 企业文化的主要作用不包括（　　）。

A. 导向作用　　　　　　　　　　　　　B. 凝聚作用

C. 约束作用　　　　　　　　　　　　　D. 激励作用

E. 辐射作用　　　　　　　　　　　　　F. 盈利作用

4. 在战略管理的（　　）环节，企业需要回答"本企业为什么而存在""究竟要做好什么事业""将来要成为什么样的企业"等问题。

A. 战略分析　　　　　　　　　　　　　B. 战略选择

C. 战略实施　　　　　　　　　　　　　D. 战略评价

5. 按照客户战略矩阵，在传统消费品市场中，生产食品、服装、玩具等商品的企业就可以采用（　　）。

A. 产品营销战略　　　　　　　　　　　B. 服务营销战略

C. 客户营销战略　　　　　　　　　　　D. 个性化营销战略

二、多项选择题

1. 战略管理的过程主要包括（　　）环节。

A. 战略分析　　　　　　　　　　　　　B. 战略选择

C. 战略实施　　　　　　　　　　　　　D. 战略评价

2. 在市场营销学中，PEST 分析模型是分析宏观环境的常用工具，具体分析内容包括（　　）。

A. 政治　　　　　　　　　　　　　　　B. 经济

C. 社会　　　　　　　　　　　　　　　D. 技术

E. 文化　　　　　　　　　　　　　　　F. 地理

3. 在市场营销学中，SWOT 分析模型是分析微观环境的常用工具，具体分析内容包括（　　）。

A. 优势　　　　　　　　　　　　　　　B. 劣势

C. 机会　　　　　　　　　　　　　　　D. 威胁

E. 客户　　　　　　　　　　　　　　　F. 关系

4. 一般而言，企业文化的三个层次包括了（　　）。

A. 物质层　　　　　　　　　　　　　　B. 制度层

C. 精神层　　　　　　　　　　　　　　D. 战略层

5. 客户智能体系包括了（　　）等五个方面的内容。

A. 理论基础　　　　　　　　　　　　　B. 信息系统

C. 数据分析　　　　　　　　D. 知识发现

E. 客户战略　　　　　　　　F. 销售渠道

三、判断题

1. 企业的一般能力是指企业在长期生产经营过程中所积累形成的能够超越竞争对手的特殊能力。　　　　　　　　　　　　　　　　　　　　　　　　　　　　（　　）

2. 企业文化主要包括了企业经营思想、价值观念和企业制度等内容。　　（　　）

3. 在家用汽车销售、房屋租售等行业，就可以采用个性化营销战略。　　（　　）

4. 企业的客户战略是唯一的、不变的，企业一般不能根据市场变化和自身发展实施调整。　　　　　　　　　　　　　　　　　　　　　　　　　　　　　　　（　　）

5. 按照客户关系的主要对象，市场营销管理需要满足终端消费者和中间客户的具体需求，企业自身的需求不在考虑的范围之内。　　　　　　　　　　　　　（　　）

四、简答题

1. 请简述实施客户关系管理战略的注意事项。

2. 请简述客户战略的基本内容。

3. 请简述企业核心能力的概念与特征。

参考答案

第二部分

客户关系管理实务

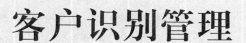

客户识别管理

第七章

■**学习目标**

　　理解客户识别的含义与意义，掌握客户识别对客户定位、客户开发和客户保持的积极作用。掌握客户识别的主要对象与常用方法，能够结合实例识别企业的潜在客户和优质客户。理解客户信息的价值与类型，掌握客户细分的含义与方法，了解客户信用管理的意义与方法。

■**学习重点**

　　客户识别的含义，潜在客户的特征，开发潜在客户的常用方法，优质客户的特征，识别优质客户的常用方法，客户价值矩阵，客户选择矩阵，客户信息的类型，常用客户信息调查表格，客户细分的注意事项。

开篇案例
KAIPIAN ANLI

服务于不同类型客户的麦德龙集团

　　麦德龙集团（简称麦德龙）是全球领先的专业批发公司，致力于为酒店、餐厅等餐饮类客户，以及独立小型零售商提供专业的食品与非食品商品品类。在全球，麦德龙拥有约2 400万专业客户，他们既能在麦德龙批发商场内采购，也能通过线上订购到线下商场提货或选择配送服务。麦德龙在全球35个国家拥有760多家批发商场及食品配送业务。2017/2018财年，麦德龙销售额约295亿欧元。

　　麦德龙现购自运（METRO Cash & Carry）是现代商业领域最为成功的业态之一，公司在其五十多年的成功发展中，一直坚持为专业客户提供量身定制的高质量产品组合。

麦德龙现购自运主要服务专业客户，包括酒店、餐馆、食堂、中小型零售商、企事业单位等，同时也满足中高端客户的需求。其产品系列以品种多样、高品质和高性价比而著称。与其他贸易零售商相比，麦德龙现购自运商场在生鲜食品方面拥有更强的专业性。

作为批发零售行业的领军企业，麦德龙于1996年在上海开设了中国第一家现购自运批发商场。迄今，麦德龙在中国的60个城市开设了97家商场，全国拥有超过11 000名员工及1 700万客户。麦德龙中国针对不同的客户类型发展多渠道业务模式，加速在O2O全渠道零售、食品配送服务及福利礼品三大业务领域的发展。

作为一家具有高度社会责任感的公司，麦德龙坚持将自身的发展与社会共同进步联系在一起——麦德龙在中国严格遵守当地法律法规，每年自觉向政府缴纳大量税收，支持全国基础设施的建设，尤其是对中国食品安全制度的完善做出了卓越贡献。麦德龙视可持续发展为自己责无旁贷的使命，通过打造绿色商场、安装太阳能发电站、商场制冷系统升级等行动践行节能减排。麦德龙还与中国青少年发展基金会建立合作关系，援建希望小学，设立"麦麦相传"助学基金，支持中国贫困地区的教育事业。每到一处，麦德龙都为当地带来大量就业机会和先进的管理理念，进一步提升了当地供应商，尤其是中小型企业的管理水平。同时，麦德龙还将更多中国企业纳入其全球配销体系，帮助他们将产品推向国外。

资料来源：麦德龙集团网站。

思考：

1. 麦德龙集团的服务对象是谁，这家企业的客户定位是什么？
2. 同其他百货商场相比，麦德龙集团在客户关系管理方面具有哪些优势？

第一节　客户识别的含义与意义

一、客户识别的含义

客户识别（customer acquiring）是指企业通过一系列调查方法和技术手段，从大量市场信息中分析出潜在客户的特征、偏好及需求等，从而确定客户关系管理的实施对象和具体策略。

随着市场竞争的日趋激烈，不仅客户的选择权不断提高，客户的需求也呈现出个性化、差异化和多元化的特征。为了获得稳定的客户市场，企业必须清晰认识自己的客户究竟是谁，以便准确实施"以客户为中心"的各项市场营销策略。一般认为，企业的客户关系管理过程包括五项关键环节，分别是客户识别管理、客户互动管理、客户满意管理、客户忠诚管理及客户流失管理。其中，客户识别管理是保证整个流程方向正确的关键"第一步"，对于企业实施后续管理有着重要意义。

二、客户识别的意义

（一）客户识别有助于企业把握客户定位

1. 客户定位的含义

所谓客户定位（customer locate），是指企业根据外部竞争环境和自身资源能力等条件，对目标客户做出的详细描述。客户识别则是保证客户定位的准确性、合理性和可操作性的重要前提。为此，企业需要收集客户的信息、分析客户的特征、评估客户的价值、了解客户的需求、预测客户的行为，从而制定有针对性的市场营销策略和资源配置方案。

2. 客户定位的方法

客户定位的常用方法包括客户属性分析和客户数据分析两种。

客户属性分析可以从两个角度展开，分别是外在属性和内在属性。其一，外在属性是由客户信息直接表现出来的客户属性。例如，客户是法人还是自然人，法人客户是外资企业、合资企业还是内资企业，外资企业客户的资产规模、员工人数及营业额水平等。外在属性由于一般较为笼统、粗略，相应的识别信息也较容易获得，因而只能用在简单的客户分类环节。其二，内在属性是由客户信息间接反映出来的客户属性。例如，通过分析客户的年龄、性别、职业、收入等外在信息，企业可以进一步了解客户的消费习惯、兴趣爱好及价值观念等内在特征，从而实现对客户群体的进一步细分。内在属性由于更能反映客户的真实需求和本质特征，并深入客户的思维与心理，因而是更具价值的客户属性。

客户数据分析是一种借助统计分析工具来定位客户的量化分析方法。企业在与客户的接触过程中，会获取大量的有关客户行为的数据。例如，在交易记录、沟通记录和服务记录中就蕴藏着大量有价值的客户数据。企业可以通过描述分析、比较分析、因子分析、聚类分析及回归分析等统计研究方法，从中找到共性特征或显著差异，进而为客户识别与分类提供科学的依据。

3. 客户定位的注意事项

实际上，企业的客户定位过程也是一个渐进式的过程。在企业实施市场营销策略的初期，客户定位相对比较粗略，企业仅仅需要将客户群体按照交易额的高低分为大客户、中客户和小微客户，或者按照期望价值量的多少分为好客户、普通客户和坏客户，即可实施具有一定客户识别度的市场营销策略。随着商业交往和客户关系的深入，企业对客户定位的要求也在提高。此时，企业需要更加清晰地掌握每一类客户关系的投入产出情况，因而企业定位客户的方法也会逐渐多样化。例如，企业需要在客户定位环节深入思考，企业的高质量客户究竟应该具备哪些特征，这类客户是直接来自市场还是需要企业培养，企业又该如何行动才能够保证这类客户的满意度和忠诚度等。可见，企业需要对客户定位实施动态的调整或修正。

综上所述，企业需要在客户关系管理的过程中，逐渐实现对目标客户的准确识别，并使之成为企业客户定位工作的有力支撑。

（二）客户识别有助于企业实施客户开发

1. 客户开发的含义

所谓客户开发（customer developing），是指企业通过市场情况调查和客户信息分析，对选定的潜在目标客户实施的吸引、接触、沟通，以及达成初次交易等活动。由于客户是企业市场营销活动的价值来源，因而客户开发也被视为企业与客户建立关系的最困难和最关键的环节。对于新创企业而言，开发客户是其在市场中站稳、求得生存的首要任务。企业在与客户建立关系的过程中，逐渐把具有一定特色的商品、服务及企业文化推向市场，这为企业最终实现可持续发展奠定了基础。对于成熟企业而言，开发客户也是其拓展市场、成长壮大的必要工作。企业需要在客户群体的"新陈代谢"过程中，不断吸引优质的新客户和淘汰衰退的老客户，从而在保持客户市场总体价值稳定的前提下，争取更多、更优的客户资源。显然，客户识别是客户开发的重要前提，企业只有在清晰识别目标客户的情况下，才能准确判断开发这类客户的必要性、价值性和可行性。

2. 客户开发的方法

客户开发的常用方法包括营销导向的开发策略和推销导向的开发策略两种基本类型。

营销导向的开发策略强调企业对客户的吸引力，认为只要企业的市场营销策略得当，潜在客户就能够自动上门选购商品和服务。例如，企业可以通过实施优越的"4Ps"营销策略来开发客户。具体而言，在产品策略中突出功能特色、质量优势、品牌价值、包装设计或售后服务等，在价格策略中推出差别定价、组合定价等措施，在渠道策略中展示广泛性、便利性及经济性等优势，在促销策略中重视广告宣传、公共关系及营销活动等。

推销导向的开发策略则突出了企业针对客户的主动刺激，认为只要推销人员的能力过硬，任何客户都可能接受企业的商品和服务。为此，企业需要做好客户寻找和客户说服两个环节的工作。具体而言，在寻找客户的过程中，企业可以综合应用电话调查、上门推销、网络搜寻及关系介绍等方法，尽可能多地从海量的市场主体中找出潜在客户。接下来，在说服客户购买商品和服务的过程中，企业又可以灵活使用示范宣传、馈赠礼物、适当赞美及服务承诺等手段，尽快使客户打消顾虑、产生兴趣和决定消费，从而将潜在客户升级为现实客户。

3. 客户开发的注意事项

需要注意的是，实现成功的客户开发并不容易，企业需要强化对以下三个方面的理解。

首先，客户开发是一项需要企业长期坚持的基本工作。在市场营销过程中，由于受到客户生命周期或竞争对手的影响，客户市场的波动和部分客户的流失是不可避免的现象。为了保证企业市场营销绩效的稳定增长，企业不仅需要通过开发新客户来补充流失客户，而且需要根据新客户所呈现出的特征实施更高水平的客户关系管理。

其次，客户开发是保持企业市场竞争优势的基本能力。由于新客户往往代表着市场需求的最新形态，因而能否获得新客户的青睐也被视为评价企业市场适应能力的重要指标。在实践中，优质的企业拥有较强的新客户开发能力，这些企业往往具有创新的理念与产品，能够抓住市场中的先机，有时甚至能够引领和创造市场需求，因而能够在长期的市场竞争中占据优势地位。

最后，客户开发是企业调整客户结构、改善客户关系的重要手段。对于大多数企业而言，客户开发并不是随意性的。企业需要从客户市场中筛选出目标客户，进而实施有针对性的定向开发策略。也许在企业发展的初期，企业会比较重视客户开发的数量，但是随着客户市场的逐渐稳定，企业就会更加注重客户开发的质量。为此，企业会重点开发那些更有价值的客户，逐渐放弃对低质量客户的开发和挽回。可见，企业需要正确理解客户开发的含义与作用。

综上所述，企业的客户开发离不开对客户的准确识别，客户识别的结果直接影响客户开发的效果。

（三）客户识别有助于企业强化客户保持

1. 客户保持的含义

所谓客户保持（customer retention），是指企业在与客户建立关系之后，通过主动采取各种措施来巩固和发展客户关系，以期实现客户关系的长期稳定。客户保持要求企业与客户务必做到相互了解、相互沟通、相互适应、相互满意及相互忠诚等。客户识别能够帮助企业准确掌握与相应客户的关系特征，从而显著提高客户保持的成功率。

事实上，只有稳定且富有活力的客户关系才能真正为企业带来源源不断的客户价值。市场调查的数据表明，现有的客户关系不仅可以为企业直接带来经济收益，而且保持现有的客户关系比开发新的客户关系的风险和成本都要低很多。因此，为了延长客户关系、保持客户忠诚和防止客户流失，企业必须将客户保持视为客户关系管理的一项常规工作，并尽可能保持与客户的长期密切合作关系。

2. 客户保持的影响因素

客户保持的效果受到诸多因素的影响，企业需要在客户识别环节，充分了解和掌握这些因素的构成和变动趋势。

第一，客户行为会受到社会环境和个人特质的影响。例如，消费者会因为地域、文化等差异呈现出不同的心理和偏好。由于这类因素并不受企业控制，因而企业只能在保持关注的同时，尽量使自己的商业策略能够与之相适应。

第二，客户关系具有显著的生命周期特征，客户行为会受到周期性规律的影响和制约。例如，对于进入衰退期的客户，企业就很难挽留，也没有必要挽留。企业需要充分认识特定客户的生命周期规律，并将其作为指导客户保持的重要依据。

第三，客户保持受到客户满意度、客户忠诚度的直接影响。为了让客户满意并持续购买企业的商品和服务，企业需要充分认识客户的真实需求，并投其所好地提供个性化、差异化的服务。况且，客户满意与客户保持并非简单的正相关关系，即满意的客户并不一定忠诚，因而客户识别是客户保持的关键前提。

第四，客户保持还与客户的转移成本有关。为了使客户不愿意放弃购买企业的商品和服务，企业需要充分了解各类客户对转移成本的敏感度，以便应用恰当的策略来留住客户。

3. 客户保持的方法

客户保持的主要方法包括强化质量、管理价格、优化服务、打造品牌和经营情感等，这些方法能否奏效，取决于企业客户识别的准确度。

第一，强化质量是客户保持的最基本方法。由于优质的商品更受消费者欢迎，因而企业必须保证自己的商品能够在市场竞争中"以质取胜"。

第二，管理价格是客户保持的战术性策略。企业可以通过实施不同的价格策略，来满足不同消费者的价格偏好。例如，企业既可以通过降价策略来吸引处在犹豫当中的消费者，也可以通过涨价策略来淘汰低价值客户。当每一层次的客户都能选购价格最为合适的商品和服务时，企业就达成了与客户保持长期双赢关系的目标。

第三，优化服务是客户保持的最有效方法。面对市场上众多功能相似、质量趋同的商品，良好的服务不但能够使消费者快速做出购买决策，而且可以改善消费者的购买体验，从而以提高满意度的形式来保持客户。随着服务逐渐成为市场竞争的焦点，优质的商品也可能因为劣质的服务而被淘汰。

第四，打造品牌是客户保持的"长久之计"。企业的知名品牌与良好形象，既是企业对消费者做出的质量保证与服务承诺，也是消费者对企业市场经营理念与行为的认可与称赞。企业完全可以通过品牌经营，获得长期稳定的忠诚客户群体。

第五，经营情感是客户保持的最理想方式。纯粹的商业交换关系其实是非常脆弱的，但情感因素能够提高客户对企业的信任度和依赖度，从而使企业更容易获得忠诚的客户。为此，企业可以通过发展与客户的社会关系、情感交往，并长期坚持具有客户关怀导向的市场营销策略，以期保持客户市场的持续稳定。

可以说，在企业的客户保持环节，质量和价格是基础条件，服务和品牌是竞争优势，情感则是最高境界。

第二节　客户识别的对象与方法

企业的客户保持仍然立足于对不同客户的分类识别，企业保持客户的过程也是企业不断识别客户、分析客户和管理客户的动态调整过程。面对众多的客户类型，企业需要重点识别的对象主要是潜在客户和优质客户。前者可以转化为企业的现实客户，而后者是企业利润的重要来源。

一、识别与开发潜在客户

（一）潜在客户的含义

潜在客户（potential customer）是指对某种商品或服务存在一定的需求，并且具备购买意愿和购买能力的待开发客户。潜在客户的概念与现实客户相对应，企业可以通过实施有针对性的市场营销策略，将潜在客户转化为现实客户，从而与客户建立起初步的客户关系。换个角度讲，潜在客户就是市场当中可能会购买企业商品和服务的人，反映了一种潜在的价值或商机。他们具备成为企业客户的基本条件，企业也具备满足其需求的大部分能力，所欠缺的仅仅是连接买卖双方的客户关系。因此，企业需要高度重视寻找和识别潜在客户的过程，并主动为客户创造认识企业和联系企业的便利条件。同时，潜在客户可以进一步细分为三种类型。

第一，可以转化为现实客户的潜在新客户。由于这类客户从来没有购买过企业的商品或服务，因而其客户生命周期尚处于考察期或考察期之前。此时，企业的品牌形象、广告宣传及市场策略等直接影响潜在客户的购买决策。为了开发这类全新的客户，企业必须做好充分的市场营销准备，使企业的商品和服务能够给这类客户留下良好的第一印象。值得注意的是，开发潜在新客户必须以充分的市场调查与客户分析为前提，企业并不能将所有未购买企业商品或服务的人都视为潜在客户，而是应该有方向、有重点地寻找客户。例如，在传统推销领域，一些企业会漫无目的地发放广告或拨打电话，这样的做法既不经济，也缺乏效率，开发客户的效果也未必理想。

第二，可以提升购买价值的潜在老客户。实际上，潜在客户的实质是潜在的需求，这类未得到满足的需求既来源于新客户，也来源于老客户。老客户已经购买过企业的商品和服务，并且对企业已经有了一定的了解和信任，因而当他们再次产生新的需求时，就会首先想到与之交易的现有企业。站在企业的角度分析，满足客户需求也是一个动态变化的过程。企业需要在与客户的交流互动中，不断发现或创造新的需求，从而实现对老客户的再次开发。正如客户关系管理理念所指出的，客户需求的满足并不是客户关系的结束，而是意味着一段长期的合作关系即将开始。需要注意的是，企业的内部员工也可被视为一类潜在的老客户。企业同样需要了解他们的需求与期望，并使他们能够适应各自的岗位、发挥各自的才干、实现各自的价值。

第三，值得挽回的潜在已流失客户。虽然客户流失的原因不同，其中一些客观原因也不受企业的控制，但是在已经流失的客户群体中仍然存在一部分值得挽回的、有价值的客户，他们也应当被视为一种特殊的潜在客户。一般而言，对于因为对企业不满意而流失的客户，企业是完全可以将其挽回的。例如，企业可以通过技术创新、新产品研发等手段挽回对商品质量不满意的客户；企业可以通过培训员工队伍、优化管理流程等方法挽回对服务感受不满意的客户；企业还可以通过改善市场口碑、建设组织文化等措施挽回对企业形象不满意的客户。实际上，非正常流失的客户是企业的重大损失，客户从满意到不满意，从开始抱怨到选择流失，整个过程都伴随着企业客户关系管理的失误。因此，企业应当主动发现现有客户的潜在需求，特别是对有价值的客户而言，企业在避免其流失的同时，也要注重对已流失客户的挽回。

总之，识别潜在客户是企业发现并建立客户关系的关键步骤。企业需要认识到，潜在客户既来源于现在的客户市场，也来源于未来的客户市场；既存在于企业外部，也存在于企业内部，其本质是一切未开发、未满足和未满意的客户需求。

（二）潜在客户的特征

企业在识别客户的过程中，需要把握潜在客户的基本特征。

首先，潜在客户需要具有明确的需求。众所周知，客户需求（customer demand）是一项难以定量分析的综合概念，涉及客户的目标、需要、愿望和期待等多项内容。潜在客户必须具备一定的潜在需求，并且这一需求没有得到很好的满足。例如，购买电视机的消费者希望电视机具有语音控制功能，购买家用汽车的顾客需要便捷地办理车牌和保险。只要企业能够满足这些看似是附加的、额外的需求，就能获得这类客户的青睐。事实上，人的欲望又是近似于无穷的。按照马斯洛需求层次理论，人的需求会按照生理、安全、社交、尊重及自我实现等层次由低到高依次展开（图7-1）。随着一种需求得到满足，新的需求又会产生。因而从这一角度讲，潜在客户的需求也是始终存在的。能否将潜在客户转化为有价值的现实客户，则取决于企业的客户识别与开发能力的高低。

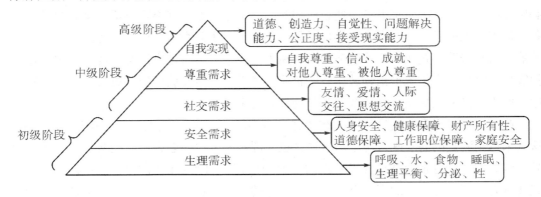

图7-1　马斯洛需求层次理论模型

其次，潜在客户需要拥有足够的能力。在市场营销学中，客户的购买能力（purchasing ability）可分为广义和狭义两种类型。一方面，广义的购买能力是指客户顺利完成购买商品和服务等商业活动所必需的能力总和。这一能力又进一步细分为若干种具体能力，如偿付价款的支付能力、挑选商品的辨别能力、评价商品的鉴赏能力、购买商品的决策能力、讨价还价的谈判能力、对广告宣传的理解能力及与企业互动的沟通能力等。以消费者为例，不同消费者往往拥有不同的购买能力，这与消费者的知识、经验、个性及收入等个人因素，交易标的物的质量、价格、功能及包装等商品因素，企业与消费者之间的信任、交往及情感等关系因素都有关。为此，企业需要在正式交易前对客户的能力进行评估，以便保证潜在客户能够成为企业的现实客户。另一方面，狭义的购买能力是指客户在购买商品和服务时，能够支付货币的能力。这一能力与客户的资金实力、财务状况及资产储备等相关，是企业在识别客户的过程中需要重点掌握的客户能力。需要注意的是，企业在判断客户的能力时，仍然需要立足于充分的市场调查，切忌被表面现象所迷惑，以至于做出错误的商业判断。总之，为了保证客户关系的价值性，潜在客户必须拥有购买商品和消费服务的能力。

最后，潜在客户需要具备充分的决策权。客户的决策权表现为购买商品和服务的决定权，客户在行使这一权力时，能够独立思考、独立判断、独立行动，并不受他人的限制。在客户识别环节，企业需要判断交易对象是否具备决策权和相应决策权的大小，从而为后续的客户开发提供指导性意见。在市场营销实践中，了解客户决策权的方法主要有三种。其一，直接询问法。例如，企业可以直接询问客户是否能够签订合同，能否独立决定相应的交易金额、商品数量、交货时间等具体交易条件。这一方法的优点是使客户关系能够开门见山和直奔主题，企业能够尽快判定客户属性，而不会为错误的对象浪费时间和精力。这一方法的缺点是对客户感受的考虑不周，容易使有决策权的客户感觉受到轻视，使无决策权的客户感觉丢面子，从而不利于客户关系的建立。其二，间接调查法。例如，企业可以通过了解客户的历史交易记录、各种背景资料及来自其他企业的评价等，从侧面掌握客户的决策能力。这一方法的优点是准确率较高，并且企业可以在不惊动客户的情况下掌握其能力，从而在商业谈判等接触过程中占据优势。这一方法的缺点是成本投入较大，企业需要提前实施客户调查，并承担调查期间客户改变主意等的不确定风险。其三，观察试探法。例如，企业可以通过察言观色、投石问路、旁敲侧击等谈判策略，观察客户的反映、试探客户的底线，从而分析和判断客户的决策能力。这一方法的优点是兼顾了直接询问法和间接调查法，能够结合前期资料和现场问答来识别客户。这一方法的缺点是对营销人员的要求较高，只有熟悉商务谈判和消费者心理的业务人员才能较好地使用这一方法。总之，为了提高客户关系管理的准确性和高效性，企业需要掌握识别客户决策权的能力，且相应方法尤其适用于针对企业级客户的分析。

（三）识别潜在客户的基本原则

企业在识别潜在客户时，需要遵循以下基本原则。

第一，着力寻找那些讲诚信、有诚意的潜在客户。诚信（integrity）是指一个人的诚实性和可信度，表现了一个人的价值观念、道德水平和行为方式。对于企业而言，诚信的客户具有较高的可靠性和价值性，这类客户能够在与企业的合作中言出必行、说到做到。在市场营销活动的初期，企业需要对客户有无诚意做出及时的判断，对有诚意的客户应当持续加大营销力度，而对无诚意的客户则可实施低成本营销策略。

第二，积极寻找那些重感情、谋长远的潜在客户。企业需要了解客户是如何看待与企业的关系这一问题。对于那些关注企业的未来，希望与企业长期合作的客户，企业应当优先与其建立客户关系，并注重对彼此情感的培养工作。事实上，情感因素是发展客户关系的特殊纽带，能够产生积极的情感效应（emotional effect）。情感效应能够增加客户感受中的主观因素，从而改善客户对企业的评价结果，因而能够帮助企业提高客户的满意度和忠诚度。这样的潜在客户也就更容易与企业建立起长期性的战略合作关系。

第三，重点开发那些能力强、有实力的潜在客户。客户的综合实力体现在购买金额、购买频率、消费档次及消费持续性等多个方面。对于大多数企业而言，其应当首先考虑与资金实力雄厚、抗风险能力较强的客户建立关系，并使之成为企业获取利益的主要客户群体。正如客户金字塔模型（customer pyramid model）所描述的，企业可以根据客户盈利能力的差异对其实施分类开发，重点发展白金客户和黄金客户，次要发展铁质客户和铅质客户。

第四，努力搜索那些有潜力、风险小的潜在客户。企业在识别潜在客户时，还应注意分析和预测目标客户的发展潜力，着重关注那些现在交易价值不大，但将来成长空间可期的成长型客户。同时，企业还应注意预防隐藏在客户关系中的潜在风险。例如，企业需要剔除表现为虚假满意和虚假忠诚的客户，这类潜在客户即使转化为现实客户也随时可能流失，并不具备建立长期性关系投入的价值。

除了以上四项基本原则外，企业还应在市场营销实践中，结合潜在客户的具体表现来实施客户关系管理策略。例如，潜在客户是否具有等候的耐心、会否挑剔瑕疵及能否替企业着想等。

（四）开发潜在客户的关键环节

首先，加强特色品牌建设，增强企业在客户市场的吸引力和竞争力。众所周知，优质的品牌或商标是企业最具竞争优势的无形资产，其中蕴含的文化观念、产品特色及形象价值等很难被模仿或替代。而在消费者的众多需求当中，对品牌的需求或偏好也是最容易形成客户满意和客户忠诚的。事实上，品牌对于客户开发具有独特的作用。例如，品牌丰富的内涵和较高的辨识度能够缩短消费者的购买决策时间；品牌个性化的外观设计能够起到良好的广告示范效应，进而引导和吸引消费者尝试购买；而老客户对品牌的评价又会产生口碑效应，从而带动更多的新客户前来购买。为此，企业需要创立自己的品牌，并以优质的产品和服务兑现向消费者的承诺。随着企业品牌在市场上的推广，越来越多的潜在客户会逐渐从怀疑企业转变为接受企业，并最终成为依赖企业的忠诚客户。

其次，完善市场互动机制，加强企业与客户的接触与沟通管理。与客户互动是市场营销活动的关键环节之一，企业需要着力做好与客户的接触管理和沟通管理。其一，在接触管理方面，企业需要解决在什么时间、在什么地点、以什么方式与客户接触，以及接触的内容、过程和结果等问题。企业需要基于客户识别的要点，便利客户接触的渠道、丰富客户接触的信息、改善客户接触的感受。其二，在沟通管理方面，企业需要完善与各类客户的"对话"机制，使信息与知识能够在客户关系中双向传递、沟通反馈。更重要的是，企业必须耐心倾听客户的声音，努力做到"思客户之所思，急客户之所急，解客户之所忧"。可以说，良好的市场互动机制是企业识别潜在客户重要条件，企业也只有在与客户的互动中，才能及时发现市场需求的动向和客户感受的变化，并从中发掘潜在的商机。

最后，促进客户购买行为，实现企业商品和服务的持续销售。由于市场营销的主要目标是销售商品并从中获利，因而销售环节是建立和发展客户关系的重点。换言之，也只有达成了交易，潜在客户才被转化为了现实客户。为此，企业需要做好各个层次的促销工作，促进潜在客户主动与企业开展合作。例如，企业需要降低客户在购买环节的货币、时间及精力成本，使客户感觉到有利可图；企业需要完善信息咨询、送货上门、安装调试及维护维修等各项配套服务，使客户在购买商品时无后顾之忧；企业需要实施一系列诸如价格优惠、积分兑换、赠品奖励等差异化的促销策略，使具有不同偏好的潜在客户都能产生达成交易的积极性和主动性。可以说，作为开发潜在客户的常用策略，促销既可以增加企业的客户数量，也为后续更高层次的客户关系管理提供了经验与对象。

（五）开发潜在客户的常用方法

在市场营销学中，寻找客户（prospecting for customers）已形成了一系列成熟的方法，企业可以根据营销实际，恰当选用这些方法。

1. 市场咨询法

市场咨询法是指企业的营销人员通过市场上的各种信息服务机构或政府背景的管理机构所提供的信息来寻找客户。实践中，企业可以通过专业的商业咨询公司、中介服务公司等获得具有某种需求的客户信息，企业也可以通过国家统计局、商务局、税务局及行业协会等了解市场需求的变动趋势，从而及时把握潜在客户。市场咨询法的优点是信息渠道方便、获取成本较低、信息资料的准确性较高；缺点是信息资料的定制化程度不高，企业常常需要对相关信息进行二次加工。

2. 广告开拓法

广告开拓法是指企业的营销人员通过各种广告媒体来招揽客户。实践中，企业可以利用开放式广告和封闭式广告两种方式将商品和服务信息传递给潜在客户，进而刺激或引导客户产生购买的动机和行为。其中，开放式广告包括电视广告、电台广告、书报杂志广告、路牌广告及海报广告等。广告效果取决于能否被潜在客户看到，因而其属于被动式广告。封闭式广告则包括邮寄资料广告、电话推销广告及电子邮件广告等。由于企业在发送这类广告时，具有一定的意向性或针对性，因而封闭或广告属于主动式广告。广告开拓法的优点是传播效率高、市场影响大，特别是在使用现代通信与网络技术时，效果会更好；缺点是费用和成本较高，并且准确定位目标客户也并不容易。

3. 逐户访问法

逐户访问法也被称为"地毯式"寻找法，是指企业的营销人员在任务区域内，以上门探访或挨个询问的方式向目标客户推销企业的商品或服务。在实践中，这种方法适用于成交比例较高的潜在客户群体。例如，整栋商业办公楼中有30%的业主企业需要某项服务，则营销人员可采用逐户访问法进行需求筛查。为增强与客户的沟通效果，企业往往需要结合赠送礼物、发放详细资料、邀请参观企业等其他推销手段。逐户访问法的优点是能够最大限度地开发客户。这一过程可以将市场调查与客户开发相结合，在培养营销人员方面也能起到锻炼业务能力和积累工作经验的作用。这一方法的缺点是效率低下，特别是在没有做好市场分析的情况下，营销人员的推销活动带有盲目性，受访客户对企业的行为也会产生抵触和厌烦情绪，因而市场营销的效果并不理想。

4. 连锁介绍法

连锁介绍法也被称为客户引荐法，是指企业的营销人员通过老客户的介绍来发展新客户。由于客户需求具有相似性，因而企业在发现一位目标客户的同时，往往能够获得几位甚至几十位具有消费共性的关联客户。通过老客户的介绍，企业又可将商品和服务提供给新客户，进而产生市场营销实践中的"连锁反应"。连锁介绍法用到了客户与客户之间的商业关系和社会网络，对满意的老客户而言，向其他人介绍并推荐企业的商品和服务甚至可能成为一种自发的行为，从而使企业获得源源不断的新客户。连锁介绍法的优点是客户识别的可信度较高，客户开发的成功率有保障；缺点是客户的介绍行为并不受企业控制，企业需要通过长期努力来赢得客户的好评。

5. 展会寻找法

展会寻找法是指企业的营销人员通过举办或参加各种交易会、展销会、博览会的方式来寻找潜在客户。在展会中，企业可以接触到终端消费者、同行竞争者、商业合作者和中介服务者等多种关系方，是企业认识市场和打开市场的难得机会。在实践中，企业不仅可以在各种会议上展示商品、介绍服务，而且能够以会议为平台，主动和潜在客户沟通互动、联络感情，从而给客户留下良好的第一印象，为后续交易埋下伏笔。展会寻找法的优点是客户开发的效率较高；缺点是企业会受到一定的时间和场地限制，并且组织或参与会议的费用一般都较高。

6. 电话网络法

电话网络法是指企业的营销人员利用电话和互联网等工具向目标客户推销企业的商

品和服务。其中，电话营销是一种较为传统的客户识别方式。企业通过收集潜在客户的电话号码，并打电话给其中最具购买潜力的客户。互联网营销则是近二十年开始流行的客户搜索方式。企业可以借助各种互联网搜索平台、电子商务平台和网络信息服务平台等，完成对目标客户的条件设定和信息检索。由于互联网连接了商业交易的买卖双方，因而企业与客户会互相搜索，从而加速了交易的达成速度。电话网络法的优点是客户识别的方式简单、效率较高，并且不受时间与空间限制；缺点是信息安全、隐私保护等问题突出，一些重要的商业信息并不能通过电话或网络来获得和传播。

除了以上挖掘潜在客户的方法外，企业还可通过名人介绍法、直邮广告法、资料分析法、经验观察法等其他方法来获得客户。总之，企业既要重视对潜在客户的识别和开发，也要正确掌握和使用相应的策略与方法，并根据市场营销实际做出合理的调整与创新。

二、识别与开发优质客户

（一）优质客户的含义

优质客户是指那些既能够为企业带来持续收益，开发与管理成本又相对较低的高性价比客户。在客户关系管理战略中，企业应当把识别和开发优质客户视为构建核心客户（core customer）群体的战略任务。这些优质的核心客户将成为与企业关系最为密切、对企业价值贡献最大的重要客户。

具体而言，优质客户包含狭义和广义两个方面的内涵。其一，狭义的优质客户是指具有较高客户价值的客户。虽然这类客户的数量不多，但是每位客户的边际利润水平很高，对企业市场营销活动的绩效能够产生显著的影响。有时，优质客户也可被定义为关键客户（key account），泛指那些在购买企业商品或服务时消费金额较大、购买频率较高、维持关系时间较长的大中型客户。例如，商业银行的每名客户经理通常只负责管理数名大客户，任何一位大客户的流失都会给银行的业务造成重大影响。其二，广义的优质客户是指一切在企业生产经营活动中发挥积极作用的关系方。除了终端消费者，企业在供应链、价值链、营销链上的每一关键环节都需要开发优质客户，从而保证企业能够实现全局性、战略性和整体性的市场营销。例如，拥有良好合作关系的供应商、分销商、专卖店、批发商、代理商、内部业务骨干及中介服务机构等，都可被视为广义的优质客户。

总之，企业需要认识到，并不是所有客户都是企业的财富，企业客户识别和开发的重点应该是那些真正能够为企业带来收益和创造价值的优质客户。

（二）优质客户的特征

1. 个体购买价值较高

优质客户一般拥有强烈的购买欲望，表现为购买商品或消费服务的数量较多、频率较高、金额较大。加之优质客户又具有一定的经济实力，能够选择的商品种类比较丰富，消费档次也比较高，因而是企业各层次客户当中个体购买价值较高的一类。例如，在微型计算机消费市场中，一次性采购上百台电脑的企业级客户就属于优质的大客户，它们不仅采购金额高，而且需要长期的软硬件维护服务，能够为企业带来十分可观的经济收益。

2. 客户忠诚度较高

优质客户一般拥有较高的客户忠诚度，能够坚持购买企业的商品和服务。具体又表现在两个方面。其一，优质客户较容易产生客户忠诚。这类客户从一开始就认可企业的理念、文化与产品，对企业的各项服务也比较满意，能够主动形成忠诚的客户关系。其二，优质客户很不容易流失。这类客户对价格的敏感度较低，能够包容企业的过失，并且不易受到竞争对手的影响，能够主动配合企业的市场营销活动。例如，在具有共生关系的合作伙伴之间，他们彼此互为优质客户，都会为维护共同利益而相互忠诚。

3. 关系管理成本较低

优质客户一般对企业的服务要求不高，不需要企业提供频繁的、复杂的、高投入的个性化服务。在管理与优质客户的关系时，企业只需保持顺畅的沟通，优质客户就能及时主动地向企业反馈信息。由于这类客户创造知识与价值具有较高的自主性，因而管理成本非常低。同时，优质客户还能替企业着想，特别是在面对问题时，关注的焦点往往是解决问题而不是加重问题。例如，最受企业欢迎的客户是那些能够提出建议和对策的客户，而只懂得抱怨和纠缠的客户并不能给企业带来多大帮助。

4. 潜在商业风险较低

优质客户一般具有良好的资信状况，在交易中能够做到诚实守信讲道德、遵纪守法有原则。在购买企业的商品或服务时，优质客户能够签订较大金额、较长期限的商业合同，并且使企业需要防控的商业风险更小，所期望的经济利润也更有保障。可以说，优质客户是企业值得信任的"高素质"客户。例如，在商业银行眼中，拥有知名品牌的企业就属于优质客户，向这类客户贷款或投资，相应资金的安全性、流动性和盈利性是能够得到充分保证的。

5. 客户生命周期较长

优质客户一般具有良好的发展前景，相应的客户生命周期不但阶段完整，而且持续时间较长。这类客户通常具有与企业长期合作的主观意愿，只要企业能够维护好彼此的关系，优质客户完全有可能发展为企业的战略型伙伴。例如，一些制造业企业和核心零部件的供应商之间就是战略伙伴关系，来自这些供应商的优质产品已无可替代，双方在长期合作中形成了稳定的利益共同体。

6. 市场影响力较好

优质客户一般具有良好的市场口碑，企业与这类客户合作能够获得额外的市场收益。具体而言，由于优质客户在市场上具有较大的影响力，因而其对某种商品或服务的购买行为很容易产生示范作用和广告效应，从而提升相应企业的市场美誉度和市场吸引力。例如，当一些中小企业能够向大型知名企业供应商品或服务时，其市场空间将获得显著扩大，因而这些大型企业就是优质客户。

（三）识别优质客户的常用方法

识别优质客户的方法主要包括三个步骤。具体而言，第一步，客户信息收集。企业在广泛接触客户的同时，可以不断收集有关客户的信息资料，进而形成分门别类的客户信息档案，为客户识别做好充分的准备工作。第二步，客户分级排序。通过分析客户交易的历史记录，企业可以将现有客户按照贡献利润的大小进行排序，并从中找出贡献率和活跃度都较高的前20%的客户。第三步，客户关系巩固。企业应当为优质客户提供个性化的管理服务，使这类核心客户能够深入了解企业的理念、商品和服务，从而更加信赖和支持企业的各项商业活动，成为与企业保持一致的坚定合作者。事实上，企业在识别优质客户时，需要深刻分析来自企业自身的利润形成机制和来自客户的需求价值取向，基于二者的最佳平衡点来定位核心客户，从而实现以最小的成本换取最大的利润这一客户关系管理目标。

在长期的市场营销实践中，识别客户需求是确保企业能够发现优质客户的基础，而客户价值矩阵和客户选择矩阵则是帮助企业更好地实施客户开发策略的有效工具。

1. 识别客户需求

一方面，企业可以通过五个步骤来识别优质客户的需求。

第一步，了解客户的购买经历。企业需要掌握客户在过去一段时间内，购买或使用过哪些企业的同类产品，以及使用的数量、购买的频率和做出的评价等。这些信息有助于企业分析客户的需求状态及变化趋势，以便使自己的产品能够更好地满足客户需求。

第二步，收集客户的具体要求。企业需要通过访谈、问卷等客户接触手段，了解潜在优质客户对购买商品和服务的各项要求，如品质标准、心理价格、服务内容等。这些信息涉及商业交易的具体细节，而在细节上的用心往往能给企业带来额外的收益。

第三步，识别客户的核心需求。基于前两步所取得的客户信息，企业可以进一步深挖客户需求。企业可以将客户最为在意的决策因素进行分类和排序，从中找到影响客户满意度和忠诚度的最重要的变量。事实上，满足客户的核心需求是客户关系管理的重要任务，很多重要客户的流失都源于企业对其核心需求的误判或忽视。

第四步，关注客户的疑问和抱怨。在市场营销过程中，总有一部分客户会向企业提出这样那样的问题，有时甚至提出投诉或抱怨。这些问题既说明了企业工作的不足，也反映了客户需求的最新变化。因此，企业应当将客户反馈视为一种增进客户互动的机会，并凭借诚恳的态度和积极的行动来化解问题、发展合作，最终将客户的不满转变为企业改善客户关系的突破点和创新点。

第五步，评价客户需求的满足程度。企业需要周期性评估市场营销策略的效果，尤其是在对客户需求的满足方面。企业可以测评客户对企业商品和服务的满意度，了解客户的期望与效用。对于在评价中所发现的新需求、新变化，企业又将开始新一轮的客户需求识别过程，从而形成不断循环、不断升级的优质客户需求管理流程。

另一方面，企业可以通过综合使用多种具体方式来识别客户需求。

第一，直接询问法。企业可以通过向客户直接提问来了解客户需求。在市场调查实践中，提问也是一种艺术，不同的提问方式适用于不同的客户，并且能够产生不同的效果。具体而言，引导客户回答"是"或"否"的问题，就属于肯定式提问。这一方式简单明了，能够帮助营销人员快捷地找出问题或发现需求。向客户询问意见或建议的问题，就属于征求式提问。这一方式将主动权抛给客户，能够帮助营销人员探知客户的真实想法。向客户做出解释或说明问题，就属于澄清式提问。这一方式先答后问，能够帮助营销人员消除误会、避免争论，从而更好地服务客户。需要注意的是，虽然直接询问法具有程序简单、方式灵活等优点，但是当客户无法清晰表达自己的具体需求时，这种方法就不再有效。

第二，问卷调查法。企业可以通过设计、制作、发放和回收问卷的方式，详细了解被调查客户的需求情况和意见建议。这是一种比直接询问法更加系统、严谨和全面的客户需求调查方式。具体优势体现为两点：其一，调查对象更加明确。由于问卷调查的对象经过了筛选和甄别，因而企业可以有针对性地获取不同类型客户的需求信息。其二，调查结果更有意义。问卷调查的方法更加科学，企业可以借助统计方法、模型工具及分析软件等从反馈信息中挖掘出有价值的规律、特征及趋势，从而提高了市场营销策略的精准性和有效性。当然，问卷调查法也存在一定的不足。例如，调查问题的科学设计较为困难，理想的回收率很难保证，客户的回答不一定真实等。为此，问卷调查法常常需要通过客户访谈来进行完善和补充。

第三，意见收集法。企业可以通过设置客户意见箱、意见簿或意见卡等方式，在客户购买商品或服务的整个过程中收集、整理并分析客户反馈意见。这些信息主要包括三项内容，分别是客户评价、客户抱怨和客户建议，代表了客户对企业的表扬、批评和希望，对企业改善客户关系具有十分积极的意义。这一方法的优点是具有开放性，能够保证客户沟通渠道的畅通。允许客户表达想法或意见，本身就是客户的一项需求。这一方法的缺点是收集信息的效率较低，企业通常只能被动地等待客户前来反馈，并不能主动掌控客户需求的调查进程。

第四，数据库分析法。企业可以通过建立客户信息数据库，并借助一定的客户关系管理软件来实施客户需求分析。客户数据库可以收集有关客户的各种信息，其中的行为类信息更能反映客户的实际需求情况。例如，著名的"尿布和啤酒"案例，百货商场或零售业超市就可以基于消费者在购物时的扫码数据，发现许多通过常规调查手段不易获得的潜在市场商机。

第五，其他方法。企业还可以通过举行有关商品和服务的座谈会、展览会、洽谈会等，与重要客户进行一对一的深入交流，从而发现客户的潜在需求和真实评价等信息。企业也可以为目标客户配备专属服务人员，通过密切的联系和互动来获得客户的反馈。企业还可以综合运用多种分析方法，从而确保客户信息能够准确、及时和有价值。

2. 客户价值矩阵

识别优质客户的关键是判定客户价值。企业需要根据潜在客户期望价值的大小实施差异化的客户关系管理策略。为此，客户价值矩阵就是一种很好的客户需求分析工具。具体而言，客户价值可以被划分为两个维度，即当前的客户价值和未来的客户价值。

当前的客户价值是指按照客户现有的购买金额、购买频率和购买数量等指标，在不采取任何特殊管理措施的情况下，整个客户生命周期能够为企业带来的期望价值。简言之，即企业现在能够观察到的客户总价值，并且这是一种基于静态分析的价值量。

未来的客户价值是指当企业针对客户的具体特征和核心需求，在实施了有针对性的需求引导与价值创造措施之后，客户在未来能够为企业带来的潜在期望价值。简言之，即企业能够创造的客户总价值，并且这是一种基于动态分析的价值量。

于是，按照两个维度的高低，企业可以将全部潜在客户划分为四类，如图7-2所示。

图 7-2　客户价值矩阵

具体而言，首先，A 类客户的当前价值和未来价值都较低，企业应当对这类客户实施一般性的客户关系管理，即维持总体良好的客户关系即可，进一步关系投入的价值不高。其次，B 类客户的当前价值较低，但未来价值的增长潜力很大，企业应当保持并发展与这类客户的关系，做好短期微利或亏损、中长期盈利的战略规划。再次，C 类客户的当前价值较高，但未来价值缺乏提升空间。这类客户通常已经进入客户生命周期的后期，进一步创造关系价值已十分困难。企业应当重视与这类客户的当前关系，并使之成为企业当前利润的重要来源。最后，D 类客户的当前价值和未来价值都较高，是企业最为理想的优质客户。企业应当对这类客户实施全面细致的客户关系管理，既注重当前利润的获得，又谋求长期关系的发展，尽力使之成为企业的核心客户和战略客户。

3. 客户选择矩阵

客户选择矩阵能够帮助企业根据自身条件实施有效的客户开发。在市场营销实践中，客户关系并不是简单的均衡关系。例如，企业看中的目标客户并不一定会选择企业，反之亦然。因此，企业需要分析自身与客户在彼此关系中的主动性和积极性，从而为选择客户开发的具体策略提供思路。具体而言，客户开发可以按照两条线索来分析，即客户对企业的吸引力和企业对客户的吸引力。一方面，客户对企业的吸引力是指企业为什么会看重此类客户，例如客户的购买价值高、维护成本低以及满意度高等。另一方面，企业对客户的吸引力是指客户为什么会选择购买企业的商品和服务，例如商品的质量好、款式新，企业的服务水平高、品牌和人员值得信赖等。于是，按照这两个指标的大小，企业可以将全部潜在客户和现有客户划分为四类，如图 7-3 所示。

图 7-3　客户选择矩阵

具体而言，首先，对于Ⅰ类客户而言，交易双方的相互吸引力不高，客户关系保持在一种低层次状态，只能满足简单的商品买卖和服务消费。对于这类客户，企业不需要投入过多资源和时间，维持客户市场总体稳定即可。其次，对于Ⅱ类客户而言，这类客户会主动选择企业并保持与企业持续交易。企业应当将其视为稳定客户市场的重要基础，其中的很多客户还是长期购买企业商品和服务的老客户，具有较高的忠诚度。对于Ⅲ类客户而言，这类客户对于企业具有重要价值，但是与其建立关系却比较困难。企业应当将其作为客户开发的重点，虽然开发这类客户的难度较大、周期较长、成本较高，但是相应的关系回报也较高，因而常常被企业作为市场拓展和营销升级的探索对象。对于Ⅳ类客户而言，交易双方均相互看重，具有发展和维持客户关系的最有利条件。企业与客户更容易形成长期的合作双赢关系，彼此能够成为对方的关键客户。对于这类客户，企业应当高度重视其需求与评价，不断增进彼此间的信任与情感，并尽力避免客户抱怨和客户流失。

第三节　客户信息与客户细分

一、客户信息

（一）客户信息的价值

客户信息（customer information）是指与客户背景、客户描述、客户需求及客户行为等相关联的各类资料。这些信息资料是实施有效客户关系管理的前提，具有重要的价值和意义。

首先，客户信息支撑了企业决策。信息是否及时和准确，往往能够直接影响企业在市场竞争中的胜败。企业的任何商业决策，都离不开来自市场调查的关键信息。特别是在市场营销领域，企业每天都会面对形形色色的潜在客户和现实客户，对于差异化、个性化的客户需求，企业究竟应该如何实施商业策略？离开了客户信息是绝对不行的。为了防止客户战略的偏向和市场营销策略的失误，除了做好环境分析之外，企业还必须全面、准确和及时地掌握目标客户信息，从而做到知己、知彼和知势。

第二，客户信息决定了客户细分。为了保证客户细分的有效性和合理性，企业必须充分掌握各类客户的详细信息。如果需要按照客户价值进行分类，则企业需要了解客户的购买能力、消费金额、合作意愿等反映客户盈利能力的信息；如果需要按照客户忠诚实施分类，则企业需要掌握客户的满意度评价、价格敏感度、流失比例等有关客户关系保持的信息；如果需要按照管理难度进行分类，则企业需要调查客户的个性化需求、投诉与抱怨情况、交易渠道的便利性等说明客户关系成本的信息。为了实施有针对性的客户关系管理策略，客户信息对于客户识别、客户细分和客户分级等环节具有不可替代的作用。

第三，客户信息保障了客户互动。客户互动的最重要内容是双向沟通，而企业与客户沟通的实质就是让信息在关系中传递和交换。为此，企业需要首先掌握客户信息，知道客户需要什么、喜欢什么，然后才能开展与客户的各项交流活动，并最终让客户接受自己的商品、服务、价值观念及经营理念等。可以说，企业与客户的一切互动都不是漫无目的的，互动的背后一定是基于客户信息的具体商业策划。随着客户关系的深入，企业与客户彼此间也更加了解，一些因人而异的一对一营销方式也逐渐具有了可行性。此时，客户互动将取得更加协调、更加亲密、更加高效的良好效果，从而有利于保持客户关系的高质量维护。

第四，客户信息奠定了客户满意。客户满意的前提是其需求得到满足，由于客户的需求千差万别，因而企业必须掌握诸如需求内容、偏好特征、交易习惯及思维模式等关键信息，从而制定出有针对性的客户满意度提升策略。一方面，企业可以从客户信息中发现提高客户满意度的潜在机会。例如，如果企业能够为地理信息显示为郊区或乡村的客户提供免费的上门服务，则不仅能使此类客户对企业更加满意，企业自身也会获得一项特色服务或竞争优势。另一方面，企业还可以从客户信息中找到减少客户抱怨的有效方法。例如，当客户开始抱怨企业的商品存在质量问题时，来自客户的使用效果、消费体验等信息正好为企业指出了问题，从而有助于企业准确把握改进质量的方向，并在后续的工作中不断弥补短板和减少抱怨。

第五，客户信息巩固了客户忠诚。忠诚的客户是企业最宝贵的财富，企业需要了解忠诚客户的具体信息，并从中分析出形成客户忠诚的原因和影响客户忠诚的因素，以便能够实施更加精确和有效的客户忠诚度管理。一方面，企业可以基于客户信息找到巩固忠诚客户关系的思路。例如，对于真正信任和喜爱企业的客户，企业需要注重与之建立亲密和牢固的情感纽带，使之成为不容易受竞争对手和市场环境影响的忠诚客户。另一方面，企业可以基于客户信息找到挽回流失客户的方法。例如，当发生客户流失现象时，企业需要从相关信息中分析出客户流失的原因，从而及时采取有针对性的客户挽回措施，避免市场损失的扩大。

综上所述，客户信息的作用十分广泛，是客户关系管理过程中不可缺少的一类重要资源。

（二）客户信息的类型

客户信息的基本类型有三种，分别是描述类信息、行为类信息和关联类信息。

1. 描述类信息

描述类信息是反映客户基本属性的信息，通常表现为各种静态的登记信息。例如，对于自然人客户，企业需要收集客户的姓名、性别、年龄、职业、身份证号码、家庭住址等人口统计信息，电话号码、电子邮箱、微信号等联系方式信息，以及身高、体重、血型、生日、脾气、性格等个人特征信息。对于法人客户，企业需要收集客户的机构名称、企业性质、主营业务、营业地址、联系方式和资信状况等信息。一方面，由于描述类信息属于外在表露的基本信息，获取的方式较为直接，因而各类企业很容易掌握相应的客户信息收集方法。另一方面，由于这类信息数量庞大且较为粗糙，因而其需要企业进一步筛选和加工才能发挥作用，而其中的一些涉及个人隐私和商业秘密的信息，企业并不容易获取。需要注意的是，企业需要特别关注描述类信息的准确性和时效性，避免在需要联系客户时，才发现客户的各项信息已经发生了变化。总之，企业通过收集有关客户的描述类信息，可以回答"客户是谁"这一关键问题。

2. 行为类信息

行为类信息是反映客户各种消费行为特征的信息，具有一定的变化性和动态性。例如，客户在购买商品过程中所表现出的差异化的行为、偏好、习惯等，以及其他能够影响客户满意度和客户忠诚度的信息。最常见的客户行为类信息是客户的消费记录和沟通记录。这类信息最能反映客户的购买动机和决策过程。一方面，消费记录具体包括客户的购买金额、购买频率、消费档次、消费倾向、支付方式及联系渠道等。企业不但可以从中分析出客户的消费特征与规律，而且能够通过挖掘客户消费行为背后的消费心理，找到管理客户关系的捷径。另一方面，沟通记录主要包括客户联系企业的时间、渠道、过程、内容和结果等，来源于客户咨询、客户调查、客户投诉、客户抱怨及客户好评等多个环节。企业可以通过汇总与提炼这些看似随机或稍显零散的信息，从中发现客户的关注焦点和核心诉求。例如，客户偏好就常常表现在行为类信息当中，有的人喜爱运动，有的人爱好读书，有的人追求刺激，有的人注重稳妥，企业可以根据客户的兴趣爱好或性格偏好来推销商品和服务。

如今，随着计算机网络技术和信息收集处理技术的发展，获取客户的行为类信息已不再困难。各类电子商务平台或网络通信软件就记录了大量的客户行为类信息，从而为企业提高客户信息管理效益创造了更好的环境与条件。总之，企业通过收集有关客户的行为类信息，可以回答"客户在做什么和想什么"等更深层次的问题。

3. 分析类信息

分析类信息是反映客户消费心理、潜在意识及本质属性等的各种相关信息，其中很多信息已经属于客户知识的范畴，兼具了理论基础和实践用途。常见的分析类信息包括客户满意度、客户忠诚度、客户生命周期、客户让渡价值和客户流失倾向等。值得注意的是，企业通常并不能直接获取客户的分析类信息，而是需要通过专门的设计、采集和分析才能得出，从而使信息的获取工作具有一定难度。客户分析类信息由于既能够帮助企业认识客户市场的现状，也能够帮助企业预警市场风险并及时调整市场策略，因而是客户关系管理中最有价值的一类信息。另外，客户分析类信息还是构成企业市场营销竞争优势的重要资源，大多数成熟企业都会在客户关系管理战略中专门考虑客户分析类信息，以期信息分析和知识发现能够在客户识别、客户互动、客户满意度和忠诚度管理等环节发挥事半功倍的积极作用。

常用客户信息调查表格包括客户基本信息调查表、客户类型调查表、客户需求调查表、客户满意度调查表等，企业可以按照以下样表进行设计和使用（表7-1、表7-2、表7-3、表7-4）。

表 7-1　客户基本信息调查表

客户名称			
详细地址			
主要联系人		联系电话	
法人代表		传真号码	
企业性质		企业网站	

表7-1（续）

注册资本		所属行业	
注册日期		经营范围	
员工人数		年销售额	

表 7-2　客户类型调查表

调查日期	法人客户									自然人客户							合计
	大型企业	中型企业	小微型企业	外资企业	合资企业	内资企业	国有企业	集体企业	民营企业	老客户	新客户	老年客户	中年客户	青年客户	男性客户	女性客户	
第一次调查																	
第二次调查																	
第三次调查																	

表 7-3　客户需求调查表

客户名称		调查时间	
调查目的		调查方式	
客户的希望、期待与诉求	企业的应对方式	客户的反映情况	可以总结的经验或教训

表 7-4　客户满意度调查表

客户评价		很不满意	不满意	一般	满意	很满意
企业的商品	质量					
	功能					
	款式					
	包装					
企业的服务	售前服务					
	售中服务					
	售后服务					
企业的人员	言谈举止					
	服务态度					
	业务技能					
	综合素质					

表7-4(续)

客户评价		很不满意	不满意	一般	满意	很满意
企业的品牌	品牌形象					
	市场声誉					
	企业文化					
	社会公益					
总体满意度评价						

二、客户细分

(一)客户细分的含义

客户细分(customer segmentation)是指企业根据客户信息所反映的客户属性、行为特征和核心需求等,对客户群体进行的分类或分级管理。正所谓,"世界上没有两片完全相同的树叶",而由形形色色的人所组成的客户市场,更不存在一模一样的两个客户。可以说,客户需求的异质性是推动客户细分的主要原因。

客户细分是企业实施客户关系管理的关键环节之一,开展这项工作的主要目的有三点。

第一,客户细分能够提高企业满足客户需求的能力。尽管企业面对的客户是千差万别的,企业仍然可以按照一定的标准来区分客户。企业通过将具有共性或相似性特征的客户归为一类,能够更加清晰地掌握客户间的不同需求,从而为更好地满足客户需求缩小了范围、找到了方向。

第二,客户细分能够提高企业管理客户关系的能力。由于客户与企业的共同价值依赖于客户关系的作用,因而企业需要针对客户关系的不同特点,实施个性化的市场营销策略。为此,企业可以依据客户关系质量的高低实施客户细分,进而为巩固忠诚客户、发展满意客户、开发潜在客户和挽回流失客户提供便利。

第三,客户细分还能够提高企业的资源利用效率。面对众多的客户关系管理目标,企业必须保证各项资源的最优化组合。为此,企业有必要按照价值大小或重要程度将客户群体进行细分和排序,从而保证企业的有限资源能够被用到管理优质客户的工作中。换个角度讲,客户细分也可被视为客户识别的补充工作,是企业在掌握客户信息之后和开展针对性客户互动之前,所必须做好的一项准备工作。

(二)客户细分的方法

企业可以根据市场营销的具体要求,采用不同的客户细分方法。常用的分类标准主要有客户属性、客户价值及客户生命周期等。为了确保客户细分能够取得预期的效果,企业需要重点把握客户细分的关键环节和注意事项。

1. 客户细分的关键环节

为了顺利开展客户细分,企业需要做好以下各个环节的工作。

第一,收集客户信息。企业需要确定客户信息的具体种类、调查方法和渠道来源。

第二,建立客户数据库。企业需要将分散存储的客户信息进行汇总和整合,剔除冗余信息和错误信息，从而形成以高质量客户信息数据库为基础的信息系统。

第三，建立客户分析模型。企业需要借助一定的统计分析软件和结构方程模型等将客户信息提升为客户知识，从而构建起客户细分的理论基础和逻辑思路。

第四，优化客户管理机制。企业需要建立并完善组织内部的协调管理机制，使市场营销部门和客户服务部门、行政管理部门及生产制造部门等能够形成密切的协作关系，避免出现来自企业内部的精力消耗与资源浪费。

第五，加强技术软硬件保障。企业需要为客户细分提供完善的技术设备和系统软件，保证客户信息的收集、分析、存储和共享等环节能够顺利完成。

第六，具备管理客户的人才。企业需要引进和培养能够胜任客户关系管理各项工作的专业人才，从而使客户细分的各个环节都能得到充分执行和有效落实。

2. 客户细分的注意事项

为了发挥客户细分的作用，企业需要注意以下几个问题。

第一，客户分类不能重复。按照企业设置的客户细分标准，每个客户只能属于一种类型。若某一客户同时属于多个客户群体，则会导致企业的市场营销策略陷入矛盾与混乱，这样的客户细分也毫无意义。

第二，信息传递必须一致。企业必须保证客户从不同渠道获得的产品或服务信息完全一致。若客户从线上平台获得的价格、质量、款式及服务等信息与从线下店铺获得的同类信息不符，则会严重影响客户的购买决策和消费体验。

第三，企业员工掌握信息。企业需要让直接接触客户的员工掌握最新、最全的客户信息和企业信息，使之能够针对不同客户，提供最能满足客户需求的商品和服务，从而实施差异化的营销策略。企业尤其不能把尚无定论或模糊不清的信息提供给一线员工，这类信息反而会干扰客户服务。若营销人员能够掌握潜在客户的名单或特征，则更能提高客户识别的准确性与客户开发的成功率。

第四，合理控制盈亏平衡。企业需要指定专门人员来负责客户细分环节的盈亏管理，保证企业能够以较低的投入，实现对客户市场的最合理定位。

第五，企业高层负责推动。企业需要将客户细分纳入市场营销战略管理当中，并安排高级管理人员来推动和落实客户细分工作。换言之，客户细分不能只停留在销售前线，而是需要得到最高决策层的重视和投入。

第六，动态优化客户细分。企业的客户细分工作并不是一次性就能完成的。随着各项市场营销活动的开展，一些新的现象和问题会不断出现，企业需要不断补充和修正原来的客户细分指标，从而使客户细分能够持续支持企业的后续客户关系管理工作。

（三）客户信用管理

在各类客户信息中，客户信用是一类关键信息，并且对于客户细分具有重要意义。首先，掌握客户信用能够降低企业需要应对的商业风险，尤其能够减少发生欠款、坏账等现象。其次，管理客户信用能够提高企业的市场营销效率，尤其针对优质客户而言，能够简化关系开发流程和降低关系维护成本。最后，客户信用分级还能够改善企业的客户关系管理效果，尤其能够帮助企业降低不良客户的比例，巩固与满意客户和忠诚客户的长期合作关系。为了实施有效的客户信用管理，企业需要在客户识别的过程中，增加对客户信用的调查与分析，从而实现具有风险防控考量的客户细分。

客户信用调查（customer credit investigation）是企业收集和掌握客户信用状况的常用方法，企业可以通过对客户信用进行分析和评级，判断相应商业活动的真实性、安全性和可行性。例如，客户是否诚实守信，是否严格按照合同办事，能否按时付款或按时交货等。以法人形式的客户为例，客户信用调查的具体内容包括客户的经营状况、资信状况及历史表现等，调查思路如表7-5所示。

表7-5　客户信用调查表

信息类别	具体调查问题
客户的经营状况	客户的总体经营状况如何，有无客户价值？ 客户的战略规划有何特点，处于客户生命周期的哪一阶段？ 客户是否熟悉自己的行业，竞争优势如何？ 客户的市场影响力如何，市场地位是否稳固？ 客户的内部管理是否有效，员工队伍的文化与士气如何？
客户的资信状况	客户的市场声誉或社会形象如何？ 客户的收入情况、资产情况、负债情况等处于什么状态？ 客户的盈利能力如何，是否存在资金短缺、货物积压等问题？ 客户的履约能力有无保障，是否需要银行担保、财产抵押或信用保险？ 客户自己提供的信息有无虚假成分，相应人员的诚信度如何？
客户的历史表现	客户的经营历史有多长，其间有无重大变化或模糊历史？ 客户有无拖欠货款或延期交货等违约行为，曾经的争议是如何处理的？ 客户开出的各类票据是否真实有效，有无商业上的不端行为？ 与客户合作的其他关系方对其评价如何？ 本企业与客户的上一次合作情况怎么样？

资料来源：编者整理。

除此之外，一些被商业银行等金融机构经常使用的客户信用调查方法也可被借鉴到客户关系管理领域，如"6C"分析法和"5P"分析法就是两种有效的客户信用调查方法。

一方面，"6C"分析法是一种传统的信用风险评估方法。具体而言，"6C"分别是客户的品德（character）、能力（capacity）、资本（capital）、抵押品（collateral）、经营环境（condition）及事业的连续性（continuity）六项要素的英文单词首字母。这些内容能够较为全面地评估客户信用。

另一方面，"5P"分析法则是一种更加侧重于评价客户支付能力的信用评估方法。具体而言，"5P"分别是客户的个人因素（personal factor）、资金用途因素（purpose factor）、还款财源因素（payment factor）、债权保障因素（protection factor）及企业前景因素（perspective factor）五项要素的英文单词首字母。这些内容能够有针对性地反映客户的诚信品德、经营作风、资金实力、信用担保及发展潜力等具体的信用状况。

 本章小结

本章主要讲述了三个方面的内容。

第一，客户识别的含义与意义。客户识别是指企业通过一系列调查方法和技术手段，从大量市场信息中分析出潜在客户的特征、偏好及需求等，从而确定客户关系管理的实施对象和具体策略。客户识别有助于企业把握客户定位，客户识别有助于企业实施客户开发，客户识别有助于企业强化客户保持。

第二，客户识别的对象与方法。面对众多的客户类型，企业需要重点识别的对象主要是潜在客户和优质客户。潜在客户是指对于某种商品或服务存在一定的需求，并且具备购买意愿和购买能力的待开发客户。开发潜在客户的常用方法包括市场咨询法、广告开拓法及逐户访问法等。优质客户是指那些既能够为企业带来持续收益，开发与管理成本又相对较低的高性价比客户。客户价值矩阵和客户选择矩阵则是帮助企业识别优质客户的有效工具。

第三，客户信息与客户细分。客户信息是指与客户背景、客户描述、客户需求及客户行为等相关联的各类资料。客户信息的基本类型有三种，分别是描述类信息、行为类信息和关联类信息。客户细分是指企业根据客户信息所反映的客户属性、行为特征和核心需求等，对客户群体进行的分类或分级管理。常用的分类标准主要有客户属性、客户价值及客户生命周期等。

总之，客户识别是保证客户关系管理流程方向正确的关键"第一步"。

 课后案例

一步步走向世界的茅台集团

中国贵州茅台酒厂（集团）有限责任公司（以下简称茅台集团）是国家特大型国有企业，总部位于贵州遵义市茅台镇，平均海拔 423 米，占地约 1.5 万亩（1 亩 ≈ 666.67 平方米），员工 3.6 万余人。

茅台集团以贵州茅台酒股份有限公司为核心企业，涉足产业包括白酒、保健酒、葡萄酒、金融、文化旅游、教育、酒店、房地产及白酒上下游等。主导产品贵州茅台酒历史悠久、源远流长，具有深厚的文化内涵，1915 年荣获巴拿马万国博览会金奖，与法国科涅克白兰地、英国苏格兰威士忌一起并称"世界三大（蒸馏）名酒"，是我国大曲酱香型白酒的鼻祖和典型代表，是绿色食品、有机食品、地理标志产品，其酿制技艺入选国家首批非物质文化遗产代表作名录，是一张香飘世界的"国家名片"。

近年来，茅台集团开始了全球化发展的战略步骤。茅台酒市场覆盖亚洲、欧洲、美洲、大洋洲、南部非洲及中国重要口岸的免税市场，茅台酒的国际市场营销网络逐步形成。

茅台集团与全球经销商以品牌、文化为纽带，布局国际市场。中国免税品集团公司利用其遍布全国各个口岸的 170 多家店面，让国外游客一踏上中国的土地就能感受贵州茅台酒的魅力，感受中国传统文化，免税零售渠道已成为茅台酒等民族品牌进入国际市场的桥头堡；澳洲明耀公司始终把打造茅台酒品牌形象，传播中华文化作为他们的首要任务和目标；美国大文行与四季公司为了开拓美国市场长期不懈、不遗余力；法国卡慕公司将贵州茅台酒带进世界高端品牌的殿堂，与世界顶级品牌平分秋色。到目前为止，公司境外代理商 50 余家，直接发货的国家和地区 30 余个。茅台集团计划在包括美国、加拿大等国家在内的全球重点市场布局销售网络，展开全球化战略。

资料来源：茅台集团网站。

思考：

1. 茅台集团的国际化战略反映了该企业什么样的客户识别思路？
2. 如何定位茅台酒的潜在客户与优质客户？
3. 为什么茅台酒能够享誉世界，仅仅是因为产品的质量很好吗？

 ## 作业与习题

一、单项选择题

1. 以下有关客户开发的表述中，不正确的是（　　）。
    A. 客户开发是一项需要企业长期坚持的基本工作
    B. 客户开发是保持企业市场竞争优势的基本能力
    C. 客户开发是企业调整客户结构、改善客户关系的重要手段
    D. 客户开发是企业被动接受市场选择的自然现象

2. 潜在客户的类型不包括（　　）。
    A. 可以转化为现实客户的潜在新客户
    B. 没有购买意愿和购买能力的组织或个人
    C. 可以提升购买价值的潜在老客户
    D. 值得挽回的潜在已流失客户

3. 友情与爱情属于马斯洛需求层次理论模型中的（　　）。
    A. 生理需求　　　　　　　　　　B. 安全需求
    C. 社交需求　　　　　　　　　　D. 尊重需求
    E. 自我实现需求　　　　　　　　F. 其他需求

4. 通过老客户的介绍来发展新客户的方法被称为（　　）。
    A. 市场咨询法　　　　　　　　　B. 广告开拓法
    C. 逐户访问法　　　　　　　　　D. 连锁介绍法

5. 客户的姓名、性别、年龄、职业、身份证号码、家庭住址等信息属于（　　）。
    A. 描述类信息　　　　　　　　　B. 行为类信息
    C. 分析类信息　　　　　　　　　D. 关联类信息

二、多项选择题

1. 客户信息的主要类型包括（　　）。
    A. 描述类信息　　　　　　　　　B. 行为类信息
    C. 分析类信息　　　　　　　　　D. 技术类信息

2. 金融机构经常使用的客户信用调查方法是"6C"分析法，其具体内容包括（　　）。

    A. 品德　　　　　　　　　　　B. 能力

    C. 资本　　　　　　　　　　　D. 抵押品

    E. 经营环境　　　　　　　　　F. 连续性

3. 客户开发的常用方法包括（　　）两种基本类型。

    A. 营销导向　　　　　　　　　B. 情感导向

    C. 推销导向　　　　　　　　　D. 利益导向

4. 客户保持的影响因素包括（　　）。

    A. 社会环境和个人特质

    B. 客户生命周期特征

    C. 客户满意度与客户忠诚度

    D. 客户的转移成本

5. 识别客户需求的五个步骤是（　　）。

    A. 了解客户的购买经历　　　　B. 收集客户的具体要求

    C. 识别客户的核心需求　　　　D. 关注客户的疑问和抱怨

    E. 评价客户需求的满足程度　　F. 向客户推销新的产品

三、判断题

1. 由于潜在客户很难被企业准确把握，因而企业不需要识别潜在客户。　（　　）

2. 客户开发是企业在创业初期的主要工作，随着企业的运转步入正轨，客户开发将不再重要。　（　　）

3. 在企业的客户保持环节，质量和价格是基础条件，服务和品牌是竞争优势，情感则是最高境界。　（　　）

4. 按照企业设置的客户细分标准，每个客户可以属于多种类型。　（　　）

5. "5P"分析法的内容包括客户的个人因素、资金用途因素、还款财源因素、债权保障因素及企业前景因素。　（　　）

四、简答题

1. 请简述客户识别对于客户关系管理的意义。

2. 请简述优质客户的特征有哪些。

3. 请简述开发潜在客户的关键环节有哪些。

参考答案

客户互动管理

■**学习目标**

　　理解客户互动的含义与发展变化，掌握客户互动管理的影响因素。理解客户沟通的含义，能够结合实例灵活运用客户沟通的方法与技巧。掌握客户抱怨的含义、特点及原因，熟悉处理客户抱怨的原则、流程及意义。了解服务补救的一般策略。

■**学习重点**

　　客户互动的驱动因素，客户互动的演变历程，来自三个方面的客户互动管理影响因素，客户沟通的内容与作用，如何保证客户沟通的有效性，客户沟通的技巧与渠道，三个方面的客户抱怨原因，客户不满但不抱怨的原因，如何正确看待客户抱怨，处理客户抱怨的流程。

开篇案例
KAIPIAN ANLI

将餐饮视为社交、以服务打动客户的海底捞公司

　　海底捞品牌创建于 1994 年，历经二十多年的发展，海底捞国际控股有限公司已经成长为国际知名的餐饮企业。截至 2019 年 12 月 31 日，海底捞已在中国及新加坡、越南、韩国、日本、英国、美国、加拿大、澳大利亚等国家经营 768 家门店，拥有超过 5 473 万会员和 10 万员工。

　　海底捞始终秉承"服务至上、顾客至上"的理念，以创新为核心，改变传统的标准化、单一化的服务，提倡个性化的特色服务，将用心服务作为基本理念，致力于为顾客提供"贴心、温心、舒心"的服务；在管理上，倡导双手改变命运的价值观，为员工创建公平公正的工作环境，实施人性化和亲情化的管理模式，提升员工价值。

海底捞的使命是"通过精心挑选的产品和创新的服务，创造欢乐火锅时光，向世界各国美食爱好者传递健康火锅饮食文化"。

海底捞的价值观是"一个中心：双手改变命运。两个基本点：以顾客为中心，以'勤奋者'为本"。

海底捞的品牌愿景是"交流是人与人之间传递的刚需，而来自中国的火锅是天生的社交餐饮。海底捞致力于让更多人在餐桌敞开心扉，吃得开心，打造全球年轻人都喜爱参与的餐桌社交文化"。

另外，为增强客户满意度和互动体验感，海底捞向客户提供了大量个性化服务，如为女性顾客准备的免费美甲和护手服务，等座期间为顾客准备的各种零食、水果和游戏，免费照片打印服务，四川特色的国粹变脸表演及免费皮鞋擦拭清理服务等。

资料来源：海底捞网站。

思考：

1. 海底捞是如何实现与客户的积极互动的，这些互动措施与企业的组织文化有何关联？

2. 海底捞向客户提供了大量的个性化服务，如何评价这些服务的效果与意义。

3. 海底捞取得成功的原因是什么，试概括其中的经验与教训。

第一节　客户互动

一、客户互动的含义

客户互动（customer interaction）是指企业为了能够向客户提供满意的商品和服务，基于客户识别与客户细分，所采取的各种改善和增进彼此关系的方法和策略。实际上，客户互动的内涵十分丰富，企业与客户之间的任何直接或间接的接触、联系、沟通、对话、对抗及影响等都可被视为客户互动的范畴。客户互动更是企业"以客户为中心"理念的直接体现，蕴含着客户沟通、客户服务、客户关怀及客户抱怨等众多客户关系管理的核心概念，并直接影响着客户关系的可开发价值、生命周期、满意度和忠诚度等。可以说，在现代市场营销领域，客户互动已成为每一个企业都必须高度重视和认真管理的重要环节。

首先，客户互动的方式正在不断创新。传统的客户互动方式主要包括上门推销、店铺展示、问卷访谈、电话联系和邮件来往等，大多属于面对面的交流方式。随着现代信息技术的发展和普及，新兴的互动方式开始大量出现，诸如网络论坛、电子邮件、微信微博、视频连线、虚拟仿真及电子商务平台等逐渐成为客户互动的热门工具或方式，客户互动的体验与效果也得到了大幅度的改善。

其次，客户互动的内容涉及面很广。客户互动是一项贯穿客户生命周期的长期现象，存在于客户关系的寻找、建立、发展及维持等各个环节，因而能够传递各种类型的信息与价值。例如，在客户关系的考察期，客户互动的主要内容是扩大客户接触。企业需要向客户介绍自己的商品和服务，以及提供相关的咨询服务，从而使客户愿意与企业联系和交易。在客户关系的形成期，客户互动的主要内容是强化客户关怀。企业需要向客户提供更多的价格优惠与附加服务，从而提高客户的购买积极性和心理认同感。在客户关系的稳定期，客户互动的主要内容是向客户提供个性化的优质服务，从而保持客户满意、巩固客户忠诚。在客户关系的退化期，客户互动的主要内容是应对客户抱怨和处理客户投诉，从而使企业能够尽量延缓客户流失和挽回尚有价值的客户。

最后，客户互动的效果也是多方面的。其一，客户互动是实现客户关系双向沟通的最直接手段。在市场营销活动中，不仅企业需要寻找客户，客户也需要联系企业，来自客户关系的信息、知识及价值等需要交易双方共同创造。其二，客户互动本身也是一类具体的客户需求。现代市场营销理论认为，客户体验不仅来自使用商品和消费服务的结果，而且来自售前宣传、售中交易及售后服务等整个过程，其中企业与客户的情感交流、相互信任、合作互助等更是影响客户体验的重要因素。可以说，为了满足客户追求良好消费体验的需求，企业需要开展恰当的客户互动。其三，客户互动对于提升企业自身的能力也有诸多好处。通过客户互动，企业能够发现和培养一批能力较强、经验丰富的市场营销人才；通过客户互动，企业可以在消除客户抱怨的过程中弥补短板、获得进步；通过接触客户，企业还可以了解市场变化的最新趋势，从而保持高度敏锐、快速反应的经营管理状态。可以说，客户关系的活力与效能直接取决于客户互动的开展情况。

总之，客户互动就是客户关系管理的动态过程，是实现客户与企业共同利益的重要环节。

二、客户互动的发展与变化

随着市场营销理念与科学技术的进步，客户互动的类型与方式也在不断演变。可以说，时至今日，"企业如何与客户互动"这一问题还在被不断发展和创新，企业需要把握其中的主要驱动因素和阶段性发展特征，从而使自身的客户关系互动更有特色与效果。

（一）客户互动的驱动因素

1. 市场营销环境的变化

市场营销环境的变化催生了客户互动。随着市场格局由卖方市场转变为买方市场，企业需要赢得在客户市场的激烈竞争。为了争取客户和留住客户，企业就必须保持与客户的积极互动，从而牢牢把握在客户关系中的主动权。例如，在商品销售领域，"酒香不怕巷子深"的时代早已过去，企业必须积极地行动起来，才有可能在竞争同质化的行业当中拥有一席之地。

2. 市场营销观念的更新

市场营销观念的更新指引了客户互动。回顾市场营销观念或客户关系管理理论的发展历程，从"产品中心论"到"客户中心论"，客户互动逐渐成了市场营销活动的关键环节。为了提升客户的满意度和忠诚度，企业必须积极地联系客户、满足客户和帮助客

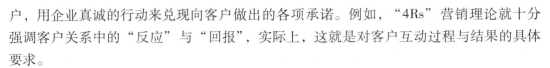

户，用企业真诚的行动来兑现向客户做出的各项承诺。例如，"4Rs"营销理论就十分强调客户关系中的"反应"与"回报"，实际上，这就是对客户互动过程与结果的具体要求。

3. 企业战略目标的优化

企业战略目标的优化强调客户互动。传统管理模式中的企业往往看重经济利润，强调短期利益的最大化。随着市场营销战略管理思想的普及，越来越多的企业意识到长期客户关系的价值与意义，开始追求企业与客户长期利益的最大化。同时，企业与客户还可以通过客户互动来创造价值，在不断深化的合作关系中分享更大的共同利益。例如，对于企业的关键客户而言，客户关系不再局限于满足简单的商品交易，而是要发展成特殊的战略伙伴关系，合作双方能够"心往一处想、劲往一处使"，从而形成商业上的"共生互利"关系。

4. 现代信息技术的应用

现代信息技术的应用创新了客户互动。按照传统的市场营销模式，企业很难准确掌握客户的需求与特点，客户互动往往是形式大于内容，不能真正发挥有效沟通客户、及时处理抱怨、维持客户满意等作用。随着互联网媒介、商业智能技术和客户关系管理系统等的出现，企业能够更加准确地识别客户、细分客户和管理客户，从而切实做到个性化营销和一对一营销。例如，依托正在大量兴起的互联网平台的在线互动，消费者可以足不出户就完成商品的选购、支付、物流及反馈等全部环节，既体验了全新的客户互动模式，也为企业提供了大量有价值的交易数据和互动信息。

可以说，在以上驱动因素的促进下，客户互动正逐步发展为企业适应市场竞争的最重要、最实际和最有效的环节。

（二）客户互动的演变历程

从 20 世纪 50 年代至今，企业的市场营销模式经历了从简单到复杂、从被动到主动、从传统到创新的发展过程，其中最具代表性的模式包括大众营销、目标营销和关系营销，相应的客户互动也呈现出了不同的特征。

1. 大众营销阶段

大众营销（mass marketing）是指企业以相同的方式向市场中的所有客户提供无差别的商品、服务及相关信息。这种营销模式表现为大量生产、大量分销和大量促销。使用大众营销的企业较为重视规模经济，容易忽视客户的差异。大众营销下的企业并不会关注客户的个性化需求，企业只需要向市场大规模投放广告，即可吸引足够数量的消费者，因而客户互动的数量较少，频率较低。例如，广告营销就是一种常见的大众营销方法，消费者在接触广告的过程中，了解商品信息、决策购买计划及传播企业价值。

2. 目标营销阶段

目标营销（target marketing）是指企业通过客户识别与客户细分，选定了一个或多个潜在目标客户群体，从而开展有针对性的市场营销活动。相比于大众营销，目标营销的优势十分明显。企业由于事先掌握了目标客户的主要特征，因而能够将有限的资源集中应用于最有潜力和最具价值的客户群体，从而极大地改善了市场营销策略的效果。实践也证明，企业并不需要服务于所有客户，企业有必要保持一定的选择性，即所谓的

"有所为和有所不为"。按照目标营销的思路，企业需要积极联系目标客户，互动方式以电话、邮件为代表，并开始体现一定的双向沟通和信息反馈特点。例如，电话营销就是一种适用于目标营销的互动方式。企业的销售人员通过给潜在客户打电话，即可在了解客户需求与购买意愿的基础上，实施差异化的商品推销策略。

3. 关系营销阶段

关系营销（relationship marketing）则将企业在市场营销过程中的全部关系方纳入客户的范畴，强调企业必须协调和处理与消费者、供应商、分销商、中介机构、社会公众及竞争者等的相互关系。显然，按照关系营销的思路，客户互动不仅成了企业实现经济利润和发展客户关系的必然环节，而且还是企业创新市场营销策略的主要领域。回顾关系营销理论，双向沟通、战略协同、交易互利、反馈及时和交往亲密等是其主要特征，这些特征几乎全部属于客户互动的范畴，从而体现了现代市场营销理念对关系互动的高度重视和苛刻要求。因此，按照关系营销的思路，客户互动的方式进一步丰富、深度进一步加深、程序进一步明确，并逐渐成为企业开展客户关系管理的一项系统性工作。例如，随着微博、微信和短视频等新媒体的出现，企业与客户都可以随时随地地交流信息和交易商品，从而使企业能够更好地满足个性化、多样化、动态化的客户需求。

三、客户互动管理的影响因素

为了开展积极有效的客户互动，企业需要在与客户接触时，明确客户互动的目标、优化客户互动的方式、总结和评价客户互动的结果，从而使客户获得满意、企业实现利润。一般认为，尽管影响客户互动效果的因素有很多，但是互动中的人、互动的模式及相应的技术是最为关键的三项因素。

（一）来自企业员工的影响

事实上，虽然市场上已经出现了智能化、自动化的人机对话模式，但是客户互动的本质仍然是人与人之间的接触和交流，需要企业员工用自己的语言和行动去获取客户的信任与合作。以直接接触客户的一线营销人员为例，他们需要向客户推荐企业的商品和服务，需要收集来自客户的信息和市场的反馈，还需要维护销售渠道的畅通和企业的市场形象。可以说，销售人员本身的形象、态度、素质及能力，会直接影响客户互动的效果。企业需要加强对内部员工的培训和管理，使之胜任市场营销岗位并满足客户互动的要求。例如，企业可以通过设置客户服务代表（customer service representative，CSR）来保持与特定客户的紧密联系。客户服务代表在满足客户个性化需求的同时，还能够增进客户对企业的情感和心理依赖，从而使相应的客户关系更加稳定。

（二）来自商业模式的影响

客户互动的效果与企业所采用的商业模式密切相关。所谓商业模式（business model），是指为了实现客户价值的最大化，企业通过分析外部环境和整合内部资源，所形成的一套完整的内部管理运行系统。同时，商业模式还是企业市场逻辑的具体表现，包含目标客户定义、分销渠道网络、客户关系管理、具体盈利模式、核心资源与能力组合等众多内容。可以说，有效的商业模式能够满足客户需求、发展客户关系、创造客户价值，并充分体现企业的市场竞争优势和经营管理特色。例如，究竟是将销售环节内部化，还是外包给经销商或代理商，企业对于商业模式的不同选择会直接影响客户互动的方式与质量。

（三）来自技术手段的影响

信息技术的飞速发展也促进了客户关系管理的不断创新。一方面，技术让企业的营销流程实现了自动化。依托数据库、商业智能及 CRM 系统等技术方法，企业可以轻松实现对客户数据的收集与分析，对内部营销管理的整合与优化，以及对客户关系的智能化管理。这一系列变化不仅直接改变了客户互动的方式，也给客户带来了全新的技术体验。例如，技术辅助式营销（technology-enabled marketing）就被视为一种自动化的营销模式，目前已被广泛地应用到了客户互动管理领域。另一方面，技术让企业的营销渠道得到了极大的丰富。随着移动互联网终端和电子商务平台的兴起，企业推广和销售商品的渠道也渐渐从线下发展到了线上，从而激发了客户的互动积极性和购买主动性。例如，很多企业都会研发和设计具有一定特色的手机应用软件，这些软件兼具社交联系、统计分析、游戏娱乐和商业交易等多种功能，能够与客户保持良好的互动联系。

综上所述，客户互动管理并不是简单的信息传递，而是一项复杂的关系管理工作。其中，人是客户互动的主体，模式是客户互动的逻辑，而技术是客户互动的工具，三者共同影响着企业对客户互动的管理效果（图 8-1）。

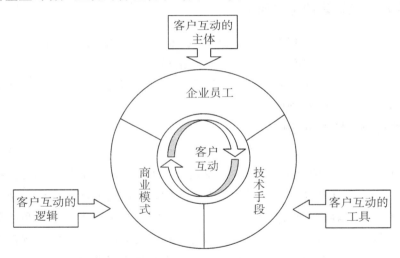

图 8-1　客户互动管理的影响因素

第二节　客户沟通

一、客户沟通的含义

在社会学中，沟通是不同行为主体之间实现相互交流和相互感知的社会化行为。沟通的目的在于消除分歧和达成共识，沟通的效果是信息交换和关系改善，沟通的形式包括语言沟通、文字沟通及电子媒介沟通等。客户沟通（customer communication）则是指企业与客户之间各种信息和知识的双向传递过程。客户沟通是客户互动的最常见形式，也是实现企业与客户心灵相通和行动协调的最主要途径。

（一）客户沟通的内容

客户沟通的内容涉及面很广，既包含与商业交易直接相关的内容，也包括其他间接性质的非商业内容。其中，信息沟通、理念沟通、情感沟通、意见沟通及规则沟通最具代表性。

1. 信息沟通

信息沟通是指企业需要将商品和服务的价格、功能、渠道等信息传递给目标客户，实现吸引客户和促成交易的作用。另外，客户也可将使用商品和消费服务的感受、评价及问题等信息反馈给企业，从而帮助企业采取相应的改进或调整措施。

2. 理念沟通

理念沟通是指企业需要将自身的价值理念、服务宗旨和文化倾向等介绍给广大客户，从而使客户能够理解并认同企业的各项行为，进一步缩短企业与客户的心理距离，实现从思想到行动的共鸣。

3. 情感沟通

情感沟通是指企业需要发展与客户的情感交流。企业需要站在客户的角度看待问题，让客户能够在关系互动中感受到来自企业的关心、关怀、尊重与体谅，从而在情感上产生对企业的信赖与依恋。

4. 意见沟通

意见沟通是指企业需要主动向客户征求有关商品和服务的意见或建议，主动寻求进一步改善客户关系的方法和思路。另外，客户也会主动向企业反映问题，常常表现为客户抱怨或投诉。企业也可从客户的问题反馈中获得有价值的信息，从而及时采取补救措施，避免客户流失。

5. 规则沟通

规则沟通是指企业需要向客户传递与交易相关的营销规则或办法，使客户能够知晓彼此关系的状态，并意识到进一步提升关系有什么好处。例如，企业需要向客户介绍鼓励购买计划、积分奖励规则和会员优惠措施等，促使客户做出最适合自身购买条件的决策。

（二）客户沟通的作用

开展有效的客户沟通是企业提高市场营销绩效的前提，具体作用体现在三个方面。

首先，企业与客户的双向沟通有利于客户关系的建立与维持。在沟通过程中，企业既可以向客户传递企业的商品和服务信息，宣传企业的组织文化和经营理念，介绍企业的发展历程和经营特色，也可以主动向客户征求有关商品和服务的意见和建议，了解客户的具体需求与期望，强化对客户的信任与情感。可以说，企业与客户是在双向沟通中实现了相互认识、相互熟悉、相互合作和相互依赖，双方共同创造了客户关系与关系中的价值。

其次，企业与客户的适时沟通有利于客户满意度的提升。客户沟通并不是一次性的客户互动，企业需要根据客户的具体情况保持最优的沟通频率。通过经常性的客户沟通，企业可以更加深入和准确地认知客户需求，从而使提供的商品和服务能够最大限度地令客户满意。特别是当企业在商品或服务方面出现失误时，及时的客户沟通往往能够消除客户不满、减少客户抱怨，从而既取得客户的谅解，又找到改进工作的方向。

最后，企业与客户的长期沟通有利于客户忠诚度的改善。客户沟通不仅具有战术价值，而且能够发挥战略作用。企业在与客户沟通时，可以向客户传递长期合作的邀请或意愿，使交易双方能够为了共同的发展愿景而建立起互利共赢的战略合作关系。同时，随着客户沟通的常态化，企业与客户还可以建立起一定的友谊和情感，这些具有社会关系特征的因素会进一步巩固彼此间的合作关系，从而使客户忠诚度被不断巩固和提高。

二、客户沟通的方法

（一）客户沟通的思路

企业需要总体把握客户沟通的基本思路，避免出现客户认知模糊、信息单向灌输、态度不够诚恳及反馈渠道闭塞等常见问题。

第一，企业需要做好沟通前的准备。企业需要充分了解沟通对象的相关信息，对于抱怨中的客户更要深入分析导致其不满的原因和背后的期望。企业切忌在未做市场调研的情况下盲目与客户沟通，从而陷入被动。可以说，信息准备是保障客户沟通的前提。

第二，企业需要正确开启沟通过程。企业需要充分尊重客户的感受与希望，懂得耐心倾听、将心比心和换位思考，从而在与客户沟通的开始阶段就表现出愿意深入沟通的诚意与态度。企业切忌在沟通过程中怠慢客户，当客户无法充分表达自己的意见或建议时，客户关系管理也将失控，这必然导致客户的流失。

第三，企业需要在沟通过程中掌握主动。企业与客户之间的沟通既是一种博弈，也是一场谈判。交易双方都希望通过有效的沟通来实现自身利益的最优化。为此，企业需要把握整个沟通过程的目标与节奏，使之在保证企业自身利益的前提下，也能够最大限度地满足客户需求。企业切忌在沟通过程中被客户的思路所左右，从而造成客户与企业"双输"的结果。

第四，企业需要在沟通过程中运用一定的方法和技巧。一方面，来自人际沟通领域的很多方法都可以被企业借鉴和应用。事实上，社会学角度的客户关系就是以人与人之间的沟通联系为基础的，沟通亦是人们适应社会经济环境的基本技能。另一方面，恰当的沟通方法能够改善企业的市场营销效果。特别是企业在沟通技术方面有所创新时，往往能够使客户沟通的效率更高、体验更好，从而产生事半功倍的良好效果。

第五，企业需要对客户沟通的结果进行评价。企业需要收集客户对整个沟通过程的感受与评价，并结合企业自身对沟通管理的绩效分析，综合评价客户沟通的目标达成度、客户满意度及其他相关影响等。企业也可以实施闭环式的客户沟通管理流程，通过不断循环的控制和评价，逐步提高企业的沟通能力。

总之，企业在进行客户沟通时，思路必须清晰，并且能够准确把握沟通的对象、时间、内容、方法及程序等关键要素。

（二）客户沟通的有效性

企业需要正确把握客户沟通的有效性，使相应的方法和技巧能够切实发挥积极的作用。

首先，实施有效的客户沟通，需要营造良好的客户感知氛围。在沟通中，企业需要使用客户习惯的语言和交流方式，并按照客户的情绪与心境来调整沟通环境，以便客户能够充分理解和接受企业所传递的信息。例如，很多企业都会根据客户沟通的具体内容，分别设置能够满足客户咨询、用户回访、问题投诉等需求的客户接待场所，并安排专门的员工负责客户沟通和处理相关事务。可以说，有效的沟通绝不是简单的对话，而是一场需要触及客户心理的受多种因素影响的过程。

其次，实施有效的客户沟通，需要满足客户的潜在要求或期望。企业在与客户沟通之前，需要了解客户的需求和期望，从而明确客户沟通的目标与动机。一方面，对于企业发起的客户沟通，其目的无外乎是推销商品、收集意见或发展客户关系等，若企业仅仅是单向地强调自身立场，而不能够让客户在沟通中获益，则这样的沟通不可能产生持续的价值。例如，大量重复的低质量电视广告已不再有效，观众会认为这样的企业只关心买卖而并不在乎消费者。另一方面，对于客户发起的客户沟通，企业更应该洞察其背后的要求与希望。例如，能够主动向企业抱怨的客户，一定是希望企业做出改进的客户。否则，他们会选择默默离去，而不让企业得到任何有价值的信息。

再次，实施有效的客户沟通，需要企业与客户的相互配合。众所周知，沟通具有双向性和反馈性等特点，因而企业与客户之间的沟通过程既具有竞争性，也具有合作性。显然，为了实现共同利益的最大化，合作的意义要大于竞争。企业与客户都要懂得如何在沟通中让步，从而使彼此间的关系得到改善，而不是被破坏。例如，在销售环节，客户与企业沟通的主要内容是商品的交易价格与配套服务，若企业能够给予适当的价格优惠和额外服务，则不但能够加速买卖的达成，更能令客户在沟通中产生成就感和获得感，从而更加满意。

最后，实施有效的客户沟通，绝不是完成简单的信息传递。企业需要意识到，信息只是沟通的内容，围绕客户关系的互动才是沟通的过程。因此，企业需要创新信息传递的路径与方法，使客户在理解和接受相应信息的同时，能够体会到企业的真诚与实干，从而更好地配合企业完成商业活动。例如，同样是广告宣传，有的企业仅仅注重了广告的说服性，看似详细的产品介绍却并不能打动消费者；而有的企业更加突出广告的互动性，以简单而生动的故事让消费者回味无穷、记忆深刻。可见，沟通是一门艺术，需要应用一定的方法。

（三）客户沟通的技巧

企业需要灵活使用客户沟通的策略与技巧，从而确保各项市场营销活动的顺利开展。

第一，沟通需要体现足够的诚意。企业在与客户进行沟通时，需要首先表现出沟通的诚意，从而让客户打消疑虑、放心交流。企业首次接触客户时，应当表现出充分的亲和力、自信心和诚信度，从而在给客户留下良好印象的同时，获得客户的认同和接纳。企业在处理客户抱怨时，则应当表现出解决问题的决心，并愿意用行动来兑现客户承诺，从而在使客户需求得到满足的同时，尽可能降低客户抱怨所产生的不良影响。另外，足够的诚意还表现在对客户行为的充分信任、对客户抱怨的耐心倾听、对客户关切的认真对待等方面。

第二，沟通需要设定明确的目标。企业需要明确客户沟通的目标任务，并围绕相应目标开展管理工作。在实践中，企业与客户沟通的目的并不需要明确告诉客户，只要保证目标客户的参与度和积极性，企业就可以从沟通中获得有价值的信息与资源。例如，一些看似漫无目的或随意进行的访谈、测试、游戏和促销等活动，其实都是企业精心设置的客户沟通环节，企业与客户在沟通中实现了"各取所需"的合作双赢。

第三，沟通需要使用创新的工具。随着新型电子商务模式的发展，适合企业与客户沟通的工具也越来越多样。诸如在线视频、多人连线等新的沟通方式的运用，极大地突破了传统客户沟通的时空限制，使企业能够与来自全世界的客户随时进行"面对面"的交流，从而创新了客户沟通的渠道与模式。企业在学习使用最新的沟通工具时，仍然要注意发掘工具背后的客户需求，切忌片面强调沟通工具的新颖性，而忽视了客户沟通的有效性。例如，在互联网营销概念刚刚出现时，有的企业为了追求时尚，也建设了自己的品牌网站。然而，网站由于缺乏后续管理，资料长期得不到更新，反而引起了客户的不满和反感，从而造成事与愿违的结果。

第四，沟通需要形成完善的制度。其一，企业需要为客户沟通提供必要的制度保障。为此，企业需要为客户沟通设置独立的部门，配备专业的人员，以及分配必要的资源。其二，企业需要为客户沟通设置科学的处理流程。企业的员工能够根据客户的反应启动程序化的应对措施。例如，当客户赞美企业时，如何鼓励客户；当客户需要企业时，如何帮助客户；当客户批评企业时，又如何安抚客户等。企业尤其需要建立详细的客户投诉制度，从而避免在沟通过程中陷入无休止的争论或其他形式的僵局。

三、客户沟通的渠道

（一）企业员工沟通渠道

与客户接触最多的是企业的员工，特别是企业的营销人员，他们肩负着向客户传递信息并接收客户反馈意见的重要职责。员工沟通渠道的优点是可以当面沟通、直接对话。客户通过企业派来的"人"了解了相应的商品、服务和文化理念，能够体验切实的客户服务，从而有利于客户关系的建立与发展。对于企业的营销人员而言，则必须具备较高的专业素养和人际沟通能力，不仅能够回答客户提出的各种问题，还能在解答疑问的过程中，获得客户的好感与信任。可以说，员工沟通渠道是一种最基础的客户沟通渠道。

（二）通信工具沟通渠道

企业可以利用各种信息交流工具，实现与客户的有效沟通。

第一，企业可以通过信函、传真及电话等传统沟通方式联系客户。例如，很多企业都会与客户互留电话与地址，企业也会主动向客户邮寄新产品介绍或打电话询问客户的消费体验。近年来，随着垃圾邮件和骚扰电话的出现，这类传统工具很容易引起客户的反感，沟通效果并不理想。

第二，企业可以通过电子邮件、微信、微博及QQ等互联网工具联系客户。例如，企业的客户服务人员会主动与客户建立微信联系，他们既可以通过客户的朋友圈了解客户的偏好与需求，也可以通过自己的朋友圈展示企业的商品与服务。这类工具的个性化程度高，既能够更好地实现"一对一"营销策略，也更容易被客户接受。

第三，企业可以通过服务热线、呼叫中心和网络平台等工具联系客户。这类工具能够为客户提供自动化的客户服务，满足客户的各种沟通需求。例如，家电制造企业大多会开通 24 小时维修服务热线，酒店会向消费者提供一站式网络预订平台，网约车平台能够为乘客提供包括预约、乘车、支付、评价及投诉等全部服务，满足客户沟通的需要。

第四，企业还可以通过设置意见箱、意见簿和意见卡等工具来联系客户。企业在使用这类工具时，既展现了推动客户沟通的积极行动，也表达了改进客户服务的谦虚态度。

（三）商业广告沟通渠道

商业广告是一类特殊的客户沟通方式。企业通过大众传播媒介，可以将商品、服务、品牌及观念等信息推向市场，从而联系上潜在的客户群体。广告具有形式丰富、传播力强等优点，一些设计新颖、个性鲜明的广告，对于短期的商品销售和长期的市场口碑都具有积极的促进作用。如今，随着传播媒介的发展，传统的报纸广告、电视广告逐渐被互联网广告所取代。互联网广告不但覆盖范围更加广泛、信息容量更加丰富，而且具有强烈的交互性与感官性，能够满足更高质量的客户互动要求。例如，互联网广告不再局限于单向的市场宣传功能，还可以吸引消费者按照预先设定的互动程序进行在线操作。网络后台能够根据消费者的浏览记录推测其购买意向，从而实时推荐相关商品；网络多媒体及虚拟现实技术等能够让消费者实现在线体验，从而增加了商业广告的体验感和参与性；网络系统还可以配合商业广告实现商品交易的"一站式"服务，从而将商业广告与商业交易结合在了一起。可以说，现代意义的商业广告已成了企业开展客户沟通的重要途径。

（四）营销活动沟通渠道

企业可以通过举办各种市场营销活动来联系客户。常见的活动形式包括座谈会、促销会和展销会等。这类沟通渠道的优点是能够基于客户细分实施有针对性的客户沟通，从而提升客户沟通的效率与质量；缺点是邀请客户有一定难度，由于受到时间、路程及经费等因素的限制，很多客户并不能参加企业的活动，从而使企业很难全面掌握客户市场的真实情况。例如，很多企业都会举办类似周年庆、店庆、厂庆的大中型商业活动，邀请新老客户参观企业、体验服务和选购商品，通过丰富且实惠的营销活动获得来自客户市场的最新信息。

（五）商业包装沟通渠道

企业向客户提供商品和服务的过程，本身就是一项综合性的客户沟通过程。企业需要回答客户有关商品和服务的所有问题，包括品牌、质量、价格、服务等各项内容。为了提高客户沟通的效果，企业需要通过商品的包装，提前向消费者传递必要的商业信息。例如，食品企业需要根据目标客户的审美特点与阅读习惯，将有关商品的产地、成分、重量、生产日期、质量标准等信息设计在包装上，并配以引发食欲的实物图片和艺术造型，从而通过商品包装激发消费者的购买欲望和回答消费者的各种疑问。可以说，包装也是一种无声的沟通媒介。

总之，客户沟通的方法与渠道是多种多样的，企业需要根据市场营销过程的具体需要，灵活选择最为恰当的沟通渠道和沟通技巧。

第三节 客户抱怨与服务补救

一、客户抱怨的含义

客户抱怨是指客户对企业的商品或服务感到不满意时，所表达的责难或提出的投诉。客户抱怨的直接原因是客户的需求没有得到满足，间接原因既可能是企业的商品或服务存在问题，也可能是客户的理解有误或期望太高。

一般认为，客户的不满会带来三种后果。其一，客户会停止购买企业的商品和服务，以默默离开的方式造成企业的客户流失，这一后果既不能向企业反馈问题，也不能使客户得到满意，因而是一种"双输"的结局。其二，客户会向企业抱怨来自商品、人员及服务等的各种问题，以提意见的方式成为企业的不满意客户，这一后果能够在企业与客户之间形成沟通与反馈，若处置得当，客户关系很可能得到改善。其三，客户会向企业总部、工商部门或新闻媒体等投诉，以公开反映问题的方式向企业提出退款或赔偿等要求，这一后果容易给企业造成较大的负面影响，是企业应当重点预防的客户行为。可见，客户抱怨只是客户不满的一种具体表现，其目的还是想要引起企业的关注，并促使企业做出反应。

因此，企业需要辩证地看待客户抱怨，既要看到自身在客户服务中的不足，意识到客户抱怨所带来的压力与挑战，也要看到客户对企业服务的期待，认识到客户抱怨所蕴含的价值与机遇。可以说，正确认识和处理客户抱怨，应当成为每一个企业都需要重视的客户互动环节。

二、客户抱怨的特点

（一）不可避免性

客户关系管理是对"人"和"关系"的管理，作为服务者的营销人员难免会有失误，作为被服务者的客户也难免会有情绪波动，因而时刻完美的客户服务是不存在的，令所有客户都满意也是办不到的。企业总会面对一些十分挑剔的客户，无论企业如何改进自己的商品和服务，他们也总会提出这样或那样的问题，成为企业最难管理的客户。为此，企业需要认识到客户抱怨的不可避免性。

（二）主观性

客户满意与否是一种由人的主观心理做出的判断，常常表现为愉悦或失望的自我感觉状态。换言之，面对同样的商品质量或服务水平，有的客户会感到满意，而有的客户就会感到不满意，客户的评价结果具有较强的主观性和一定的随意性。同时，客户抱怨会受到客户心理和心情状态的主观影响，这一特点又给企业带来了挽回客户关系的可能性。若企业的处理方法得当，则会安抚客户的不满心理，从而避免客户抱怨；若企业的应对措施不当，则会放大客户的不满情绪，从而刺激客户抱怨。

（三）广泛性

企业需要认识到，客户抱怨不仅仅是市场营销部门需要面对的问题，也是整个企业需要共同应对的客户关系管理难题。实际上，企业的全体员工都有可能成为客户抱怨的对象。除了直接接触客户的一线服务人员，企业的生产人员、营销人员、管理人员等都有可能与客户产生不同形式的联系，任何出现在客户沟通方面的过错或失误都有可能引发客户抱怨。例如，生产部门造成的潜在品质缺陷，就为消费者未来的抱怨埋下隐患；营销部门策划的虚假广告，夸大了产品的质量与效果，也会引起消费者的投诉；管理部门制定的错误决策，忽略了消费者的真实需求，更会引发消费者的大量流失。

（四）相互影响性

客户抱怨具有传染性，即抱怨中的客户会使其他客户也感到不满。实际上，由于客户抱怨是由主观心理引发的特殊行为，来源于客户实际感知与心理期望的比较结果，因而是否选择抱怨还与客户感受到的市场反应有关。当市场上出现客户抱怨时，其他客户也会怀疑自己的感受，并重新评价企业的商品和服务。特别是当抱怨的声音比较强烈时，有的客户还会产生类似"羊群效应"的从众心理，主观地认为自己也遇到了同样的问题，从而导致满意度下降或跟随抱怨。为此，企业需要预防由客户抱怨所引起的连锁反应。

（五）模糊性

客户抱怨还是一种难以精确测度的模糊变量。由于客户具有个体差异性，因而引起不满的因素也就具有多样性和不确定性。企业一般只能通过具体的抱怨客户来推测同类问题的影响范围和处理难度，既不能准确地找到每一位不满意客户，也不能精确地测量客户不满给客户关系造成的损害。为此，企业在分析客户抱怨的原因和后果时，应当结合一定的统计分析方法，如使用因素分析法、主成分分析法及结构方程建模法等，从而提高相应研究的准确性。

三、客户抱怨的原因

引起客户抱怨的原因主要来自企业、客户和环境三个方面。

（一）企业方面的原因

首先，企业向客户销售的商品无法令客户满意。市场营销的主要目标是将商品销售给客户，而商品的质量是影响客户满意度的最主要因素。在市场营销学中，商品质量的概念又有广义与狭义之分。狭义的商品质量是指商品是否符合相关的技术标准，能否满足特定的使用功能。而广义的商品质量是指商品的综合特性及其满足消费者需求的程度，包括商品的相对价格、附加价值及配套服务等。显然，客户会按照广义的商品质量做出综合评价，在其购买过程中的任何品质瑕疵、额外费用、交货延迟等问题都有可能引起客户抱怨。值得一提的是，按照管理学中的"零分法则"，企业对商品质量的管理要么是100分，要么是0分，没有所谓的"差不多"。企业的任何错误都可能将满意的客户直接转变为抱怨的客户，从而产生"100-1＝0"的效果。例如，很多房地产企业会在交房后遭遇不少业主的抱怨和投诉，引起不满的原因往往就是一些装修上的个别瑕疵或费用方面的少量差异，这些问题并不属于合同中的根本性违约。

其次，企业向客户提供的服务无法令客户满意。客户服务是市场营销的重要内容，客户对企业服务的评价亦是决定客户满意度的重要因素。从企业的角度讲，服务是企业向客户提供的一系列无形价值，服务既可以作为商品交易的补充，也可以脱离商品而单独存在。按照服务营销的观点，服务才是市场营销的本质。特别是对于成功的企业而言，优质的服务应该无处不在，并贯穿整个客户关系管理的过程。从客户的角度讲，服务是客户需求的重要组成，客户所需要的既有服务的结果，也有服务的过程。服务虽然是无形的和易逝的，却可以给人带来获得感和满足感。消费者在接受服务的过程中，能够感受到企业的真诚、友善、负责和可信，从而获得超越商业交易的额外满足。然而，如何向客户提供高水平的服务并令客户满意是一项难题。在实践中，测度服务质量的指标有很多，包括规范化、态度与行为、亲和力、忠诚感、可信度及互动性等，长期做好每一项指标并不容易。一些服务过程中的突发事件还会不断挑战客户服务的稳定性和灵活性，也许就是一个不经意的瞬间，客户感知到企业在服务上的欠缺，从而引发客户抱怨。

再次，企业对客户的需求定位存在偏差。企业向客户提供的商品或服务必须符合客户的特点，否则必然引起客户的不满。具体而言，如果企业向购买能力较强、消费层次较高的客户提供了价格便宜、档次一般的商品或服务，则会使客户感到被轻视，从而拒绝交易；反之，如果企业向购买能力较弱、消费层次较低的客户推荐了价格昂贵、档次较高的商品或服务，则会使客户感到困难，从而放弃交易。然而，如何准确定位客户的需求，则取决于企业在客户识别环节的工作成效。另外，企业也需要合理调整客户的期望，由于客户的期望越高，就越难满足，因而企业不能向客户做出超越自身能力的承诺，以免引起人为的客户抱怨。

最后，企业的宣传广告对客户造成了误导。商业广告是企业与客户沟通的重要渠道，特别是对于潜在客户而言，广告更是其认识企业、选择企业的起点。企业为了提升市场吸引力，往往会在广告宣传中尽力赞美自己的商品和服务，若出现过分美化、夸大其词的内容，则很容易给消费者造成心理落差，从而引起不满或抱怨。从市场营销的实践情况看，虚假广告（false advertising）是最令消费者反感和不满的广告，这类广告不仅内容虚假、误导消费，相关商品还很有可能存在假冒伪劣等问题，带有明显的欺骗性。因此，企业必须重视自身的广告宣传工作，务必做到实事求是、言行一致，切忌为了短期的销售目标而损害长期的客户关系。

（二）客户方面的原因

首先，客户希望通过抱怨来弥补经济损失。客户抱怨或投诉的主要动机是希望得到企业的行动反馈，其中，最常见的就是获得金钱或物质上的补偿。例如，当产品质量出现问题时，客户抱怨的主要诉求是退换货；当服务过程引发不满时，客户抱怨的主要诉求是赔偿损失。

其次，客户希望通过抱怨引起企业的重视。随着以客户为中心理念的兴起，企业在重视客户的同时，客户也渐渐意识到了自己在交易过程中的重要地位。因此，客户会根据企业的服务态度来决定自己的购买行为，并十分看重企业的客户关系理念与服务态度。企业需要认识到，客户出现抱怨时，所维护的还有他们的自尊与脸面。企业需要照顾客户的心理感受，并在必要时向客户表达歉意。

再次，客户希望通过抱怨来增加谈判的筹码。在市场营销实践中，大部分企业其实是十分惧怕客户抱怨的。这些企业只看到了客户抱怨的害处，却没有认识到客户抱怨的价值，加之又缺乏处理客户抱怨的方法和勇气，因而常常在与客户沟通的过程中处于劣势。于是，一些精明的客户正好抓住了企业的这一弱点，频频利用抱怨来迫使企业让步，从而将自己的不高兴、不满意转变成了商业谈判中的重要筹码。例如，消费者会抱怨企业商品的价格太高，其真实目的并不是放弃交易，而是希望企业能够给予更大的价格优惠；客户会抱怨企业的服务质量达不到要求，"扬言"将终止合同，其实还是希望企业能够满足自己提出的苛刻要求，从而改善服务的效果。

最后，客户在个性特征上的差异也会引起抱怨。不同客户对待"不满意"的态度是不尽相同的，这与客户个人的性格、脾气和习惯等特质有一定关系。以人的性格为例，常见类型就包括理智型、情绪型和意志型三种。理智型客户通常处事冷静、不露声色，能够客观、理智地看待问题，在产生抱怨时会有条不紊地据理力争；情绪型客户通常性格外向、表达直接，言谈举止容易受到情绪的影响，在产生抱怨时会显得冲动、莽撞和难以沟通；意志型客户则通常态度坚决、立场坚定，对于自己认定的目标绝不妥协，在产生抱怨时会固执己见、寸步不让。而实际上，大多数客户的性格是混合型。另外，通常情况下，购买金额高的客户比购买金额低的客户更容易提出抱怨；年轻的客户比老年的客户更容易提出抱怨。总之，企业需要了解客户的个性差异并提供因人而异的客户服务。

（三）环境方面的原因

环境方面的因素主要是指不受企业与客户控制的外部客观因素，例如，来自社会文化、法律法规及科学技术等方面的影响因素。

一方面，社会文化环境会影响客户对待不满的态度。在不同的文化背景中，人们的思维方式和行为习惯是存在差异的。在国际商务理论中，吉尔特·霍夫斯泰德（Geert Hofstede）提出了文化差异理论模型。在他看来，文化是在同一个环境中的人们所共同拥有的心理程序。人们由于来自不同的文化环境，例如，受过不同的教育、从事不同的工作、生活在不同的地方等，因而各自的心理程序会存在很大差异。具体而言，文化差异可以分为四个维度，分别是权力距离（power distance）、不确定性避免（uncertainty avoidance index）、个人主义与集体主义（individualism versus collectivism）及男性度与女性度（masculine versus feminality）。这些观点同样适用于客户分析。例如，在集体主义文化中，个人并不愿意成为矛盾的焦点，因而客户表达不满的方式会相对含蓄；在个人主义文化中，人们具有较强的自我维权意识，因而抱怨的方式更加直接。

另一方面，法律法规是否完善、沟通渠道是否顺畅、技术手段是否有效等也会影响客户抱怨的数量和程度。例如，消费者会借助法律武器来维护自身的合法权益，相应的客户投诉会在相关部门的支持下得到很好的解决；企业向客户提供的 24 小时投诉热线或随时互动的微信公众号，能够为客户抱怨提供便利的渠道，从而使企业能够更加全面地了解不满意客户群体。

四、客户不满但不抱怨的原因

值得注意的是，并不是所有感到不满的客户都会抱怨，客户放弃抱怨或投诉也是有原因的。

第一，客户认为不值得花费时间和精力去抱怨。实际上，向企业或相关部门表达不满情绪或投诉意见的客户只占全部不满意客户中的很少一部分。一方面，大部分客户会将消费过程中的问题归咎于自己的决策失误，认为只要终止购买企业的商品或服务，以后就不会出现类似的问题和矛盾。另一方面，很多客户还存在"怕找麻烦"的消费心理，在感到不满意时，会选择"息事宁人"和"大事化小、小事化了"的消极态度，认为没有必要与企业交涉。

第二，客户会担心抱怨的结果仍然不能让自己满意。虽然客户抱怨代表了一种期待与诉求，但是客户会根据企业的经营作风、服务态度等信息预判企业的处理结果，从而决定是否有必要反映不满。例如，客户会在抱怨前了解企业对同类问题的处理情况，如果企业对客户的问题漠不关心，则即使投诉也得不到反馈。抱怨究竟是不是解决分歧的办法，实践中并没有形成定论。有一些客户甚至认为，频繁的抱怨不仅无助于问题的解决，反而有害于双方的合作关系，因而在面对问题时，并不愿意采用抱怨或投诉这类情绪化的沟通方式。

第三，客户没有找到抱怨的对象或投诉的渠道。有时候，尽管客户感到不满，也存在抱怨的需要，但是企业却没有向客户提供合适的沟通渠道，从而使客户的意见和建议不能被企业知晓。实际上，这种情况是客户关系中断的表现，来自客户市场的暂时平静不仅会误导企业的商业决策，更会为更大规模的客户流失埋下隐患。

总之，企业需要随时观察客户抱怨的总体情况和变动趋势，若发现不满意的客户不再抱怨，则说明客户关系即将终结。

五、处理客户抱怨的意义

客户满意与客户忠诚是客户关系管理的重点，而处理客户抱怨则是防止客户流失的最后一道防线。企业需要认识到，客户抱怨并不是坏事，只要企业能够妥善处理客户抱怨，则不仅可以改善与抱怨客户的良好关系，还能在处理客户抱怨的过程中发现问题、总结经验和吸取教训，从而将威胁转变为机遇、将坏事转变为好事。

（一）重塑市场信誉

客户抱怨会对企业的市场信誉造成不利的影响，而企业应对客户抱怨的过程正好反映了客户关系管理的能力。客户抱怨大多为公开事件，其他客户会观察企业的处理态度和应变能力，进而对企业的市场声誉做出重新评价。据统计，1 个持续抱怨的客户至少会引起 10 个客户跟随其抱怨。因此，面对客户抱怨，企业绝不能视而不见或听之任之，沉默与回避都不是解决问题的最好办法。企业应当以客户抱怨为契机，在安抚客户情绪和满足客户诉求的同时，向市场表明自己的诚信与担当，从而将客户抱怨事件转化为提升企业美誉度的典型案例。例如，20 世纪 80 年代，海尔集团的前身青岛电冰箱总厂负责人在接到用户抱怨冰箱的质量存在问题时，当众砸掉了 76 台问题冰箱。这一事件不但强化了企业的质量管理，也在市场上形成了巨大的口碑效应，从此以后，几乎没有人再质疑过海尔冰箱的质量。

（二）防止客户流失

客户抱怨的直接后果是降低客户忠诚度，进而造生客户流失。为此，企业需要加强对不满意客户的管理，并且将抱怨客户从流失的边缘挽回回来。实际上，企业市场营销的成败就取决于客户资源竞争的成败，企业的优质客户数量越多，其在市场中的生存能力越强，发展潜力也越大。当有客户向企业提出抱怨时，企业应当感到庆幸，因为在每 25 位不满意的客户中，只有 1 位客户会表达意见。换言之，企业只要解决了一位抱怨客户的问题，就能挽留一大批具有同样不满的潜在流失客户。同时，企业在化解客户抱怨的过程中，与客户的互动会有所增加，客户对企业的了解与信任也会加强。随着客户满意度的提高，有过抱怨的客户往往会更加珍惜同企业的合作关系，相应的客户忠诚度也会更高。

（三）预警潜在风险

妥善处理客户抱怨能够降低企业的潜在风险。一方面，客户抱怨并不是最糟糕的情况。客户不满的表现通常有四个层次，从低到高分别是沉默、抱怨、投诉和纠纷。如果企业能够在客户抱怨阶段解决问题，则可将客户不满的负面影响降至最低，从而避免将小问题拖延为大问题，将大问题恶化为经营危机。另一方面，客户抱怨为企业带来了免费的市场信息。客户抱怨的内容大多反映了用户的体验和市场的评价，应当被企业视为增强优势和弥补短板的宝贵信息。特别是当企业需要推广新产品或开拓新市场时，适量的客户抱怨往往比一味的赞美更有价值。可见，客户抱怨也是企业接受反馈、听取意见的一种方式，企业也可从客户抱怨中感知市场需求的最新变化，从而及时调整自身的市场营销策略。

（四）促进企业发展

常言道，良药苦口利于病，忠言逆耳利于行。精明的企业家会将客户抱怨视为帮助企业成长与发展的治病良药，并且认为客户抱怨是映照出自身不足的一面镜子。想要着眼于长期的市场效益，企业就应当接受客户的监督，在态度方面诚恳地欢迎客户反映问题，在渠道方面为客户反馈尽可能地提供便利，在行动方面充分接受客户对企业的善意批评。唯有如此，企业才能真正将客户抱怨的压力转变为改进商品和提高服务水平的动力，并保持与广大客户的长期友好关系。

六、应对客户抱怨的原则

（一）保持正确的态度

面对客户抱怨，企业首先需要端正自己的服务态度，以正确的心态和积极的行动来安抚不满、平息愤怒及解决困难。有时，也许服务人员的一句道歉，就能使抱怨客户的心情变好。正确的态度包括三个方面的内容。

首先，企业需要树立正确的服务理念，重视和关心抱怨客户的诉求。企业应当坚持"客户永远正确"的观念，以谦虚诚恳的态度、有错必改的勇气和宽容大度的胸怀来处理客户抱怨，从而使客户能够重新认识企业的担当与价值。

其次，企业需要坚持对事不对人的争议处理原则，避免与客户争辩。企业应当尽快查清客户抱怨的来龙去脉。如果是企业方面的责任，应当向客户致歉并采取补救措施；如果是客户方面的问题，也应该尽力安抚，并给出两种以上可供选择的解决方案。

最后，企业还需要注意客户的情绪，体现重情感、轻利益的原则。企业需要站在客户的角度将心比心，让客户在发泄不满的同时，也能够体会到来自企业的关怀。在解决实际问题时，企业绝不能斤斤计较，此时的讨价还价反而会刺激客户的进一步抱怨。

总之，保持正确的态度对于处理客户抱怨具有重要意义。

（二）运用恰当的方法

除了端正服务客户的态度，企业在处理客户抱怨时还需要借助一定的方法和策略。

第一，企业需要制定完整的客户抱怨处理流程，使相关工作思路清晰、有章可循。企业需要专门制定处理客户抱怨的手册或办法，使相关员工的业务操作能够实现标准化、制度化和专业化。例如，当客户以电话方式提出意见时，可以规定服务人员的语言标准。其中，必须使用的语言有哪些，禁止使用的词句又有哪些，以及如果遇到不能回答的问题，相应的对策是什么等。

第二，企业需要明确接待和处理抱怨客户的具体部门和相关人员，为客户投诉提供畅通的渠道和周到的服务。例如，企业应当公开投诉热线或反馈邮箱，若需要接待上门投诉的客户，则应给予必要的协助。切忌让抱怨的客户来回奔波，或遭遇"踢皮球"待遇。

第三，企业需要掌握一定的策略和技巧，从而使处理客户抱怨的过程更加顺利。实践中，"三换"策略就是一种十分有效的应对思路。当客户针对某一员工提出抱怨时，企业可以选择换人的策略，请更高职位的员工来接待客户，从而使客户在心理上感到受尊重和满足。当客户在公众场合或营业场所提出抱怨时，企业可以采取换地点的策略，将客户请到贵宾室、会议室等场地，从而使企业的人员能够与客户单独沟通，不至于引起其他客户的过度关注。当客户抱怨的问题很难在短期内得到解决时，企业可以使用换时间的策略，与客户重新约定解决争议的时间，从而使客户与企业都能在冷静思考的基础上，理性、客观地处理问题。

可以说，处理客户抱怨也是一种管理艺术，需要企业的服务人员在实践中不断探索与创新。

（三）采取及时的行动

处理客户抱怨，企业还要做到"三个及时性"原则。

首先，针对客户抱怨的行动反应要及时。企业在接到客户抱怨或投诉时，应当尽快掌握客户抱怨的焦点，并争取在最短的时间内答复客户。企业需要明白，客户抱怨会随着时间的推移而越发强烈，企业处理抱怨的拖延时间越长，相应工作的难度越大，效果也越差。

其次，向高层主管的情况汇报要及时。企业的服务人员在察觉到客户抱怨时，应当在第一时间向更高层级的主管人员反映情况，从而使企业能够在一定高度上掌握客户抱怨的整体影响程度，也使服务人员在向客户做出承诺时获得必要的决策权。

最后，记录客户信息和留存工作档案要及时。企业处理客户抱怨的过程也是与客户互动和沟通的过程，企业需要详细记录客户抱怨的主要原因、处理经过及后续反应，从而形成完整的客户信息档案。从这些档案资料中，企业可以总结导致客户不满意的教训、挽救客户关系的经验，从而为日后预防和处理同类问题提供参考。

七、处理客户抱怨的流程

为了让抱怨客户获得"第二次满意"，企业需要掌握一套有效的客户抱怨处理流程。这一流程主要包括六个步骤（图8-2）。

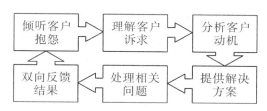

图8-2 客户抱怨的处理流程

（一）倾听客户抱怨

企业的服务人员需要认真倾听客户抱怨，在让客户宣泄不满情绪的同时，注意将在对话中看到的、听到的和感受到的信息综合起来，为进一步把握客户诉求和构思解决方案做好准备。在人际交往学中，做到有效倾听需要注意六个要点。其一，不要轻易打断客户的表达；其二，不要让自己的情绪被客户左右；其三，不要让客户感觉到敷衍或怠慢；其四，要善于听懂言外之意、话外之音；其五，回应要及时，但承诺要慎重；其六，要注意观察客户抱怨时的其他细节。常言道，善听才能善言，耐心的倾听不仅能够帮助企业掌握更多的客户信息，还有助于企业巩固和发展客户信任，因而是处理客户抱怨流程的关键第一步。

（二）理解客户诉求

在满足诉求之前，抱怨客户最需要得到的是情感上的理解与认同。此时，企业人员的表现将影响客户抱怨的发展过程。企业的服务人员需要从两个方面理解客户抱怨。其一，在态度上，服务人员要将客户的事情当作自己的事情。接待客户的人员既要保持热情，有诚恳及友好的服务态度，也要让客户感受到充分的同情心和亲和力，从而将企业由客户抱怨的对象转变为客户求助的对象。其二，在行动上，服务人员还要表现出对抱怨客户的积极配合，使困境中的客户能够找到依靠、看到希望。在客户抱怨中，企业的服务人员一定要摆正自己的位置，切忌站在抱怨客户的对立面，而是要站在客户的位置，与客户一道来解决问题。实际上，缺乏诚意的倾听是不利于化解客户抱怨的，客户理解正是改善客户关系、提升客户沟通效率的一个重要环节。

（三）分析客户动机

基于客户抱怨的内容，企业需要对相关事项进行调查与核实，从中找到客户抱怨的根本原因。与此同时，企业还要分析客户抱怨背后的需求和期望，从而为最终解决问题找到正确的方向。在实践中，企业同样需要对客户抱怨进行细分，将其按照严重程度、影响范围、责任划分及真实意图等因素进行分类和排序，进而实施有针对性的维护和管

第八章　客户互动管理

理。尤其需要注意的是，有少数客户会抱有"爱哭的孩子有糖吃"的观点，常常利用客户抱怨来引起企业的关注与照顾。这种情况会误导企业的客户关系管理决策，不仅浪费了企业人员的时间、精力和资源，还很有可能导致企业对真正不满意的客户的忽视，从而造成大量优质客户的流失。可见，分析客户动机是十分必要的。

（四）提供解决方案

企业需要根据客户的诉求与企业的能力，合理制订处理客户抱怨的具体方案。一般而言，企业应当向客户提供两种以上的解决办法，从而将一定的选择权交给客户。这一策略具有三项优点。其一，企业的备选方案具有一定的层次性。企业既可以按照让步的幅度向客户逐一推出备选方案，也可以一次性向客户推出具有一定选择范围的备选方案，从而使自己能够始终掌握谈判的主动权。其二，客户沟通具有良好的互动性。客户在选择解决方案时，既具有一定的自由度，也能够体会到来自企业的尊重和诚意。其三，客户关系更容易得到维护。在客户选择解决问题的方案时，企业可以为其提供必要的解释与说明，有利于争议双方关系的转变，即由相互指责的关系转变为相互合作的关系。

（五）处理相关问题

当客户与企业就解决问题的方案达成一致时，企业用实际行动来彻底化解客户抱怨。例如，当客户抱怨企业的商品存在质量问题时，那么企业就需要为客户及时更换商品，并给予适当的补偿；当客户抱怨企业的服务达不到要求时，那么企业就需要向客户道歉，并按照客户的意愿重新服务。在处理客户提出的各种问题时，企业还需要适当使用一些商务谈判方面的技巧，从而使客户的满意度更高。例如，企业可以通过回忆过去与客户的合作经历，以打情感牌的方式来赢得客户的谅解；企业可以通过赞美客户的品德与作为，以戴高帽的方式来拉近与客户的距离；企业还可以通过向客户描绘合作的前景，以画蓝图的方式来争取客户放弃眼前的争议。另外，在完成对客户抱怨的处理之后，企业还可以向客户赠送一定的优惠券、代金券或小礼物等，从而将客户抱怨对客户关系的负面影响降至最低。

（六）双向反馈结果

一方面，企业需要来自客户的信息反馈。企业需要对客户抱怨的处理结果进行追踪和调查，从而掌握客户的需求是否得到了满足。例如，企业可以通过回访客户的方式，了解客户对更换后的商品的评价；企业也可以通过监测客户的购买信息，观察客户在抱怨后的消费行为变化。另一方面，客户也需要来自企业的信息反馈。企业需要保持与抱怨客户的有效沟通，使客户能够及时了解企业的各项改进措施。实践表明，当客户发现自己的意见得到了企业的重视时，客户会对企业更加满意。同时，企业在向市场反馈自身的改进措施时，相应的口碑、声誉也会得到改善。

八、服务补救

（一）服务补救的含义

服务补救（service recovery）的概念产生于 20 世纪 90 年代，是指企业在发现客户服务出现问题时，为了防止客户抱怨而提前采取的补救措施。事实上，服务补救是一种预防危机的应急反应，是企业围绕自身工作中的失误所开展的一系列管理工作。服务补救也可被理解为企业向客户提供的第二次服务，其目的是重建客户满意和维持客户忠诚。

大多数服务都是一次性的，即使有重复的服务，客户的感受也会发生变化。因此，服务补救的效果很难保证，与其说服务补救是在改善客户服务，还不如说是对客户关系的维持或挽救。

（二）服务补救的特点

同样是针对不满意客户的互动与沟通，服务补救与客户抱怨管理有着显著的区别。

首先，服务补救具有主动性。在应对客户抱怨的过程中，客户处于主动地位，而企业在更大程度上是抱怨的被动接受者。例如，大多数企业对待客户抱怨的态度都是"客户不抱怨，则企业不处理"。而在服务补救的实施过程中，企业完全处于主动地位。企业需要主动跟踪客户的感受与评价，一旦发现可能引起不满的因素，立即采取补救措施，从而具有较高的危机管理主动性和前瞻性。

其次，服务补救具有实时性。当企业收到客户抱怨时，一项服务往往已经完成，此时的所有补救措施都是建立在服务失败这一既成事实之上的。例如，游客向企业投诉糟糕的旅行经历时，相关的旅游活动已经结束。此时，企业除了向客户道歉与补偿，并不能改变服务的结果。而服务补救则能够在服务的过程中，实时改善企业的服务质量，从而将客户抱怨消除在萌芽状态。例如，当旅游企业发现为游客规划的旅游线路存在不合理因素时，可以立即做出调整，主动取消过多的购物环节和没有价值的景点安排，从而确保游客满意。

最后，服务补救具有全员性。一般而言，企业会设立专门的机构来管理客户抱怨，相关工作由一批专业人才独立进行管理。例如，企业向客户提供的投诉渠道是相对固定的，客户只有在不满时才会拨打投诉热线或联系相关的客户服务人员。而服务补救则是一项需要全员参与的整体性服务工作。所有和客户打交道的员工都应当注意自己的服务态度和方法，市场营销的每一个环节都有可能成为服务补救的"爆发点"。

（三）服务补救的策略

首先，企业需要跟踪服务质量。服务是一种无形的商品，其质量的好坏既来自企业自身，也受到客户评价的影响。为此，企业需要实施恰当的服务质量保障措施，在收集客户意见的同时，能够及时发现服务中的漏洞和不足。通过完善客户不满预警机制，企业将具备长期管理客户关系的竞争优势。

其次，企业需要提升一线员工的能力。相比于处理客户抱怨，服务补救同样具有较大的挑战性。企业的服务人员必须熟练掌握应对客户不满的各种方法与技巧，并具备处变不惊、随机应变的沟通能力。同时，企业还要授予一线员工解决问题的权力，鼓励他们追求创新和接受挑战，使他们能够在授权范围之内充分发挥自身的才能与智慧，从而保证服务补救的效率与效果。

再次，企业需要调整服务内容。当客户表露出不满时，企业的服务人员必须第一时间联系上客户或赶到服务现场，从而及时干预劣质服务对客户满意度的影响。同时，服务人员应当尽快改变原有服务的内容与方式，从而将客户的注意力转移到新增的服务中去。需要注意的是，企业并不需要让客户意识到相应措施的存在，服务补救的意义在于防患于未然，而并不是要将潜在的问题公开化和扩大化。

最后，企业需要在服务补救中有所收获。实际上，企业向客户提供服务的过程，也是一个不断探索与学习的过程，来自客户的不满正好暴露了企业服务的缺陷与不足，因而能够在促进企业的发展方面发挥积极的作用。因此，企业在完成服务补救之后，绝不能"雨过忘雷"，而是应当从中总结经验与教训，并避免同类问题的再次出现。

本章小结

本章主要讲述了三个方面的内容。

第一，客户互动。客户互动是指企业为了能够向客户提供满意的商品和服务，基于客户识别与客户细分，所采取的各种改善和增进彼此关系的方法和策略。随着市场营销环境的变化、市场营销观念的更新、企业战略目标的优化及现代信息技术的应用，客户互动的类型与方式也在不断演变。客户互动模式经历了大众营销、目标营销和关系营销等发展阶段。而互动中的人、互动的模式及相应的技术是影响互动效果的三项主要因素。

第二，客户沟通。客户沟通是指企业与客户之间各种信息和知识的双向传递过程。正确的客户沟通方法由三个部分组成，分别是清晰的沟通思路、良好的沟通效果和灵活的沟通技巧。常见的客户沟通渠道包括企业员工沟通渠道、通信工具沟通渠道、商业广告沟通渠道、营销活动沟通渠道及商业包装沟通渠道等。

第三，客户抱怨与服务补救。客户抱怨是指当客户对企业的商品或服务不满意时，所表达的责难或提出的投诉。引起客户抱怨的原因主要来自企业、客户和环境三个方面。企业需要认识到，客户抱怨并不是坏事，只要企业能够妥善处理客户抱怨，就能够将威胁转变为机遇、将坏事转变为好事。服务补救是指企业在发现客户服务出现问题时，为了防止客户抱怨而提前采取的补救性措施。这是一种具有主动性、实时性和全员性特征的应急反应。

总之，无论是需要企业主动开展的客户沟通，还是需要企业被动应对的客户抱怨，客户互动已成为每一个企业都必须高度重视和认真管理的重要环节。

课后案例

以诚信的态度和积极的行动化解客户抱怨的携程公司

携程公司创立于 1999 年，总部设在中国上海，员工超过 30 000 人，目前公司已在北京、广州、深圳、成都、杭州、南京、厦门、重庆、青岛、武汉、三亚、南通等 95 个境内城市，新加坡、首尔、香港等 22 个境外城市设立分支机构，在中国南通、苏格兰爱丁堡设立服务联络中心。

作为中国领先的综合性旅行服务公司，携程公司成功整合了高科技产业与传统旅行业，向超过 3 亿会员提供集无线应用、酒店预订、机票预订、旅游度假、商旅管理及旅游资讯在内的全方位旅行服务，被誉为互联网和传统旅游无缝结合的典范。

今日的携程公司，在线旅行服务市场居领先地位，连续4年被评为中国第一旅游集团，目前是全球市值第二的在线旅行服务公司。

携程公司的经营理念是"秉承'以客户为中心'的原则，以团队间紧密无缝的合作机制，以一丝不苟的敬业精神、真实诚信的合作理念，建立多赢的伙伴式合作体系，从而共同创造最大价值"。

在携程的网站上，记录了一则名为"一诺千金"的故事，故事的情节是这样的：

五一劳动节过后，很多城市因各类会议的召开而进入酒店预订的旺季，满房情况时有发生。某天一位客人投诉表示预订的酒店式公寓因为前台找不到客人的预订信息不愿解除门禁，让客人在楼下一直站着等候。

接到客人的反馈，携程公司工作人员先联系酒店负责人，要求先让客人进酒店在沙发休息等候，再解决此事。之后查询是因酒店无法联系到客人，以为客人不来就单方面取消了订单，并且现在酒店已满房无法安排客人入住，周边酒店也被告知均已满房。

酒店有失误，但客人是通过携程公司做的预订，携程公司有责任为客户解决问题。在之后的过程中，携程工作人员联系了不知多少家酒店，最终凭着携程公司多年来树立的品牌效应，凭着与合作酒店良好的合作关系，携程公司工作人员为客人争取到了几家酒店，让客人在其中选择一家成功入住，客人对携程公司的处理方式表示满意。对于客人来说此事已经圆满解决，但对于携程公司，工作还没有结束。

携程公司对外有一项承诺：到店无房，赔偿首晚。当携程公司主动告知客人会赔偿她首晚房费时，客人非常惊讶，同时也佩服携程公司的诚信服务，说到做到。

携程公司秉承着诚信走到了现在。不管是在"到店无房"时，还是在"房价倒挂"时，只要有问题，携程公司一定会挺身而出。正因为是这样，越来越多的客人因为携程公司的"诚信"而选择了携程公司。在未来，携程公司也会一直保持这种文化，将一诺千金执行到底。

资料来源：携程公司网站。

思考：

1. 案例中的小故事有何启示？

2. 携程公司的经营理念反映了什么样的客户关系管理思想？

3. 面对客户抱怨和投诉，携程公司采取了什么样的态度和行动？体现了怎样的原则、思路与技巧？

 作业与习题

一、单项选择题

1. 广告营销表现为消费者在接触广告的过程中，了解商品信息、决策购买计划及传播企业价值。这属于客户互动发展历程中的（   ）。

  A. 大众营销   B. 目标营销

C. 关系营销   D. 个性营销

2. 电话营销就是一种适用于（   ）的互动方式，企业的销售人员通过给潜在客户打电话，即可在了解客户需求与购买意愿的基础上，实施差异化的商品推销策略。

     A. 大众营销   B. 目标营销

     C. 关系营销   D. 个性营销

3. 对于存在怕找麻烦、息事宁人和大事化小、小事化了等消费心理的客户，当感到不满意时，一般会（   ）。

     A. 主动提出抱怨   B. 向上级部门投诉

     C. 选择沉默   D. 继续重复购买

4. 20 世纪 80 年代，海尔集团的前身青岛电冰箱总厂负责人在接到用户抱怨冰箱的质量存在问题时，当众砸掉了 76 台问题冰箱。这样做的目的不包括（   ）。

     A. 重塑市场信誉   B. 防止客户流失

     C. 促进企业发展   D. 警告抱怨的客户

5. 当超市的营业员发现摆放了过期商品时，立即采取行动将其更换下架，这一做法属于（   ）。

     A. 服务补救   B. 客户挽回

     C. 客户沟通   D. 客户关怀

二、多项选择题

1. 服务补救与客户抱怨管理的主要区别包括（   ）。

     A. 主动性   B. 实时性

     C. 全员性   D. 偶然性

2. 推动客户互动内涵与形式不断发展的驱动因素包括（   ）。

     A. 市场营销环境的变化   B. 市场营销观念的更新

     C. 企业战略目标的优化   D. 现代信息技术的应用

3. 客户互动管理的影响因素包括（   ）。

     A. 来自企业员工的影响   B. 来自商业模式的影响

     C. 来自技术手段的影响   D. 来自产品质量的影响

4. 一般而言，客户沟通的主要内容包括（   ）。

     A. 信息沟通   B. 理念沟通

     C. 情感沟通   D. 意见沟通

     E. 规则沟通   F. 数据沟通

5. 客户抱怨的特点具体表现为（   ）。

     A. 不可避免性   B. 主观性

     C. 广泛性   D. 相互影响性

     E. 模糊性   F. 友好性

三、判断题

1. 客户互动的内涵十分丰富，企业与客户间的任何接触、联系、沟通、对话及影

响等都可被视为客户互动的范畴。 （　　）

2. 不抱怨的客户都是满意的客户。 （　　）

3. 处理客户抱怨对于企业没有太大意义，反而会耗费企业人员的时间与精力。

（　　）

4. 企业在与客户进行沟通时，需要首先表明沟通的诚意，从而让客户打消疑虑、放心交流。 （　　）

5. 商品的包装是一种无声的沟通媒介。 （　　）

四、简答题

1. 请简述客户沟通的基本思路。

2. 结合一定案例，谈谈企业应当如何保证客户沟通的有效性。

3. 客户抱怨究竟是"坏事"还是"好事"，谈谈你对客户抱怨的认识与理解。

参考答案

第九章

客户满意管理

■ **学习目标**

　　理解客户满意的含义、内容、特点与意义，能够区分客户满意与客户信任。掌握客户满意度的概念与衡量等级，熟悉常用的客户满意度分析工具。掌握客户满意度管理的要点，能够根据企业的具体情况制定和实施有针对性的客户满意度管理策略。

■ **学习重点**

　　客户满意水平的测度公式，客户满意的具体内容，客户信任的概念，衡量客户满意度的李克特量表，卡诺模型、客户满意度矩阵和客户满意度指数模型，客户满意度调查的步骤，管理客户期望的注意事项，客户关怀的基本思路。

 **开篇案例**
KAIPIAN ANLI

长虹着力"三个满意"，努力打造和谐企业

　　创建于1958年的长虹，历经60多年的发展，从期初立业、彩电兴业，到如今已成为集消费电子、核心器件研发与制造为一体的综合型跨国企业集团，正向着具有全球竞争力的信息家电内容与服务提供商挺进。

　　2019年长虹品牌价值达 1 572.89 亿元，居中国电子百强第 7 位、中国制造业 500 强第 58 位。

　　多年来，长虹坚持以用户为中心、以市场为导向，强化技术创新，夯实内部管理，沿着智能化、网络化、协同化方向，构建强大的物联网产业体系，不断提升企业综合竞

争能力，逐步将长虹建设成为值得全球尊重的企业。

长虹的核心价值观为"敬业担当，同创共享"。

敬业是全体员工的基本品质和职业素养，诚信务实、专注专业、用户至上、追求绩效，倡行"岗位有我就能，不作为就下位"，创造个人在组织中的最大价值；担当，即工作尽职尽责、积极主动、勇于承担，全力达成目标。

同创共享，即全体员工创新创造企业价值，遵循公平公正的原则，共同分享企业的发展成果。强调创新创造与团队协作，以用户为中心，凝心聚力，风雨同舟。奋斗在长虹，成就在长虹。

长虹的企业宗旨："员工满意、顾客满意、股东满意。"

资料来源：长虹集团网站。

铃铃铃，电话响起。关星月敏捷地拿起电话。

"要货，多少？10吨，没问题，我马上安排人送去。"放下电话，关星月马上安排人装车，送货。望着车队远去的身影，他的脸上露出高兴的笑容。

一年前，关星月还是长虹公司的一个普通员工，但现在他成了这家新材料公司的董事长。关之所以能开创出自己的事业。在于他有"贵人"扶持。这个"贵人"是他相依多年的企业——长虹，后者为他的新公司提供了足够的启动资金。

自己的员工创业，企业提供资金，这简直令人难以置信。但上述这个虚拟的场景，却可能在长虹出现——因为长虹正在实施自己的员工创业计划。

很多人认为，"三满意"没什么新意，因为很多企业都在提。但仔细研究之下，会发现长虹的提法与别的企业不一样，就是顺序。在股东、顾客、员工三者之中，长虹把员工满意放在第一位。

长虹认为，员工是企业最可宝贵的财富，员工是企业价值链的起点。只有员工满意，企业才能提供使顾客满意的产品和服务；只有顾客满意，企业才有市场、才能获利；只有企业有效益，才能给股东提供回报，股东才会满意。

资料来源：2007年8月13日的《华西都市报》。

思考：

1. 结合长虹集团的"三个满意"理念，谈谈你对客户满意的理解。
2. 长虹集团为什么把作为内部客户的员工放在满意度管理的第一位？

第一节　客户满意概述

一、客户满意的含义

自20世纪80年代起，客户是否满意逐渐成了一项决定企业市场营销活动成败的关键问题，越来越多的企业也开始实施以客户满意为中心的企业经营策略。为了赢得市场竞争，企业需要站在客户的角度来看待市场需求，唯有处处替客户着想、时刻让客户满意，才能吸引客户并与之建立稳定的关系。可以说，客户满意已成为客户关系管理的关键内容。

所谓客户满意（customer satisfaction），是指客户在使用商品或体验服务之后，对整个消费结果与购买过程所做出的主观评价。理解客户满意的内涵，需要明确三个方面的内容。首先，客户满意独立于企业。企业需要认识到，客户满意与否的决定权自始至终都掌握在客户手中，企业只能为客户满意创造条件，却不能取代客户做出评价。其次，客户满意是一种心理反应。人是否满意，通常表现为愉悦或失望的外在状态，而情绪或兴致的好坏往往会影响人的行为，因而满意的客户更有可能扩大消费，而不满意的客户则更有可能抱怨或流失。最后，客户满意来源于比较。一般认为，客户会将购买后的实际感知与购买前的心理期望相比较，如果实际感知好于心理期望，则会感到满意，反之，则会感到不满意。若用公式表示，即为公式9-1。显然，企业可以通过增加客户实际感知效果和降低客户心理预期来提高客户满意水平，而心理期望太高的人，往往是企业最难满足的客户。

$$客户满意水平 = \frac{客户实际感知}{客户心理期望} \tag{9-1}$$

实际上，客户满意仅仅是客户关系得以建立的基础，企业需要以客户满意为起点，尽力向客户提供超过预期的客户价值，从而形成更为可贵的客户信任和客户忠诚，并最终将客户关系发展为互利双赢的长期合作关系。随着满意客户数量的增加，企业的市场口碑也会不断改善，企业在源源不断获得新客户的同时，也逐渐形成了以市场满意为内容的核心竞争优势。

二、客户满意的内容

客户满意的内容包括三个层次，分别是交易层面的满意、心理层面的满意和整体层面的满意。

（一）交易层面的满意

1. 商品满意

商品满意是指企业的商品能够满足客户的实际需求，是客户期望得到的、有用的物品。商品满意来源于商品的各种属性，主要包括商品的质量、功能、价格、外观及包装等方面。商品满意是客户满意的基础，拥有优质商品的企业更容易与客户建立持久的关系。例如，品牌手机企业每年都会研发新一代产品，企业通过创新商品的功能及外观，持续保持在市场中的领先地位，从而以商品满意实现了客户群体的长期稳定。

2. 服务满意

服务满意是指企业向客户提供的各类服务能够使客户感到满足。服务既可以是一种独立的无形商品，也可以依附于有形商品而贯穿于整个销售过程。服务满意由服务质量决定，企业需要让客户感受到真诚、及时、有效的服务，从而在为客户提供便利的同时，拉近与客户的心理距离。例如，家电企业向客户提供的24小时上门维修服务，不仅可以快速修好家电故障，还省去了客户来回奔波的时间与精力，从而以服务满意弥补了商品方面的不满意。

（二）心理层面的满意

1. 形象满意

形象满意是指企业的整体形象使客户感到满足。企业的整体形象来源于多个方面，主要包括企业的品牌形象、员工形象、场所形象及市场声誉等。企业在开展市场营销活动过程中的一言一行、一举一动，都有可能影响企业的市场形象，而客户在与企业的交往过程中所看到的、听到的及感觉到的现象与问题，也会影响客户对企业形象的评价。为此，企业需要建立良好的市场形象，从而使客户能够在满意的基础上更加欣赏企业、赞美企业。例如，一些餐饮企业会十分重视营造具有鲜明特色的就餐环境，使消费者能够在就餐过程中感受到与众不同的视氛围，从而产生流连忘返、回味无穷的效果。

2. 精神满意

精神满意是指企业能够带给客户精神文化方面的满足感。除了外在的物质需求，人还需要得到精神层面的满足。为了使客户满意，企业需要在市场营销过程中融入一定的精神文化元素，从而使客户能够获得文化知识、陶冶思想性情及保持身心愉悦等。例如，书店向消费者销售的并不仅仅是书籍，需要传递的价值还应当包括读书的习惯、求知的欲望和终生学习的人生理念。然而，由于这类需求具有显著的个体差异性，因而企业很难对其实施精确的定量分析和量化管理。

（三）整体层面的满意

1. 理念满意

理念满意是指企业的经营理念能够使客户感到满意。企业的经营理念代表了其价值观念，是指导企业追求利益的思维方式与行为模式。同时，经营理念还反映了企业对待客户的态度，显然，消费者会更加满意以客户为中心的关系合作理念，而不会赞同唯利是图的利益交换理念。可以说，企业经营理念的优劣将直接影响客户市场的认可度和满意度。例如，现代企业更加看重战略思维和可持续发展理念，越来越重视保持与发展同核心客户的长期关系，持有这种理念的企业往往更具安全性和可靠性，因而客户也愿意与之开展交易。

2. 社会满意

社会满意是指企业的生产经营活动能够较好地满足社会公众利益，从而使客户感到满意。社会满意也可被视为企业理念的外向延伸，企业需要在整个生产经营过程中，处处体现出对社会整体利益的创造与维护，从而为企业的生存与发展创造最佳的外部环境。例如，有的企业凭借虚怀若谷、有错必改及诚实守信的经营作风，赢得了市场的认可；有的企业坚持绿色环保、自然生态的生产信念，建立起稳定的客户市场。可以说，客户满意并不仅仅是指交易双方满意，而是要考虑到社会整体的观念与感受。

三、客户满意的特点

首先，客户满意具有主观性。按照心理学中的差距理论，客户满意来源于人的主观感受，其具体程度由客户感知价值与心理预期的差距决定，而这两项指标完全由客户自主评价。换言之，客户满意与效用成正比，与欲望成反比。由于不同的客户在知识水平、收入状况、偏好习惯及价值观念等方面存在差异，因而效用与欲望各不相同，满意与否的主观性较强。例如，处于不同收入水平的客户会对企业的营销策略做出不同的反应，降价策略通常只能够使普通消费者感到满意，而不能对高端消费者产生明显的影响。

其次，客户满意具有层次性。由于人的需求是层层递进的，因而满足需求的过程也就具有了层次性。通俗地讲，人的需求是想要得到而又没有得到某种东西时的心理状态，表现为不足之感和求足之愿。当人的一种需求得到满足时，新的需求又会随之产生，因而人的需求是发展变化的和无穷无尽的。类似的，客户满意也是逐渐升级的。在客户眼中，企业的商品和服务永远都是没有最好，只有更好。例如，随着客户关系的深入，客户会向企业提出越来越多的要求，企业在不断满足客户的同时，也从客户关系中获得了越来越多的价值。

最后，客户满意具有时效性。由于大多数人都具有求新求变或喜新厌旧的消费心理，因而大部分客户的满意都是一种暂时的状态。一旦在市场上出现更好的商品或服务，消费者就会重新判断自己的满意程度，从而决定是否改变原有的购买决策。可以说，企业围绕客户满意的工作一刻也不能停止，任何谋求一劳永逸的想法都是不切实际的。另外，客户满意还会受到产品生命周期与客户生命周期的双重影响，会随着时间的推移而逐渐衰减。例如，原本令人满意的商品既会随着新技术的崛起而被淘汰，也会随着客户关系的终结而失去市场。

四、客户满意的意义

客户满意对于企业的重要意义主要体现在三个方面。

首先，客户满意是企业市场竞争力的重要体现。如今，各个企业在市场营销领域的竞争已成为围绕稀缺的、优质的客户资源的竞争，而客户满意是影响客户决策的重要依据。现代企业必须树立以客户为中心的经营理念，切实将客户的需求与感受作为市场营销的关键内容。换言之，唯有处处让客户满意的企业，才能够真正得到市场的认可和支持。

其次，客户满意是企业最有说服力的广告宣传。客户满意对企业的市场声誉有着重要的影响作用。满意的客户会为企业带来良好的口碑，从而使更多的潜在客户能够认识企业并选择企业；而抱怨的客户则会传播企业的缺点或过失，从而损害企业的市场形象，并引起更多客户的流失。为此，企业只有让客户满意，才能保持客户市场的稳定。营销实践也表明，相比于企业营销人员的卖力推销，潜在客户更愿意听取其他客户的意见。可以说，就广告效果而言，一个满意的客户至少相当于十个推销员。

最后，客户满意是企业获得客户忠诚的前提条件。一般而言，客户忠诚是客户关系的高水平状态。忠诚的客户会对企业产生信任与情感，甚至将企业作为长期合作的战略伙伴或利益共同体。显然，没有充分的满意，彼此间的信赖关系很难形成。因此，为了获得稳定的忠诚客户群体，企业必须学会将心比心和换位思考，并用自己真诚的态度与踏实的行动来兑现向客户做出的各项承诺。

五、客户满意与客户信任

（一）客户信任的含义

客户信任（customer trust）是指客户对某一企业或品牌的认同与信赖，表现为对相关商品和服务的放心购买和满意消费。客户信任是客户满意度提高的具体表现，亦是客户满意与客户忠诚的必然结果。需要注意的是，客户满意与客户信任是一对既有相似性又有差异性的概念。在相似性方面，客户满意与客户信任都是客户忠诚的基础。二者共同组成了优质、持久、有活力的客户关系。在差异性方面，客户满意是客户信任的前提。如果说客户满意是一种态度或判断，则客户信任就是将这种态度或判断落实到了行动当中。令客户满意只是服务客户的第一步，客户信任来源于持续的满意，而任何引起客户不满的情况都会导致客户信任的崩溃。可以说，二者几乎是两个层面的问题。

（二）客户信任的内容

客户信任的内容十分丰富，包括商品信任、服务信任、人员信任及品牌信任等。一般而言，客户信任可以被划分为三个层次，分别是认知信任、行为信任和情感信任。

首先，认知信任是客户基于商品和服务所形成的信任感。客户通过商业广告或曾经的购买经历，对企业的商品和服务拥有清晰的认知，认为企业能够满足自身的需要，是自己心目中理想的交易对象。认知信任是客户信任的最基础层面。由于客户信任建立在客户满意的基础之上，一旦企业的商品或服务出现问题或客户本身的需求发生了变化，客户信任也将随之消失。

其次，行为信任是客户基于对企业的高度满意所形成的认同感。客户在多次购买企业的商品和服务后，切实感受到了企业优质的商品和服务，从而形成了较高的满意度。随着企业与客户互动的增加，客户渐渐对企业的理念、品牌、人员及环境等其他要素产生了认同感与满足感，从而对企业产生了全方位的信任。此时，客户会重复购买企业的商品和服务，并在市场中积极为企业做宣传，从而在行为上表现出对企业的配合与跟随。行为信任是客户信任由意识扩展到行动的具体表现，代表了更高层次的客户信任。当企业拥有大量行为信任的客户时，企业将获得源源不断的经济效益。

最后，情感信任是客户基于长期购买行为所形成的依赖感。随着客户关系的持续稳定，客户与企业会在相互交流的过程中渐渐产生带有情感因素的依赖心理。此时，客户不但不会主动放弃购买，而且会在行动上进一步配合企业的市场营销活动，并将自己视为企业的忠实"粉丝"。情感信任具有超越商业关系的社会属性，因而是客户信任的最高层次。稳定的情感能够促进客户忠诚度的提升，从而使客户关系具有更大的价值。

第二节　客户满意度分析

一、客户满意度的概念

客户满意度（customers satisfaction）也被称为客户满意指数，是一种衡量客户满意程度的常用指标。这一指标度量了客户对企业商品和服务的整体评价水平，在一定程度上反映了客户关系的质量。企业需要时刻关注客户满意度的状态及其变动趋势，从而为优化或调整市场营销策略提供重要的决策依据。

实际上，客户满意度具有多种表现形式。企业可以通过观察客户的行为特征，间接掌握客户满意度的具体状况。

（一）品牌影响力

企业品牌的市场影响力反映了客户对企业商品和服务的评价水平。企业的品牌影响力越大，客户满意度也会越高，具体又表现为品牌美誉度（brand favorite）、品牌知名度（brand awareness）和品牌熟悉度（brand familiarity）三项指标。

首先，品牌美誉度是指客户对企业品牌的褒扬和信任程度，表明了客户对企业的好感。企业的品牌美誉度越高，说明客户的购买意愿越强烈。同时，客户不再满足于自己购买企业的商品，还会主动向其他人做出推荐。

其次，品牌知名度是指企业品牌在整个市场上的被知晓程度，代表了企业影响力的广度。企业的品牌知名度越高，说明企业商品和服务的市场传播范围越广泛。借助品牌知名度，客户能够从众多竞争企业中快速识别目标企业，并指名购买，从而表现出对企业品牌的充分认可和高度满意。

最后，品牌熟悉度是指客户对企业品牌及其代表的商品、服务的熟悉程度，反映了企业影响力的深度。客户对企业品牌的熟悉度越高，说明客户对企业的亲近感和信赖感越强。在购买商品和服务的过程中，品牌熟悉度不仅能够缩短客户的决策时间，而且能够使客户的预期价值更加明确，从而降低发生客户抱怨的概率。

（二）客户回头率

客户回头率是指在购买企业的商品或服务的全部客户中，愿意再次购买的客户比率。这一指标反映了客户对第一次交易过程的满意程度，也预示着客户关系的进一步发展方向。具体而言，如果客户回头率较高，则说明大部分客户愿意继续购买企业的商品和服务，此时，企业可以将客户满意度发展为客户忠诚度，从而持续获取来自稳定市场的商业利润。如果客户的回头率较低，则说明大部分客户对企业的商品或服务感到不满，此时，企业需要重新评估市场营销策略的过程与结果，及时纠正存在的问题或过失，从而避免更为严重的客户流失。虽然影响客户回头率的因素还有很多，企业也可以通过实施一些促销手段来实现暂时性的重复购买，但是客户满意度仍然是决定客户回头率的最基本因素。

（三）价格敏感度

价格敏感度（price sensitive）是指客户在面对价格变化时，其购买数量或金额的受影响程度。在经济学中，价格敏感度就是客户需求的价格弹性函数，表现为因价格变动而引起的某种商品或服务的需求量变化。客户的价格敏感度与满意度密切相关。具体而言，当企业提高商品或服务的价格时，如果客户依然保持原来的消费习惯，并表现出较强的忍耐力和承受力，则说明客户对企业的满意度较高；如果客户减少了购买数量或金额，并开始寻找替代品，则说明客户对企业的满意度较低。当然，影响客户价格敏感度的因素也有很多，涉及产品的供求关系、企业的营销策略及消费者本身的特质等，但是就总体而言，价格敏感度反映了企业商品和服务对客户的重要程度，客户越满意，其价格敏感度就越低。

（四）客户投诉率

客户投诉率是指在购买企业的商品或服务的全部客户中，提出投诉的客户比率。这一指标反映了不满意客户的占比情况。由于客户投诉是有抱怨的客户向企业做出的最直接反馈，因而每一份投诉都代表着一项实实在在的不满意。需要注意的是，由于大部分不满意的客户会选择沉默，因而这里的客户投诉率不仅包含了实际产生的显性投诉情况，还应当包括存在不满意但并未做出反馈的隐性投诉情况。因此，当客户投诉率较高时，企业的客户满意度通常较低；而当客户投诉率较低时，企业也不能盲目乐观，而是需要在调查分析的基础上，审慎评估客户市场的满意程度。

（五）购买金额与频率

购买金额与频率反映了客户购买企业商品和服务的支付能力与需求强度。一般而言，客户的购买金额越大或购买频率越高，则说明客户对企业商品和服务的满意度越高。另外，企业也可以通过观察客户的钱袋份额来了解客户满意度。这一指标计算了企业的商品和服务在某一客户同类消费中的占比，能够直观地反映企业在客户心目中的地位。在日趋激烈的市场竞争环境中，客户的购买金额与频率很难保持稳定，特别是当客户的钱袋份额出现下降时，企业需要及时了解客户需求的变化情况及其原因，避免出现因客户满意度下降而引起的客户流失现象。

二、客户满意度的衡量

为了尽量准确地掌握客户满意度，企业可以将其划分为由低到高的若干等级，分别对应客户感知或评价的一种状态。在长期的营销管理实践中，李克特量表（Likert Scale）是最常使用的一种测评方法。具体而言，李克特量表可以分为奇数型量表和偶数型量表两种类型。奇数型量表由奇数个等级组成，假设为五项，则包含"很不满意""不满意""一般""满意"及"很满意"。偶数型量表由偶数个等级组成，假设为4项，则包括"很不满意""不满意""满意"及"很满意"。显然，奇数型量表与偶数型量表的最大区别在于是否允许中间项的存在，即是否允许客户在评价满意度时保留意见。李克特量表的每一选项分别对应一定分值，企业可以通过加总来自不同客户的分值来分析和判断整个客户市场的满意程度。这里以包含七个等级的量表为例，详细介绍客户满意度的不同状态。

（一）特别满意

特别满意是指客户在购买商品或消费服务后，形成了激动、感动和赞叹的状态。客户的表现主要为充分满足、赞不绝口和十分感激，认为企业的作为完全符合自己的期望与偏好，是无可比拟的最佳选择。在这种状态下，客户不仅会对企业的商品和服务感到满意，而且会对彼此间的关系格外珍惜。例如，高度满意的客户会站在企业的角度来思考问题，谋求与企业的共同利益和协同发展。在市场上，这类客户还会积极为企业奔走宣传，当企业遭遇困难时，也会主动为企业排忧解难。可以说，特别满意的客户是企业最难得和最宝贵的客户资源。

（二）较为满意

较为满意是指客户对整个购买商品或消费服务的过程感到称心如意、如愿以偿。客户的表现主要为产生信任、心情愉快及充分表扬。当有机会分享购买经验时，满意的客户也十分愿意向其他人推荐企业的商品和服务，从而成为维护企业市场口碑的重要力量。例如，企业的商品质量远远超出了客户的预期，则客户会感觉到幸运和感激，从而给出较为满意的评价。在这种状态下，客户与企业的交易关系是十分融洽的，可以说，对于企业的商品或服务，客户并没有任何不满意的地方。然而，也许是由于客户与企业的合作时间尚短，客户认为有必要继续考察企业的信用与能力，因而彼此间的关系还存在一定的提升空间。此时，企业应当保持与较为满意的客户的沟通与互动，让客户感受到关心与重视，切忌因为客户较为满意而忽略了对相应客户关系的进一步管理。

（三）有点满意

有点满意是指客户在购买企业的商品和服务时，获得了实惠、感到了诚信，进而产生了一定的好感。客户的表现主要为态度肯定、内心赞许及口头表扬。在这种状态下，客户的需求得到了较好的满足，在心理上是基本满意的。然而，由于客户预先设定的期望较高，或企业的作为相比于其他企业还存在较大改进空间，客户会表现得较为挑剔，从而导致其满意度水平很难得到进一步提高。例如，企业的商品质量很好，也很有特色，但是价格却略微高于市场水平，此时，客户会在总体上表现出满意，但是对额外支付的价格持保留意见。实际上，有点满意这一状态已经表明，企业的商品和服务是具有市场吸引力和竞争力的。只要企业深入挖掘这类客户的需求与偏好，并在客户服务方面做到扬长避短、有的放矢，就能进一步提高客户满意度。一般而言，有点满意的客户愿意继续购买企业的商品和服务。

（四）感觉一般

感觉一般是指客户在购买商品和服务的过程中没有明显的情绪变化，客户的表现为既不高兴，也不生气，觉得整个交易过程差强人意、勉强合格。在这种状态下，客户的需求得到了最基本的满足，但是并没有达到明显的满意状态，客户仅仅是完成了与企业的整个交易过程，却没有从关系互动中获得多少优质的体验与额外的价值。例如，消费者在餐馆进行了消费，菜肴与服务都没有问题，但是缺少一定的特色，则消费者既不会好评，也不会差评，总体感觉一般。按照正态分布原理，感觉一般的客户占全部客户总数的比重最大，因而这类客户的未来走向对于企业的市场营销活动具有重要意义。换言之，若企业的营销策略得当，则这类客户将转化为企业的满意客户，从而支持企业的持续发展；若企业的营销策略失当，则这类客户又将转变为企业的抱怨客户，从而增加企业经营客户的难度。

（五）有点不满意

有点不满意是指客户对企业的商品或服务存在部分异议，客户的表现主要包括遗憾、郁闷和不高兴。在这种状态下，客户的心理需求并没有得到很好地满足，因为整个购买商品或消费服务的过程给客户留下了缺憾，使其感到美中不足或稍有欠缺，距离心中的期望还有一定距离。例如，客户花费了较长时间来等待商品或服务，客户刚刚收到商品就听闻降价的消息等。由于导致客户有点不满的原因并不足以否定整个交易关系，因而稍感遗憾的客户并不会积极地提出抱怨或投诉，他们中的大部分会选择默默承受，并逐渐减少购买的金额和降低频率，直至最终流失。此时，客户不满正处于萌芽状态，企业需要及时洞悉客户感知，从而避免将这类潜在的客户不满拖延为更为严重的客户流失。

（六）较为不满意

较为不满意是一种严重的客户反馈结果，客户的表现主要包括气愤、烦恼和苦闷。在这种状态下，客户对企业的商品或服务持有很大的异议，并认为企业是完全能够将相关工作做得更好的。例如，企业的商品质量存在瑕疵、服务效果不够理想、对待客户反馈的态度不够积极等。这类客户通常会感到期望落空或事与愿违，但是又心有不甘，并仍然愿意通过采取一定的行动来弥补缺憾。他们会选择抱怨或投诉，只要企业能够很好地处理客户抱怨，则仍然能够保持与这类客户的交易关系。此时，企业向客户做出适当的物质、金钱或精神补偿是能够取得积极效果的。

（七）特别不满意

特别不满意是最为糟糕的一种客户体验，客户的表现主要包括愤怒、投诉和负面宣传。在这种状态下，客户对购买商品或消费服务非常不满意，而造成这种结果的原因主要来自企业的过失，例如，商品质量低劣、广告内容虚假、关键服务缺失及存在价格欺诈等。这类客户通常会感到恼羞成怒、忍无可忍，并对自己的购买行为后悔不已。他们不仅会抱怨、投诉和流失，还会在市场上尽力宣传企业的负面消息，从而造成更为严重的客户流失现象。此时，即使企业向其做出物质、金钱或精神上的补偿，也很难改变客户的评价。

值得注意的是，客户满意度是一个动态变化的概念，客户做出的评价会随着市场情形和企业表现的变化而改变，并且不同层次间的界限也并不十分清晰。有时，企业行为中看似不起眼的一项失误，就完全有可能导致客户满意度的很大变化，甚至直接从最满意的客户转变为最不满的客户。因此，企业不仅需要掌握划分客户满意度层次的指标，还应当注重对客户满意度的调查、管理和控制。

三、常用客户满意度分析工具

（一）卡诺模型

卡诺模型（Kano Model）由日本学者狩野纪昭（Noriaki Kano）等于 20 世纪 80 年代提出，是一种将满意度引入质量管理的理论模型。完整的卡诺模型定义了五个层次的客户需求，分别是基本需求、期望需求、魅力需求、无差异需求和反向需求（图 9-1）。同时，这五种需求也代表了商品和服务的五种质量，并直接影响着客户满意度的水平。

1. 基本需求

基本需求也被称为当然需求，是企业向客户提供的商品或服务应当具备的基本功能和质量。在客户心目中，基本需求是必须的、起码的和最低标准的，例如，电视机能够正常收看节目、食品企业能够做到干净卫生、银行能够保证到期支付存款利息等。当企业做到了基本需求时，客户并不会表现出满意，反而会认为这是理所当然的。但是只要客户认定的基本需求没有得到满足，就会立即产生不满或抱怨。凡是做不到基本需求的

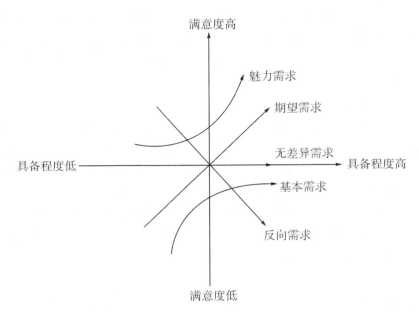

图 9-1　卡诺模型

企业，是不可能获得市场认可的。在函数关系上，基本需求与客户满意度表现为非线性相关关系。

需要注意的是，随着市场竞争的日趋激烈和科学技术的快速发展，基本需求的内涵和标准也在不断提高。例如，过去的手机产品，只要能够保障通话与收发短信即可满足大部分消费者的需求，而随着智能手机的出现，新增的上网、拍照、办公及游戏等功能也渐渐成了基本需求，凡是没有这类功能的手机将很难获得市场。可见，基本需求并不是一成不变的，唯有不断创新才能保持客户满意。

2. 期望需求

期望需求也被称为意愿需求，是客户根据自己的偏好或用途对企业商品和服务提出的具体质量要求。在客户选购商品或服务之前，通常会抱有一定的期望，在客户心目中，这类需求是有希望的、很有可能的，例如，电视机的画质十分清晰、食品的味道香甜可口、银行的业务流程快捷方便等。当企业做到了期望需求时，客户会感到满意，如果企业能够提供更好的商品或更优的服务，使客户的感知价值超出预期，则客户满意度还会继续提升。反之，当企业无法满足客户的期望需求时，客户会感到失望，如果企业的竞争者做得更好，则很有可能引起客户的流失。在函数关系上，期望需求与客户满意度近似地表现为正向的等比例线性相关关系。

值得注意的是，期望需求具有一定的动态性和模糊性。在大多数情况下，客户对于期望中的"优秀"并没有准确的定义，而是一种主观的想象或期许。因此，企业的营销重点是"站在客户的角度"来凸显商品和服务的特色，从而使客户的消费体验能够与众不同和印象深刻。例如，新能源汽车不仅满足了绿色、节能等环保要求，而且为客户提供了便捷的充电设施和维修保养网点，从而先于客户想到并解决了可能出现的消费障碍，使客户在购买这类汽车时不再有后顾之忧。

3. 魅力需求

魅力需求也被称为迷人需求、兴奋需求，是指企业向客户提供的商品和服务完全超越了客户期望，拥有客户没有想到的质量或特性。在客户看来，这类需求是出乎意外的、令人惊喜的，客户会对这类额外的质量感到兴奋和感激，从而形成较高的客户满意度。例如，电视机不仅质量很好，还具有和电脑类似的网络智能功能；美味的食品不仅物美价廉，而且随附的奖券显示为"再来一袋"；银行的服务不但细致周到，还在客户的生日送来了精美的礼物。在函数关系上，魅力需求与客户满意度也表现为非线性相关关系。

需要注意的是，魅力需求由于并不是客户的必然需求，因而更像是客户关系管理中锦上添花的部分。企业切忌本末倒置，片面重视魅力需求，而忽视了基本需求，从而产生事与愿违的营销结果。例如，一些餐饮企业在市场竞争中简单模仿成功企业的服务经验，不切实际地推出五花八门的候餐服务，这些措施不仅加重了餐馆的负担，而且容易引起企业对质量管理和菜品创新的忽视，从而被消费者评价为包装大于内容。可见，企业应当正确理解魅力需求的意义与价值，并结合客户需求中的最稀缺部分，实施恰如其分的营销策略，从而达到事半功倍的良好效果。

4. 无差异需求

无差异需求是指无论企业是否向客户提供，客户满意度都不会发生变化的商品质量和服务内容。在客户心目中，企业的相关作为可有可无、无关紧要，客户的主要心思或关注点并不在这类需求上。例如，对于消费者而言，电视机的内部元器件设计、电脑软件的具体程序代码、食品生产的具体工艺及商业银行的资本运作模式等就并不十分重要，企业做得好与不好，都与客户满意没有直接关联。为此，仅仅从市场营销角度看，企业需要在客户关系管理过程中尽量减少无差异需求，从而将更多的资源与精力投入客户感知明显的需求中。在函数关系上，无差异需求与客户满意度无明显的相关关系。

5. 反向需求

反向需求也被称为逆向需求，是指企业向客户提供的商品和服务不但没能提高客户的满意度，反而引起了强烈的客户抱怨或投诉。在客户心目中，这类需求是多余的、有害的和画蛇添足的，客户根本就不需要这类质量或服务。例如，电视信号服务商不加区别地向所有客户提供了全套信号产品，其中的很多功能不仅利用率极低，而且还增加了客户操作的繁琐性，从而使大部分客户，特别是老年人客户感到不满。对于企业而言，反向需求具有隐蔽性，企业必须通过市场调查和客户反馈才能得知一项服务是否构成了反向需求，因而这类需求更像是好心办了坏事。在函数关系上，反向需求与客户满意度表现为负向的等比例线性相关关系。

总之，对于企业而言，需要严格保证基本需求，不断改进期望需求，积极拓展魅力需求，尽量减少无差异需求，坚决杜绝反向需求。唯有如此，企业才能获得理想的客户满意度。

（二）客户满意度矩阵

客户满意度矩阵是一种帮助企业判断和管理客户满意度的四分图模型。这一矩阵包含两个维度，一是商品和服务等影响因素对客户的重要程度，二是客户对这些因素的满意度评价，二者共同形成了四个象限（图9-2）。这一模型为企业管理客户满意度提供了一种具体可行的思路，特别是当客户出现不满时，企业可以按照问题的轻重缓急从容应对，从而保证了客户关系管理的系统性、针对性和有效性。

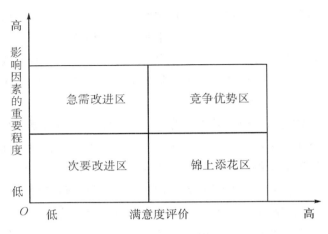

图9-2　客户满意度矩阵

1. 急需改进区

急需改进区位于客户满意度矩阵的左上角位置，代表着客户满意度较低，但是重要性程度较高的影响因素。例如，商品或服务的价格、质量等就属于十分重要的影响因素。当客户对这类问题产生抱怨或不满时，企业必须及时采取有效的补救措施。如果处理不当或有所延迟，则很有可能引发客户的进一步愤怒，从而造成客户流失的糟糕结果。

2. 次要改进区

次要改进区位于客户满意度矩阵的左下角位置，代表着客户满意度较低，重要性程度也较低的影响因素。例如，客户服务的环境布置、商品包装的图案色彩等就属于不太重要的影响因素。当客户对这类问题有所异议或感到不满时，企业应当首先安抚客户的情绪，待时间与条件允许时再对同类问题进行一并整改。企业也可以将此类因素视为改善特定客户关系的机会，使之成为个性化和定制化服务的一项内容。

3. 锦上添花区

锦上添花区位于客户满意度矩阵的右下角位置，代表着客户满意度较高，但是重要性程度较低的影响因素。例如，客户在排队等候期间的温馨服务、一次性商品经久耐用的质量等。当客户对这类因素感到满意或赞叹时，其消费心理和购买行为并不会受到太大的改变，因而这类因素对于价值创造并没有多少实际意义。对于企业而言，只要条件允许，保持这类优势并无坏处。

4. 竞争优势区

竞争优势区位于客户满意度矩阵的右上角位置，代表着客户满意度较高，重要性程度也较高的影响因素。例如，商品具有的某项独特的功能、服务过程中的专利或核心技术等。当客户对这类因素感到满意或产生依赖时，会提高购买金额和消费频率，进而成为企业的忠诚客户。因此，这类因素往往能够成为企业赢得市场竞争的关键条件，是企业应当重点发展和持续巩固的核心竞争优势。

总之，客户满意度矩阵是一种简便且有效的客户满意度分析工具。企业可以根据具体的市场环境、行业特征及自身条件灵活设定客户满意度影响因素，在明确各个因素的区域位置后，找到发展优势和弥补短板的具体策略。相比于卡诺模型，客户满意度矩阵没有考虑客户感知和客户期望对满意度的影响，从而导致这一分析工具更加偏重于定性分析，而并不适用于准确度要求较高的定量分析。

（三）客户满意度指数模型

客户满意度指数模型（customer satisfaction model）是一种综合评价客户满意度的指标工具。早在1989年，美国学者科罗斯·费耐尔（Claes Fornell）就通过将客户满意度的数学运算方法同客户心理感知相结合，提出了著名的费耐尔逻辑模型。后来，经过其他学者的补充与修正，更加完整和成熟的客户满意度指数模型（图9-3）逐渐形成。这一模型包含了客户期望、感知质量、感知价值、客户抱怨及客户忠诚等要素，并以计量经济学的分析方法计算出了客户满意度的数值，从而形成了一套完善的客户满意度测量方法与指数体系。

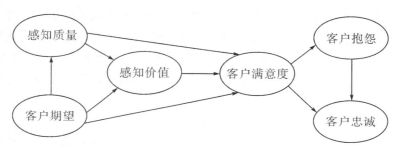

图 9-3　客户满意度指数模型

具体而言，客户满意度是整个模型中的核心变量，其数值由客户期望、感知质量、感知价值这三项前提指标共同决定。如果客户满意度较高，则会产生客户忠诚；如果客户满意度较低，则会出现客户抱怨。六个变量彼此联系、相互作用，共同组成了一套结构方程模型。在实践中，这些主要变量并不能直接获得，属于统计学中的潜在变量。企业可以为每个主要变量设置若干个观测变量，从而通过直接的市场调查方法来获得数据，进而计算出客户满意度、忠诚度等指标。这里简单介绍六种主要变量的含义与观测方法。

1. 客户期望

客户期望是客户在交易之前对企业商品和服务的主观预期，其形成过程会受到媒体传播、广告宣传、企业促销及老客户推荐等因素的影响，代表了客户对市场信息的反应。由于客户期望独立于企业，因而企业的营销重点是准确掌握客户期望，以便为后续的客户服务提供依据。例如，企业可以通过调查客户的交易动机、信息来源、兴趣偏好、需求和困难等，间接观测客户期望的状况。

2. 感知质量

感知质量是客户在使用商品或消费服务过程中，实际感受到的效用水平。感知质量也可被理解为企业对客户需求的满足程度，因而是影响客户满意度的最基础因素。对于客户而言，感知质量能够被实实在在地体验与感受，因而客户的评价并不是毫无根据的。为此，企业必须保证自身商品和服务的质量，以质量信誉赢得市场的认可。为了掌握客户感知质量，企业可以通过调查客户的整体质量评价，商品的可靠性、耐久性和安全性评价，以及服务的个性化满足程度等。

3. 感知价值

感知价值是客户将感知质量同货币、时间及精力支出进行比较后，所得出的实际收益体验。这一指标类似于客户让渡价值的概念，同客户总价值与总成本的差额密切相关。其中，客户总价值是一个综合指标，包含商品价值、服务价值、人员价值及品牌价值等多重内涵；客户总成本也与客户的整体感受有关，涉及经济成本、心理成本及关系成本等一切耗费与支出。另外，感知价值还具有双向性。在同等质量条件下，价格越低，感知价值越高；而在同等价格水平下，质量越高，感知价值也越高。企业可以通过调查客户对性价比的评价、再购买意愿、是否向他人推荐等问题来测算感知价值。

4. 客户抱怨

客户抱怨是客户满意度低的具体表现。实际上，客户抱怨只是客户不满的"冰山一角"，大部分存在不满情绪的客户并不会在第一时间提出异议或诉求。为此，企业需要更加重视所谓的少数抱怨客户，并以他们为窗口，洞悉引发客户不满的真正原因。在实践中，客户抱怨的衡量指标包括抱怨人数、抱怨次数、抱怨频率及抱怨时的情绪指数等。企业可以根据客户抱怨的具体问题、重要程度及其波及范围，综合判断客户满意度的受影响程度。

5. 客户忠诚

客户忠诚是客户获得充分满意后的最理想状态，表现为重复购买、持续购买和积极向他人推荐。在自由竞争的市场环境中，由于不存在明显的垄断现象，因而忠诚的客户就是满意的客户。企业可以通过观察忠诚客户的数量与特征变化，间接了解客户满意度的变化状况。常用的调查问题包括客户的历史交易记录、价格敏感程度、购买决策的思考时间、对质量问题的包容度等。可以说，客户忠诚是客户满意的最高层次，客户满意度管理的目标就是要培养和积累具有战略价值的忠诚客户群体。

6. 客户满意度

客户满意度是对客户满意程度的具体测度，亦是整个指数模型的核心指标。随着客户期望、客户质量和客户价值的明确，客户满意度也变得逐渐清晰起来。此时，为了减少客户抱怨和提高客户忠诚，企业需要在合理化客户期望的同时，不断提高感知质量与感知价值，从而保证客户满意度能够始终处于理想状态。另外，为了直接了解客户满意度，企业也可以调查客户对企业理念、商品质量、服务水平、员工素质及消费过程等的评价。

总之，客户满意度指数模型中的六个主要变量具有显著的因果关系，并可概括为：客户期望与客户满意度呈负相关关系，感知质量、感知价值与客户满意度呈正相关关系，客户满意度与客户抱怨呈负相关关系，客户满意度与客户忠诚呈正相关关系。

一、客户满意度调查

（一）客户满意度调查的内涵

客户满意度调查（customer satisfaction survey）是企业掌握客户满意度的常用方法。企业可以通过访谈法、观察法及问卷调查法等具体方法，较为快捷和准确地了解客户满意度的状态与特征，并从中得出客户关系管理的经验与教训。在营销实践中，客户满意度已成为企业不能忽视的关键指标，对其展开调查具有重要的价值和意义。

首先，客户满意度调查是企业满足客户需求和适应市场竞争的重要手段。众所周知，客户满意度与客户的需求和偏好密切相关，而客户感到满意的基础就是其需求得到了较好的满足。随着市场环境的动态变化，客户的需求和偏好在发生改变，这一变化最先表现在客户满意度上。如果企业忽略了客户满意度的变化，则很有可能误判形势或错过机会，从而在应对市场变化的过程中陷入被动。因此，企业必须掌握市场调查的主动性，定期对客户市场进行满意度调查，从而获得来自客户关系"第一线"的反馈信息。

其次，客户满意度调查是企业实施客户满意度管理的关键环节。客户满意度管理并不是一个模糊的口号或空洞的愿景，而是一项务必要做到有的放矢、对症下药的实际工作。企业需要在调查客户满意度的过程中，发现影响客户评价的关键因素和核心诉求，掌握制约客户满意度提升的营销痛点和管理难点，从而为制定和实施客户满意策略提供依据与思路。值得注意的是，客户满意度调查的范围也不应仅仅局限于企业自身，还应扩展至市场环境与竞争对手。企业唯有做到知己知彼、知势，方能制定出最优的市场营销策略。

最后，客户满意度调查是企业践行以客户为中心理念的基本要求。客户满意度调查可以是一项贯穿整个客户关系管理过程的工作，企业在了解客户体验与感受的同时，也保持着与客户的沟通与互动。有时，倾听客户的声音、接受客户的批评、征求客户的意见，这些活动本身也是客户需求的一部分。实践表明，大部分客户在面对满意度调查时，能够体会到企业对客户的关切与重视，在其内心是认可和支持这类调查活动的。可见，企业在与客户的接触过程中，不仅可以掌握客户的满意状况，还能使客户感受到企业的良好态度与积极行动，从而有利于客户关系的稳定与发展。

（二）客户满意度调查的步骤

第一，确定调查内容。开展客户满意度调查，首先要确定调查对象与调查指标。在调查对象方面，企业需要明确被调查客户的类型，可以基于客户识别与客户细分的结果制定有针对性的调查方案。在调查指标方面，企业需要设计客户满意度的测度指标，可以围绕影响满意度的主要因素来设计问题。例如，商品的质量、外观、价格及性能等，服务的及时性、有效性及舒适性等。

第二，量化客户满意度指标。企业需要对客户满意度指标进行赋值和加权，从而使最终得出的客户满意度既可以是一个内容齐全的整体评价分值，也可以是一个能够被分解为各项具体指标的结构性得分。在赋值方面，七个等级的李克特量表较为常用，企业可以将客户对满意度的评价设置为特别满意、较为满意、有点满意、感觉一般、有点不满意、较为不满意和特别不满意，依次赋值为 7 分、6 分、5 分、4 分、3 分、2 分和 1 分。在加权方面，企业可以按照变量对客户满意度的影响力大小，从高到低设置权重，所有权重的总和为 100%。需要注意的是，对于不同的行业或企业而言，即使是完全相同的统计指标也会对客户满意度产生不同的影响，因而需要设定不同的权重。例如，价格优惠对于普通商品而言，能够显著地影响客户满意度，但是对于高档商品或奢侈品而言，其影响效果可能正好相反。

第三，选择调查方法。企业一般可以通过三种方法来获取客户满意度信息。其一，问卷调查法（questionnaire survey）。这是一种通过向客户发放并回收问卷来了解情况或征询意见的调查方法。企业将问题编制成书面文档或表格，邀请客户以邮寄作答、当面作答或网上作答方式完成信息反馈。问卷调查法的优点是调查范围广泛、不受时空限制；缺点是格式固定、缺乏灵活性，回复率和真实度难以保证。其二，文案调查法（desk research survey）。这种方法也被称为资料分析法或间接调查法，企业主要通过收集和分析各种二手信息、情报及数据资料，完成对研究对象的调查活动。文案调查法的优点是信息来源渠道较为丰富，企业可以通过网络、书刊、报纸及广告等获得丰富的信息资料；缺点是调查研究的时效性和针对性很难保证，企业需要从冗繁的资料中挖掘出真正有用的市场信息。其三，访谈法（interview survey）。这种方法又可细分为内部访谈、深度访谈和焦点访谈等具体类型，是一类与客户面对面交流的直接调查方法。访谈法的优点是问题设置灵活、反馈信息准确、交流层次深入；缺点是时间耗费较长、投入成本较高、管理难度较大。另外，企业也可综合运用这三种调查方法，以文案调查法为先导，以问卷调查法为主体，对重点客户展开访谈，从而获得较为全面的客户满意度评价。

第四，收集和分析调查资料。通过实施各种具体的调查方法，企业可以收集大量来自客户的评价和反馈。无论是二手资料信息还是一手调查数据，都可作为企业围绕客户满意度开展定性分析与定量分析的研究材料。一般而言，企业会依托一定的统计分析方法或计量分析工具来处理资料，从中得出客户满意度与相关变量之间的相互影响关系，进而为掌握客户市场的运行规律和预测客户需求的变化趋势提供科学的理论依据。

第五，实际运用调查结果。基于调查分析得出的客户满意度结果，包含客户满意度的现状、成因及变动趋势，企业可以从中找到客户关系管理的优势、劣势、机遇与威胁，从而对自身的市场营销策略做出调整。企业只有将客户满意度调查的结果应用到市场营销实践中，才能真正实现企业与客户的互利双赢。随着客户满意度的提升，新一轮的客户满意度调查又将开始，这是一项需要企业长期坚持的客户关系管理工作。

二、客户期望管理

客户期望即客户预期，是客户在购买某一商品或服务前，对其功能或效果的主观理解和判断。客户期望具有先入为主的特征，能够引导客户不由自主地将实际感受同心理目标相比较。客户满意来源于超过客户期望的意外收获，而客户不满意则产生于背离客户期望的心理落差。然而，企业需要辩证地看待客户期望。如果客户期望太高，则企业稍有失误，就会引起客户的极大不满；如果客户期望太低，又会导致企业的商品和服务缺乏吸引力，根本没有客户市场。为此，企业需要测评和管理客户期望，使之既能处于企业的能力范围之内，又能保持在最优的客户兴趣水平。

（一）客户期望的测评

第一，企业需要对客户抱怨及投诉展开分析。在客户互动环节，客户抱怨及投诉最能反映客户的不满情绪和相关诉求，企业可以通过整理和分析相关资料，从中找出客户反馈的焦点问题，从而提炼出有关客户期望的基础信息。

第二，企业需要对客户实施分类调研。除了被动接受客户反馈，企业还可以主动调查客户需求。在客户互动环节，积极有效的双向沟通最能反馈客户期望。企业可以基于客户细分的结果，主动联系特定客户，既可以开门见山地进行客户满意度调查，也可以通过邀请客户参加活动等形式，间接了解客户期望。

第三，企业需要关注市场当中的最新变化。市场行情的变动往往能够最早反映客户需求或期望的变化，企业可以通过监测自身商品和服务的市场销售业绩，从其受欢迎程度、市场份额、客户钱袋份额等指标的变动中洞察机遇与威胁。同时，企业还要密切关注竞争对手的市场表现，从别人的创新策略与优势指标中发现自身对客户期望的认知盲点。

总之，企业需要建立完善的客户期望测评体系，并在市场营销过程中不断对测评结果进行监测与修正，从而为后续的客户期望管理做好准备。

（二）管理客户期望的注意事项

第一，规范广告宣传，实施科学合理的客户承诺管理。商业广告是向客户传递信息的重要工具。在实践中，为了引起潜在客户的购买兴趣，广告的内容往往具有一定的夸张成分，因而很容易引起不合理的客户期望。当客户发现购买的商品和服务达不到广告效果时，从满怀期待到大失所望的心理落差必然引发严重的不满情绪，从而给企业贴上言而无信、虚假宣传的标签。为此，企业必须对宣传广告、服务介绍及商品说明等进行严格规范，确保向客户做出的承诺能够不折不扣地得以兑现，切忌因"只顾成交、不讲实际"而向客户频频开出"空头支票"。

第二，落实客户细分，实施客户期望的分层和分类管理。实际上，客户识别与细分亦是客户满意度管理的基础，企业需要将有限的资源与精力投入最有价值与潜力的客户关系管理当中。而不同层次或类型的客户拥有不同的期望，企业需要根据客户自身的需求、偏好、能力以及个人特质等，合理定位和正确引导客户期望。例如，当按照客户的重要性分类时，企业需要重点管理贵宾型客户与重要型客户的期望，并将其作为客户满意度管理的重点对象，而对普通型客户，只需满足最为基本的客户期望即可。

第三，避免思维定式，实施不断创新的客户服务策略。所谓思维定式，也被称为惯性思维，是指人们因为过去的某种记忆或经验，而对未来的感知、体验、思维及情感等所产生的心理准备。这类心理状态由于具有明显的主观性和倾向性，因而能够对客户的实际感受产生正向或负向的影响作用。一方面，积极的思维定式会导致客户期望水涨船高。当客户感到满意时，自然会希望下一次交易能够更加满意，否则，企业的付出将在多次交易中出现边际效用递减的现象。另一方面，消极的思维定式会导致客户主动终止客户关系。当客户感到不满意时，会对企业产生不信任心理，从而不再愿意购买企业的商品和服务。而企业留给客户的糟糕形象很难被改变。为此，企业需要尽量避免客户形成思维定式，而做到这一点的方法只能是不断创新。随着新产品、新服务的持续推出，客户与企业的每一次交易都具有了一定的新鲜感和神秘感，从而使企业的客户关系能够始终保持活力。

三、客户关怀

（一）客户关怀的内涵

客户关怀（customer care）是指企业为了提高客户满意度而向客户提供的具有针对性和适应性的商品和服务。客户关怀既是一种宏观层面的管理理念，强调了客户服务的体贴无微和关怀备至，也是一系列微观层面的具体方法，包含了在客户服务、客户沟通及客户情感等方面的大量策略与技巧。客户关怀的核心思想是将客户置于市场营销活动的中心，要求企业能够准确把握客户需求、客户满意度及客户忠诚度，从而时刻做到面向客户思考问题。例如，常见的为客户着想、感谢挑剔的客户、满足客户的一切需要等口号就是对客户关怀思想的一种体现。客户关怀贯穿于客户关系管理的各个环节，只要企业与客户产生了互动，就应当实施一定的客户关怀策略。

客户关怀的重要价值在于体现了对客户的充分尊重和深厚情感。尽管客户与企业的关系主要是交易关系，具有明显的利益交换特征，但是企业对待客户的态度却能够直接影响彼此关系的质量与效果。在营销实践中，越来越多的企业实施了以人为本、重义轻利的经营策略，将客户及客户关系置于经济利益之上，从而跳出了传统商业思维中唯利是图的营销局限。同时，通过实施客户关怀策略，企业与客户间的友谊与信任也会得到提升。随着彼此间情感纽带的形成，客户与企业将形成不易分割的一个整体，从而实现由客户满意向客户忠诚的顺利转化。如今，诸如宾至如归、以诚待人和亲如一家等具有情感共鸣效果的营销理念已十分普及，客户关怀正是由于常常能够触及客户内心最柔软的那一部分，因而也是最有效果的一类市场营销策略。可以说，对人的尊重和对情感的维护，很好地促进了客户关系的建立与维持。

（二）客户关怀的效果

第一，客户关怀能够提高客户满意度。客户关怀要求企业处处为客户着想、提前为客户谋划，使客户在与企业进行交易时感受到充分的重视和获得舒适的体验。虽然客户关怀的大部分内容并不能直接满足客户的基本需求，但是在增加魅力需求和减少反向需求方面，仍然具有十分明显的效果。尤其是当客户出现抱怨时，企业人员的耐心倾听和积极回应，不仅可以缓解客户的不满情绪，还能通过"二次满意"将客户流失的危机转变为查漏补缺的机遇。

第二，客户关怀能够改善客户忠诚度。相比于仅仅关注交易结果的企业，客户更喜欢和具有客户关怀思想的企业打交道。事实上，客户与企业建立关系的目的，既是要谋求一个高度满意的结果，也是在体验一个优质服务的过程。而客户关怀正好满足了客户互动的基本要求，使企业能够随时保持对客户关系的监测与控制。例如，企业对于沉默客户的及时关心，往往能够唤起客户对企业的美好记忆，从而实现对客户流失隐患的提前干预。总之，随着客户感知价值的提升，有关客户忠诚度的重复购买、频繁购买及向他人推荐购买等行为特征会进一步显现，从而使潜在的客户转变为现实的客户，使首次购买的客户发展为持续购买的客户，使即将流失的客户恢复为继续忠诚的客户。

第三，客户关怀能够延长客户生命周期。尽管客户生命周期与市场环境、竞争对手及客户自身的需求偏好变化密切相关，企业仍然可以通过一定的客户关怀手段实现对特定客户关系的长期维持。按照客户生命周期理论，客户关系可以被划分为早期流产型、中途夭折型、提前退出型和长期保持型四种具体类别。对于早期流产型，客户关怀的重点内容是改善客户体验，企业可以依托良好的第一印象来激发客户的购买热情；对于中途夭折型，客户关怀的重点内容是优化客户预期，企业可以通过加深彼此间的信任与情感来巩固客户的购买信心；对于提前退出型，客户关怀的重点内容是强调共同价值，企业可以通过向客户让利来强化与客户的合作关系；对于长期保持型，客户关怀的重点内容则是在更多的细节上满足客户的感受与诉求，并在退化期到来之前为客户关系的转型升级谋划出路。除此之外，无论是在客户生命周期的哪一阶段，客户关怀都应当成为企业处理客户抱怨的指导思想，从而避免因客户不满而导致的客户生命周期终结。

第四，客户关怀还能够改善企业的市场形象。客户关怀的程度代表了企业对待客户关系的态度。企业在主动关心客户、服务客户的过程中，也培养了一大批既满意又忠诚的客户群体。这类客户能够在市场上宣传企业的理念、商品和服务，从而有助于企业形成良好的市场口碑。随着企业在客户关怀方面的经验积累，无形的市场竞争优势也会渐渐形成。换言之，当企业的品牌或商标具有了客户至上的市场承诺时，企业的商品和服务将更加受到市场的欢迎。例如，很多企业都在广告宣传中提到了用心服务的理念，具体包括诚心、耐心、细心、暖心、爱心、贴心、温馨七个用心，充分体现了客户关怀与市场营销的紧密结合。

（三）客户关怀的思路

1. 依托客户信息，保持与客户的积极互动

企业需要以客户信息为基础，按照客户的不同特点实施差异化的客户关怀管理。首先，通过收集客户的描述类信息，企业可以知晓客户的生日、电话及家庭住址等。企业可以在客户生日或重要纪念日向客户发送祝福短信或邮寄祝福贺卡，从而使客户在获得小惊喜的同时，在心理上更加认可企业和忠实企业。其次，通过收集客户的行为类信息，企业可以掌握客户的需求偏好与消费习惯等信息。企业可以为不同层次的客户推荐量身打造的购买计划，从而使每一位客户都感觉到自己是企业的最主要服务对象。最后，通过收集客户的分析类信息，企业可以分析出影响客户满意度和忠诚度的最核心要素。企业可以不断创新客户服务的方式与内容，从而使客户在不断被满足的过程中更加宽容企业的商品瑕疵和服务过失。

2. 立足客户抱怨，解决客户的实际困难

客户抱怨是客户不满的具体表现，反映了客户未得到满足的需求或面临的困难。企业需要以客户抱怨为契机，将客户关怀融入客户关系的挽救工作当中。具体而言，企业需要做好三个方面的服务工作。首先，企业需要为客户抱怨提供便利的沟通渠道。例如，企业可以建立现代化的呼叫中心，为客户沟通与抱怨提供自动化、流程化的处理系统；企业还可以建设网上服务平台，综合应用图像、文字、语音、视频及软件等实现及时高效的客户服务。其次，企业需要为客户抱怨创造良好的沟通环境。例如，企业的服务人员要具备较强的亲和力，企业能够详细记录客户的要求并及时反馈，抱怨的客户能够得到物质上和精神上的安慰等。这些措施能够使客户在倾诉与抱怨时感受到来自问题商品之外的另一种满意。最后，企业需要切实解决客户抱怨背后的实际困难。例如，交易环节的繁琐手续常常令客户感到烦恼，如果企业能够简化程序或代为办理，则相应的不满意客户会大幅度减少。营销实践也表明，企业在服务客户时，雪中送炭的效果远远好于锦上添花。

3. 强化客户服务，改善客户的交易体验

客户服务是客户关系管理的重要内容。服务由于具有无形性、体验性和难以储存性等特征，因而是现代市场竞争的重要领域。善于将客户服务与客户关怀相结合的企业，往往更能够抓住客户心理、满足客户需求。具体而言，服务角度的客户关怀可以被划分为售前、售中和售后三个阶段。首先，在售前阶段，客户关怀主要体现在广告宣传、参观访问、商品试用和服务体验等环节。客户在与企业的接触中，获得了正面信息和良好的体验，从而具有了更强烈的购买意愿。其次，在售中阶段，客户关怀主要体现在商务洽谈、合同签订及货款收付等环节。客户在与企业的交易中，感受到了企业诚信的办事作风与周到的细节考虑，从而更加坚定自己的判断与选择。最后，在售后阶段，客户关怀主要体现在商品维修、服务延续、接受反馈及保持联系等环节。企业通过走访客户、追踪客户及调查客户等方式，不断听取客户的意见与建议，并满足客户差异化的需求，从而使客户关系保持了活力与价值，客户也会对彼此间的合作感到更加满意。总之，客户关怀视角的服务并不是一次性的或功利性的，而是贯穿整个交易过程和深入客户体验的战略性工作。

 本章小结

本章主要讲述了三个方面的内容。

第一，客户满意概述。客户满意是指客户在使用商品或体验服务之后，对整个消费结果与购买过程所做出的主观评价。客户满意的内容包括了三个层次，分别是交易层面的满意、心理层面的满意和整体层面的满意。客户满意具有主观性、层次性及时效性等特点，对于企业市场竞争力的提升、广告宣传效果的扩大和客户忠诚度的改善具有重要意义。另外，客户信任是指客户对某一企业或品牌的认同与信赖，表现为对相关商品和服务的放心购买和满意消费。客户信任比客户满意的层次更高，通常来源于持续的满意。

第二，客户满意度分析。客户满意度是一种衡量客户满意程度的常用指标，而李克特量表是最常使用的一种测评方法。同时，常用客户满意度分析工具还包括了卡诺模型、客户满意度矩阵和客户满意度指数模型等。这些工具为我们提供了一整套分析和测度客户满意度及其影响因素的理论模型。

第三，客户满意度管理。管理客户满意度的工作主要有三项，分别是客户满意度调查、客户期望管理和客户关怀。其中，客户满意度调查是企业掌握客户满意度现状与问题的常用方法，客户期望管理是企业合理化客户预期的主要途径，而客户关怀是企业进一步提升客户满意度的最佳方式。

总之，客户满意管理是企业保持和发展客户关系的重要环节，这项工作看似围绕客户满意度指标，实则以客户识别为基础、以客户互动为手段、以客户忠诚为目标，需要企业高度重视和长期坚持。

 课后案例

坚持服务至上、持续提升客户满意度的中国建设银行

中国建设银行（China Construction Bank）成立于 1954 年 10 月 1 日。中国建设银行的主要经营领域包括公司银行业务、个人银行业务和资金业务，在 29 个国家和地区设有分支机构及子公司，拥有基金、租赁、信托、人寿、财险、投行、期货、养老金等多个行业的子公司。

企业愿景为"建设最具价值创造力的国际一流银行集团"。

企业使命为"为客户提供更好服务，为股东创造更大价值，为员工搭建广阔的发展平台，为社会承担全面的企业公民责任"。

经营理念为"以市场为导向，以客户为中心"。

服务理念为"客户至上，注重细节"。

员工警言有"我的微小疏忽，可能给客户带来很大麻烦"。

中国建设银行的网站记录了该行云南省分行的一则报道，具体内容如下：

一直以来，中国建设银行十分注重消费者多样化、多层次的金融需求，省分行从消费者服务体验着手，不断增强业务能力和服务水平，客户满意度持续提升。

近年来，中国建设银行大力提升渠道服务能力，并率先推出微信银行服务、不断加大自助设备布放等，在全行范围内启动智慧银行推广工作，加快了物理渠道的创新和转型。同时，加快产品创新步伐，坚持"人无我有，人有我优"的工作目标，形成了一批有市场竞争力、能够较好满足消费者需求的金融产品。

此外，该行高度重视客户服务体验的不断提升。"我行坚持将客户投诉管理作为消费者权益保护的一项重要工作常抓不懈，畅通各种投诉渠道，全面了解客户诉求。"据中国建设银行云南省分行相关负责人介绍，在受理客户问题后，其根据实际情况采取现场处理，或由相关部门对问题情况形成解决方案，进一步健全投诉处理的问责、回访和通报机制，有力推动了各类投诉问题的快速有效解决。

资料来源：中国建设银行网站。

思考：

1. 在中国建设银行的文化理念中，客户及客户满意度有着怎样的价值或意义？

2. 结合云南省分行的案例，概括中国建设银行是如何有效管理客户满意度的。

3. 结合自身经历，谈谈你对改善商业银行服务质量的思考与建议。

 作业与习题

一、单项选择题

1. 一般认为，客户会将购买后的实际感知与购买前的（　　）相比较，如果实际感知更好，则会感到满意，反之，则会感到不满意。

　　A. 心理期望　　　　　　　　　　B. 价格水平

　　C. 广告宣传　　　　　　　　　　D. 需求偏好

2. 一些餐饮企业会十分重视营造具有鲜明特色的就餐环境，使消费者能够在就餐过程中感受到与众不同的氛围，从而产生流连忘返、回味无穷的效果。这属于提升了（　　）。

　　A. 商品满意　　　　　　　　　　B. 形象满意

　　C. 理念满意　　　　　　　　　　D. 价格满意

3. 在卡诺模型中，客户认为（　　）是多余的、有害的和画蛇添足的，客户根本就不需要这类质量或服务。

　　A. 基本需求　　　　　　　　　　B. 期望需求

　　C. 魅力需求　　　　　　　　　　D. 无差异需求

　　E. 反向需求

4. 企业主要通过收集和分析各种二手信息、情报及数据资料，完成对研究对象的调查活动。这种方法被称为（　　）。

　　A. 问卷调查法　　　　　　　　　B. 文案调查法

　　C. 访谈法　　　　　　　　　　　D. 综合调查法

5. 诸如宾至如归、以诚待人和亲如一家等具有情感共鸣效果的营销理念比较符合（　　）的思想。

　　A. 客户迷惑　　　　　　　　　　B. 客户吸引

　　C. 客户关怀　　　　　　　　　　D. 客户竞争

二、多项选择题

1. 客户满意的内容主要包括（　　）。

　　A. 产品满意　　　　　　　　　　B. 服务满意

　　C. 形象满意　　　　　　　　　　D. 精神满意

　　E. 理念满意　　　　　　　　　　F. 社会满意

2. 客户满意的特点主要包括（　　）。

　　A. 主观性　　　　　　　　　　　B. 层次性

C. 时效性   D. 客观性

E. 整体性   F. 持续性

3. 完整的卡诺模型定义了五个层次的客户需求，分别是（　　　）。

A. 基本需求   B. 期望需求

C. 魅力需求   D. 无差异需求

E. 反向需求   F. 动态需求

4. 客户信任可以被划分为三个层次，分别是（　　　）。

A. 认知信任   B. 情感信任

C. 行为信任   D. 商品信任

E. 服务信任   F. 人员信任

5. 企业品牌的市场影响力具体表现为（　　　）。

A. 品牌美誉度   B. 品牌相似度

C. 品牌知名度   D. 品牌熟悉度

三、判断题

1. 客户信任是客户满意度提高的具体表现，亦是客户满意与客户忠诚的必然结果。
（　　　）

2. 由于大多数人都具有求新求变或喜新厌旧的消费心理，因而大部分客户的满意都是一种暂时的状态。
（　　　）

3. 精神满意是指企业的生产经营活动能够较好地满足社会公众利益，从而使客户感到满意。
（　　　）

4. 价格敏感度反映了企业商品和服务对客户的重要程度，客户越是满意，就越在乎金钱。
（　　　）

5. 营销实践表明，企业在服务客户时，雪中送炭的效果远远好于锦上添花。
（　　　）

四、简答题

1. 请简述客户关怀的含义与基本思路。

2. 请简述客户满意对于企业市场营销活动的意义。

3. 请简述企业在管理客户期望时应当注意哪些问题。

参考答案

第十章
客户忠诚管理

■**学习目标**

　　理解客户忠诚的含义与类型，掌握客户忠诚与客户满意的关系。掌握客户忠诚度的概念与层次，能够结合一定实例分析客户忠诚度的衡量指标和影响因素。熟悉管理客户忠诚度的常用策略，能够在实际工作中灵活应用客户忠诚奖励、情感营销、增加转移成本以及加强内部员工管理等方法。

■**学习重点**

　　客户忠诚与客户满意的模型，客户满意陷阱，客户忠诚的七种类型，客户忠诚度的八个层次，客户忠诚度的衡量指标，客户忠诚度的影响因素，客户价值与忠诚度矩阵，客户忠诚奖励的具体做法，情感营销的内容，转移成本的内涵，内部员工管理的意义。

开篇案例
KAIPIAN ANLI

重视内外部客户忠诚管理的永辉超市

　　永辉超市成立于 2001 年，是中国内地首批将生鲜农产品引进现代超市的流通企业之一，被百姓誉为"民生超市、百姓永辉"。永辉超市已发展成为以零售业为龙头，以现代物流为支撑，以现代农业和食品工业为两翼，以实业开发为基础的大型集团企业。永辉超市坚持融合共享、竞合发展的理念与境内外零售企业共同繁荣中国零售市场，目前在福建、浙江、广东、重庆、贵州、四川、北京、上海等 28 个省（自治区、直辖市）已发展近 1 133 家连锁超市，经营面积超过 600 万平方米，位居中国连锁百强企业 6 强。

在迅速发展中，永辉超市积极承担企业公民的社会责任，始终在农超对接、稳价保供、应急救灾、解决"卖难买贵"等行动中努力发挥带头、骨干的示范作用，热心致力于慈善超市、助学支教、扶贫济困、助残助孤、赈灾救难等公益事业，向社会捐赠资金及物资累计逾2亿元。

永辉超市对员工的期待为勤奋、创新、沟通、总结。勤劳肯干、充满激情、奋发向上，是永辉超市员工崇尚的工作态度；以高于业界和公司的标准去要求自己，努力工作，享受工作。来永辉超市不仅是就业，而是来学习做生意，学习服务顾客；创新就是关注细节，创新就是提升标准，创新就是挑战自我。分享信息、分享成功、分享教训、共同学习、共同提升、共同进步，热心帮助下属、宽容善待同事、用心接待客户。不断总结经验和吸取教训，在新的起点，向更高的目标前进；通过总结，更加关注，更加专业，更加精细化。

未来几年，永辉超市将稳健地向全国多个区域发展，着力建设"家门口的永辉""新鲜的永辉""放心的永辉"，并以"绿色永辉""科技永辉""人文永辉"为目标，力争发展成为全国性生鲜超市千亿企业，跻身中国连锁企业前列。

在永辉超市的核心价值观中，有着这样一句表述："服务我们的顾客、照顾我们的员工、善待我们的供应商、回报我们的股东。"体现了永辉超市对客户关系管理的重视。

资料来源：永辉超市网站。

思考：

1. 永辉超市是如何培育忠诚的消费者市场的，消费者为什么会认同"民生超市、百姓永辉"的企业定位？

2. 永辉超市是如何提高内部员工的忠诚度的，企业的员工管理思路将会产生哪些积极作用？

第一节　客户忠诚概述

一、客户忠诚的含义

客户忠诚（customer loyalty）是指客户对企业产生的心理信任、情感依赖和行动支持。理解客户忠诚的含义，需要把握客户忠诚的意义、客户忠诚的层次和产生客户忠诚的原因三个方面的内容。

首先，客户忠诚是企业最有价值的无形资产，而忠诚的客户能够为企业的市场营销带来诸多好处。其一，忠诚的客户能够坚持购买企业的商品和服务，并愿意尝试企业的新产品和新服务，因而是能够为企业带来持续经济利润的稳定客户。其二，忠诚的客户会对企业的商品、服务、品牌及营销活动感到喜爱、依恋和充满兴趣，因而是企业管理和服务成本最低的优质客户。其三，忠诚的客户还对价格的敏感度不高，不仅愿意接受相对较高的商品价格，也不容易受到其他竞争者企业的低价诱惑，因而是客户关系最为牢固的核心客户。其四，忠诚的客户能够充分理解企业的困难、包容商品和服务所存在的瑕疵或不足，因而是抱怨和投诉数量最少的宽容客户。其五，忠诚的客户能够积极传播企业的品牌与理念，因而是企业扩大市场宣传和建立良好口碑的免费促销者。

其次，客户忠诚是一项层次递进的综合概念，主要表现为行为忠诚、意识忠诚和情感忠诚三种层次。这一划分方法由学者克里默（Cremer）和布朗（Brown）于 20 世纪 90 年代提出。其一，行为忠诚是看得见的客户忠诚，表现在客户的日常行动中。例如，客户对某种商品一如既往地偏爱和坚持不懈地购买。其二，意识忠诚是潜藏在客户内心的客户忠诚，表现为一种未来的购买意向或消费可能。例如，客户对某种商品早有耳闻且心仪已久，一旦条件满足，便会立即购买。其三，情感忠诚是来自客户关系的互动型客户忠诚，表现为客户对企业理念、形象及商业行为的赞同和支持。例如，客户会与企业同舟共济和心心相印，在听闻企业的负面消息时为企业辩护，而在获悉企业的正面消息时为企业高兴。可以说，三个层次的客户忠诚，共同反映了高质量客户关系的特征与价值。

最后，客户忠诚的形成原因较为复杂，主要原因包括了客户满意、市场垄断和企业促销三个方面。其一，客户满意是带来客户忠诚的最主要因素。满意的客户会对企业的商品和服务产生依赖，因为任何改变关系的决策都有可能带来客户利益的损失。于是，在长期的互动过程中，客户渐渐产生了主动购买、重复购买及频繁购买等具有忠诚特征的行为表现。其二，市场垄断能够带来表面上的客户忠诚。在卖方市场格局中，消费者并不具有充分的市场话语权，他们只能被动接受来自垄断企业的商品和服务，可供选择的品种也十分有限。此时，客户在行为上表现为忠诚，但在情感与意识上却并不满意。其三，企业的促销策略也能够带来客户忠诚。企业可以通过价格打折、消费积分及广告承诺等方式，增加客户持续购买的动力和放弃消费的顾虑，从而产生暂时的客户忠诚。此时，客户被企业的短期让利所吸引，相应的消费行为并不完全理性，企业的促销活动一旦结束，客户也将不再忠诚。

总之，客户忠诚是客户关系管理的重要内容，这一概念同时涉及了经济学、管理学及心理学等多个学科，因而是企业市场营销管理中的一项难点。

二、客户忠诚与客户满意的关系

（一）客户忠诚与客户满意的比较

客户忠诚与客户满意是两个不同的概念，为了更好地辨析这两个概念，需要把握以下几个要点。

首先，客户满意不等于客户忠诚。一方面，客户满意是客户对企业商品和服务做出的主观评价，是客户需求得到满足以后的一种心理状态。正如前文所述，客户满意受到客户期望与客户感知的影响，而企业管理的重点主要是客户感知。简言之，客户能否满意，主要取决于客户让渡价值的大小。另一方面，客户忠诚是客户对企业商品和服务产生的高度依赖，既包括希望长期合作的心理倾向，也包含不断重复购买的实际行动。客户忠诚包含更多的情感因素，更像是客户与企业积极互动的结果。换言之，客户是否忠诚，主要取决于企业对客户关系的管理效果。可以说，客户满意的出发点是客户，代表了客户对过去交易的评价；而客户忠诚的出发点是企业，反映了企业对未来交易的期待。

其次，客户满意与客户忠诚并不是简单的线性关系。二者既存在一定的因果关系，也会在其他因素的作用下表现出没有关系。一方面，客户满意是客户忠诚的重要前提。研究表明，客户对企业的商品和服务越是满意，其重复购买的数量与频率也会越高，即更有可能形成客户忠诚。换言之，大部分忠诚的客户都是感到满意的客户。另一方面，客户忠诚并不是客户满意的必然结果。实际上，满意的客户并不一定能够成为企业的忠诚客户。面对众多的市场选择，即使客户感到满意，也没有必要忠诚于某一家企业，而是可以在不断选择中实现自身效用的最大化。加之客户的需求与偏好并不稳定，来自其他企业的产品改进或服务创新就很有可能给客户带来新的体验，从而刺激客户重新做出选择。换言之，大部分满意的客户并不是忠诚的客户。

最后，客户忠诚比客户满意更有价值。其一，客户忠诚是客户满意由量变到质变的一种表现。一般认为，只有最高等级的客户满意才能转化为客户忠诚。例如，有研究表明，在汽车销售行业中，在感到"一般满意"的客户中，仅有不到四分之一会表现出忠诚，而在感到"特别满意"的客户中，忠诚的比例会达到四分之三以上。其二，客户忠诚能够为企业带来实实在在的利益。客户满意是客户对待企业的一种态度，并不是对企业的承诺或保证。而客户忠诚却能体现为客户的具体行为，从而不断地为企业带来经济价值。其三，企业获得理想的客户满意度和忠诚度的难易程度也不尽相同。一方面，为了自身效用的最大化，很多客户并不会真实表达自己的满意程度，从而使企业针对客户满意度的调查结果并不真实。另一方面，由于客户忠诚能够反映为一系列具体的可观测指标，从而使企业能够轻松地分析出客户的忠诚状况，从而为调整与优化自身的市场营销策略提供依据。

在实践中，很多企业并没有准确把握客户满意与客户忠诚的异同，常常将客户满意误认为客户忠诚。实际上，客户忠诚的价值要远远高于客户满意，而如何实现从客户满意到客户忠诚的提升，应当成为企业客户关系管理创新的重要研究方向。

（二）客户忠诚与客户满意的模型

客户满意度与客户忠诚度具有一定的相关关系，并受到所在行业竞争状况的影响。具体而言，影响市场竞争状况的主要因素包括四类，分别是限制竞争的法律法规、高额的转移成本、专有的核心技术以及有效的客户奖励计划。一般而言，在客户满意度一定的情况下，市场竞争状况越接近自由竞争，客户忠诚度越低，市场竞争状况越接近垄断，客户忠诚度越高。于是，我们可以通过一个模型（图10-1）来展现客户忠诚度与客户满意度的关系。

如图10-1所示，A区域为低度竞争区，B区域为高度竞争区，曲线Ⅰ和曲线Ⅱ分别代表在低度竞争行业和高度竞争行业中，客户满意度与客户忠诚度的一般线性关系。

一方面，在高度竞争行业中，即使客户感到充分地满意，也不一定会十分忠诚。只要企业让客户感觉到稍有不满，客户的忠诚度就有可能急剧下降。因此，对于高度竞争行业中的企业而言，尽量让客户满意是提高客户忠诚度的唯一途径，即要做到尽心竭力和精益求精。

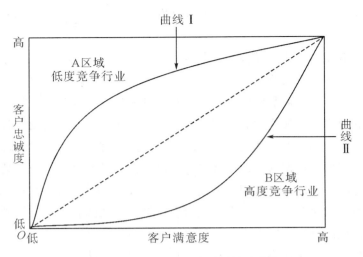

图 10-1　客户忠诚度与客户满意度的关系

另一方面，在低度竞争行业中，即使客户的满意度不高，也会表现出较高程度的忠诚。只要企业适当提高客户满意度，客户的忠诚度就会大幅提升。然而，这里的客户忠诚带有明显的被动性，即使客户不满意，也没有太大的选择余地，从而表现出一种虚假的、暂时的客户忠诚。因此，对于低竞争行业中的企业而言，为了化解客户抱怨和预防客户流失，提升客户满意度仍然是企业的工作重点，即要做到居安思危和未雨绸缪。

总之，无论市场竞争状况如何变化，企业都应当将客户满意视为客户忠诚的必要前提。

（三）客户满意陷阱

1. 客户满意陷阱的含义

客户满意陷阱（customer satisfaction trap）是指客户满意与忠诚仅仅具有正向的相关关系，但是却并不是完全的线性关系。换言之，为什么企业已经提高了客户满意度，却依然不能留住客户，企业家与研究者都想探究导致这一现象的原因到底是什么。这一现象由美国人 Christopher W Hart 和 Michael D Johnson 提出，随后的研究者也发现，客户满意与客户忠诚的关系曲线的确存在一段平缓区域。在这一区域内，无论客户满意度如何提升，客户忠诚度都不会得到明显的改变。于是，这一区域就被称为了质量不敏感区（zone of indifference），而这一现象也就被称为了客户满意陷阱。

实际上，对于客户满意陷阱的解释可以依托双因素理论（two factor theory）或卡诺模型。其中，双因素理论最具代表性。这一理论由美国学者弗雷德里克·赫茨伯格（Fredrick Herzberg）于 20 世纪 50 年代提出。在他看来，企业向客户提供了不满意与满意两类因素。具体而言，一方面，不满意因素也被称为抱怨因素，是客户认为企业的商品和服务理所当然的价值。这类因素类似于卡诺模型中的基本需求和期望需求。如果企业不能在这类因素上令客户满意，则客户将不会再次购买；但是企业即使大幅度改进这类因素，客户的感知价值与忠诚度表现也不会明显提升。例如，保险公司向客户提供了快捷、足额的理赔服务，但是客户却并不会十分感谢。另一方面，满意因素是那些能够使客户感到高兴或惊喜的价值，而且这些价值往往超出了客户预期，从而真正对客户关系的质量产生了影响。这类因素类似于卡诺模型中的魅力需求。即使企业的商品和服务缺乏这类价值，满意的客户也不会感到失望，但是只要这类因素出现，客户的感知价值和忠诚度表现就会得到明显提升。例如，酒店的服务人员能够记住客户的入住习惯、餐饮口味及作息安排等，则会给客户留下宾至如归、相见如故的亲切感。于是，我们可以得出结论：只有当企业能够给客户带来超额满意时，客户才能表现出忠诚。

2. 客户满意陷阱的分析

客户满意陷阱如图 10-2 所示，其中平缓部分即为客户满意陷阱。

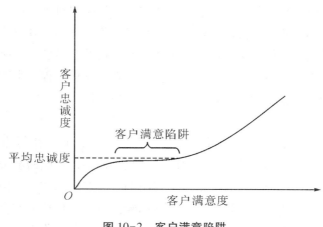

图 10-2　客户满意陷阱

沿着双因素理论和卡诺模型的分析思路，企业向客户提供的两种价值也对应着客户对企业的两种期望，即基本期望和潜在期望。其中，满足客户的基本期望仅仅是提升客户忠诚度的必要条件，而非充分条件。而满足客户的潜在期望才是企业突破满意陷阱的最佳途径。

然而，对于大多数企业而言，跳出客户满意陷阱却并非易事。当企业的客户忠诚度达到市场平均水平时，激发更高水平的客户忠诚将越发困难。此时，已经满意的客户既不会刻意向企业提出抱怨，也不会对企业表现出过多的热情，客户关系处于一种进退两难的状态。为此，企业必须关注客户的潜在期望，并从中挖掘出与众不同的客户体验。实践也表明，企业创新和引导客户潜在需求的能力也是其核心竞争优势的重要组成。同时，企业还要注意强化客户关系当中的情感因素，诸如信任、关怀、尊重、理解等社会关系因素最能给客户带来心理上的触动，从而产生超过预期的主观感受。

三、客户忠诚的类型

按照凯瑟琳·辛德尔（Kathleen Sindell）等学者的研究，客户忠诚包括七种类型。

（一）垄断忠诚

垄断忠诚是指客户在具有垄断特征的市场中所表现出的忠诚。按照经济学原理，垄断即为独占，是缺乏竞争的市场态势。垄断者能够通过控制供给数量来改变价格，因而消费者只能被动地接受垄断价格，而并没有讨价还价的能力。于是，无论客户是否满意，都只能长期购买垄断企业的商品和服务，从而表现出所谓的客户忠诚。例如，某个城市只有唯一一家自来水厂或发电厂，尽管这些服务的价格偏贵、质量一般，由于没有其他更好的选择，当地居民也只能重复购买这些并不让人满意的服务。垄断忠诚往往是暂时的和脆弱的，并不能反映企业客户关系管理的成效。

（二）惰性忠诚

惰性忠诚是指客户因为不愿意对自己的行为习惯做出改变而表现出的忠诚。这类客户忠诚具有物理学中的惯性特征，也比较符合经济学中的路径依赖理论（Path Dependence）。客户一旦选择了提供商品和服务的企业，只要没有出现特别严重的问题，客户将不会主动寻找其他替代企业，从而对既定的消费模式产生依赖性。惰性忠诚主要来源于客户的购买经验或交易便利，客户会在后来的购买过程中对感知价值进行不断地自我强化，从而优先从熟悉的或方便的企业购买商品和服务。例如，客户曾经在某个网络平台预定过酒店和机票，即使市场上出现了服务更好的网站，客户仍然愿意按照原来的路径完成预定，认为没有必要再花时间与精力去学习新的操作流程。由于客户的真实满意度并不高，因而惰性忠诚依然是一种较为脆弱的客户忠诚。

（三）潜在忠诚

潜在忠诚是指客户已经在意识或情感上具备了忠诚，但是在行为上并没有表现出来。由于具有潜在忠诚的客户并没有重复购买或频繁购买，相应的经济绩效并不能反映在企业的财务报表中，因而其是企业最容易忽略的一类客户忠诚。然而，潜在忠诚又具有较大的潜在价值。在实践中，这类客户往往已经具备了客户角度的忠诚条件，所欠缺的仅仅是企业角度的识别与激活。例如，客户本来是愿意再次购买的，但是对企业的售后服务存在疑问。只要企业能够适当满足客户的合理要求，则可将客户的潜在忠诚提升为更高层次的信赖忠诚。

（四）方便忠诚

方便忠诚是指客户出于对地理位置、交通环境、物流网络及信息渠道等的考虑而表现出的忠诚。方便忠诚与惰性忠诚十分类似，均表现为一定程度的路径依赖，但是形成惰性忠诚的主要原因在于客户，而形成方便忠诚的原因主要在于企业。实际上，方便忠诚更加强调了客户服务的便利性，也正是由于企业的安排较好地满足了客户需求，才使得客户不愿意改变已有的选择。例如，超市的服务网点分布广泛，消费者可以随时购买所需的商品。此时，即使其他超市商品的价格更低、品种更多，消费者也不会专门前往。方便忠诚是企业缩短客户距离的结果，随着其他企业在客户服务领域的后来居上，这类忠诚也会逐渐减弱。

（五）价格忠诚

价格忠诚是指客户只在商品和服务的价格符合自己的心理预期时才表现出的忠诚。价格忠诚与客户对价格的敏感度有关，这一特征类似于经济学中的价格弹性。当商品和服务的价格偏高时，客户并不会购买；而当企业开始打折促销或让利优惠时，客户会大量且持续地购买。简言之，价格忠诚是一类只出现在低价状态的客户忠诚。例如，有的商品很受消费者的喜爱，但是定价却很高。于是，这类商品在平日里无人问津、门可罗雀，一旦到了换季处理时，又会熙熙攘攘、门庭若市。可以说，客户的价格忠诚以货币支出为考虑，经济利益比情感关系更为重要。

（六）激励忠诚

激励忠诚是指客户因为受到企业各种促销策略的影响而表现出的忠诚。激励忠诚与价格忠诚十分类似，都属于企业刺激手段作用下的重复购买。所不同的是，价格忠诚仅仅依赖于降价，而激励忠诚可以表现为各种各样的促销策略。例如，餐饮企业时常推出消费券、代金券等消费激励方法，客户将在下一次消费时获得一定的价格优惠或菜品赠送。常见的第二杯半价、买三送一、消费积分换购等策略都能够为企业带来一定的激励忠诚。然而，随着市场竞争的日趋饱和，大量同质化的激励措施不但效果有限，有时还会引起消费者的反感或不满。因此，如何创新激励忠诚的方法渐渐成了现代市场营销研究的一项热点。

（七）信赖忠诚

信赖忠诚是指客户基于对企业的信任和情感而表现出的忠诚。信赖忠诚是客户忠诚的最高层次，亦是真正意义上的客户忠诚。此时，客户不仅会对企业产生高度的依赖性，还会主动配合企业的市场营销活动。在客户心目中，企业不再是交易关系中的谋利者，而是战略关系中的合作者。无论商品和服务的价格如何变化，无论竞争者的诱惑如何强烈，客户关系始终会保持稳定。例如，传统社区中的茶餐厅已向当地居民提供了数十年的服务，延续几代的居民都将茶餐厅视为生活中的必需场所，并已经在情感上无法忘记这种家的味道。有一种观点认为，除了信赖忠诚，其他类型的客户忠诚都属于客户伪忠诚的范畴。换言之，也只有信赖忠诚才是企业最为理想的客户忠诚，而企业实施客户忠诚度管理的目标就是要与客户建立起坚实的信赖忠诚。

第二节　客户忠诚度分析

一、客户忠诚度的内涵

（一）客户忠诚度的概念

客户忠诚度是客户忠诚的具体量化指标，是指客户对企业的品牌、商品及服务的偏爱程度。客户忠诚度是客户关系管理的关键变量，如何识别、认知、理解和提升客户忠诚度将是关系企业市场营销活动成败的重要问题。

首先，客户忠诚度测度了客户的购买行为。雅各布·雅各比（Jacob Jacoby）等学者就认为，客户忠诚是客户对同一商品的高频度购买。可见，客户忠诚度主要表现在客户的重复购买行为上，并以此为基础扩展到情感信任、口碑效应、抱怨概率及价格敏感度等其他方面。

其次，客户忠诚度测度了客户关系的情感质量。客户忠诚常常表现为客户对企业的依附性或亲近性。很多客户会自发购买企业的商品，自愿宣传企业的理念，自觉维护企业的形象，因而客户忠诚度也被称为客户黏度。

最后，客户忠诚度测度了企业的竞争优势。客户忠诚度反映了客户从一种品牌转向另一种品牌的可能性，从而为企业掌握自身的客户保持率或流失率提供了依据。实际上，企业稳定客户市场的能力，亦是其核心竞争能力的重要组成。某一企业如果能够具备在客户忠诚度方面的优势，则更有可能完成企业的战略管理并达成战略目标。

（二）客户忠诚度的层次

客户忠诚度包含不同的层次，可按照由低到高的顺序分为八个阶段或等级，如图10-3所示。其中，怀疑者、观望者、潜在购买者和首次购买者的客户忠诚度为负值，这四类客户随时都有可能改变选择；重复购买者、跟随者、拥护者和合作者的客户忠诚度为正值，这四类客户会保持与企业的交易关系。

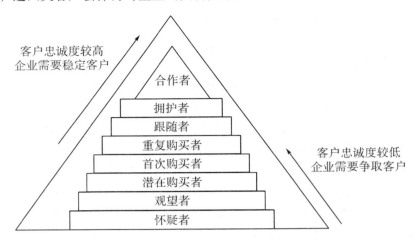

图10-3　客户忠诚度的层次

1. 怀疑者

怀疑者是指那些对企业的商品和服务毫无兴趣的客户。这类客户还不是完整意义上的企业客户，他们并不会主动与企业发生交易，有的甚至对企业的市场营销活动抱有抵触情绪。企业的怀疑者极易受到小道消息或道听途说的影响，因而企业并不能从他们身上获取利润。

2. 观望者

观望者是指那些对企业的商品和服务产生兴趣的客户。这类客户已经开始关注企业的市场营销活动，但是对企业的商品和服务仍然抱有疑虑。虽然企业的观望者尚未联系上企业，但是他们已经通过广告宣传或老客户介绍了解到了企业的信息，从而具备了成为企业客户的潜力。

3. 潜在购买者

潜在购买者是指那些已经与企业发生过接触的客户。这类客户不仅对企业的商品和服务有所耳闻，而且已经通过电话、邮件、网络及上门等方式了解到了更多、更详细的企业信息。尤其在与企业服务人员的互动中，企业已在他们的心目中形成了关键的第一印象。虽然潜在购买者并未做出实际购买行为，但是从这类客户开始，企业就已经能够实施有针对性的客户关系管理了。

4. 首次购买者

首次购买者是指那些初次购买企业商品和服务的客户。通过第一次购买，这类客户切实感受到了商品的质量和服务的水平，从而有了第一次满意度评价。首次购买经历常常是客户关系的转折点，若客户感到满意，将有可能继续购买；若客户感到不满意，则会不再与企业开展任何交易。

5. 重复购买者

重复购买者是指那些多次购买企业商品和服务的客户。这类客户对企业产生了一定的好感和信赖，并将企业作为满足其特定需求的备选对象。重复购买者也会在购买时间、购买频率和购买金额等方面表现出差异，而那些能够做出长期的、稳定的和金额较大的购买行为的客户是企业应当着重管理的优质客户。

6. 跟随者

跟随者是指那些能够主动配合企业市场营销活动的客户。这类客户会主动打听企业的各类营销信息，对企业的新产品、新服务和新措施也很感兴趣。同时，跟随者还会对企业产生一定的归属感，并在意识与行动上尽量与企业保持一致。有时，跟随者还会情不自禁地期盼企业的召唤，希望与企业的关系能够保持活跃。

7. 拥护者

拥护者是指那些完全认同企业理念与行为，并愿意为企业发展做出贡献的客户。这类客户不仅会向市场中的其他人推荐企业的商品和服务，还会在其他客户产生抱怨时，帮助企业做出解释或反驳。可以说，拥护者几乎已将自己视为企业内部的一分子，既会为企业的成功感到高兴，也会对企业的困难感到着急。

8. 合作者

合作者是指那些与企业形成深度战略合作关系的客户。在长期的合作过程中，这类客户已经与企业形成了利益共同体，双方会为了共同利益的最大化而开展亲密无间的商业合作。由于互利双赢是合作的基础，因而合作者与企业的关系已不再是简单的买卖关系，双方会相互理解、协调配合，并将信任与情感置于短期利益之上。

实际上，基于客户忠诚度的八个等级，企业管理客户忠诚度的思路也变得清晰起来。简言之，企业需要竭尽全力地稳定合作者和拥护者，不遗余力地扩大跟随者和重复购买者，准确无误地识别首次购买者和潜在购买者，千方百计地减少观望者和怀疑者。

二、客户忠诚度的衡量

一般认为，客户忠诚度是一项较为复杂的变量，对其实施度量需要综合考虑大量因素。企业需要根据自身实际来选择构成客户忠诚度的具体指标，并合理设置相应的权重。

（一）客户重复购买的次数

在一段时间内，如果客户对某种商品或服务的购买次数越多，则说明客户对相关企业的忠诚度越高；反之，则说明客户忠诚度越低。由于客户再次购买商品或服务的间隔时间会受到用途、性能、季节及有效期等因素的影响，因而客户重复购买的次数并不是一个标准统一的指标。例如，电视机、冰箱和空调等家用电器的平均使用寿命在5至10年，只要客户连续2次购买某一企业的电器，即可视为重复购买。另外，由于同一企业可能拥有多种商品或服务，因而只要客户持续购买同一品牌，也符合重复购买的特征。

（二）客户满意度

在客户满意陷阱之外，客户满意度与客户忠诚度基本呈现了正向的线性相关关系。客户满意度越高，则相应的客户忠诚度越高；反之，则表明客户忠诚度越低。由于客户满意度的高低又与商品和服务满足客户需求的程度有关，因而企业的商品质量和服务水平亦是影响客户忠诚度的重要因素。例如，星级旅游饭店的服务水平需要符合一系列国家标准，在高标准、严要求、勤考核的环境下，旅客的满意度和忠诚度都会比快捷酒店高很多。

（三）客户的钱袋份额

在一段时间内，客户在某一企业的消费占其同类消费的比重越大，则说明客户对相应企业的忠诚度越高；反之，则说明客户忠诚度越低。客户的钱袋份额反映了企业的商品和服务对客户需求的满足程度，若客户感到满足，则相应的交易关系会保持稳定；若客户感到失望，则会将有限的购买能力投入到其他企业的商品或服务中。例如，消费者在外出时总是选择同一家航空公司，在没有特殊需求或负面影响时，该消费者会保持客户忠诚。

（四）客户对价格的敏感程度

价格代表了客户在交易关系中的付出或代价，而按照经济学的原理，理性的客户会偏爱物美价廉或物超所值的商品，并对价格的涨跌保持充分的敏感性。客户对价格的敏感程度越高，则对相应企业的客户忠诚度越低；反之，则说明客户忠诚度越高。例如，当企业的商品按照原价销售时，消费者鲜有购买；而当企业的商品开始打折促销时，消费者蜂拥而至。显然，这些消费者的客户忠诚度并不高。另外，客户对价格的敏感程度还与市场的竞争程度、客户的偏好特征及客户满意度等其他因素有关，企业需要根据实际情况具体分析其中的客户忠诚比重。

（五）客户决策的时间

客户会在选购商品和服务时花费一定的时间，并需要通过信息收集和方案比选，才能最终做出购买决策。一般而言，客户决策的时间越长，说明客户对企业的承诺顾虑越大，相应的客户忠诚度越低；反之，则说明客户对企业的承诺越放心，其忠诚度也越高。实际上，客户决策的时间与客户对企业的熟悉程度和信任程度有关，客户对企业越熟悉、越信任，其决策的时间越短，而熟悉与信任都能促进客户忠诚度的提高。例如，只有新客户才会在购买商品时问这问那，而忠诚的老客户会按照习惯直接向企业提出具体的要求。

（六）客户购买的数量和金额

在一段时间内，客户购买企业商品或服务的数量越大、金额越高，则说明客户对相关企业的忠诚度越高；反之，则说明客户忠诚度越低。忠诚的客户并不会一直购买企业的低端商品，他们会随着客户关系的深入而逐渐提高消费层次。换言之，客户会通过最初的几次交易来检验企业的可靠程度，一旦产生信任，就会释放出更大的消费潜能。例如，新客户会出于风险防控的需要而采用小批量的购买策略，此时，这类客户的忠诚度并不高。

（七）客户对待企业竞争者的态度

客户对企业的竞争对手的态度能够反映其忠诚度高低。一般而言，如果客户对来自竞争企业的商品和服务越关注，则说明客户对相关企业的忠诚度越低；反之，则说明客户忠诚度越高。值得注意的是，客户态度的变化来自两个方面的原因。一方面，若企业不能令客户持续满意，则客户会寻求来自其他企业的补充，从而使客户忠诚度降低。另一方面，若其他企业创新了商品和服务，使客户获得更好的体验与更大的价值，则客户忠诚度也会下降。如今，面对众多的选择，客户已很难做到对某一企业的绝对忠诚。

（八）客户对待质量问题的态度

对于大多数企业而言，客户不满或抱怨是很难彻底避免的。当客户遭遇商品或服务的质量问题时，是否抱怨、如何反馈等将体现出客户的忠诚状况。一般而言，客户对质量缺陷或服务过失的容忍度或承受力越高，则说明客户对相关企业的忠诚度越高；反之，则说明客户忠诚度越低。另外，忠诚的客户并不会抱怨或投诉，他们会以沟通、协商等较为温和的方式来化解矛盾，即使向企业提出意见，其出发点都是为了企业做得更好，大多也是建设性和鼓励性的。例如，大多数吹毛求疵、求全责备的客户都是不忠诚的客户，他们这样做的目的主要是为了从企业获得更多的实惠。

（九）客户生命周期特征

客户生命周期反映了客户忠诚度的持续时间。一般而言，客户生命周期的延续时间越长，则说明客户对相关企业的忠诚度越高；反之，则说明客户忠诚度越低。同时，客户生命周期的各个阶段特征也能印证客户忠诚度的变化。例如，如果某一客户的考察期或形成期的时间跨度很长，则说明企业与该客户建立关系的过程并不顺利，一些影响客户满意与忠诚的隐患可能会在稳定期集中爆发。值得注意的是，在客户生命周期的退化期，客户忠诚度会自然下降。正所谓"天下没有不散的筵席"，企业只能延迟退化期，却不能避免客户关系的终结。

（十）客户向他人推荐企业的意愿

忠诚的客户会向其他人推荐企业的商品和服务，从而为企业提供免费的口碑价值。客户对市场宣传的意愿越强烈，则说明客户对相关企业的忠诚度越高；反之，则说明客户忠诚度越低。类似的，不忠诚的客户也更有可能受到企业负面信息的影响，从而给企业的市场形象造成损害。例如，面对竞争者的诋毁或谣言，忠诚度较高的客户会耐心甄别，而忠诚度较低的客户则更愿意采取宁可信其有、不可信其无的态度。总之，客户忠诚度与企业的市场声誉密切相关。

（十一）客户保持率与客户流失率

在一段时间内，企业的客户保持率和客户流失率能够直接反映客户忠诚度的状况。如果客户保持率越高或客户流失率越低，则说明客户对相关企业的忠诚度越高；反之，则说明客户忠诚度越低。尽管影响客户保持率与客户流失率的因素还有很多，但是忠诚的客户一定是最不容易流失的客户。忠诚的客户关系已经具备了信任与情感，是较为牢固的社会关系。例如，很多老字号餐厅都表现出了创新不足、服务简单、装修陈旧等问题，但是依旧得到了一大批中老年消费者的支持，从而保持了足够的稳定客户。其中，很多消费者更看重的是那份传承的味道和难以割舍的情怀。

三、客户忠诚度的影响因素

客户忠诚度受到多种因素的综合影响，主要包括客户满意度、客户关系质量、企业层面的因素和客户层面的因素四个方面。

（一）与客户满意度相关的因素

由于客户忠诚度常常以客户满意度为基础，因而凡是能够影响客户满意度的因素，也会对客户忠诚度产生一定作用。关于客户满意度与客户忠诚度的关系，前文已做了分析，这里不再重复，而既能影响客户满意度，又能够影响客户忠诚度的因素，则主要包括商品、服务及理念等。企业唯有让客户满意，才能使客户忠诚度保持在相对合理和可控的范围内。

1. 商品的吸引力

商品的吸引力涉及商品的质量、性能、外观、用途及款式等，表现为企业商品的市场份额、销售数量及品牌知名度等，代表了企业在市场上的受欢迎程度。营销实践表明，优质的商品永远是客户重复购买的最佳理由，而一切依靠虚假宣传的劣质商品是不可能获得客户忠诚的。例如，有的消费者会坚持数十年甚至几代人都购买同一品牌的商品，并且对相应商品产生相当深厚的感情。

2. 服务的亲和力

服务的亲和力主要体现为企业在服务过程中所展现的真诚、友善、用心和负责，代表了企业在服务方面的创新性竞争优势。令人满意的服务往往是留住客户的最佳手段，而一切服务欠缺、态度糟糕的企业迟早会被客户所抛弃。例如，消费者到餐馆就餐，消费的不仅仅是饭菜，更有对各项服务的体验与享受，因而餐饮行业的竞争一半是来自产品的味觉和嗅觉，一半是来自服务的视觉和听觉。

3. 理念的先进性

理念的先进性涉及企业文化中的价值观念、道德素质以及对待客户关系的态度等，代表了企业是否能够将客户视为其生存与发展的重要依靠。在实践中，凡是强调顾客就是上帝、公众利益至上及绿色发展等理念的企业，通常都能得到大多数客户的认可，进而形成稳定的客户市场。而凡是为了短期利益而失德失信的企业，是不可能获得客户忠诚的。例如，即使是长期诚信经营的知名企业，只要有一次生产假冒伪劣产品的情形，其客户忠诚度也会大幅下降，并且很难得到完全恢复。

（二）与客户关系质量相关的因素

客户关系质量是影响客户忠诚度的重要内容，具体包括客户关系的价值、信任与情感质量、关系互动质量等。实际上，客户忠诚本身就是对客户关系质量的具体反映，企业完全可以通过积极有效的客户关系管理来提高客户关系质量，从而使客户更加依赖于企业的商品和服务，并自觉维护彼此关系的互利性、稳定性和持续性。

1. 客户关系的价值

按照社会学的观点，客户关系是一种有价值的特殊资源，能够为关系网络中的各方当事人带来明显的好处或利益。结合客户忠诚度的内涵，客户为什么会保持与企业的交易关系，其根本动机还是在于希望持续地获得客户让渡价值。为此，企业既要让客户看到重复购买的好处，也要让客户认识到终止交易的坏处，从而达到将新客户发展为老客户、将流失客户挽回为忠诚客户的积极效果。例如，很多企业会强调自身商品的独特性，以"过了这个村儿，就没有这个店"的口号开展宣传，使客户意识到交易关系的稀缺性和价值性，从而不愿意放弃所谓的交易机会。

2. 信任与情感质量

信任与情感能够使客户关系升级为更加稳定的社会关系。一方面，信任能够减少客户对交易风险的担忧，使客户在决策时的胆量更大、效率更高。实际上，对于客户而言，找到值得信任的企业也并非易事。客户往往需要经历多次失败的交易或糟糕的服务，才能在经验与教训中比较和挑选出最合适的合作对象。另一方面，情感能够改变客户对整个交易的心理体验，进而对客户的后续购买行为造成影响。肯定性的情感来自企业对客户需求的满足，如快乐、惊喜和满意等；否定性的情绪来自客户对企业的抱怨与投诉，如失望、愤怒和憎恨等。深厚的情感不仅可以提高客户关系的活跃度，还能使客户在行动上时刻与企业保持一致。

3. 关系互动质量

企业与客户的互动情况能够直接影响客户忠诚度。一方面，客户互动的频率能够影响客户的购买行为。企业可以通过开展积极的客户互动，保持与客户的紧密联系，从而为管理客户忠诚度创造条件。活跃的交往关系不但能够改善企业的广告宣传效果，使客户能够随时了解企业的商品和服务信息，而且能够提高企业的市场监测与预警能力，使企业能够及时洞悉客户市场的最新变化。例如，很多企业都会保持与客户的日常联系，并在客户生日或有商业活动时联络彼此间的感情。而那些一旦达成交易就不再联系客户的企业，已经很难获得客户忠诚了。另一方面，客户沟通的效果会影响客户对企业的评价，从而反映在是否继续购买等具体行动中。例如，当出现客户抱怨时，除了满足客户抱怨背后的诉求，企业与客户开展沟通的方式与方法也很重要。良好的沟通能够使客户重新获得满意，从而不再流失，而失败的沟通将把客户推向不可逆转的对立面，从而再也不会回来。

（三）企业层面的因素

在企业层面，企业带给客户的转移成本、企业对客户的忠诚度、内部员工对企业的忠诚度等因素也能影响客户忠诚度。由于这是一些企业能够较好控制或管理的影响因素，因而对于提升客户忠诚度具有十分重要的实际意义。

1. 客户的转移成本

转移成本（switching costs）是指客户终止与企业的关系，转而与其他企业开展交易时所产生的成本、费用及损失。转移成本是一种既包括会计成本，也包含机会成本的特殊成本，具体包括了利益损失、情感损失、时间成本、精力耗费及学习成本等。显然，客户的转移成本越高，则客户忠诚度也越高；反之，则客户忠诚度越低。企业可以通过增加客户的转移成本，使客户在面对竞争企业的吸引时，能够三思而后行。值得注意的是，提高转移成本对于客户忠诚度的影响作用是十分有限的，企业只能将其作为挽留客户的权宜之计，仍然要把提高客户满意度作为客户关怀的重点。特别是当客户去意已决时，任何积分与优惠都不能留住客户。

2. 企业对客户的忠诚度

实际上，忠诚度的含义是双向的和对等的。企业需要客户忠诚度，客户也需要企业忠诚度。企业对客户的忠诚主要表现在对商品质量、服务水平及社会责任等的承诺和保证上，体现了企业诚实守信、遵纪守法和不唯利是图的商业品德。客户在重复购买的过程中，也在体会和观察企业对待客户的态度与行为。客户一旦发现企业存在主观意识上的怠慢、懈怠，或者对做出的承诺不负责任，则会对自身的忠诚状态进行调整。例如，企业的言而无信、以次充好及制假贩假等行为就是为消费者所深恶痛绝的现象。不尊重客户的企业也必然不能得到客户的尊重。还有一种观点认为，由于客户的选择余地要远远大于企业，因而企业对客户的忠诚必须高于客户对企业的忠诚，也只有企业先做到了忠诚于客户，客户才有可能会忠诚于企业。

3. 员工对企业的忠诚度

内部员工作为一种广义的客户，他们对企业的忠诚度也能对客户忠诚度产生影响。员工的忠诚度表现为员工对企业文化、理念及市场表现的态度与评价。如果员工对企业和个人的未来发展充满信心，则会全身心地投入工作，并且不受外界的干扰与诱惑；如果员工对企业的经营前景和个人的工作状况感到不满，则会在工作中表现出心不在焉、无所作为，而且时刻处于一种抱怨状态。可以说，员工的忠诚度与企业的客户服务质量密切相关。同时，由于企业员工是直接接触客户的人，因而员工的言行还会直接影响客户的购买决策。例如，忠诚的员工会向客户积极推荐企业的商品和服务，并想方设法地促成交易；而不忠诚的员工会向客户传递企业的负面信息，并对是否成交毫不在意。尤其是当员工发生跳槽时，还有可能带走大批有价值的客户，从而使企业遭受不小的损失。可见，员工的忠诚度与客户忠诚度呈现出正向的相关关系。

（四）客户层面的因素

在客户层面，客户的归属感与客户自身的特殊因素等也能影响客户忠诚度。由于这是一些企业较难控制或管理的影响因素，因而企业只能充分关注和适当预防。

1. 客户的归属感

归属感是一项属于文化心理学的概念，表现为某一个体对某一集体或组织的高度认同和自觉归属。客户的归属感与客户忠诚度存在正向的相关关系。在长期的购买经历中，客户会对那些满意的企业或品牌产生归属感，并十分愿意继续购买来自这些企业的商品和服务。在培养客户的品牌归属感方面，企业就可以通过丰富品牌的文化内涵来赢得大量忠诚的客户。例如，在运动服装品牌中，诸如阿迪达斯、耐克等品牌就拥有众多的消费者，这些消费者高度认可企业崇尚运动、热爱生活的文化理念，十分欣赏企业的产品设计和商标图案，从而将外在的品牌符号融入自己的日常生活当中。可以说，客户的归属感是一种来自内心的客户忠诚，这来源于企业的长期经营过程，非一朝一夕所能形成。

2. 客户自身的特殊因素

客户自身的一些因素也会影响客户忠诚度。其一，客户生命周期的突然变故会导致客户关系的终止，从而导致客户忠诚的消失。例如，法人客户的搬迁、倒闭及被兼并等，会引起原有合作关系的终止；自然人客户的转行、退休及死亡等，也会导致相应交易关系的结束。其二，客户需求的变化会影响客户忠诚度。例如，随着客户收入或能力的增长，其需求层次发生了改变。由于企业原有的商品和服务已不能满足客户需求，原有的客户忠诚度将明显降低。其三，客户自身的性格影响了客户忠诚度。例如，对于性格上喜新厌旧、朝三暮四的客户，其忠诚度一般都不高；对于性格上稳扎稳打、老成持重的客户，其忠诚度一般都不低。另外，客户的性格还表现在面对竞争企业的诱惑方面，决策冲动的客户往往不是忠诚的客户。

四、常用客户忠诚度分析工具

为了帮助企业实施有针对性的客户忠诚度管理，企业可以运用"客户价值与忠诚度矩阵"这一分析模型。具体而言，客户价值与忠诚度矩阵包含两个维度，分别是客户价值量和客户忠诚度。二者共同形成了四个象限（图10-4），并产生了四种客户类型。在资源和精力都十分有限的情况下，企业可以根据客户的重要性来分类管理，而并不需要让每一位客户的忠诚度都达到最高。

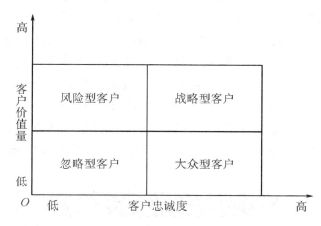

图10-4 客户价值与忠诚度矩阵

（一）风险型客户

风险型客户区位于客户价值与忠诚度矩阵的左上角位置，代表着个体价值量较高，但是忠诚度较低的一类客户。对于这类客户的得失，关系企业的成长或发展问题，这类客户也被视为存在较大流失风险的客户。例如，在竞争激烈和品牌众多的汽车消费市场上，大部分客户的购车预算都在10万元至20万元左右。可以说，每一笔交易的利润较大，客户的选择余地也较大，客户并不会表现出对某个品牌的绝对忠诚。对于风险型客户，企业必须实施个性化的客户关怀，在尽力保证其满意的同时，努力培养客户对企业的情感与忠诚，以期将风险型客户转化为稳定的客户。

（二）忽略型客户

忽略型客户区位于客户价值与忠诚度矩阵的左下角位置，代表着个体价值量较低，忠诚度也较低的一类客户。对于这类客户的得失，不会对企业的市场绩效和经营发展产生明显的影响，因而并不需要企业实施针对性的管理策略。例如，拥有私家汽车的人只会偶尔乘坐公共交通工具。对于出租车企业而言，这类客户为企业带来的收益很少，也不会长期接受企业的服务，因而是典型的忽略型客户。对于忽略型客户，企业对其实施忠诚度管理的价值与意义不高，过度的客户关怀反而会让企业有限的管理资源变得紧张。

（三）大众型客户

大众型客户区位于客户价值与忠诚度矩阵的右下角位置，代表着个体价值量较低，但是忠诚度较高的一类客户。对于这类客户的得失，虽然不会直接影响企业的市场绩效，但是会对企业的市场声誉产生一定的影响。例如，对于零售百货业而言，附近的大众消费者就属于大众型客户。他们几乎每天都会到商场采购生活物资，但是为企业带来的价值却不高。大众型客户带给企业更多的是川流不息的人气和家喻户晓的口碑。对于大众型客户，企业应当给予一定的鼓励和回馈，在着力保持其忠诚度的同时，积极发现和发展其中潜在的优质客户。

（四）战略型客户

战略型客户区位于客户价值与忠诚度矩阵的右上角位置，代表着个体价值量较高，忠诚度也较高的一类客户。对于这类客户的得失，关系到企业的生死存亡，因而是影响企业战略管理成败的关键型客户。例如，按照"20/80 原则"，最重要的 20% 客户为企业带来了超过 80% 的利润，如果这些客户的忠诚度发生变化，他们的流失将给企业造成不可挽回的巨大损失。实际上，获得战略型客户需要企业的长期努力和用心维护，而企业所掌握的这类客户关系也早已成为企业的核心资源。因此，对于战略型客户的管理，企业必须高度重视，并将其作为一项需要长期坚持的战略管理任务。

总之，客户价值与忠诚度矩阵是一种常用的客户忠诚度分析工具，企业可以将客户忠诚度管理同客户细分与客户互动相结合，从而使其更加具有可观测性和可操作性。

第三节　客户忠诚度管理

一、客户忠诚奖励

（一）客户忠诚奖励的思路

客户忠诚奖励并不是一项新兴的客户关系管理措施。早在 20 世纪 70 年代初，就出现了以频繁营销规划为代表的客户忠诚度管理方法，并为后来的企业制定和实施客户忠诚奖励策略提供了思路。具体而言，频繁营销规划也被称为老客户营销规划，是指企业可以通过对经常购买或大量购买的客户实施奖励，来引导和刺激这类客户继续保持较高的忠诚度。奖励的形式可以灵活多样，常见的有价格折扣、现金奖励、附加服务、额外赠品或奖品等。奖励的基本思路还是着眼于延长客户关系、强化客户体验及增加关系价值等，而奖励的效果则是要让客户从多次购买中尝到甜头、看到希望，从而不愿意主动放弃现有的交易关系。例如，企业可以根据消费者购买商品的数量或金额实施有条件的价格优惠，从而让购买量较大的客户感受到实惠；企业也可以采用以旧换新的方式将让利的对象限定为老客户，从而让有过购买经历的客户感受到满足。

（二）客户忠诚奖励的注意事项

企业在实施客户忠诚奖励策略时，也有一些需要注意的问题。

首先，企业的奖励对象必须要明确。企业需要根据客户细分的结果，重点针对价值量较高，但忠诚度不稳定的风险型客户实施奖励策略。例如，电影院会向消费者推出金额达到 500 元或 1 000 元的一次性储值消费卡，消费者可以在预付金额内享受极低的价格。这一措施明显针对消费次数较多、消费意愿较强的优质客户，而偶尔看一次电影的消费者绝不会预付款项。这一措施既让企业绑定了消费者未来很长一段时间的电影消费，也让消费者获得了较高水平的价格满意，从而实现了双赢。总之，企业应当避免不加区分地随意奖励，切忌出现平均主义现象。

其次，企业的奖励成本必须要可控。企业的奖励措施会产生一定的成本，企业需要进行严格的成本核算来确保奖励措施的投入是有效的和可控的。企业可以限定优惠措施的时间、地点或其他条件，并不断更新具体的奖励方法，从而随时调整和优化相应策略的投入产出效果。例如，快餐店向消费者发放了不计其数的优惠券，这一措施在短期内能够吸引不少消费者，但是从长期来看，又会导致所有消费者都在享受奖励，到那时，企业要么因为实际价格太低而无利可图，要么因为名义价格太高而被消费者指责为虚假营销。总之，企业需要在制定奖励策略时，着眼全局、放眼长远，以循序渐进、细水长流的方式逐渐培养客户忠诚。

最后，企业的奖励措施必须要有诚意。企业实施奖励策略的初衷是要维护客户忠诚，而客户忠诚的前提是企业必须诚信。企业不能为了片面追求短期销量而夸大奖励策略的效果，从而使客户兴致勃勃而来，大失所望而归。例如，很多企业都会邀请达到一定消费金额的客户参与抽奖活动。在这些抽奖活动现场，企业所展示的奖品或奖金往往非常丰厚。然而，绝大部分参与者仅仅能够抽中参与奖或纪念奖，久而久之就会让人产生一种上当受骗的感觉，从而不再相信企业的任何言行。可见，企业奖励的诚意会直接影响客户的忠诚度。企业唯有向客户做出实实在在的让利，才能真正达到奖励忠诚的效果。

（三）客户忠诚奖励的弊端

客户忠诚奖励也存在明显的不足。

首先，企业的奖励会导致客户满意度的两极分化。对于获得奖励的客户而言，其满意度会得到提升。这部分客户会更加愿意参与企业的其他商业活动。而对于没有获得奖励的客户而言，其满意度会有所下降。这部分客户的互动体验较差，对企业的归属感也将下降。实际上，区别对待本就是奖励的必然结果，特别是当企业在同类客户中实施奖励策略时，相应成效未必理想。例如，在人人都可以参与的免费赠送活动中，对于没有领到赠品的客户而言，这项活动对客户让渡价值的影响往往是负的。如果现场再发生了拥挤、争抢等不愉快的现象，则消费者的评价会更低。

其次，企业的奖励会改变客户预期。实际上，企业在向客户提供各类奖励的过程中，客户的心理预期也会发生改变。例如，消费者会渐渐对企业的让利、优惠习以为常，长期打折的商品一旦恢复原价，消费者就会认为企业实施了涨价。因此，合理的奖励措施应当讲究恰当的时机，从而能够在企业参与市场竞争的关键时刻发挥出最佳的客户开发或客户挽留效果。

最后，企业的奖励措施很难成为一种核心竞争优势。奖励措施往往并不具有排他性，一旦产生效果就会被其他竞争企业模仿。例如，当一家企业推出积分卡或会员卡措施时，其他企业也会学习和跟随，从而导致消费者钱包中的卡片越来越多，最终还是不知道究竟应该选择哪一家企业。可以说，企业对于奖励措施的创新只具有先动优势，而没有持续优势。用不了多久，市场上的大多数企业就会实施同质化的奖励措施，从而在一个新的层次达到竞争均衡。另外，随着奖励措施的增加，企业也会逐渐感到不堪重负。究竟哪些措施有效，哪些措施无效，需要经过企业的再度分析。

二、实施情感营销

（一）情感营销的含义

情感营销（emotional marketing）是指企业可以将客户的个人情感、需求偏好和企业的品牌营销战略相结合，采取培养好感、联络情感和心灵共鸣等方式来加强与客户的合作关系，从而为企业带来更为持久的商业绩效。随着市场营销理念的发展，客户购买商品和服务的动机不再局限于质量、价格和渠道等基础性目标，而是更加看重在交易活动中的心理感受和情感需求。换言之，客户在更高层次上的需求推动了情感营销方式的产生和发展。

实际上，情感作为活跃客户关系的特殊纽带，能够为企业的客户满意度和客户忠诚度管理带来好处，企业也可以将情感因素融入市场营销的各个环节。

（二）情感营销的内容

1. 情感商品

在商品中融入情感因素更容易给消费者留下深刻的印象，使其能够对购买过的品牌或商品念念不忘。企业可以在商品的设计环节加入个性化元素，具体又有定制设计、主题设计和人文设计三种方式。

其一，定制设计是指企业在生产商品或提供服务的过程中，充分考虑客户的需求差异，在与客户的互动环节给予客户自行设计商品或服务的权利。客户的参与既能够为企业提前消除引起客户抱怨的潜在因素，也能够使客户感受到企业的尊重和信任，从而很好地增进彼此关系中的情感。例如，珠宝商店允许消费者在首饰上定制情侣姓名、表白语言及纪念日期等内容，这既是一种需求，也是一种情感。

其二，主题设计是指企业针对客户的某一情感需求，专门设计相应的商品和服务，从而使客户获得超过预期的特殊满意。当具备同类情感需求的客户大量出现时，精心设计商品和服务的企业就能够从众多同类竞争者中脱颖而出。例如，面对各式各样的节日商机，企业需要在诸如妇女节、儿童节、重阳节、中秋节等节日，推出带有爱情、亲情、友情等主题的商品和服务。

其三，人文设计是指企业在设计商品和服务时，充分考虑客户的文化、观念、追求及关切，以求做到不伤害客户感情和不损害社会利益。例如，企业的产品设计要符合人体工学，一切外观形状与操作按钮不能给使用者带来不适或危险。为儿童生产的商品要环保、健康、没有安全隐患；为老人设计的商品要简单、明了，无须繁琐操作。

2. 情感包装

在商品的包装中融入情感更能够博得客户的好感和认同，从而使其拥有更强烈的购买欲望和更持久的购买热情。企业可以通过创新商品包装的材料、图案、色彩及造型等元素，带给消费者与众不同的情感体验，从而获得较高的客户忠诚度。如今，随着市场竞争的日趋激烈，同类企业之间围绕商品包装的竞争也在加剧。对于第一次接触企业商品的消费者而言，包装的优劣几乎成为决定其是否购买的最主要因素。可以说，来自包装的情感共鸣已成为企业打动消费者的特殊武器。

其一，情感包装能够吸引消费者的注意。企业需要掌握客户的消费心理，使商品包装能够突出客户需求。例如，大多数方便面的包装都会配以华丽精致的面食图片，从而将营养匮乏的方便食品描绘为色味俱佳的可口美食。

其二，情感包装能够对客户心理造成冲击。企业可以借助特定的包装设计，使消费者产生一定的联想和回忆，从而在情感上更加认同企业的商品。例如，一些拥有较长历史的传统畅销商品，会经常复制历史上的经典包装，以期消费者能够想起儿时的味道、家乡的情怀等。

其三，情感包装能够增加客户的购买数量。企业可以在包装中增加一定的互动成分，激发消费者重复购买和持续购买的动力。例如，一些食品企业会在包装中设置奖券或赠品，或者要求消费者按照游戏规则收集一定数量的卡片，从而让消费者重复购买。这些卡片往往反映了企业的经营理念或发展历程，是企业与消费者开展沟通的特殊媒介。消费者在获得忠诚奖励的同时，也接收到了企业传递的信息与情感。再比如，有的饮料企业会推出带有性别的组合包装，消费者必须拥有两瓶饮料才能拼出男左女右的时尚造型，这一策略在无形之中大幅增加了饮料的销售数量。

3. 情感商标

企业的商标或品牌能够在忠诚的客户心中形成深刻的记忆和真挚的情感。当客户听闻企业的品牌时，立刻就能联想到企业优质的商品和周到的服务，从而产生再次购买的欲望。为此，企业需要在设计商标时，注意以下几个问题。

其一，商标的设计要简洁明了。为便于消费者辨识与记忆，商标的文字与图案不宜过于复杂，且相应的内容也要与企业的商品、服务或理念有关。例如，很多运动服装企业的品牌都十分简单，虽然只有几个字母或一两根线条，但是却达到了令人一目了然、印象深刻的效果。

其二，商标的样式要美观大方。为了便于在市场上的传播，商标需要符合消费者的审美观点，并具备一定的艺术性。当商标出现在商品的外观上时，能够提高商品的附加价值，从而使消费者感到自己的消费结果是"有品位"或"上档次"的。例如，知名品牌的汽车生产企业会将车身上的品牌标志做得十分明显，此时，商标彰显了消费者的经济实力与人生自信。

其三，商标的寓意应当积极向上。商标是企业文化的缩影，反映了企业对待客户和市场的观念与态度。消费者会根据商标的内涵来做出选择，并积极支持那些重感情、讲诚信的企业。而凡是有过欺诈行为的商标都将最终被市场所淘汰。例如，再也没有乳品加工企业会使用"三鹿"这一品牌，这一品牌已被贴上了假冒伪劣、坑害儿童的标签。

4. 情感价格

情感价格是指能够满足客户情感需要的特殊价格。企业可以针对特定对象制定差异化的价格策略，从而突出客户关系中的情感倾向。例如，为表示尊师重教，很多航空公司都会在寒暑假期间推出凭教师证享受机票优惠的活动，从而赢得教师们的欢迎。为表达尊老爱幼，很多大中型游乐园也会在节假日推出老人与儿童免费的入园策略，从而为企业带来大量人气。可以说，情感价格不仅使企业的价格策略更具针对性，也使客户从价格实惠中体会到了来自企业的情分，从而有利于培养客户忠诚。

综上所述，情感商品、情感包装、情感商标和情感价格代表了情感营销的主要内容。除此之外，企业还可以开发情感广告、情感促销、情感服务等其他情感营销内容。企业需要根据目标客户的具体情感需要，不断创新情感营销的具体方式。

（三）情感营销的作用

情感营销能够为企业带来不少好处，并在维护客户关系方面具有明显的优势。

首先，情感营销能够为企业带来良好的营销环境。在传统市场营销环境中，激烈的商业竞争给企业带来的巨大压力，使得企业的主要精力都放在了如何获取商业利益上。显然，由于客户关系突出了利益交换的特征，因而这样的市场环境并不利于客户忠诚的形成。随着情感营销理念的兴起，企业会更加注重客户在交易过程中的情感表达和心理诉求。此时，与客户达成交易不再是企业的首要目标，而如何交流情感、增进互信成了客户互动的主要内容。情感营销为客户带来了更高层次的舒适体验，客户也会对企业良好的形象、优质的商品以及周到的服务感到满意，从而更愿意与企业长期合作。

其次，情感营销能够培养客户的品牌忠诚。从商品、包装、商标到价格，情感营销的作用还是在于提高客户的感知价值，从而激发客户重复购买的意愿与潜力。在以客户为中心的理念指导下，企业能够让客户感受到真诚与责任，进而形成好感与信任。即使是要求苛刻的客户，也完全可能被企业的行动所感化，从而转化为忠诚客户。《三国志》有云："攻心为上，攻城为下。"市场营销亦是此理。企业需要充分把握客户的内心需求，并将情感交流作为稳定客户关系的最佳途径，从而使客户忠诚能够建立在坚实的基础之上。

最后，情感营销能够提升企业的抗风险能力。传统观点认为商业竞争是无情的，企业之间会呈现出弱肉强食、优胜劣汰的生存态势。然而，现代观点认为商业竞争又是有情的，企业完全可以情真意切、以情动人。当市场处于繁荣状态时，情感因素似乎只能发挥锦上添花的作用，但是当市场处于萧条状态时，情感因素却能发挥雪中送炭的作用。特别是当企业遭遇市场风险时，具有情感忠诚的客户将表现出高度的稳定性，从而支撑企业渡过难关。

三、提高客户转移成本

企业可以通过提高客户转移成本，使客户在终止彼此关系时付出代价或有所顾虑，从而表现出更高的客户忠诚度。提高客户转移成本的常用策略主要有三种。

首先，企业可以利用契约关系来锁定客户。企业可以在与客户签订的商业合同中，明确规定客户的责任和义务。例如，约定购买商品的数量、批次，提供服务的周期、范围，以及相应的定金、违约金或罚金条款等。如果客户出现违约或提前毁约，就会承担相应的损害赔偿责任。这一做法多见于企业与供应商、经销商的合作中，能够保证合同履行期间的关系稳定。契约关系由于受到法律保护，因而这是一种强制性的客户忠诚度保持方法。

其次，企业可以通过增加客户的学习成本来绑定客户。在实践中，很多企业会对客户实施先入为主、欲擒故纵的营销策略，即先向客户提供免费的设备、培训及维护服务等，待客户掌握和习惯了企业产品的使用方法后，再向客户收取费用。由于改变商品或服务的提供商会额外耗费客户的时间、精力及金钱，因而只要企业没有犯下严重的错误或过失，既成的客户关系都不会改变。例如，电信服务商常常以免费送手机的方式来推销自己的服务，而赠送的手机只能接受企业的服务信号或移动网络。

最后，企业还可以通过管理消费积分来留住客户。企业可以为客户办理积分卡，并通过一定的积分办法来记录客户的消费历史。客户的积分数量会随着交易金额的增加而增加，而每达到一定额度，就可以获得一定形式的积分奖励。这一方法多见于商场、超市等零售百货企业，在航空公司、酒店行业及餐饮业也有广泛应用。企业还可以通过定期清理客户积分的方法，催促客户重复购买。客户也会因为舍不得积分而表现出一定的忠诚度。

四、加强内部员工管理

加强对企业内部员工的培养和管理，亦是提升客户忠诚度的有效途径。针对员工队伍的建设，企业需要做好以下几个方面的管理工作。

第一，企业需要积极发掘优秀员工。在企业的员工队伍当中，品德高尚、素质较高、能力较强的员工往往能够发挥模范带头作用。企业需要在制度上给予这类员工充分的肯定与支持，从而使其能够成为企业文化的传播者、企业理念的践行者以及企业战略的支持者。

第二，企业需要强化针对员工的教育与培训。企业的员工队伍是保障客户关系管理成效的基础。由于任意一名员工都可能成为客户投诉的对象，因而唯有在企业内部形成合力，才能实现最大程度的客户满意。企业需要通过一定的培训活动，增强员工的服务意识，使每一名员工都能认识到"以客户为中心"的重要意义。企业也需要重点培训员工的服务方式和沟通技巧，从而实现行之有效的客户关怀与客户服务。

第三，企业需要建立完善的员工激励机制。为了有效激发每一名员工的服务热情和工作潜力，企业应当将员工的业务表现与经济报酬相联系，从而制定较为完善的绩效奖励制度。例如，企业的营销人员每获得一名新客户，则可获得相应的现金奖励。同时，企业也应当针对客户流失制定一定的惩罚制度，从而督促客户服务人员能够随时关注客户的忠诚度变化。例如，企业可以要求开展"一对一营销"的客户经理为客户流失负责，并按照客户的重要程度设计一定的奖惩额度。

第四，企业需要充分关怀内部员工。客户关怀同样适用于内部员工，企业应当充分尊重员工的要求，充分理解员工的困难，充分肯定员工的付出，努力提高员工对企业的认同感、归属感和满意感。例如，企业可以经常开展面向员工的经验交流会、情感联谊会和意见征集会，积极开展员工间的沟通与互动，从而为形成和巩固企业文化创造良好的氛围。值得注意的是，企业对待员工必须要诚信，决不能为了短期利益而损害员工的利益。另外，企业还应当充分信任员工，做到充分授权和用人不疑。切忌在客户关系管理过程中朝令夕改或临阵换将。

第五，企业需要预防因员工离职而引发的客户流失现象。企业应该在管理制度上杜绝人员流动的负面影响。例如，企业可以实施岗位轮换制度，使每一名员工都能够熟悉各个岗位的业务要求，从而在有人员离职时及时补位。企业可以通过设立客户服务小组的形式来开展工作，用团队替代个人来降低客户流失风险。另外，企业还可以建设自己的客户数据库，并在企业内部实现客户信息的高度共享。这一举措将使企业的管理层能够全面掌握客户关系的来龙去脉，从而避免出现客户只忠诚于某个员工，而不忠诚于员工所在企业的不利情况。

本章小结

本章主要讲述了三个方面的内容。

第一，客户忠诚概述。客户忠诚是指客户对企业产生的心理信任、情感依赖和行动支持。客户忠诚与客户满意是两个不同的概念，客户满意陷阱较好地解释了两者之间的相关关系。客户忠诚包含七种主要类型，但是除了信赖忠诚，其他类型的客户忠诚都属于客户伪忠诚的范畴。

第二，客户忠诚度分析。客户忠诚度是客户忠诚的具体量化指标，是指客户对企业的品牌、商品及服务的偏爱程度。企业可以通过客户重复购买的次数、客户满意度、客户的钱袋份额以及客户对价格的敏感程度等指标来衡量客户忠诚度。客户忠诚度会受到四个方面的因素影响，分别是客户满意度、客户关系质量、企业层面的因素和客户层面的因素。另外，客户价值与忠诚度矩阵是分析客户忠诚度的常用工具。

第三，客户忠诚度管理。常用的客户忠诚度管理策略包括了客户忠诚奖励策略、情感营销策略、提高客户转移成本策略以及加强内部员工管理策略等。企业需要根据客户的特征与自身的优势，灵活实施客户忠诚度管理策略。

总之，客户忠诚管理是客户关系管理的关键环节之一，企业应当充分认知这项无形资产的重要价值，并掌握必要的管理策略。

 课后案例

中国历史上奉行"诚信仁义，利从义出"的晋商

晋商在经营活动中，总结出许多有关诚信经商的谚语，如"宁叫赔折腰，不让客吃亏"，"售货无诀窍，信誉第一条"，"秤平、斗满、尺满足"，"买卖成不成，仁义都要在"等。晋商各商号在号规中均规定了"重信义，除虚伪"，"贵忠诚，鄙利己，奉博爱，薄嫉恨"，反对以卑劣手段骗取钱财，要求商人恪守"诚信仁义，利从义出，先予后取"的正道。

1888年，英国汇丰银行在上海的经理回国前，对晋商曾有过这样一段评论："这25年来，汇丰银行与上海的中国人（晋商）做了大宗交易，数目达几亿两之巨，但我们从没有遇到过一个骗人的中国人。"

清代祁县富商乔致庸把经商之道排列为：第一是守信，第二是讲义，第三才是取利。乔家的复字号商号之所以长盛百年，就在于其不图非分利润，靠信誉赢得了长期客

户。凡复字号的商品，必保证质量，价格公道，决不会以次充好、缺斤短两，使客户蒙受损失。因此，复字号就是信誉的保证。

有一年，乔家复字号复盛油坊名下通顺店从包头运大批胡麻油往山西销售，经手店员为贪图厚利，竟在油中掺假。此事被掌柜发觉后，告诉乔致庸。乔致庸宁可忍一时利益受损之痛，也要大力挽回品牌信誉。于是他命通顺店李掌柜连夜写出告示，贴遍全城，说明通顺号掺假事宜，凡是近期到通顺店买过胡麻油的顾客，都可以去店里全额退银子，以示赔罪之意。尚未卖出的胡麻油立即饬令另行换装好油。并以此事教育员工："商家是要追逐利润，但绝不干损人利己的事。"这次胡麻油事件，虽然商号蒙受不少损失，但因其诚实不欺，信誉昭著，商号更加繁荣。

资料来源：2014 年 1 月 21 日的《新乡日报》。

思考：

1. 案例中的乔家商号是如何知错能改、忠诚于顾客的，试从客户忠诚管理的角度分析和评价晋商的经营理念。

2. 晋商是如何看待质量、价格和顾客的，在处理利益和诚信的关系上，有没有什么经验值得今天的企业借鉴？

 # 作业与习题

一、单项选择题

1. （　　　）是指客户对企业产生的心理信任、情感依赖和行动支持。

    A. 客户满意　　　　　　　　　　B. 客户忠诚

    C. 客户互动　　　　　　　　　　D. 客户识别

2. 客户对某种商品一如既往地偏爱和坚持不懈地购买，这属于（　　　）。

    A. 行为忠诚　　　　　　　　　　B. 意识忠诚

    C. 情感忠诚　　　　　　　　　　D. 价格忠诚

3. 有些商店平日里无人问津、门可罗雀，一旦到了换季处理时，又会熙熙攘攘、门庭若市，这种现象属于（　　　）。

    A. 垄断忠诚　　　　　　　　　　B. 惰性忠诚

    C. 潜在忠诚　　　　　　　　　　D. 方便忠诚

    E. 价格忠诚　　　　　　　　　　F. 激励忠诚

4. 消费者到餐馆就餐，消费的不仅仅是饭菜，更有对各项（　　　）的体验与享受。

    A. 广告　　　　　　　　　　　　B. 礼品

    C. 服务　　　　　　　　　　　　D. 餐具

5. 当客户（　　　）时，任何积分与优惠都不能留住客户。

    A. 犹豫不决　　　　　　　　　　B. 举棋不定

    C. 去意已决　　　　　　　　　　D. 心猿意马

第十章　客户忠诚管理

二、多项选择题

1. 对于客户满意陷阱的解释可以依托双因素理论，双因素是指（　　　）。
    A. 忠诚因素　　　　　　　　　　　B. 不忠诚因素
    C. 不满意因素　　　　　　　　　　D. 满意因素

2. 客户忠诚的类型包括了（　　　）以及信赖忠诚。
    A. 垄断忠诚　　　　　　　　　　　B. 惰性忠诚
    C. 潜在忠诚　　　　　　　　　　　D. 方便忠诚
    E. 价格忠诚　　　　　　　　　　　F. 激励忠诚

3. 客户生命周期的突然变故会导致客户关系的终止，常见情况包括（　　　）。
    A. 法人搬迁　　　　　　　　　　　B. 法人倒闭
    C. 法人被兼并　　　　　　　　　　D. 自然人死亡
    E. 自然人退休　　　　　　　　　　F. 自然人转行

4. 情感营销的内容包括了（　　　）。
    A. 情感商品　　　　　　　　　　　B. 情感包装
    C. 情感商标　　　　　　　　　　　D. 情感价格

5. 客户价值与忠诚度矩阵产生了（　　　）客户类型。
    A. 风险型客户　　　　　　　　　　B. 忽略型客户
    C. 大众型客户　　　　　　　　　　D. 战略型客户

三、判断题

1. 满意的客户一定是忠诚的客户。　　　　　　　　　　　　　　　　（　　　）

2. 忠诚的客户一定是满意的客户。　　　　　　　　　　　　　　　　（　　　）

3. 人们在没有更好选择的情况下所表现的忠诚是惰性忠诚。　　　　　（　　　）

4. 在低度竞争行业中，即使客户的满意度不高，也会表现出较高程度的忠诚。
　　　　　　　　　　　　　　　　　　　　　　　　　　　　　　　（　　　）

5. 在一段时间内，客户在某一企业的消费占其同类消费的比重越大，则说明客户对相应企业的忠诚度越高。　　　　　　　　　　　　　　　　　　　　（　　　）

四、简答题

1. 请简述客户忠诚与客户满意的关系。

2. 请简述提高客户转移成本的策略。

3. 请简述企业如何通过加强对内部员工的管理来提高客户忠诚度。

参考答案

第十一章

客户流失管理

■ **学习目标**

理解客户流失的含义，掌握引起客户流失的主观原因与客观原因，能够通过客户指标、市场指标、绩效指标及竞争指标识别客户流失现象。理解客户挽回的含义、思路与策略，能够结合具体实例进行客户流失管理与客户挽回管理。理解客户保持的含义与意义，掌握客户保持的常用策略。

■ **学习重点**

客户流失的原因，客户流失率、客户保持率和客户推荐率的计算方法，市场份额、市场增长率和市场规模的获取方法，销售收入、净利润和投资收益率的获取方法，如何正确看待客户流失现象，客户挽回的思路，客户挽回的策略，客户保持的思路，会员制营销，累计积分计划。

开篇案例
KAIPIAN ANLI

酒店的"星级服务"当有"星级品质"

最近，有网友发布视频，曝光了多家高档酒店使用脏抹布、脏浴巾或脏海绵擦拭杯子、洗手台、镜面等问题，引发集中批评。事件发生后，相关省市文化和旅游主管部门对涉事酒店进行了排查。文化和旅游部也要求，各级主管部门要举一反三，高度重视旅游服务质量监管工作，引导企业诚信经营、规范经营。

正如中消协负责人所说："杯子都洗不净，有何资格挂星级？"酒店卫生状况事关消费者的切身利益，反映着服务品质。五星级酒店不菲的价格背后，竟然暗藏不为人所知的"卫生暗角",令人难以接受。对于相关视频,有网友感慨:看第一个镜头,"惊呼";看第二个镜头,"叹息";看第三个镜头,"已然无语"。面对舆情,涉事酒店需要端正解决问题的态度、拿出消除隐患的决心、落实改进完善的举措,相关部门也应完善制度、强化监管、及时惩处,让违规者付出代价。

从某种意义上说,酒店就是外出者的家。然而,一些失范操作、失责管理,让本应有的"宾至如归"打了折扣。事实上,如果对工作规范、操作流程缺少敬畏之心,再严细的规定都可能"徒有其表";如果让规章制度停留于"制定与张贴",而执行缺乏力度、管理缺乏精度,品质就难以保障;如果对"星级"仅仅一评了之,不动态跟踪、实时监管,违规者便会有恃无恐。正因此,从客房服务到酒店经营管理,从政府监管到媒体监督,每个环节都影响着消费者的信任,也都应担负起相应的责任。

服务业应以高质量为价值导向,不断提升品质标准。近年来,从酒店的"毛巾门""床单门",到餐饮后厨的"脏乱差",再到物流行业的"暴力分拣""失窃门"……一次次"信任危机",警示我们必须来一场质量变革、品牌再造。只有真正把消费者利益摆在首位,才能在市场竞争中立于不败之地;只有真正直面现实问题,才能在吸取教训中不断完善工作。企业加强自律、提升服务品质、行业良性竞争、顺应消费升级趋势、监管更加严格、让违规者付出代价,服务业就能在高质量发展中为美好生活添彩。

改革开放40年来,酒店行业的快速发展,映照着消费的巨变、时代的变迁。曾经,广州的白天鹅宾馆,成为首家合资的五星级酒店,融入了时代记忆;前不久,被誉为"世界建筑奇迹"的上海深坑酒店刚刚开业,便吸引着世界的目光。随着物质日渐丰盈,人们对"质"的提升、对"好"的要求、对"美"的希冀,更加强烈。涵养诚恳的态度,拿出有力的举措,让消费者更安心、更舒心,才能最终收获信任、赢得市场。

资料来源:2018年11月23日的《人民日报》。

思考:
1. 星级酒店能够吸引客户的核心竞争优势是什么?
2. 为什么星级酒店的客户会流失?挽回市场声誉和流失客户的方法是什么?

第一节　客户流失

一、客户流失的含义

客户流失(customer lose)是指已经与企业建立客户关系的个人或组织,不再与企业合作或不再购买企业的商品和服务。在实践中,客户流失现象并不罕见,既可以是仅与企业发生过一次交易的新客户流失,也可以是与企业长期互动的老客户流失;既可以是消费企业商品或服务的终端消费者流失,也可以是配合企业完成价值链运转的代理商、经销商、批发商及零售商等中间商流失;既可以是企业看得见的现实客户流失,也可以是企业看不见的潜在客户流失。可以说,绝大多数企业的客户关系都存在一定的不稳定因素。

客户流失率（customer attrition rate）是指客户流失数量占同类客户总数的比例。这一指标是反映客户流失情况的常用指标。通过观测客户流失率，企业可以了解客户忠诚度与满意度的变化情况，并对自身的客户关系管理绩效做出评价。同时，客户流失率也能反映客户本身的一些特征性差异。一般而言，老客户的流失率要小于新客户的流失率，中间商客户的流失率要小于终端消费者的流失率，现实客户的流失率要小于潜在客户的流失率，老年客户的流失率要小于青年客户的流失率，男性客户的流失率要小于女性客户的流失率，本地客户的流失率要小于外地客户的流失率。

总之，客户流失管理是客户关系管理的重要环节之一，企业需要预警客户流失风险和分析客户流失原因，对忠诚的客户实施客户保持策略，对不忠诚的客户实施客户挽留策略，从而使企业与优质客户的互利双赢关系能够更加持久。

二、客户流失的原因

引起客户流失的原因有很多，主要原因包括来自企业方面的主观原因和来自客户方面的客观原因。

（一）企业方面的主观原因

1. 商品质量问题

商品的质量始终是影响客户满意度和忠诚度的关键因素。一旦企业向客户提供的商品存在质量问题，不仅不能满足客户的使用需求，而且会损害客户的切身利益，从而很容易造成较为恶劣的市场影响。当客户对企业的商品失去信心时，其购买行为也将终止，客户会转而寻找新的替代品。有时，商品的一些质量问题并不起眼，但是这些看似细节的小问题往往会引发客户关系中的大问题。正所谓"千里之堤，溃于蚁穴"，质量上的疏漏常常会给企业造成不可挽回的损失。

因此，企业需要牢牢树立"质量无小事"的基本理念，并时刻站在客户的角度来预防和处理质量问题。可以说，企业商品的质量犹如企业的生存保障，丢掉质量，企业也将失去生命。

2. 服务质量问题

服务的质量也是影响客户满意度和忠诚的重要因素。一旦客户对企业的服务感到不满，也将终止与企业的交易关系。由于服务不同于商品，具有明显的无形型、异质性和易逝性，因而企业很难定量把握服务的质量。当企业在向客户提供服务时，客户的体验与感受就成了评价服务质量的最主要依据。为此，企业更加需要围绕客户需求来实施服务管理，并将个性化、差异化的客户服务作为企业赢得客户和保持客户的一项竞争优势。有时，增加服务的确会给企业带来额外的成本或负担，但是这些看似可有可无的服务往往能够产生事半功倍的良好效果。正所谓"天下大事，必作于细"，服务的细节往往决定了营销的成败。

另外，服务的优劣还会对客户关系中的信任与情感产生直接影响，而优质的服务会最终作用在企业品牌之中，成为企业向客户市场做出的郑重承诺。可以说，企业服务的质量好比企业的精神文化，忽视服务，企业也将失去灵魂。

3. 员工流失问题

企业内部员工的流失是引起客户流失现象的常见原因。特别是对于市场营销制度不完善、客户资料管理不规范的中小微企业而言，客户关系更容易随着营销人员的离职、跳槽、升迁、退休等而发生改变。实际上，在企业理念不够成熟的条件下，企业与客户的关系很容易被员工与客户的关系所替代。客户感到满意与忠诚的并不是企业，而是与之接触和联系的某个个人。这类客户关系常常被营销人员视为自己的劳动成果和独占资源，他们并不会共享相应的客户信息，从而使企业的其他员工无法接手和管理这些客户关系。

因此，企业必须从提升内部员工的忠诚度着手，以强化管理制度和落实员工关怀为手段，避免重要员工的非正常流失。否则，企业将面临内部客户与外部客户双重流失的不利局面。

4. 管理失策问题

企业的各项管理工作对于稳定客户关系和防止客户流失同样具有重要意义。由于企业管理是一项可能影响全局的系统性工作，因而任何环节的差错都可能引发"多米诺骨牌"式的连锁反应。企业一旦在生产经营过程中出现了管理方面的失误，常常会导致更为严重的客户流失现象。具体体现在五个方面。

其一，企业的战略管理出现失误。战略管理是企业谋求长远发展的必然环节。特别是当企业处于战略转型或战略升级等关键点时，企业所制定的发展战略必须满足自身实际和市场预期。如果企业误判了发展方向，则不但不能赢得新客户，反而会失去老客户。

其二，企业的市场监控出现失误。市场监控是企业动态掌握市场行情的最基本手段。如果企业缺乏市场监控的意识、制度或手段，则很可能造成市场营销策略的无效和混乱，从而导致客户流失。

其三，企业的品牌形象出现问题。企业的品牌形象通常由产品形象、服务形象、员工形象、文化形象及企业信誉等构成，如果客户对其中任何一项内容感到不满，都有可能成为流失客户。其中，企业信誉最为重要，因为没有客户会与不讲诚信的企业开展合作。

其四，企业的客户管理出现失误。企业在对客户实施分类管理的过程中，要注意客户互动与客户沟通的有效性。当客户感到企业的怠慢与忽视时，就会成为流失客户。

其五，企业的创新管理出现失误。创新是企业发展的重要动力，企业既不能因为缺乏创新而被市场淘汰，也不能因为胡乱创新而让客户不满。特别是个别企业为了创新而创新，使得客户不能及时适应和消化企业提出的新概念、新产品或新方法，这类"过度创新"反而破坏了客户关系的稳定性。

总之，企业必须加强各项管理工作，不要成为终止客户关系的责任方。

（二）客户方面的客观原因

1. 需求发生变化

客户关系的基础是企业能够满足客户的某项需求，如果客户对企业没有了需求，客户关系也将终止。实际上，客户的需求并非是一成不变的，而是会随着自身消费理念、经济实力和生命周期的发展而不断变化。例如，长期购买香烟、白酒等商品的消费者会随着自身健康意识的提升而逐渐减少消费量，直至不再购买；经常消费廉价服装的顾客会随着自身收入的提高而转向购买价格更高、质量更好的品牌服装；购买学习资料的大中学生也会随着自身的就业或升学而不再需要考试、考证或补习。有时，客户会在需求发生变化时向企业提出要求，表现在客户反馈和客户抱怨之中。如果企业不能很好地回应客户诉求，也会导致客户流失。由于客户需求的变化是导致其流失的重要原因，因而企业必须做好对客户需求的跟踪与调查工作，并尽力引导客户需求向着有利于关系保持的方向发展。

2. 遭遇新的诱惑

一方面，客户的选择具有多样性，并不会真正忠诚于某一家企业。为了最大程度地满足自身需求，客户会在购买企业商品和服务的同时，继续保持对市场的关注。客户一旦发现市场上存在着更优的选择，就会终止与企业的交易关系，转而联系其他企业。例如，大多数消费者都会货比三家、优中选优，由于人的欲望是无穷的，因而任何满意都只是一种暂时状态。另一方面，企业的竞争者会实施各种营销手段，从而吸引客户改变选择。面对众多的市场营销策略，客户很难保持绝不动心。加之客户资源又具有排他性和有限性，激烈的市场竞争就表现为各个企业对客户的争夺。例如，当客户受到其他企业的奖励诱惑或让利承诺时，就会从现有企业流失。

3. 非自愿自然流失

客户流失的原因还可能来自一些非自愿的自然因素。其一，由客户行为主体消失所引起的客户流失。例如，自然人客户的搬迁或死亡、法人客户的并购或破产等。其二，由客户关系基础改变所导致的客户流失。例如，消费者具有从众心理，并很容易在广告的误导下做出非理性的消费行为，从而放弃了与原有企业的交易关系。其三，由不可抗力因素引起的客户流失。常见的不可抗力包括了自然灾害、战争、罢工及政策变动等，这些因素将导致企业与客户不再具有交易的条件，从而破坏了客户关系。例如，向中医药企业供应虎骨、麝香、犀牛角等名贵药用材料的企业就会因为野生动物保护的相关法律的出台而转行，相应的供求关系也就结束了。这些原因由于在整个客户流失现象中的占比很小，因而是一类十分特殊的、不易改变的客观因素。

三、客户流失的识别

企业可以通过观测四类指标来判断客户流失情况。

（一）客户指标

客户指标主要包括三项，分别是客户流失率、客户保持率和客户推荐率。这三项指标的变动是对客户流失现象的直观反映。

1. 客户流失率

客户流失率是反映客户流失情况的最直接指标，一般又分为绝对客户流失率和相对客户流失率两种具体类型。其具体计算公式如下：

$$绝对客户流失率 = 流失客户数量 / 全部客户数量 \times 100\% \qquad (11-1)$$

$$相对客户流失率 = （流失客户数量 / 全部客户数量） \times 流失客户的相对购买额 \times 100\%$$

$$(11-2)$$

【例题 11-1】假设在一段时间内，某一广告公司一共拥有 100 名客户，其中 20 名为大客户，每人消费 40 元，合计购买 800 元；另外 80 名为小客户，每人消费 2.5 元，合计购买 200 元。现在 20 名大客户全部流失，客户数量从 100 名减少到 80 名。

（1）请计算这一企业的绝对客户流失率。

（2）请计算这一企业的相对客户流失率。

解：（1）由题目可知，这一企业一共流失了 20 名客户。

绝对客户流失率 = 20/100×100% = 20%

（2）客户平均购买额度 = 1 000/100 = 10（元/人）

由于流失的全部是大客户，因而流失客户的相对购买额度 = 40/10 = 4。

相对客户流失率 = 20/100×4×100% = 80%

可见，相对客户流失率反映了客户流失给企业带来的经济损失。

2. 客户保持率

客户保持率（customer retention rate）是企业测度客户保持情况的常用指标，反映了企业留住老客户的能力。这一指标与客户流失率成反比。客户保持率通常有两种计算方法，具体计算公式如下：

$$客户保持率 = 再次购买的客户数量/初次购买的客户数量×100% \qquad (11-3)$$
$$客户保持率 = 1-客户流失率 \qquad (11-4)$$

有时，企业也可以用客户交易增长率来替代客户保持率，具体计算公式如下：

$$客户交易增长率 = （本期客户交易额-上期客户交易额）/上期客户交易额×100%$$

$$(11-5)$$

【例题 11-2】假设在某年的一季度，某一网络服务公司的客户数量为 100 名，每名客户的平均交易金额为 1 000 元。到了这一年的二季度，客户数量增长为 160 名，每名客户的平均交易金额达到了 1 200 元。请计算这一企业的客户保持率和客户交易增长率。

解：客户保持率 = 160/100×100% = 160%

客户交易增长率 = （160×1 200-100×1 000）/（100×1 000）×100% = 92%

3. 客户推荐率

客户推荐率也被称为客户介绍率，是指客户在购买企业的商品或服务后向他人推荐的程度。这一指标也与客户流失率成反比，一般需要企业通过市场调查来获得。具体计算公式如下：

$$客户推荐率 = （向他人推荐企业的客户数量/被调查的全部客户数量）×100%$$

$$(11-6)$$

【例题 11-3】假设某一品牌家电企业进行了一次客户调查，一共调查了 1 680 名客户，其中有过推荐行为的客户为 345 名，请计算这一企业的客户推荐率。

解：客户推荐率 = 345/1 680×100% = 20.54%

（二）市场指标

市场指标主要包括三项，分别是市场份额、市场增长率和市场规模。这三项指标能够动态反映企业管理客户市场的成效，对于预警客户流失具有重要意义。

1. 市场份额

市场份额（market shares）也被称为市场占有率，是指一个企业的销售量或销售额在市场同类产品中的占比。这一指标反映了企业对客户市场的控制能力，亦是企业竞争优势大小的具体表现。市场份额通常有三种计算方法，分别是绝对市场份额、目标市场份额和相对市场份额。

其一，绝对市场份额也被称为总体市场份额，是指企业的销售量或销售额在整个行业中所占的比重。例如，企业一季度的销售额为 30 万元，而市场总体规模为 1 000 万元，则企业的绝对市场份额为 3%。

其二，目标市场份额也被称为客户份额，是指企业的销售量或销售额在目标客户市场中所占的比重。这一指标将市场的范围进一步缩小，能够更好地反映企业对客户需求的满足程度。例如，某设备生产企业在上半年的销售额为 2 000 万元，而同一时期目标市场 20 家企业购买同类设备的交易总额为 8 000 万元，则企业的目标市场份额为 25%。

其三，相对市场份额也被称为相对竞争者市场份额，是指企业的销售量或销售额同一个或多个竞争者的销售量或销售额之比。在实践中，企业通常会选取市场中最大的竞争者作为比较对象，从而能够更好地认知自身的市场表现和掌握与竞争者的差距。例如，某保险企业去年的绝对市场份额为 20%，而最大的竞争者企业的绝对市场份额为 40%，则该企业的相对市场份额为 20%除以 40%，即 50%。

2. 市场增长率

市场增长率（market growth rate）是指企业商品和服务的市场销售量或销售额的增长比率。这一指标反映了客户市场的增长趋势和增长速度。其具体计算公式如下：

市场增长率＝［当期销售量（额）－基期销售量（额）］÷基期销售量（额）×100%

$$(11-7)$$

【例题 11-4】假设某一家具企业一季度的销售额为 18 万元，二季度的销售额为 28 万元，请计算该企业的市场增长率。

解：市场增长率＝（28-18）÷18×100%＝55.56%

3. 市场规模

市场规模（market size）是指在一定时期内，市场上某个行业或某种产品的整体供需情况，如供给方面的产量、产值，需求方面的销售量、销售额等。

计算市场规模的方法较多，通常包括以下几种方法：

其一，从供给规模估算市场规模。企业可以通过政府的统计公报、行业协会的调查报告等资料获取宏观经济统计数据，查阅其中有关企业规模与数量的信息，从而推算出市场的大致规模。这一方法适用于客户市场分散、消费活动不集中的行业。

其二，从需求规模推算市场规模。企业可以通过收集和分析客户信息、调查和访问客户需求等方式从需求角度来估算市场规模。例如，企业可以直接观察客户的购买行为，从中发现客户忠诚度的变化趋势，从而为预警同类客户的大规模流失提供依据。这一方法适用于客户市场范围集中、人员明确以及结构简单的行业。

其三，同时从供给与需求两个方面估算市场规模。企业可以将调查得出的供给规模和需求规模相比较，从而综合得出目标客户市场的最佳交易规模。这一方法能够帮助企业更加准确地掌握市场规模，但是相应的工作量也会较大。

（三）绩效指标

绩效指标主要包括三项，分别是企业的销售收入、净利润和投资收益率。这三项指标能够表现企业的市场营销绩效，是对客户关系经济价值的直接反映。

1. 销售收入

销售收入（proceeds of sale）也被称为营业收入，是指企业通过销售商品和提供服务所获取的货币收入及应收货款。在经济学中，销售收入是企业补偿成本、获取利润的重要保障，关系着企业的再生产活动。而在市场营销学中，销售收入则反映了企业品牌在市场上的受欢迎程度，是企业经营客户市场的最主要成果。销售收入的具体计算公式如下：

$$销售收入 = 商品或服务的销售数量 \times 单价 \tag{11-8}$$

2. 净利润

净利润（net profit）也被称为税后利润，广义的净利润是指在企业的利润总额中扣除应当缴纳的税款后的金额，而狭义的净利润专门指扣除所得税之后的利润。净利润越多，说明企业的经营效益越好；反之，则说明企业的经营效益越差。这一指标代表了企业通过生产经营和市场营销所获得的实际价值，相应数值的变化也反映了客户关系数量与质量的变化。净利润的具体计算公式如下：

$$净利润 = 利润总额 \times （1 - 所得税率） \tag{11-9}$$

$$净利润 = 利润总额 - 所得税费用 \tag{11-10}$$

【**例题 11-5**】假设有一家平板电视制造企业，一年的销售收入为 3 000 万元，一共销售了 1 万台电视机，每台电视机的平均生产成本为 1 800 元，内部员工全年的工资为 150 万元，各类其他开支 300 万元，增值税税率为 6%，所得税税率为 25%，请计算该企业的净利润。

解：总成本 = 生产成本 + 员工工资 + 其他开支 = 1 800×1 + 150 + 300 = 2 250（万元）

营业税 = 销售收入×营业税率 = = 3 000×6% = 180（万元）

利润总额 = 销售收入 - 总成本 - 营业税 = 3 000 - 2 250 - 180 = 570（万元）

净利润 = 利润总额×（1 - 所得税率）= 570×（1 - 25%）= 427.5（万元）

3. 投资收益率

投资收益率（rate of return on investment）也被称为投资利润率，是指企业在进行投资后，投资收益占投资成本的比率。这一指标能够反映企业的投资效益，亦能说明企业把握市场机遇和管控潜在风险的综合能力。特别是当企业投资于市场营销活动时，投资收益率还能够反映企业经营客户关系的绩效。投资收益率越高，说明客户市场的反应越积极；反之，则说明客户市场的反应越迟钝，很有可能出现了客户流失现象。投资收益率的具体计算公式如下：

$$投资收益率 = 投资收益 / 投资成本 \times 100\% \tag{11-11}$$

（四）竞争指标

竞争指标包括了能够度量企业竞争力的一系列具体指标。所谓竞争力（competitiveness），是指企业在市场竞争过程中所表现出的优于对手的能力。按照来源不同，竞争力可被分为质量竞争力、服务竞争力、管理竞争力及品牌竞争力等基本类型，就重要性而言，核心竞争力、动态竞争力及区域竞争力等对于企业的市场营销活动最有价值。在一般情况下，企业的竞争力越强，客户流失率越低；反之，则客户更容易受到其他竞争对手的吸引。企业既可以借助诸如波特钻石理论模型（michael porter diamond model）等竞争力分析框架来获知自身的市场竞争地位，也可以通过各类企业排名或评优评奖活动来间接观察企业的竞争力水平。

四、如何看待客户流失

（一）客户流失具有负面性

客户流失通常会给企业和客户带来明显的负面影响。对于企业而言，企业不但不能再从客户关系中获得经济利益，流失的客户还很可能在市场上传播企业的负面信息，从而动摇企业与其他客户的关系；而对于客户而言，客户不仅会失去来自企业的支持与帮助，而且会在寻找新的替代企业过程中耗费额外的时间精力和经济成本。如果是重要程度较高、存续时间较长、情感信任较深的优质客户关系发生了改变，则对关系双方的负面影响会更大。也许在很长一段时间里，企业与客户都不会找到更优的合作者，从而形成双输的局面。可以说，绝大部分客户流失不是一种好现象，企业需要实施恰当的客户流失管理，尽力减少因为质量、服务及管理等企业方面的原因而造成的客户流失。

（二）客户流失具有不可避免性

客户流失是一种不可避免的正常现象。按照客户生命周期理论，客户关系一般会经历考察期、形成期、稳定期和退化期四个阶段。无论客户关系能够延续多长时间，也一定会在退化期走向终结。更何况在客户生命周期的前三个阶段，客户也随时可能发生流动，转而购买其他企业的商品或服务。近年来，一些企业过度强调客户关系的稳定性，提出了所谓的零客户流失概念，认为企业可以凭借优质的客户服务永远留住客户。实际上，这仅仅是一种维系客户关系的理想状态。在激烈竞争的市场中，没有任何一家企业能够留住所有客户，企业只能通过积极有效的客户流失管理，将客户流失率控制在尽可能低的水平上。可以说，客户流失是市场营销过程中的一种新陈代谢现象，企业尤其应当理性看待由于市场需求变动或客户主体消失等原因而引起的客户流失。

（三）流失客户可以被挽回

客户流失并不一定意味着客户关系的终结。在大多数情况下，客户流失具有暂时性或延迟性，只要企业能够提前预警客户的感知与评价，就能够及时干预客户流失结果的形成。换言之，面对客户流失，企业并非只能束手无策、坐以待毙，及时有效的行动就是挽留客户的关键。特别是当客户出现抱怨或投诉时，与企业终止关系并非是客户的本意，此时，企业的应对表现将直接影响客户的去留。因此，企业完全可以通过分析客户流失的原因和采取补救性的措施来挽回客户，并使客户在二次满意中继续保持较高的客户忠诚度。值得注意的是，在客户关系管理过程中，挽回流失客户已是企业的无奈之举或最后办法，企业的最优选择应当是强化对忠诚客户的保持，并对防止客户流失做到防微杜渐、未雨绸缪。

一、客户挽回的含义

客户挽回（customer maintenance）是指运用一定的方法或策略将已经流失或即将流失的客户重新恢复为忠诚客户的管理过程。客户挽回是企业应对客户流失的重要对策，相应措施的开展将有利于客户生命周期的延长和企业市场营销绩效的维持。

二、客户挽回的思路

为了实现有限资源的最优配置，企业需要以客户细分为基础，结合流失客户的潜在价值与挽回成本实施差异化的客户挽回策略。换言之，并不是所有流失客户都需要企业进行挽回。

（一）极力挽回贵宾型客户

贵宾型客户是与企业具有战略合作关系的关键客户，这类客户的流失将给企业带来巨大损失，有时甚至会危及企业的生存与发展。为此，企业必须高度重视对贵宾型客户的流失管理，在客户忠诚时，要做到尽心竭力地服务；而在客户流失时，要做到不遗余力地挽回。

（二）尽力挽回重要型客户

重要型客户是能够为企业带来持续价值的大中型客户，这类客户的流失虽然不会使企业陷入困境，但是也会给企业造成较大的经济损失。加之重要型客户的数量要比贵宾型客户多，因而一旦出现客户流失，企业的市场口碑就会受到影响，甚至引发大客户接连流失的"多米诺骨牌"效应。为此，企业需要强化对重要型客户的流失管理，全力以赴地使每一名客户都能满意和忠诚。

（三）适当挽回普通型客户

普通型客户是企业各类客户当中数量最多的一种客户，通常是一些小型客户或个人客户。由于这类客户始终处于流动和变化状态，因而实施有针对性的客户关系管理难度较大。实际上，普通型客户常常被企业视为一个整体，只要整体规模没有发生明显的缩减，企业并不需要实施太多的客户流失管理。企业只需密切关注普通型客户的总体变化趋势，适当挽回具有合作经历或增长空间的潜力型客户，而对大多数流失客户可以采取顺其自然的处理策略。

（四）放弃挽回劣质型客户

劣质型客户是那些经济利润不多，但管理成本较高的"鸡肋"型客户。这类客户的流失不仅不是一件坏事，反而有利于企业将有限的资源与精力投入对更有价值的客户管理当中。一般而言，流失客户只要符合以下情形，即可被视为无须挽回的劣质客户。其一，没有利润或价值的客户，如濒临倒闭的经销商或代理商。其二，无法履行合同规定的客户，如不再具有生产资质的供应商。其三，要求苛刻、胡搅蛮缠的客户，这类客户会影响企业员工的心情与士气，是永远也不会感到满意的无底洞。其四，不讲诚信、声望较差的客户。与这类客户合作会损害企业的市场形象，容易造成得不偿失的不利后果。为此，企业需要彻底放弃对劣质客户的挽回，并在适当的时机启动有针对性的客户退出机制。

三、客户挽回的策略

为了保持与优质客户的合作关系，企业需要做好常态化的客户流失管理和有针对性的客户挽回管理两项具体工作。

（一）客户流失管理

客户流失管理的对象是已经流失的客户或具有流失倾向的客户，具体流程包括了五项基本环节。

第一，客户流失预警。企业需要根据客户指标、市场指标、绩效指标及竞争指标等识别客户流失的总体状况，并初步判断引起客户流失的可能原因。市场营销人员一旦发现较大的客户流失风险，应当立即向上级报告，从而引起管理层的充分重视。

第二，客户流失分析。企业需要深入分析客户流失的根本原因，从而判断客户挽回的可行性。企业需要综合分析流失客户的商业价值，从而判定客户挽回的必要性。除此之外，企业还需要分析流失客户的构成情况、影响范围及挽回的难易程度等，从而为制定具体的客户挽回策略提供依据。

第三，客户流失干预。企业需要制定和实施具有针对性的流失客户管理策略，主要包括客户挽回和客户退出两个方面的内容。客户挽回主要针对有价值的流失客户，企业可以采取经济奖励、价值回馈、服务补偿等方式提高客户的回头率。客户退出主要针对无法挽回或没有必要挽回的客户，企业的工作重点是使其平稳退出，并将其负面影响降至最低水平。

第四，管理绩效评估。企业需要对客户流失管理的实际效果进行评估，从而判断流失客户对企业的综合影响。企业可以通过建立一定的分析模型来检验各项措施的成效。同时，通过对比客户流失率、客户保持率、客户推荐率等指标在实施客户流失干预策略前后的变化情况，也可以得出企业的管理成效。

第五，管理策略调整。基于客户流失干预的实践和管理绩效评估的结果，企业需要对现有的客户流失管理流程做出调整和完善。相应的经验与教训应当反映在客户信息与客户知识当中，从而为企业实现更高水平的客户关系管理提供支撑。

（二）客户挽回管理

客户挽回管理的对象是具有挽回价值的流失客户，具体流程包括了三项基本环节。

首先，重新联系已流失的客户。企业需要通过电话、邮件或上门访问等方式重新接触与企业中断联系的客户。在重新联系客户之前，企业需要准确掌握客户信息。其中，描述类信息为企业提供了客户的电话与地址等联系方式；行为类信息为企业判断客户流失的原因提供了依据；而分析类信息则有助于企业实施有针对性的挽回策略。在重新联系客户之时，企业需要倾听客户的意见并充分表达合作的诚意。企业可以向不满的客户表达歉意，或适当赠送一些小礼品，从而使客户接受企业的再次邀请，重新回到合作的进程当中。在重新联系客户之后，企业需要整理与分析来自流失客户的反馈信息。企业既要分析导致客户流失的原因，也要找寻重新赢回客户的突破口，从而为进一步恢复彼此间的交易关系创造条件。

其次，为客户提供再次合作的机会。挽回流失客户并不能仅仅依靠企业单方面的力量，企业需要再次激发客户的购买积极性。一方面，对于存在不满情绪或投诉经历的流失客户而言，企业的挽回工作相对比较容易。只要企业能够改进自身的各项不足，满足客户的期望与诉求，流失客户就完全可能在第二次满意中恢复对企业的信任与依赖。另一方面，对于需求变化或对企业失去兴趣的流失客户而言，企业的挽回工作则相对比较困难。这类客户往往对企业并没有什么具体要求，致使企业的挽回工作很难找到明确的方向。为此，企业只能不断创新自身的商品、服务及管理，以创造需求、激发偏好及引领时尚等方式来重新点燃这类客户的购买热情。实践也表明，创新是企业保持客户关系活力的最佳途径。除此之外，企业也可以借助类似客户忠诚度管理的策略来挽回客户，即先以各种客户忠诚奖励措施来吸引客户，再以真诚的情感营销措施来留住客户。

最后，继续保持对挽回客户的跟踪管理。实际上，客户挽回并不是一劳永逸的，而是一项需要长期坚持的管理机制。流失的客户即使被挽回，仍然具有再次流失的风险。为此，企业并不能忽视对挽回客户的继续管理。具体而言，企业需要做好三个方面的跟踪管理工作。其一，企业需要跟踪客户满意度和忠诚度的变化情况，从而及时掌握客户关系的实际恢复状态。例如，客户伪忠诚就经常会对企业的判断产生误导。表面上，客户看似恢复了重复购买的行为，但实际上，一旦企业的激励措施结束，客户就又会流失。其二，企业需要保持与挽回客户的密切联系，从而巩固修复客户关系的成效。例如，很多客户会观察和分析企业挽回客户的动机。如果企业的态度在客户恢复购买之后发生了明显的改变，客户就会认为企业只看重利益，而不在乎情感。其三，企业需要继续观察客户心理与行为的变化情况，从而为提升自身的客户关系管理能力提供帮助。实际上，客户挽留工作是一项亡羊补牢的工作，而每一次挽回客户的过程，都是企业总结经验、吸取教训的良好机会。另外，通过跟踪观察客户的表现，企业还可以计算客户挽回管理的投入产出等，从而为改善企业的绩效管理提供依据。

第三节　客户保持

一、客户保持的含义与意义

客户保持（customer retention）是指企业以客户生命周期理论为指导，通过实施一系列有助于加强客户关系和防止客户流失的策略，从而实现客户关系的长期稳定。客户保持是基于客户互动的双向努力，需要企业与客户相互理解、相互适应、相互满意及相互忠诚。客户保持是现代企业的常态化工作，亦是企业取得客户关系管理绩效的一项基础性工作。具体意义体现在以下五个方面。

第一，客户保持是市场竞争的需要。随着市场的日趋饱和，大量同类企业对于有限客户资源的争夺也越发激烈。几乎每一个企业都会想方设法地创新市场营销策略，努力将客户吸引到自己的手中。可以说，谁拥有客户，谁就拥有了市场。因此，客户保持就成了大多数企业参与竞争的前提。企业唯有稳住了客户，才能在研发新产品、构思新服务和谋划新策略的过程中无后顾之忧。

第二，客户保持是客户战略的要求。成熟的企业会制定长远的战略规划，并将客户关系管理纳入企业战略管理的范畴。客户保持的情况将影响企业战略目标的实现程度，而没有企业能够在频繁变动的客户关系中实现良好的长期发展。同时，战略管理也要求企业与关键客户应当形成战略利益共同体，这类关系必须具有亲密性和持久性。

第三，客户保持是企业利润的保障。企业在通过市场营销活动盈利的过程中，需要考虑客户关系管理的成本与收益。实践表明，企业发展一位新客户的成本几乎是保持一位老客户的成本的五倍；而企业向老客户推荐新产品的成功率也几乎是向新客户推荐的五倍。可以说，企业的客户保持率直接影响了企业的投资收益率。

第四，客户保持是企业发展的前提。由于客户保持的先决条件是客户满意与客户忠诚，因而稳定的客户市场能够为企业带来诸多好处。例如，众多老客户会提升企业的市场口碑，从而为企业带来源源不断的新客户；信任企业的客户们会积极响应企业的市场营销活动，从而使企业具有了改革与创新的自信；忠实的客户还能在企业遭遇风险或困难时继续支持企业，从而使企业具备了更强的市场生存力。

第五，客户保持是客户关系质量的表现。大量客户流失会给企业带来严重的后果，而客户保持正是防止客户流失的重要手段。成功的企业不但善于发现和建立新的客户关系，而且重视巩固和维持现有的客户关系。在客户生命周期的每一阶段，企业都应当表现出"以客户为中心"的基本理念，尽力使客户在心理上产生对企业的情感与信赖，从而自觉维护彼此关系的稳定性。实践已经证明，客户关系的质量越高，客户越不容易流失。因此，客户保持率的高低也反映了企业客户关系管理的成败。

二、客户保持的思路

客户保持是一项系统工作，需要企业做好以下几个环节。

首先，加强对客户数据库的建设与管理工作。客户数据库（customer database）包含了大量客户信息，企业可以借助一定的数据库技术，开展对客户消费习惯、购买偏好以及心理特征等的资料细分和数据挖掘，从而在把握客户市场内在规律的同时，实施更为精准的客户保持管理。例如，企业可以实施数据库营销（database marketing service，DMS）策略，即通过收集和积累客户信息来预测客户购买行为的变化，以便能够为客户提供具有针对性的商品和服务。可以说，客户数据库能够提高客户保持的效率和精度，是企业加强客户互动、保持客户沟通的现代化技术手段。

其次，提升客户关怀在市场营销过程中的积极作用。客户关怀不应当只是企业的一种态度或理念，而是要落实在客户关系管理的各个环节。企业需要在售前关怀客户的需求，在售中关怀客户的体验，在售后关怀客户的感受，使客户能够时刻感受到来自企业的用心服务。在实践中，企业可以通过三种方式的客户关怀来保持客户关系。其一，消息关怀。企业可以在特定的节假日、客户生日，或根据天气变化、市场行情等背景，向客户发送祝福短信、温馨提示及电子邮件等，既能体现企业对客户的关心关爱，也有利于保持与客户的持续联系。其二，电话关怀。企业的营销人员可以打电话回访客户，并在电话中询问客户的感受与评价，是一种较为直接的沟通方式，也能及时了解客户的意见与建议。其三，现场关怀。企业可以利用线下的各类市场营销活动向客户传递关怀，并适当配合促销策略与奖励策略。依托这一面对面的交流方式，企业很容易与客户建立信任与情感。总之，客户关怀由于具有提升客户满意度与忠诚度、延长客户生命周期以及改善企业市场形象等积极作用，因而是企业实现客户保持的重要手段。

最后，通过处理客户抱怨或投诉来挽救客户关系。客户抱怨与投诉是客户不满的直接结果，如果任由客户不满情绪的蔓延，企业将失去更多的客户。为此，如何处理客户抱怨与投诉是实现客户保持的重要环节。一般认为，企业必须正确看待客户所表现出的各种不满，并将其视为有利于企业发展的苦口良药。企业需要明白，抱怨的客户并不是孤立的，在每一名不满意的客户背后，往往存在着一大批具有同样意见的沉默客户。企业处理客户抱怨的过程，就是这些客户给予企业的第二次机会。为此，企业需要以客户抱怨或投诉为契机，深入发掘其背后的客户诉求，从而做到对症下药和药到病除，实现从客户流失到客户挽回的转变。

实际上，客户保持、客户流失及客户挽回是三项密切联系的客户关系管理工作。其中，客户保持具有防患于未然的积极意义。企业只有做好了客户保持，才能减少在客户流失管理与客户挽回管理环节的精力与成本损耗。

三、客户保持的策略

（一）会员制营销

会员制营销也被称为俱乐部营销，是指企业将客户组织为一个类似俱乐部的团体形式，通过向团体内部成员提供差异化的商品和服务，实现持续保持客户和稳定获得利益的营销目标。

1. 会员制营销的功能

会员制营销具有丰富的功能。其一，社交功能。由于会员的定位来源于客户细分，这类客户是企业精挑细选的价值型客户，因而会员与企业的关系会更为亲密。同时，在企业的组织和安排下，会员与会员之间的互动与友谊也会增强，有利于企业的理念、商品及服务在会员中的传播与普及。其二，心理功能。会员制使得具有相似偏好、需求及能力的客户聚在了一起，这将有利于在客户与客户之间形成共鸣，从而增强单个客户的购买信心和心理安全感。其三，服务功能。会员制缩小了企业的服务范围，明确了企业的服务对象，因而更有利于企业向客户提供个性化、定制化的优质服务。同时，企业与客户间的距离得以缩短，使得服务的便利性也更强。除此之外，会员制营销还具有提升营销效率、改善营销环境、培训客户技能等其他功能。这些功能能够有效提升客户忠诚度，因而能够发挥保持客户的良好作用。

2. 会员制营销的特征

会员制营销具有鲜明的特征。其一，会员资格具有限制性。一般而言，企业会为俱乐部设置一定的入会门槛，客户需满足特定条件或办理某种手续方能成为正式会员。实际上，会员制就是要让客户感受到差异性和特殊性，使其更加珍惜与企业的关系，从而不容易流失。其二，成为会员具有自愿性。事实上，客户始终掌握着选择交易的主动权，企业只能通过优质的服务和创新的模式来吸引客户，而并不能强制客户加入俱乐部。其三，会员关系具有契约性。会员与企业之间拥有更加紧密的联系，并且这一联系常常以某种商业合同为基础。这不仅是一种营销方面的客户关系，也是一种法律层面的合同关系。企业具有向会员提供服务的义务，会员也具有享受企业服务的权利。其四，会员关系具有目的性。企业发展会员的目的在于针对性地保持客户和持续性地获取商业利润；客户成为会员的目的在于获得更大的客户让渡价值。可以说，双方都能从会员制中获益。另外，客户还可通过成为企业的会员来满足社交、娱乐、学习及发展等其他方面的需求。其五，会员关系具有社会性。会员关系能够形成一定的社会网络，而社会网络中的社会资本、社会资源等要素又能为企业与客户带来额外的收益。例如，会员关系可以衍生出情感关系、信赖关系及伙伴关系等，这将大大削弱竞争者的客户吸引策略。

3. 会员制营销的优势

会员制营销具有明显的优势。其一，会员制营销是管理客户忠诚的有效方法。会员制的最大优势在于能够为企业吸引和培养数量可观的忠诚客户。这些忠诚的客户既为企业带来了一个较为稳定的客户市场，也使企业拥有了参与市场竞争的实力与底气。其二，会员制营销是稳定客户数量的常用手段。会员制不但可以保持老客户的稳定，还可以促进新客户的开发。对于市场上的潜在客户而言，会员制所提供的优惠价格和周到服务往往具有很强的吸引力，而在客户多次购买之后，较高的转移成本又会让客户舍不得离开。只要企业运用得当，会员制将使企业的客户数量有增无减。其三，会员制营销是发展关系营销的良好途径。实际上，会员客户是介于外部客户与内部客户之间的一类特殊群体。这类客户与企业的距离更近，更有可能实现关系营销理论所倡导的双向沟通、长期协调、互利双赢和反馈控制。在与会员的互动中，企业可以及时发现客户的需求变化，从而及时调整自身的市场营销策略，避免出现因市场反应滞后而引起的大量客户流失现象。

（二）累计积分计划

累计积分计划是一种保持客户的常用策略。企业可以制定有关购买行为的积分奖励规则，并在一定时间内，根据客户的积分情况给予不同等级的奖励。例如，很多企业都会将消费者的购买金额转换为某种积分，当积分达到一定额度时，消费者将获得一定的物质奖励、现金抵扣或价格优惠。

1. 累计积分计划的作用

累计积分计划并不是单纯的让利促销，而是一种内涵丰富的客户保持方法。

第一，累计积分计划有利于客户关系的建立和管理。从实践情况来看，大部分企业会将积分制与会员制结合使用，从而使企业能够充分掌握积分客户的各类信息。同时，积分管理也是一个时间较长的过程，企业可以通过观察客户的积分情况来了解客户的满意度与忠诚度变化，从而为企业实施针对性的营销管理提供便利。

第二，累计积分计划增加了客户的互动参与性。客户的每一次购买行为都会反映为一项积分，而渐进式的积分兑换等级又会调动客户的购买积极性，从而使客户更加频繁地联系企业。同时，客户在累计积分的过程中，也会产生一定的兴趣或期待。客户的积分越多，相应的成就感也越强烈。

第三，累计积分计划降低了企业的市场营销成本。积分的本质是企业基于游戏规则的回报承诺，当客户向企业出示一定额度的积分时，企业必须兑现相应的奖励。换言之，积分体系是建立在企业诚信、客户信赖的基础之上的。也正是由于信任的作用，客户会自发购买企业的商品和服务，从而大大减少了企业在广告、促销等方面的营销投入。

第四，累计积分计划增加了客户的转移成本。对于客户而言，积分来源于过往的购买经历，似乎是对自身长期付出的某种回报。一旦客户转向购买其他企业的商品或服务，积分也将作废。随着客户手中的积分越来越多，积分带给客户的心理影响会不断增强，客户也将越发不能放弃与企业的交易关系。可见，积分也是提升客户忠诚度的有效方法。

第五，累计积分计划能够提高企业的市场灵活性。由于积分是企业自行定义的一项虚拟概念，因而积分与价格的对应关系并不固定。企业可以根据市场行情的最新趋势，不断调整积分兑换的具体内容，从而保持市场营销策略的灵活性和新颖性。例如，当客户的消费情绪低迷时，企业可以提高单位积分的兑换价值，从而刺激客户扩大消费；而当客户的购买情绪高涨时，企业又可以适当增加积分的兑换难度，从而适当提高企业的利润水平。

2. 累计积分计划的内容

企业在制订累计积分计划时，需要紧密结合客户关系管理的相关要点，从而确保积分计划的有效性、公平性和合理性。

第一，依据消费等级来积分。企业需要根据客户识别与细分的具体情况，将积分与客户的消费等级相结合。例如，一些企业会根据客户的价值大小将客户细分为白金客户、黄金客户、铁质客户及铅质客户等不同等级，每一等级的客户对应着不同的积分规则，享受着不同的优惠幅度。同时，企业也允许并鼓励低级别的客户升级为更高级别。例如，只要客户的购买总量或总额达到一定水平，就可自动晋升为高一级的客户。

第二，依据消费金额来积分。消费金额是指客户的具体购买金额，这是一项直接反映客户交易价值的数字指标。企业可以根据客户的累计购买金额来折算积分，客户的购买金额越大，积分也就越多。例如，企业可以这样规定，消费者每支付一元钱，即可获得一分，这一算法多见于零售百货类企业。在实践中，更多的企业会按照一定公式来折算积分，相应的公式往往会对客户购买的商品进行分类，从而使积分的结果更加有利于企业。另外，企业一般会规定积分的有效期限，并在积分清零之前以短信、微信及邮件等形式告知客户。这类做法能够加强客户互动，并对预防客户流失具有积极的意义。

第三，依据商品或服务的种类来积分。企业可以规定积分的具体用途，从而将客户的重复购买效应引导到企业最需要的领域。当消费者购买了某种商品时，可以获得消费某项服务的积分。例如，只要消费者购买了某种家用电器，相应的积分即可定向用于兑换质量延保、零部件更换等售后服务。实际上，这类限制性的积分不仅不会增加企业的成本，反而更有利于贯彻企业的营销管理意图，因而是很多企业常常使用的消费刺激策略。

3. 累计积分计划的注意事项

企业在实施累计积分计划时，也有一些注意事项。

首先，累计积分计划必须以诚信为前提。作为一种由企业推出的游戏规则，客户是这一规则的被动接受者。无论积分计划是否盈利，企业都必须兑现自己的承诺，切忌为了眼前的利益而随意变更积分兑换方式。同时，企业不能在积分过程中作弊或作假，不能使用类似先提价、后降价的虚假营销策略，应当向客户发放的礼品、礼金也必须实事求是地兑现。

其次，累计积分计划需要以一定的技术手段为支撑。积分计划涉及数据库、互联网及信息管理等多项技术，企业需要随时记录、查询和分析有关客户积分的各类信息。同时，累计积分计划还是一项需要企业长期坚持的营销管理工作，没有强大而稳定的技术保障是不可行的。为此，企业需要在客户关系管理系统中增加客户积分系统，从而实现动态实时的数据共享。

最后，累计积分计划需要考虑适用领域的具体特征。一般而言，相比于垄断型市场，积分制更加适用于竞争型市场。例如，在激烈竞争的市场中，积分更能够调动客户的购买积极性，并吸引客户与企业建立稳定的交易关系。相比于耐用商品市场，积分制更加适用于日用消费品市场。例如，一台汽车的使用寿命长达数年，购车用途的积分就很难在短期内产生效益。

 本章小结

本章主要讲述了三个方面的内容。

第一，客户流失。客户流失是指已经与企业建立客户关系的个人或组织，不再与企业合作或不再购买企业的商品和服务。引起客户流失的原因主要包括来自企业方面的商品质量问题、服务质量问题、员工流失问题、管理失策问题等主观原因和来自客户方面的需求发生变化、遭遇新的诱惑、非自愿自然流失等客观原因。识别客户流失的指标包括了客户指标、市场指标、绩效指标及竞争指标等。企业应当正确看待和应对客户流失现象。

第二，客户挽回。客户挽回是指运用一定的方法或策略将已经流失或即将流失的客户重新恢复为忠诚客户的管理过程。为了实现有限资源的最优配置，企业需要以客户细分为基础，结合流失客户的潜在价值与挽回成本实施具体的客户流失与挽回管理，并且不是所有流失客户都需要企业进行挽回。

第三，客户保持。客户保持是指企业以客户生命周期理论为指导，通过实施一系列有助于加强客户关系和防止客户流失的策略，从而实现客户关系的长期稳定。会员制营销是指企业将客户组织为一个类似俱乐部的团体形式，通过向团体内部成员提供差异化的商品和服务，实现持续保持客户和稳定获得利益的营销目标。累计积分计划是指企业可以制定有关购买行为的积分奖励规则，并在一定时间内，根据客户的积分情况给予不同等级的奖励。这是两种保持客户的常用方法。

总之，客户流失、客户挽回及客户保持是三项密切联系的客户关系管理工作。其中，客户流失是现象，客户挽回是措施，客户保持是战略。

课后案例

为复苏客户市场而主动创新产品的航空公司

东航推出的 3 322 元"周末随心飞"产品刚刚迎来可以兑换出行的首个周末，万余名旅客率先尝鲜民航领域首款可不限次、任意飞的航空产品；华夏航空紧随其后，近日推出 2 999 元的全国无限次飞行套餐。航空公司花式自救新举措引来旅客热捧的同时，也迅速缓解了紧张的现金流。

不过有旅客反馈称，看似可薅羊毛的"随心飞"产品用起来并不随心，有很多限制条件。在民航业内人士看来，各航司推出的创新套餐能够短暂带来现金流，但能否挽救行业亏损局面、搅热航旅市场，现在还无法做乐观预测。

"为了做生意，每周我都要往返成都和昆明两地，有了这个套餐感觉自己省了'几个亿'。"6 月 27 日早 7 时，旅客郑先生第一个走到昆明机场东航柜台办理"随心飞"业务。

下午，值机柜台陆续迎来去拉萨的旅客，9 成旅客都购买了"随心飞"产品。"一直想要去拉萨玩，但以前一到假期机票就很贵，这次不用纠结价格了。""随心飞"旅客李女士和男朋友办理值机时说。

6 月 27 日和 28 日，东航"随心飞"产品迎来首个使用周末，第一波尝鲜旅客成功兑换超过 6.5 万张机票。自东航 6 月 18 日发售以来，产品销售火爆，旅客已经成功兑换超过 10 万张机票。

"产品既盘活航空公司当前运力资源，也催生旅客新一轮的出行需求，让广大消费者、航空公司、旅游服务等相关产业共同受益，有力推动经济发展稳中回暖。"东航相关负责人介绍。

民航局此前披露的数据显示，一季度全行业累计亏损 398.2 亿元，其中航空公司亏损 336.2 亿元。根据三大航一季度业绩数据，三大航一季度亏损 140 亿元。疫情重创之下，稳定航司现金流成为重中之重。

受疫情冲击，各大航空公司不得不放下身段，想尽办法自救。前几个月纷纷推出"白菜价"机票就是航司的无奈之举，各家航司还紧急调整运力，将客机改装为货机。深圳航空、西部航空、山东航空更是加入了直播带货的队伍中，厦门航空和四川航空甚至还开启了团餐和外卖服务。

资料来源：2020 年 6 月 29 日的《北京日报》。

思考：

1. 面对疫情的不利影响，航空公司采取了哪些挽回客户的具体措施，对此如何评价？

2. 作为资本密集型的航空服务业，赢得客户满意和忠诚的核心要件是什么，能否提出一些提升航空公司客户服务质量的建议？

作业与习题

一、单项选择题

1. （　　）是指客户流失数量占同类客户总数的比例。

    A. 客户流失率
                B. 客户保持率

    C. 客户回头率
                D. 客户推荐率

2. 假设某一化妆品生产企业进行了一次客户调查，一共调查了 3 000 名客户，其中有过推荐行为的客户为 900 名，则这一企业的客户推荐率为（　　）。

    A. 20%
                 B. 30%

    C. 40%
                 D. 50%

3. 假设某一玩具企业一季度的销售额为 40 万元，二季度的销售额为 80 万元，则该企业的市场增长率为（　　）。

    A. 50%
                 B. 60%

    C. 80%
                 D. 100%

4. 不属于放弃挽回的劣质型客户的是（　　）。

    A. 没有利润或价值的客户
        B. 无法履行合同规定的客户

    C. 要求苛刻、胡搅蛮缠的客户
      D. 不讲诚信、声望较差的客户

    E. 有所抱怨的客户

5. 以下说法错误的是（　　）。

    A. 新客户的流失率要小于老客户的流失率

    B. 中间商客户的流失率要小于终端消费者的流失率

    C. 现实客户的流失率要小于潜在客户的流失率

    D. 老年客户的流失率要小于青年客户的流失率

二、多项选择题

1. 引起客户流失的原因有很多，除了非自愿自然流失，其他原因还包括（　　）。

    A. 商品质量问题
            B. 服务质量问题

    C. 员工流失问题
            D. 管理失策问题

    E. 客户需求发生变化
         F. 客户遭遇新的诱惑

2. 客户流失的原因可能来自一些非自愿的自然因素，包括（　　）。

    A. 客户行为主体消失
       B. 客户关系基础改变

    C. 不可抗力因素
           D. 商品质量问题

    E. 员工出现流失
           F. 客户遭遇新的诱惑

3. 企业竞争力包括（　　）。

    A. 质量竞争力
            B. 服务竞争力

    C. 管理竞争力
            D. 品牌竞争力

4. 客户流失管理的基本流程包括（　　　）。

    A. 客户流失预警   B. 客户流失分析

    C. 客户流失干预   D. 管理绩效评估

    E. 管理策略调整   F. 客户满意度管理

5. 会员制营销具有丰富的功能，主要包括（　　　）。

    A. 社交功能   B. 心理功能

    C. 服务功能   D. 提升营销效率

    E. 改善营销环境   F. 培训客户技能

三、判断题

1. 企业必须正确看待客户所表现出的各种不满，并将其视为有利于企业发展的苦口良药。（　　）

2. 累计积分计划是单纯的让利促销，对于客户保持的效果不明显。（　　）

3. 客户挽回并不是一劳永逸的，而是一项需要长期坚持的管理机制。（　　）

4. 大多数消费者都会货比三家、优中选优，由于人的欲望是无穷的，因而任何满意都只是一种暂时状态。（　　）

5. 企业可以为了眼前的利益而随意变更积分兑换方式。（　　）

四、简答题

1. 谈谈你对客户流失的认识和理解。

2. 请简述客户挽回的基本思路。

3. 请简述客户保持的意义有哪些？

参考答案

新编客户关系管理

第十二章
客户关系管理技术

开篇案例
KAIPIAN ANLI

尿布和啤酒的故事

　　一家著名的大型超市曾经做过一个令人疑惑不解的决定——顾客发现，在货架上尿布和啤酒竟然摆在一起。这在所有的超市里都是不曾有过的摆法。但是这个完全不合常理的奇怪举措却没有影响两种商品的销售，相反，尿布和啤酒的销售量双双增加了。这不是一个笑话，而是发生在美国沃尔玛连锁超市的真实事情，并且至今为众多商家津津乐道。

　　原来，美国的太太们经常嘱咐她们的丈夫，下班以后要去超市为孩子买尿布，而丈夫们购物总是行色匆匆，不可能仔仔细细地在商场里逛上一圈。如果尿布同啤酒摆放在一起，那么，男士们在买完尿布以后，就可以顺手带回自己爱喝的啤酒了。有了这样的购物经历，他们就很乐意光顾沃尔玛连锁超市。

沃尔玛连锁超市是在花大力气对一年多的原始交易数据进行详细的分析后，才发现这对神奇的组合的。商战，关键在于出奇制胜。

资料来源：2010 年 5 月 10 日的《洛阳日报》。

思考：

1. 当尿布和啤酒摆放在一起时，为什么销售量双双增加了？

2. 沃尔玛连锁超市是通过什么方式掌握了男性消费者的行为特征的，这一做法有何启示？

第一节 客户关系管理系统

一、客户关系管理系统概述

（一）客户关系管理系统的含义

客户关系管理系统，简称 CRM 系统，是一种帮助企业有效管理客户及客户关系的现代化机制。在这套机制中，企业将以客户关系管理理论为指导，以各项客户数据为基础，综合利用现代信息技术、互联网技术、电子商务技术、智慧管理技术及系统集成技术等多种技术、软件或手段，实施具有互动性、实时性和精确性的客户管理。客户关系管理系统是一种新型的客户资源管理系统，能够将企业的生产、营销、管理和服务等环节整合起来，从而能够很好地保障信息的一致性和行动的协调性。客户关系管理系统亦是一种特殊的软件或应用解决方案，能够帮助企业实现市场营销活动的自动化和智能化。

（二）客户关系管理系统的特点

第一，CRM 系统拥有科学的工作流管理。所谓工作流（work flow），是指工作流程的计算模型。企业需要将客户关系管理的流程、逻辑和规则转化为计算机程序模型，从而实现对工作任务的自动化、流程化和协同化管理。这一系统能够实现销售、营销和服务三个方面的自动化，从而打破传统企业管理模式的流程障碍，实现各个部门的无缝整合。例如，企业可以通过 CRM 软件实现对客户信息的随时记录、查询、分析、修改、跟踪和干预等操作，从而真正做到一条龙式的客户服务和内部管理。

第二，CRM 系统必须依托一定的客户数据库。客户数据库（customer database）是依托数据库技术来收集和储存客户资料的综合性信息集合。对于现代企业而言，无论是客户信息还是客户知识，都需要得到数据库技术的支持。企业需要建立一个统一的客户数据库，以便能够及时了解客户市场的最新变化，并将相应的行动落实在客户服务当中。例如，企业可以通过客户数据库掌握客户的消费习惯、购买偏好及心理特征等，从而为后续实施有针对性的市场营销策略提供决策依据与管理方向。

第三，CRM 系统能够进行客户智能管理。所谓客户智能（customer intelligence, CI），是指企业以客户信息和客户知识为基础，以客户识别、客户互动、客户满意与客户忠诚等为管理内容，通过综合运用现代信息技术与人工智能技术，智能化地配置企业资源、完善企业制度及优化管理模式，并最终实现"人机协调"的管理效果。客户智能管理又具体表现为各种概念、方法、手段及软件等，需要企业根据自身特点灵活应用。企业可以通过 CRM 软件实现从客户行为到客户心理的智能分析。例如，网络购物平台常常通过分析消费者的浏览信息来"猜测"消费者的购买意图，从而向消费者智能推送最有可能成交的商品信息。

第四，CRM 系统具备较强的信息安全技术。信息安全技术是指能够保证自己和授权方正常获取、传递、分享、使用和处理信息，但不会被其他人或非授权方获取和利用的一系列保密技术。这类技术通常包括了身份认证、权限管理、授权机制及加密技术等多项具体技术，已被广泛应用于企业管理的各个领域。例如，企业的优质客户资源是其核心竞争优势的重要组成部分，为了防止竞争者"挖走"这类客户，企业的管理过程与相关信息必须保密。任何来自客户关系管理系统的漏洞都可能给企业带来巨大的风险。

第五，CRM 系统具有较强的兼容性。客户关系管理系统并不是一种完全独立的管理系统，而是需要与企业的其他管理系统或软件有效兼容。例如，企业的业务人员常常需要在不同系统间进行信息传递和文档转换，这是一项十分常规的基本功能。另外，CRM 软件还能够支持互联网功能。企业的外部客户与内部员工都能够通过互联网渠道完成相应的交易或服务操作。例如，消费者可以通过企业依托 CRM 软件建立的网站或手机应用，实现商品和服务的自主购买，从而既增加了客户的体验感，也减轻了企业的管理负担。

二、客户关系管理系统的功能

（一）管理客户信息

CRM 系统能够收集和分析客户信息，并且能够帮助企业从大量资料中筛选出最有价值的关键信息。除了记录客户的描述类信息，CRM 系统还能够通过记录和跟踪客户的行为类信息和分析类信息，完成对客户特征的充分识别和动态把握。随着企业客户信息管理质量的提高，相应的客户知识管理成效也将逐渐显现出来。

（二）保持客户联系

CRM 系统能够帮助企业联系客户，从而为改善客户互动和客户沟通创造便利。由于 CRM 系统记录了有关客户的各类联系方式，因而企业既可以基于商业智能模式保持与客户的自动联系，也可以基于数据挖掘方法针对性地联系具体客户。随着客户联系的条理化，企业与客户之间的关系也将得到延续，满意的客户会因为得到及时的关怀而更加忠诚，而不满的客户也会因为向企业做出了及时的反馈而不再流失。

（三）发现潜在商机

基于一定的分析方法和预测模型，CRM 系统能够帮助企业预判客户市场的发展趋势，从而使企业能够提前掌握潜在的商机和防范可能的风险。同时，CRM系统还具有识别潜在客户和优质客户的功能。智能化的管理机制将使企业更容易发现新增的客户需求或偏好，从而为企业发展新客户提供具有创新性的思路。

（四）改善销售管理

CRM系统能够帮助企业实现销售自动化。自动化的销售模式大大减轻了企业销售部门及销售人员的工作压力，从而使企业能够将更多的精力用于预测销售前景、完成销售任务、优化销售流程以及谋划销售策略等工作环节当中。

（五）强化营销管理

CRM系统能够帮助企业实现营销自动化。营销自动化也被称为技术辅助式营销（technology enabled marketing，TEM），是指企业通过运用先进的技术手段和创新的流程设计来实现各项营销任务的自动完成。例如，CRM系统可以使企业轻松完成自动化的电话营销，即使是深夜也无须担心客户的来电得不到应答和处理。实际上，营销管理的核心是需求管理，CRM系统能够使企业的营销策略更好地立足客户需求，从而使客户能够更加理解和支持企业的各项行动。

（六）落实客户服务

CRM系统能够帮助企业将客户服务做得更细致、更周到。客户关怀代表了优质的客户服务，企业可以借助CRM系统将客户服务的内容模块化、流程化和项目化，从而使客户能够在售前、售中及售后环节享受到来自企业的整体性服务。同时，与销售自动化和营销自动化类似，企业也可以依靠一定的信息技术与沟通技巧，实现客户服务的自动化。服务自动化具体表现为客户服务的自助化、客户反馈的自动化和服务流程的智能化等，如果再结合优质的人工服务，企业的服务质量将得到明显提升。

（七）建立呼叫中心

CRM系统具有客户服务中心的功能。客户服务中心即呼叫中心，企业可以充分利用计算机电信集成技术（computer telephony integration，CTI）实现最大限度的客户联系与互动，从而尽可能地掌握客户关系发展的主动权。CRM系统使客户可以通过电话、传真、电子邮件、手机软件及互联网工具等接入企业的呼叫中心，从而高效率地完成客户与企业之间的反馈与沟通。

（八）推动电子商务

CRM系统还可以满足企业在电子商务方面的功能需求。随着客户关系管理与电子商务的紧密结合，CRM系统也逐渐开始直接服务于企业的电子商务业务，主要功能包括了建设与管理企业网站、优化与维护在线交易的界面、分析与研判在线交易情况、开展基于互联网的广告宣传等。

三、客户关系管理系统的分类

（一）运营型客户关系管理系统

运营型客户关系管理系统也被称为操作型或"前台"型客户关系管理系统，在内容上包括了与客户接触的各个渠道，在功能上实现了前台接触与后台管理的无缝连接和有效整合。客户与企业的每一次接触都将被记录，这些信息将在数据库技术的支撑下成

（四）三种客户关系管理系统的比较

通过比较不难发现，三种客户关系管理系统的侧重点是不同的（图12-1）。运营型CRM系统侧重于企业对客户关系管理具体环节的实施，强调要在客户失去耐心之前就能得到尽可能好的满足。分析型CRM系统侧重于企业在客户关系管理过程中的决策，强调企业必须先于市场或客户掌握采取行动的主动权。协作型CRM系统则侧重于客户关系管理过程中的互动，强调客户必须参与和配合企业的具体管理工作，即客户也是整个系统中的必要行动者。

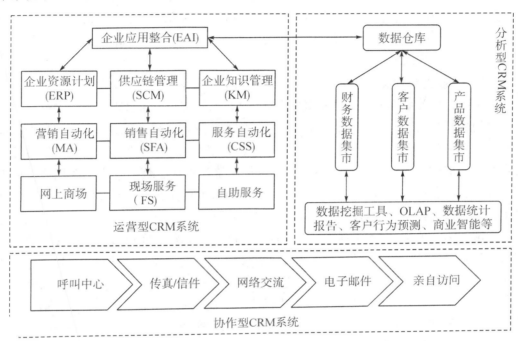

图12-1 客户关系管理系统

实践中，运营型、分析型和协作型CRM系统是相互补充的关系。如果将客户关系系统比喻为一个整体性的"人"，则运营型CRM系统是人的"躯干"和"四肢"，协作型CRM系统是人的"神经"和"五官"，而分析型CRM系统是人的"大脑"。从市场应用的情况看，采用运营型CRM系统的企业最多，而采用协作型CRM系统的企业相对较少。相信随着企业管理意识和管理能力的提升，将会选择更为复杂的高级客户关系管理系统。

第二节　客户关系管理技术的应用

术的应用

net）是指将移动通信终端与互联网相结合的新技术。这一技术能够使用户在移动状态下随时随地地访问 Internet，以便获取信息、完成交易和接受服务等，从而极大地提高了商业活动的效率和效果。移动互联网是一种由传统互联网发展而来的新兴网络技术，相应概念又具有广义和狭义之分。广义的移动互联网是指一切应用于移动设备的无线互联网技术，包括了手机、笔记本电脑以及智能穿戴设备等；狭义的移动互联网仅仅是指应用于智能手机的相关网络技术。相比于传统互联网，移动互联网具有明显的创新性特征，特别是在便携性、定位性、交互性及隐私性等方面具有明显的应用价值。

如今，移动互联网已深入人们的生活、工作与学习等各个领域，衍生出了移动商务、移动支付、移动社区、移动视听及移动搜索等多种应用，并正在实现从 3G、4G 到 5G 的快速发展。

（二）移动互联网营销

移动互联网营销是指企业依托智能手机、平板电脑、笔记本电脑等移动终端设备与无线网络技术来开展市场营销活动。移动互联网为企业开展更加精确的客户关系管理带来了便利。

首先，移动互联网的便携性使企业与客户的联系更加紧密。由于手机的普及率很高，人们也形成了随身携带和随时查看手机的习惯，因而企业可以充分利用移动终端设备的这一黏性特征。企业可以通过设计有趣、实用的手机应用软件来吸引客户，从而建立并保持与客户的沟通与联系。实际上，很多企业都会着眼于消费者的碎片化时间，使潜在客户在刷微信、看新闻等不经意间了解企业的品牌、商品和服务。例如，企业并不会担心发出的广告没有效果，因为在每一部手机的背后，都有一位永不掉线的潜在消费者。

其次，移动互联网的定位性使企业能够获得更多有价值的客户信息。由于移动互联网可以随时定位终端设备的位置信息与移动轨迹，从而为企业开展更有针对性的个性化服务提供了帮助。通过观察客户的位置信息，企业可以分析客户的消费习惯、决策偏好和行动规律，从而为进一步实施客户细分与客户互动提供指导性方案。例如，定位服务常常被应用于共享单车、网约车、驾驶导航、地图查询及酒店预订等领域，企业的一个软件不仅能够为客户提供更加便捷的信息与交易渠道，也使企业自身更加了解了客户需求的分布与重点。

最后，移动互联网的交互性能够使客户获得更好的体验感。移动互联网的作用不仅仅局限于促进商业交易，而且被扩展到了人际交流、情感联络、游戏娱乐和感受评价等多个方面。客户可以通过语音、视频、文件及文字等多种方式实现与企业的反馈沟通，企业也可以通过同样的方式接受客户的意见和解决客户的困难，这样既增加了客户总价值，也降低了客户总成本，从而实现了更大的客户让渡价值。例如，购买商品的客户可以通过企业的微信公众号随时进行故障报修或问题投诉；消费服务的客户可以利用企业的手机应用软件随时充值续费或兑换积分奖励，这些依托移动互联网的营销服务不仅满足了客户追求时尚的心理需要，也提升了客户的满意度和忠诚度。

二、数据挖掘技术的应用

（一）数据挖掘技术

数据挖掘（data mining，DM）也被称为数据库中的知识发现（knowledge discover in database，KDD），是一项具有人工智能应用前景的新兴技术。从技术角度讲，数据挖掘就是从大量的、不完的、有噪声的、模糊的、随机的实际应用数据中，探索和发现新的信息与知识。从商业角度讲，数据挖掘又是一种处理商业信息的独特方法，企业可以通过对大量业务数据进行模型化分析，从中提取和概括出能够辅助商业决策的关键内容。概括而言，数据挖掘可以被理解为一系列深层次的数据信息分析方法。在实践中，企业可以通过建立和完善客户信息数据库，并从中分析出隐含性的、先导性的和价值性的商业信息，从而为企业在市场竞争中把握先机和占据优势创造条件。数据挖掘的最大价值就在于能够支持企业的市场营销和客户管理决策，即通过自动化的数据分析过程，为企业的高层管理者提供最优化的市场策略。

（二）数据仓库技术

数据挖掘的基础是数据仓库。所谓数据仓库（data warehouse，DW），是指一个面向主题的（subject oriented）、集成的（integrate）、相对稳定的（non-volatile）、反映历史变化（time variant）的数据集合，这一集合能够支持企业的管理决策，并成为企业最有价值的经营资源之一。

第一，面向主题是指数据仓库的建立需要围绕一定的应用主题，例如，针对的目标可以是终端客户、中间商或竞争者等，服务的任务是对产品销售、人员服务或内部员工的管理等。

第二，集成是指数据仓库能够汇总和整合各种信息来源，从而将原本分散、孤立甚至相互矛盾的信息数据统一在一起。例如，企业需要将来自线上和线下的客户信息进行比对，剔除冗余的重复信息和错误信息，并在将其转化为统一格式的标准信息之后在企业内部共享。

第三，相对稳定是指数据仓库内的信息要能够长期保留。企业对于数据信息的利用方式主要是查询、分析与存储，对于数据信息的修改、删除要十分慎重。

第四，反映历史变化是指数据仓库通常会包含大量历史信息，这些具有一定时间跨度的数据信息往往反映了不同时间点的客户特征和市场状况，能够为企业总结历史规律和预测未来趋势提供用于定量分析的素材。

总之，客户关系管理系统的核心是数据，数据挖掘与数据仓库技术是支持企业实现商业智能的两项重要技术。

三、呼叫中心技术的应用

（一）呼叫中心技术

呼叫中心的起源可以追溯至20世纪30年代，最初呼叫中心是把客户的呼叫转接到相对应的接待人员部门，随后逐步发展为带有"自动应答"功能的交互式语音接待系统。至20世纪90年代开始，随着CTI技术的兴起和应用，呼叫中心的重要性日益凸显，并最终成为影响企业客户关系管理效果的重要技术环节。

一般认为，历史上已经出现过五代呼叫中心。

第一代呼叫中心为人工热线电话系统。这是一种早期的呼叫中心，通常为一个处理电话业务的人员小组，专门负责接收来自客户的呼叫和发送有关企业的信息。这时的呼叫中心设备简单、功能单一、自动化程度不高，一般也只能受理一些简单的投诉和咨询业务。

第二代呼叫中心为交互式自动语音应答系统。随着计算机技术与通信技术的发展，完全由人工完成的客户应答服务已没有必要，企业可以在保证数据信息共享的前提下，使用语音技术自动应答客户，从而既可以降低人工服务的劳动强度、经济成本和错误率，也能够改善客户呼叫的用户体验，增加客户的满意度。这时的呼叫中心对软硬件的要求较高，企业在获得效益的同时，相应的建设性投入也明显增加。

第三代呼叫中心为以计算机电话集成技术为核心的呼叫中心，是兼有自动语音和人工服务的客户服务系统。第三代呼叫中心开始大量应用 CTI 技术，并实现了语音与数据的同步传输。例如，客户可以通过呼叫系统获得 24 小时不间断的客户应答服务，信息的类型也从单一的语音扩展到了图像、文档等多种形式。可以说，这时的呼叫中心具有更加灵活的系统和更加创新的功能，真正成了具有较为完善的客户资料库的数据网络应用系统。

第四代呼叫中心为网络多媒体客户服务中心。这一代呼叫中心在技术上更加成熟，实现了将 CTI 技术、互联网技术、语音识别与转换技术等多项技术的融合。企业可以利用多种方式接入和呼出，常见方式包括了传统电话、网络电话、手机短信、电子邮件及传真等。值得一提的是，企业和客户可以借助第四代呼叫中心开展更好的沟通与互动，企业不再仅仅是被动接受客户的呼叫，而是可以主动保持与客户的密切联络。

第五代呼叫中心是目前概念最新、功能最强和结构最复杂的客户服务中心。林建宗（2013）等学者指出，这一代呼叫中心需要在通信、计算、管理和业务等方面具备明显的先进性。其一，在通信方面，第五代呼叫中心的联络方式必须十分丰富，能够实现除传统通信方式之外的网络音频、网络视频、文本交谈、文件传输以及应用共享等新兴交流方式。其二，在计算方面，第五代呼叫中心的应用软件必须实现面向服务的体系架构（service oriented architecture，SOA），并实时紧跟系统交互和客户需求的变化。其三，在管理方面，第五代呼叫中心的运行思路需要满足准时生产（just in time，JIT）的管理理念，充分保持物质流和信息流在生产经营过程中的同步性，从而实现企业与客户的高度协作。其四，在业务方面，第五代呼叫中心还应当具备全业务支撑平台（totally servic platform，TSP）的功能，能够满足客户服务、电话营销、自动应答以及内外部管理等种业务的要求。

（二）呼叫中心的价值

呼叫中心是现代客户关系管理的重要部门，尤其对于提升企业的客户服务与客怀质量具有重要意义。

首先，呼叫中心使企业的服务突破了时间上的限制。在自动语音应答系统下，企业可以轻松做到一天 24 小时，一周 7 天不间断的客户服务。相比于传统务的上下班模式，自动化的呼叫中心不但效率更高、效果更好，而且在人员聘用与管理方面的成本也更低。

第二，呼叫中心使企业的服务打破了空间上的局限。在传统商业模式下，客户需要前往企业的营业网点或店铺才能得到相应的商品和服务，这使得企业的市场范围受制于地理区域。呼叫中心依托于现代通信与互联网技术，即使是地处偏远的客户，也能通过电话或微信轻松获得来自企业的解答或指导，从而快捷方便地解决服务问题。

第三，呼叫中心改善了企业的个性化服务。个性化服务是客户关系管理的理想目标，而充分掌握客户信息是实现这一目标的前提。呼叫中心能够帮助企业在接到客户联系的同时，自动取得包括需求、偏好、基本信息及交易历史等的全套客户信息，从而使后续的应答与反馈能够紧紧围绕客户特征，实现有针对性的客户服务。特别是当企业将呼叫中心与数据挖掘技术相结合时，商业智能模式的效果将得到充分体现。

第四，呼叫中心使企业更容易做到客户关怀。呼叫中心的意义还体现在落实客户关怀方面。企业在使用呼叫中心的过程中，向客户传递了服务客户的主动性与积极性，从而使客户感受到了来自企业的诚意。而自动化、智能化和集成化的应答服务也让客户感受到了企业的用心与投入，从而认可企业的确做到了换位思考和以客户需求为导向。可以说，呼叫中心不仅有利于企业，同样也方便了客户，这也是企业管理与服务迈向人性化的一种体现。

四、微信与微博的应用

（一）微信营销

1. 微信营销的含义

微信（WeChat）是腾讯公司于2011年1月21日推出的一个为智能终端提供即时通信的免费应用程序。微信支持跨通信运营商、跨操作系统平台的语音短信、视频、图片发送功能，同时，也可以使用基于定位技术的摇一摇、漂流瓶、朋友圈、公众平台、记事本等服务插件。微信的基本功能包括了聊天、添加好友、实时对讲机、微信小程序，扩展功能包括了微信支付、微信转账、微信红包、微信提现、公众平台、生活服务等，微信已高度普及，并成为人们日常生活中的一款常用手机软件。

微信营销（WeChat marketing）是指企业或个人利用微信工具来开展市场营销活动的方式。微信营销是一种典型的基于移动互联网的关系营销，买卖双方能够突破空间上的限制，并建立较为密切的相互联系。形成微信关系的具体形式也较为灵活，既可以是卖方添加买方的微信成为其"好友"，也可以是买方通过关注卖方的微信公众号来订阅商家信息。同时，人们只需使用微信扫描二维码，即可方便快捷地获取所需信息和完成支付。借助微信平台，卖方可以展示商品、招揽会员、推送信息以及发起活动，买方则可以在线支付，从而形成一种线上线下相结合的互动式营销模式。

微信拥有庞大数量的潜在客户。随着智能手机和移动互联网的普及，微信用户不断增加，截至2020年年初，微信用户或账户总数已达11亿个，未来的发展空间仍然巨大。凭借消息的高到达率和高精准度，企业的广告宣传效果将更好，识别和开发潜在客户的成功率也将更高。

其次，微信营销能够突出营销环节的客户互动。作为一种互联网通信软件，微信的交互性能十分突出，能够保障相互沟通的及时性、多样性和有效性。例如，微信的扫一扫、摇一摇、表情包等功能，既具有社交作用，又具有娱乐价值，很受用户的欢迎。加之移动互联网设备又具有便携性和智能性特征，客户可以随时随地地查看企业信息和反馈自身感受，企业与客户之间的物理距离和心理距离均得到了大幅度的缩短。

再次，微信营销能够培养客户对企业的信任与情感。从微信的朋友圈功能也能看出，微信好友之间的关系属于典型的社会关系，大多需要以信任为基础、以情感为纽带。随着卖家与买家不断进行聊天、分享和交易合作，彼此间的配合也会变得更加默契，从而更加有利于开展长期的商业交易。

最后，微信营销能够为企业节约大量营销成本。由于微信的大部分功能是免费的，从事微信营销的卖家能够降低自身在广告宣传、市场调研、客户管理、费用结算以及售后服务等环节的成本开支，这一优势特别适用于竞争力不强的新创企业和中小微企业。加之微信营销的门槛要求较低，一些个人或个体工商户也可参与，从而有利于市场主体的丰富和市场环境的繁荣。

（二）微博营销

1. 微博营销的含义

微博（Micro Blog）是新浪公司于 2009 年 8 月推出的一种基于用户关系分享、传播及获取信息的广播式社交媒体。用户可以通过关注机制在微博平台分享简短、实时的信息，信息的类型包括了文字、图片、链接和视频等，并兼有丰富的互动功能。通过相互关注，每一个微博账号都有关注者和"粉丝"，进而形成了一定的社会关系网络，这将有利于关系营销活动的开展。

微博营销（Micro Blog marketing）是基于微博的一种网络营销方式，企业或个人可以通过微博发布有关商品和服务的信息，并在自身的"粉丝"群体中形成讨论效应和转发效应，从而达到扩大营销效果的商业目的。实际上，每一名关注者都可以被视为营销者的潜在客户，企业既可以利用微博平台向市场传递交易信息和展示品牌形象，也可以通过微博的互动功能保持与客户的密切联系与频繁接触。例如，企业可以实时更新自身微博的形式与内容，从而在不断创新中激发客户的需求和兴趣；企业还可以关注客户的留言、点赞等状态，或者主动发起讨论与投票等活动，从而改善与客户间的沟通与交流。

2. 微博营销的特点

第一，微博营销的成本较低。相比于报纸、电视等传统大众媒体，微博并不逊色，但是管理和维护成本却要低很多，因而是一种性价比较高的网络营销方式。

第二，微博营销的覆盖面较广。微博允许用户通过多种终端设备接入，较为丰富。随着移动互联网技术的兴起，手机微博也具备了便携性，使得微博的用户数量得到了大幅增加。

第三，微博营销的个性化程度较高。微博营销能够较好地满足客户心理，能够使客户在与企业微博的互动中体会到充分的尊重与关怀。例如，企业可以准备的文字、图片和视频等，有所区别地向不同目标客户传递信息。

获得"一对一营销"的感觉。另外，为了提升客户感受，企业在整个交流过程中也可展现充分的亲和力。

第四，微博营销的开放性较强。微博的注册与操作相对简单，进入平台的门槛也较低。企业与个人可以利用微博平台从事开放性的营销活动，在遵纪守法和诚信道德的前提下，相应的话题讨论与信息传播是较为便利的。

第五，微博营销的互动性较强。微博互动不受时间与空间的限制，从而拉近了企业与客户之间的距离。企业与客户可以针对每一条微博展开讨论。

第六，微博营销的传播速度较快。由于微博可以通过转发实现分享，因而微博的传播数量往往会呈现几何级数的增长。只要转发数量足够，一条微博可以在很短的时间内抵达世界上最遥远的角落。

五、视频营销的应用

（一）微电影营销

1. 微电影营销的含义

微电影（Micro Film）是一种在新媒体平台上播放的、适合于手机、平板电脑等移动电子设备的短时段影视作品。微电影营销即是使用微电影来传播商业信息的营销方式。随着社会大众生活节奏的日益加快，人们已没有太多的时间来持续关注某个品牌、产品及其广告，因而企业只能不断压缩自身的信息传递过程。于是，针对人们的碎片化时间，微电影这一既有引人入胜的故事情节，又能植入商业广告的新兴媒介就成了很多企业的营销工具。不同于单纯的视频广告，微电影能够满足人们的某种精神文化需求，从而给人带来心理上的愉悦和精神上的享受。可以说，微电影采用了一种更加柔和的、含蓄的叙事方式，让观众能够在潜移默化中认知和接受企业的商品、服务、品牌及理念，从而更有利于在企业与客户之间产生情感共鸣。

2. 微电影营销的优势

微电影营销实现了电影与广告的结合，能够创新企业的客户关系管理模式，并改善业的市场营销效果。具体的优势主要体现为四项内容。

第一，微电影具有较强的吸引力。由于电影的情节和技术效果比传统广告更能引人，因而作为观众的潜在客户会主动观看和评价微电影，从而给企业带来良好的市场力、影响力和号召力。

二，微电影具有良好的亲和力。微电影营销并不会生硬地植入商业广告，而是以、塑人物、展美景等方式向观众传递某种有价值的信息。有时，观众并不会将微为一种广告，而是将其作为一种具有艺术、文化或娱乐价值的影视作品，从而不观众的抵触与反感。

微电影具有更强的可看性。在传统视频广告中，企业与客户的沟通是单向观众会专门观看或乐于观看企业的视频广告。而微电影则融入了大量时尚元素，使得整个短片具有较高的可观赏性。例如，有的企业会将微电影制作为观众会因为关注上集的悬念而期待下集的播出，从而既放大了视频营销的延长了视频营销的影响时间。

第四，微电影营销符合更优的营销理念。当大部分企业还在使用"4Ps"和"4Cs"营销理论时，微电影营销已经初步接触到了"4Vs"营销理论，即在微电影观众的差异化、营销宣传的功能化、营销效果的附加价值化、客户心理和情感的共鸣等方面有所突破。

（二）直播营销

1. 直播营销的含义

直播营销是一种新型的视频营销方式。营销者可以借助网络直播平台，随着某一事件的发生和发展同步制作和播出视频，并实时获得关注和回应，从而达到销售商品和宣传服务的商业目的。直播营销的兴起得益于三个原因。首先，移动网络技术的发展和智能设备的普及促进了直播营销的发展。随着网络传输速度的提高，高清晰度和高流畅度的视频直播变得不再困难。而人手一部的智能手机，也使得直播营销拥有了数量庞大的观众。其次，企业对于营销平台的更高要求推动了直播营销的发展。随着微博、微信等网络平台的普及，企业间的市场营销模式竞争日趋同质化，简单的图片、文字和短视频已不能满足企业竞争的更高要求。为了使客户获得更好的视听体验，直播营销受到了越来越多企业的关注。最后，人们所养成的手机视频观看习惯也为直播营销提供了便利。例如，直播营销能够满足消费者的娱乐、购物及学习等需求，因而是一种受到市场欢迎的营销方式。

2. 直播营销的优势

直播营销具有一定的创新性，在提升企业的客户关系管理效果方面具有诸多优势。

第一，直播营销具有良好的广告效应。一般认为，直播营销的本质是视频形式的事件营销，企业可以围绕一个事件或话题进行网络直播，引起目标客户的充分关注和广泛讨论，从而形成效果更明显的市场宣传效应。

第二，直播营销的客户定位更加准确。直播营销能够吸引具有相似需求、偏好与兴趣的观众，从而使企业能够准确掌握目标客户的数量。随着营销过程的开展，企业还可以在互动中进一步实施客户细分，从而将最有价值、最具潜力的客户挖掘出来。

第三，直播营销的客户互动更加丰富。相比于传统的电视广告和互联网视频，直播营销中的互动形式更加丰富、沟通效果更加良好。例如，观众可以利用弹幕形式随时进行评论和点赞，企业的直播人员与客户甚至可以"面对面"地进行交流，从而使客户的互动感受更具真实感和立体感。

第四，直播营销的客户关系更加深入。直播营销不仅实现了企业与客户的互动沟通，也让客户与客户之间有了较为密切的接触。随着人们之间的交流逐渐频繁，相应的理解、信任、认同和情感等非商业因素也会出现，从而将客户关系由单纯的商业关系推进到了具有情感的社会关系。这将有利于客户满意度和客户忠诚度的提升。

 本章小结

本章主要讲述了两个方面的内容。

第一，客户关系管理系统。客户关系管理系统是一种帮助企业有效管理客户及客户关系的现代化机制。CRM 系统的特点包括了拥有科学的工作流管理、依托一定的客户数据库以及能够进行客户智能管理等。CRM系统的功能包括了管理客户信息、保持客户联系以及发现潜在商机等。一般分为运营型CRM系统、分析型CRM系统和协作型CRM系统三种主要类型。

第二，客户关系管理技术的应用。移动互联网是一项将移动通信终端与互联网相结合的新技术，企业可以依托智能手机、平板电脑、笔记本电脑等移动终端设备与无线网络技术来开展市场营销活动。例如，微信营销、微博营销、微电影营销和直播营销等都用到了移动互联网技术。另外，应用于客户关系管理的技术还有数据挖掘技术、数据仓库技术及呼叫中心技术等。

总之，技术是确保客户关系管理效果的重要因素。为适应现代客户市场的最新变化，企业应当重视对CRM系统及相关技术的应用。

 课后案例

无人超市会开启消费新时代吗

未来，书写中国商业史的人或许会记下这么一笔：2017年7月，继亚马逊之后，国内企业也开始试水无人超市，在上海街头开起一家"缤果盒子"无人零售店，阿里巴巴也推出"无人超市"。进门、挑选商品、通过支付门一气呵成，收银员不见了，消费者几乎能在"无感"状态下完成购物。零售业的业态，正在悄然改变。有观察家直言，继共享单车之后，无人超市或将成为新的投资热点。

无人超市的兴起，背后蕴含着新消费时代的商业判断：又一次零售革命可能正加速到来。从百货商店到连锁商店再到大型超市，尽管零售的本质始终是围绕效率、成本与体验的"买买买"，但基于消费变革与技术变革，"零售基础设施"一直在变。随着电子商务的到来，信息、商品与资金的流动效率一直在升级，消费者的习惯和品位也在不断变化。就国内而言，从顺丰"嘿客"到沃尔玛和京东合作，打通线上与线下的努力一直在进行。而日本大型超市衰落，便利店挺进乡村，中国一些精品超市遇冷等现象，也未尝不是零售业变革的脚注。

技术对商业的推动作用可能是决定性的。无人超市之所以可能，主要是摸到了技术监管的"钥匙"，这离不开人脸识别、手脉识别、4G网络、移动支付等技术的发展。高科技在场，让购物者如入无人之境，却又处处走不出"电子围栏"。比如在亚马逊无人超市，当你拿起架上的货品，App上购物车里就会相应增加此物，一旦放回，购物车立马自动减去。这种科技感，既能让交易"不闻不问"，又构成了商品价值以外的体验价值。应该说，"无人"并非新概念，街头自动贩卖机即是，但无人超市的最大卖点是全新的购物场景，而购物场景的多元化，恰恰被行业人士预言为新消费时代的趋势。

1852年诞生的世界第一家百货公司玻玛榭（意为薄利多销）依然矗立在巴黎街头，而今天的消费者，早已不再满足于薄利多销，更加追求个性化体验式消费。从第一次工业革命，到今天以"互联网+"为代表的第四次产业革命的勃兴，技术变革彻底改变了日常生活的面貌。无论无人车还是无人超市，越来越具备科技感的生活注定加速到来。

参考文献

陈云松，2020. 关系社会资本新论 ［M］. 北京：中国人民大学出版社.

冯光明，余峰，2019. 客户关系管理理论与实务 ［M］. 北京：清华大学出版社.

郭国庆，陈凯，2019. 市场营销学 ［M］. 6 版. 北京：中国人民大学出版社.

贾晓丹，2016. 电子商务创业 ［M］. 2 版. 北京：中国人民大学出版社.

蒋定福，2015. 客户关系管理沙盘模拟教程 ［M］. 北京：首都经济贸易大学出版社.

李海芹，周寅，2017. 客户关系管理 ［M］. 北京：北京大学出版社.

李先国，曹献存，2011. 客户服务管理 ［M］. 2 版. 北京：清华大学出版社.

李仉辉，康海燕，2019. 客户关系管理（修订版）［M］. 北京：清华大学出版社.

林建宗，2018. 客户关系管理 ［M］. 2 版. 北京：清华大学出版社.

刘丽英，李怀斌，2017. 客户关系管理 ［M］. 2 版. 北京：清华大学出版社.

吕惠聪，强南图，王微微，2016. 客户关系管理 ［M］. 3 版. 成都：西南财经大学出版社.

马刚，李洪心，杨兴凯，2015. 客户关系管理 ［M］. 3 版. 大连：东北财经大学出版社.

苏朝晖，2019. 客户服务——策略、技术、管理 ［M］. 北京：人民邮电出版社.

苏朝晖，2018. 客户关系管理——客户关系的建立与维护 ［M］. 4 版. 北京：清华大学出版社.

苏朝晖，2018. 客户关系管理——理念、技术与策略 ［M］. 3 版. 北京：机械工业出版社.

王玮，2020. 网络营销 ［M］. 2 版. 北京：中国人民大学出版社.

邬金涛，严鸣，薛婧，2018. 客户关系管理 ［M］. 2 版. 北京：中国人民大学出版社.

吴健安，钟育赣，胡其辉，2018. 市场营销学 ［M］. 6 版. 北京：清华大学出版社.

姚飞，2014. 客户关系管理 [M]. 2 版. 北京：机械工业出版社.

姚家奕，马甜甜，2012. 商业智能与商业分析 [M]. 北京：首都经济贸易大学出版社.

尹元元，2018. 营销战略与管理 [M]. 2 版. 厦门：厦门大学出版社.

张兵，余育新，2019. 客户关系管理实务 [M]. 合肥：中国科学技术大学出版社.

周洁如，2013. 客户关系管理经典案例及精解 [M]. 上海：上海交通大学出版社.

朱迪·斯特劳斯，雷蒙德·弗罗斯特，2015. 网络营销 [M]. 7 版. 北京：中国人民大学出版社.

URVASHI M，HARINDER K M，马宝龙，姚卿，2014. 客户关系管理 [M]. 北京：中国人民大学出版社.